中国
当代经济发展学

The History and Logic
of
Contemporary Economic Development
in China

尹汉宁 ◎ 著

生活·讀書·新知 三联书店

Copyright © 2024 by SDX Joint Publishing Company.
All Rights Reserved.

本作品版权由生活·读书·新知三联书店所有。
未经许可，不得翻印。

图书在版编目（CIP）数据

中国当代经济发展学 / 尹汉宁著 . —北京：生活·
读书·新知三联书店, 2024.9
ISBN 978-7-108-07848-3

Ⅰ.①中⋯ Ⅱ.①尹⋯ Ⅲ.①中国经济－经济发展－
研究 Ⅳ.① F124

中国国家版本馆 CIP 数据核字 (2024) 第 102467 号

选题策划	何　奎
责任编辑	万　春
装帧设计	刘　洋
责任校对	张国荣　张　睿
责任印制	李思佳
出版发行	生活·讀書·新知 三联书店
	（北京市东城区美术馆东街 22 号 100010）
网　　址	www.sdxjpc.com
经　　销	新华书店
印　　刷	北京隆昌伟业印刷有限公司
版　　次	2024 年 9 月北京第 1 版
	2024 年 9 月北京第 1 次印刷
开　　本	635 毫米 × 965 毫米　1/16　印张 32.75
字　　数	438 千字
定　　价	89.00 元

（印装查询：01064002715；邮购查询：01084010542）

代序一

朝着难以企及的目标徒步旅行
——中国当代经济发展学的建构思路

让经济学说中国话，是中国当代经济学人的历史使命。

2018年初，我接受了国家社科基金的特别委托项目："中国当代经济发展理论研究"。[1] 这个命题是我首先提出来的，最初的设想是一个开放性的研究课题，可以通过发表系列论文的方式来反映研究成果。后来我反复思考，决定对中国当代经济发展的理论进行比较系统的梳理，试图形成中国当代经济发展的初步理论框架（或知识体系框架）。中华人民共和国经济史研究的开创者赵德馨先生，把中国经济史的延伸研究称为中国经济发展学[2]，受此启发，我决定把中国当代经济发展理论研究定位为"中国当代经济发展学"的研究。这个目标自然是高不可攀的，加上我没有团队也不准备利用团队，以孤勇者之一己之力，向着这样的远大目标前进，可谓是"朝着难以企及的目标徒步旅行"。

中国当代经济发展学的研究，历时六年。其间我在中南财经政法大学、复旦大学、华中科技大学，分别以"中国当代经济发展论

---

[1] 国家社科基金的特别委托项目："中国当代经济发展理论研究"，编号：18@ZH002。
[2] 赵德馨先生认为，中国需要一门"中国经济发展学"。他在中国经济发展学方面的研究成果包括：对中国古代、近代、现代经济发展特点与规律的概括，如经济现代化两个主要层次、市场化是工业化和经济现代化的基础与前提的理论，过渡性社会经济形态理论，互补理论，"之"字路理论。参见赵德馨：《跟随历史前进》，经济科学出版社2019年版，第468页。

纲""中国当代经济发展学"为题,进行过系列或专题讲座。复旦大学把"中国当代经济发展学"视为原创性研究成果。[1]全书的提纲和内容经过多次修改,最终形成今天跟读者见面的这本《中国当代经济发展学》。

强调"难以企及的目标""徒步旅行",是极言其难,然而难在哪里?如何突破这些难点?下面,我从五个方面加以说明,并尝试采用这个特别的视角,对中国当代经济发展学的建构思路作简要介绍。

一、学界难以接受国别经济学的命题,我较早地认为客观上是有国别经济学的

我在开始思考研究这个问题的时候,经济学界普遍认为经济学就是西方经济学,只有宏观经济学、微观经济学、发展经济学之分。当时我有一篇稿子送给某杂志社,杂志社通过外审专家跟我反馈意见,不接受中国经济学这个命题。我做了认真的回复,提出中国当代经济发展学,就是围绕中国当代经济发展而形成的知识体系。他们对我的这个解释很不以为然。现在这个情况有所好转,学界不会有人公开出来反对研究中国政治经济学、中国发展经济学,但是在不少经济学者的思想深处,还是难以接受国别经济学这样的命题。

在我看来,西方经济学不承认国别经济学而主张经济学的世界主义,是从门格尔(Carl Menger)与施穆勒(Gustav von Schmoller)争论时开始的,也就是从新古典经济学形成时开始的,或许为了与此前注重鲜明国别特色的政治经济学相区别,此后就用经济学取代了政治经济学。西方经济学所强调的世界主义,是强调他们的理论体系对世界包括非西方国家具有一般意义。

---

[1] 我与复旦大学马克思主义学院的中青年学者正在合作编写《政治经济学通史》(九卷本),复旦大学将其列为该校"十四五"原创性项目,并将《中国当代经济发展学》作为《政治经济学通史》的前期成果。

迄今为止，经济学是不是真的没有国别经济学，甚至没有国别特色呢？回答显然是否定的。

经济学同行都知道，经济学有一个好的传统，就是注重研究理论史。西方早期的政治经济学以及后来的经济学，一定程度上揭示了生产社会化和市场运行的一般规律。我们对这些内容，需要学习借鉴。但这绝不意味着西方最早的政治经济学，以及后来的经济学，都是着眼于全世界的，没有国别经济学，甚至没有国别特色。例如，法国重商主义代表人物蒙克莱田（Antoine de Montchrétien）1615年出版的《献给国王和王后的政治经济学》，显然所指的就是法国的国王和王后。被奉为"西方经济学《圣经》"的亚当·斯密（Adam Smith）的《国富论》，"国富"之"国"是指英国，是具有鲜明英国特色的经济学，甚至可以称之为基于英国当时经济发展实践的经济学。亚当·斯密长期生活在英国，虽然游历过欧洲，并在法国待的时间相对长一些，他在法国所了解和研究的主要是重商主义和重农学派的理论史。他的自由贸易理论和"看不见的手"理论，都是基于英国当时经济发展实践形成的。德国的经济学历史学派从当时德国经济发展的实际出发，对亚当·斯密的理论持批判态度。其代表人物李斯特（Friedrich List）在美国期间，赞赏汉密尔顿（Alexander Hamilton）的经济思想，写了一本《美国政治经济学大纲》。美国、德国、日本相对于英国而言，是后起的工业化国家，在崛起的过程中都有自己的经济学，都对亚当·斯密的自由贸易思想、"看不见的手"理论，持批判或保留态度。后来微观经济学的集大成者马歇尔（Alfred Marshall）和宏观经济学的开创者凯恩斯（John Maynard Keynes），都是基于英美资本主义的生产实践和周期性经济危机而形成的理论体系。二战后的发展经济学，是英美等西方发达资本主义国家的经济学家，以发达国家为样本，研究发展中国家比照实现工业化的理论。由此可见，从重商主义开始，经济学理论从来都有明确的国别指向。那种认为西方经济学一开始就是面向全世界的、对任何国家都普遍适用的观点，显然是缺乏历史依据的。不接受国别经济学这个命题，在客观上与西方中心主义和优越论、优先论的思维方法相契合，也存在不分时空条件的明显的方法论缺陷。

二、经济学应该回归政治经济学的本源。经济发展学、发展经济学，是政治经济学的题中应有之义

大家都知道，现在在大学的学科分类中，经济学包括理论经济学和应用经济学两大类。理论经济学从大的方面看，有两种理论形态，即马克思主义政治经济学和西方经济学。苏联《政治经济学教科书》以及中国在改革开放之前组织编写的社会主义政治经济学教材，无疑是对马克思主义政治经济学的坚持和发展。西方经济学包括宏观经济学和微观经济学，发展经济学是西方经济学的一个分支。那么政治经济学和经济学是不是两种理论形态呢？或者说政治经济学就是指的马克思主义政治经济学，经济学就是指的非马克思主义的西方经济学呢？我觉得这也需要厘清认识。

最早使用政治经济学概念的是前面提到的蒙克莱田，在《献给国王和王后的政治经济学》一书中，蒙克莱田使用了政治经济学这个概念，"政治"（politics）一词源于希腊语中的politikos，含有社会的、国家的、城市的多种意思，是想与家庭经济和庄园经济相区别。因为古希腊的色诺芬（Xenophon）在他的《经济论》中，把家庭对生产活动的组织和管理称为经济学。1775年，卢梭为法国《百科全书》撰写了"政治经济学"条目，把政治经济学和家庭经济区分开来。[1] 马克思认为，政治经济学作为一门独立的学科，是在工场手工业时期才产生的。因此，无论是从政治经济学这个概念的历史来看，还是从政治经济学这个概念的内涵来看，都应该是研究国家和社会层面的经济学的总称。

---

(1) 参见［法］卢梭：《政治经济学》，李平沤译，商务印书馆2018年版，第1—2页。

因此我们所使用的马克思主义政治经济学这个概念是准确的，因为可以区别于其他政治经济学。西方经济学，包括宏观经济学、微观经济学，还有发展经济学，都应该回归政治经济学的本源。

从理论史的角度看，经济发展问题的研究始终是政治经济学研究绕不开的主题。重商主义、重农学派和古典经济学，都比较鲜明地将经济发展（财富增加）作为研究对象。美国耶鲁大学的经济学教授雷诺兹（Lloyd G. Reynolds）认为，1850年后，西方经济学发生了"大转向"，学术命题变了，用经济学取代了政治经济学；研究对象也相应地变了，不再主要研究经济发展了，而把研究的重点放在了资源配置和商业周期上。雷诺兹认为，这个大转向持续到20世纪40年代末。对雷诺兹的观点，武汉大学教授谭崇台有不同看法。他认为，雷诺兹忽略了德国的历史学派，也不能把经济增长和经济发展问题同周期波动、资源配置、收入分配、价格决定等问题完全分割开来，而对两者之间的关系视而不见。马克思在《资本论》中阐述的再生产理论，甚至包括马歇尔的《经济学原理》及以后的经济学理论中，都有经济发展的内容。(1)这种说法显然有一定道理。二战后，出现了以发展中国家作为研究对象的发展经济学，但到了20世纪80年代，发展经济学开始衰落。英国伦敦大学学院教授拉尔（Deepak Lal）说了一句很极端的话："发展经济学的死亡，很可能有助于发展中国家的经济学与经济的同时兴旺。"(2)华中科技大学教授张培刚是发展经济学的奠基人，他在20世纪90年代，就发展经济学的新发展做了很大的努力，主编出版了《新发展经济学》。他认为，以发展中国家的发展问题为研究对象的经济理论，要符合发展中国家发展的实际，甚至要符合不同发展中国家的实际。(3)发达国家的经济学家以发达国家为样本，研究发展中国家的经济发展理论，这个思路也存在着方法论的根本缺陷。20世纪七八十年代

---

(1) 谭崇台主编：《西方经济发展思想史》（修订本），武汉大学出版社1995年版，第15页。
(2) ［英］狄帕克·拉尔：《"发展经济学"的贫困》，伦敦经济事务研究所1983年版，第109页。
(3) 参见张培刚主编：《新发展经济学》（增订版），河南人民出版社2001年版。

以来，随着西方经济陷入滞胀，凯恩斯主义逐渐式微，新自由主义经济学再次回到西方经济学的视野中来。西方经济学更加注重所谓成熟经济的精致研究了。这表面上是对政治经济学研究主题的偏离，但实质上仍然直接或间接地关涉到它们的经济发展问题；同时也进一步说明，西方经济学的研究对象是有鲜明的国别特色的，是以美国经济或西方资本主义国家经济为研究对象的。所以，我们现在研究中国当代经济发展理论，自然也是政治经济学研究的题中应有之义。从这个意义上讲，中国当代经济发展学同样具有理论经济学的属性，同样属于政治经济学的范畴。

这样看问题，不仅仅是厘清概念，强调创立中国当代经济发展学具有学理意义，而且有利于我们全面理解政治经济学的本源本义，系统梳理政治经济学的理论史，避免理论史研究的分隔、零散、碎片化。

三、我们对现有经济学研究方法的理解存在偏差，需要认识经济学研究的方法体系，需要进行范式革命

如果把中国当代经济发展学作为政治经济学的一个新命题、新形态进行研究，那么就要深入学习和掌握马克思主义政治经济学的根本方法，要对西方经济学的思维方式和分析工具，进行深入剖析和甄别，在此基础上进行技术线路的创新，甚至进行研究范式的革命。

范式革命是美国科学哲学家托马斯·库恩（Thomas S. Kuhn）在《科学革命的结构》中提出的一个概念。他说："'常规科学'是指坚实地建立在一种或多种过去科学成就基础上的研究，这些科学成就为某个科学共同体在一段时期内公认为进一步实践的基础。""范式"是一个与常规科学相关的术语，"以共同范式为基础进行研究的人，都承诺以同样的规则和标准从事科学实践"[1]。在我看来，范式所涵盖的范围，不仅

---

(1) 参见［美］托马斯·库恩：《科学革命的结构》，金吾伦、胡新和译，北京大学出版社2003年版，第11页。

包括分析工具、技术线路、研究方法，还包括技术标准和思维方式。

库恩对科学发展史进行了深入的考察和思考。他认为，科学发展不是一些确定知识的线性积累（他有可能接受了量子力学理论，如非线性、不确定性。其中量子纠缠理论更是超出了常规，相互纠缠的粒子之间，可能是超距离的，没有直接的物理连接，但一个粒子的转动，会使另一个粒子同向同频转动。参见朱清时、潘建伟的观点。——引者注），也不是不断发展和不断证伪的过程，而是科学常规时期与科学革命时期交替进行的过程，科学革命的实质是范式转换。他把科学发展的轨迹描述为：前科学时期（无范式）—常规科学时期（建立范式）—科学革命时期（范式发生动摇）—新常规科学时期（新范式建立）—再科学革命时期（范式再发生动摇）……如此循环往复。[1] 库恩这里所说的科学是指自然科学，他所说的自然科学的发展轨迹，是否完全适用于经济学的发展，需要深入研究，但是，要研究中国当代经济发展学，简单地套用马克思在《资本论》中所使用的"抽象法"，难度很大，而对主导经济学研究的西方经济学的研究范式，也确实需要进行转换，甚至要进行革命性的转换。

既然是进行革命性的转换，就不能用简单粗暴的态度作判断，只能小心谨慎地分析与思考。在重视实践认知的同时，对有实践支撑的文献，也应抱有礼敬的态度。

马克思在《资本论》中谈到了他的研究方法是抽象法，但是简单地套用马克思在《资本论》中的抽象法来研究中国当代经济发展学，显然是有难度的。这是因为：第一，马克思用抽象方法是想揭示剩余价值的奥秘，从而揭示资本主义对抗性的社会矛盾。第二，马克思在《资本论》第四卷中对完全脱离具体的抽象进行过批判。他所使用的抽象方法是从具体到抽象，又从抽象回到具体。第三，在我看来，抽象法是马克思创作《资本论》的技术线路，马克思创作《资本论》、研究

---

[1] 参见［美］托马斯·库恩：《科学革命的结构》，金吾伦、胡新和译，北京大学出版社2003年版"导读"的第4—5、20页，正文第二章的第10页。

政治经济学的根本方法是唯物史观。

那么，运用西方经济学当下比较流行的研究方法，是否能够完成中国当代经济学的研究呢？回答是否定的。西方经济学当下比较流行的研究方法被称为实证法，具体而言主要有两种方法：一是样本法。西方经济学界研究发展中国家经济发展问题，通常是以西方发达国家作为样本标杆，然后简单地对发展中国家发展的成败得失进行评价。二是预设前提的模型法。预设的前提往往在现实生活中并不存在，简单的数字模型与生动的经济实践往往也有很大的距离［就连西方一些经济学家如罗宾逊夫人（Joan Robinson）、科斯（Ronald H. Coase）都认为，预设的前提必须是易处理且符合现实世界的］。

因此，我们要把研究政治经济学的方法看成一个体系，根本方法是管总的，是最高层次的方法论；围绕具体理论命题开展研究的技术线路，是方法体系当中的第二个层次；然后像演绎法、归纳法等一系列分析工具是第三个层次。由此我认为，中国当代经济发展学的研究方法，首先是要坚持马克思主义政治经济学的根本方法即唯物史观，其次要运用社会矛盾运动规律分析法、空间与时间关联分析法、总体分析法、总结会通分析法、点面结合分析法、普遍性与特殊性相联系的分析方法，作为技术线路。我觉得，技术线路的这六种方法是对唯物史观根本方法的坚持和贯彻。第三个层次才是根据需要，对已有的分析工具、数理方法进行运用。

或许有人会说，研究方法简单明了甚至单一，可能更好。我认为从总体上总结分析中国当代经济发展实践，客观上需要多种方法并用。美国著名的投资家、巴菲特的黄金搭档查理·芒格（Charlie T. Munger）曾经运用"铁锤人"假设，讲了一个道理。他说，拿着一把铁锤的人，看什么都像一颗钉子，因为他的工具箱里只有铁锤。为了避免自己成为"铁锤人"，唯一的办法就是让自己工具箱里的工具多一些。他用这个假设是强调要构建多元思维模型。

本书综合运用上述研究方法，通常会从经验直觉出发提出问题，然后进行多因素列举及其相关性分析，由此生发出新的概念范畴，或者给出已有概念范畴的新视角，在此基础上进行学理转换，形成结论判断和理论框架。

四、现在研究中国当代经济发展学具有可行性

近年来，教育部在组织编写中国政治经济学和中国发展经济学教材；改革开放之前也曾编写过中国社会主义政治经济学教材。而此前，经济学界没有人完整地提出或系统地研究过"中国当代经济发展学"这个学术或学科命题，时至今日，或许还有人难以接受这个命题。

这里，首先让我们来看一看中国政治经济学和中国发展经济学的研究现状。

先看中国政治经济学的研究。

恩格斯说：无产阶级政党的"全部理论来自对政治经济学的研究"[1]。列宁将政治经济学视为马克思主义理论"最深刻，最全面，最详尽的证明和运用"[2]。中国共产党人历来高度重视马克思主义政治经济学的指导作用。1984年，党的十二届三中全会《关于经济体制改革的决定》通过后，邓小平说："写出了一个政治经济学的初稿，是马克思主义基本原理和中国社会主义实践相结合的政治经济学"[3]。此后的历次党代会和中央全会（包括十九届四中全会、五中全会以及二十大），不断地为马克思主义政治经济学增加新内容。

具体到编写中国社会主义政治经济学教材，改革开放之前，学习借鉴苏联《政治经济学教科书》，经济学界曾经做过尝试。在这前后，经济学界围绕中国社会主义政治经济学教材的写法也进行过广泛的讨论，例如：有的学者比照马克思写《资本论》以商品作为切入点，主

---

(1) 《马克思恩格斯文集》第2卷，人民出版社2009年版，第596页。
(2) 《列宁选集》第2卷，人民出版社1995年版，第428页。
(3) 《邓小平文选》第3卷，人民出版社1993年版，第83页。

张中国社会主义政治经济学要以产品作为切入点;有的学者主张学习借鉴苏联《政治经济学教科书》的写法,从生产关系入手(改革开放以来,也有人主张以最活跃的生产要素——人,作为切入点);也有学者主张从生产关系与生产力相联系的角度切入;等等。

前几年,围绕编写具有中国特色的社会主义政治经济学教科书,有的专家提出,改革开放只有40年,条件还不太成熟。他们这样说的依据是毛泽东1959年底1960年初,读苏联《政治经济学教科书》时讲的一段话:"写出一本社会主义共产主义政治经济学教科书,现在说来,还是一件困难的事情。有英国这样一个资本主义发展成熟的典型,马克思才能写出《资本论》。社会主义社会的历史,至今还不过四十多年,社会主义社会的发展还不成熟,离共产主义的高级阶段还很远。现在就要写出一本成熟的社会主义共产主义政治经济学教科书,还受到社会实践的一定限制。"[1]

当下教育部组织编写中国政治经济学教材,我想在写法上也在进行探索。

再看中国发展经济学的研究。

这些年来,运用西方经济学的方法研究中国经济问题,具有代表性的成果是北京大学教授林毅夫提出的"新结构经济学"。所谓新结构,是相对于发展经济学早期思潮中的结构主义而言的。林毅夫运用西方新古典经济学的分析工具,主要以中国为研究对象,分析政府与市场的关系,提出了"有效的市场"和"有为的政府"的结构性判断。后来,领导人的讲话和中央《关于制定国民经济和社会发展第十四个五年规划和二〇三五年远景目标的建议》中都采用过这个表述。我认为林毅夫之所以把他的研究成果称为"新结构经济学",是想用中外融通的概念与世界经济学界进行交流。张培刚先生是世界公认的发展经济学的奠基人,前面说到的,20世纪90年代,他领衔组织了一批中青

---

[1]《毛泽东文集》第8卷,人民出版社1999年版,第137页。

年学者编写《新发展经济学》，对二战后流行的发展经济学存在的缺陷进行了补救。比如把中国这样的大的发展中国家作为研究对象，比如在强调市场配置资源作用的同时也强调制度和政府的作用，等等。在这之后，也有几位中青年学者写作出版了《新发展经济学》。我想，教育部要求组织编写的发展经济学教材，应该重点以中国为研究对象，或者将包括中国在内的有代表性的发展中国家作为研究对象。

立足中国当代经济发展实践，充分运用中国特色社会主义政治经济学的最新成果，直接使用中国发展经济学这个命题开展研究，有利于与世界经济学界进行交流，但是发展经济学原本是西方经济学的一个分支，其研究对象为发展中国家，难以直观地反映中国特色。使用中国当代经济发展学这个命题，研究指向明确，具有辨识度，又突出了新中国成立以来的发展阶段，也符合汉语的语言习惯。正如前面所说的，研究中国当代经济发展学，也是研究中国社会主义政治经济学的题中应有之义。

那么，我们现在是不是具备条件形成中国当代经济发展的理论框架或者知识体系呢？我认为条件是基本具备的。

第一，我们看一下这个命题的结构。在该命题中，中国是研究样本，当然，为了进行比较，样本有可能不限于中国，但中国是重点。当代是指样本的时间界定，是离我们最近的历史，甚至我们就在这个历史之中。当然，研究也会涉及古代和近代，甚至还会有未来的愿景。经济发展，不仅仅是资源配置、经济治理，更重要的是经济发展的总体。成果形式是理论，或者理论框架、理论体系、知识体系，是包括经济发展的思想理论、学术成果、战略构想和政策思路等，所以称为"学"。也就是说，这个命题的指向是明确的，不模糊，不玄妙，不虚无缥缈，具有实践基础。

第二，我们看一下构建中国当代经济发展学的社会环境和条件。习近平总书记要求加快构建中国特色哲学社会科学，并且认为时代条件是具备的。"十四五"规划纲要正式将哲学社会科学作为二级规划内容，组织编制，这在新中国历史上是第一次。新中国70多年经济发展取得的成就举世瞩目，具有丰富的内涵和内容。中国当代经济发展实践的时间，还可以做结构性分析：如果以社会主义改造基本完成作为起点，那么高度集中的计划经济时期只有22年，而改革开放已经40多年了。从新中国成立之初到1956年社会主义改造基本完成，有7年时间，是全局性的新民主主义经济实践；如果往前延伸，还有22年的局部（根据地）的新民主主义经济实践。也就是说，在90多年的时间长度中，既有市场经济的长期实践，也实行过高度集中的计划经济，而且经历了世界范围内交替出现的"计划情结"和"市场偏好"。中国作为超大型的发展中国家，当代经济发展惠及的总人口是世界上最多的，从5.4亿到14亿。因此，中国这个研究样本具有长度和宽度，在世界上具有独特性。在新中国70多年经济发展实践的艰辛探索中，我们有成功也有失误，累积了一系列规律性认识。中国当代经济发展基础的特殊性，以及在实践中对中国特色的追求，决定了中国当代经济发展及其思想资源具有革命性、独创性，在此基础上进行学理总结，创建中国当代经济发展学，具有可行性。

第三，新中国成立70多年来经济发展的思想理论资源富集，具备学理构建的基础条件。我认为在中国，经济理论的创新是管理者和学者共同推动的。研究中国当代经济发展理论，从管理者的角度来讲，有大量的文献可以查阅运用，比如党代会和全会文件、五年规划建议及纲要、领导讲话、新闻报道、口述历史资料等；从学者的角度讲，有一系列专著、文章需要梳理。

从一定意义上讲，文献比文章更重要。这里我举一个例子，也就是在十一届三中全会之前召开的国务院务虚会议和全国计划会议，其所涉及的思想深度、对重大理论问题的深刻思考以及对决策所产生的深远影响，都不是后来的莫干山会议和巴山轮会议所能比拟的。1984年在浙江德清莫干山召开的讨论会，被认为是当时青年经济学者的集体发声，也有人认为是当时中国经济学新名词、新概念的发布会，会议围绕城市改革的八个议题进行了讨论。1985年从重庆至武汉的巴山轮会议,在两个方面与莫干山会议有所不同:一是会议由中国经济体制改革研究会主导,带有明显的官方色彩;二是中外重量级的经济学家与会。这次会议议题范围比较广,是中国直接操作改革的政府官员、著名经济学家与西方及东欧经济学家面对面的交流。中国经济理论界比较看重莫干山会议和巴山轮会议,但实事求是地讲,这两次会议比国务院务虚会晚六到七年,是在十一届三中全会之后、在十二届三中全会作出《关于经济体制改革的决定》前后召开的会议,就理论勇气和思想深刻程度而言,不及国务院务虚会议。由此,我们可以思考一个问题:改革开放以来,经济学理论的创新,关键是改革开放的生动实践推动的。管理者和学者顺应这个实践,并对实践不断地深化认识,不断地进行总结,共同形成理论的新概括和新表达。

第四,利用重要时间节点进行学理总结,条件有利。这几年,围绕着纪念新中国成立70周年、中国共产党成立100周年,开展了一系列活动,各个方面都在进行总结回顾,形成了大量能够体现今天认识水平的理论成果,进一步丰富了已有的理论资源。

第五,这些年对经济学理论上的教条主义已经有比较清醒的认识,能够突破原有理论范式的束缚,能够更加鲜明地反映中国特色,反映理论的原创性。过去较长一段时间,在经济学研究中,有的学者往往以教条主义的方式运用经典,或者照搬已有的分析框架和结论,与中国的实际进行比对,甚至随意剪裁中国实际,轻率地作出判断。他们对中国的实践缺乏兴趣、信心,缺乏系统研究,缺乏学理性总结和理论构建,对中国实践中出现的新问题,缺乏针对性强的建设性回应。比如,一些学者简单地套用美国经济学家钱纳里(Hollis B. Chenery)的标准,评价中国的工业化发展阶段,甚至有的学者为省、市、县作咨询时,都按照相关标准提出经济发展战略建议。实际上钱纳里的"多国模型"并没有将中国作为样本来分析,更何况不同时期不同国家工业化进程会有差异,而且更不应该将此作为中国不同省市工业化演进的模版（中国的每个省市不可能独自形成一个经济体系）。又比如，一些学者按照西方国家的政府定位和结构，来分析中国政府的作用。现在，我们能够处理好借鉴与跳出的关系。对反映社会化大生产和市场一般规律的知识理论，我们会继续学习借鉴，包括有利于分析中国经济问题的方法工具，我们也会继续运用；但是我们的研究，是从中国实践出发的，是为中国实践服务的，我们能够进行基于中国实践的认识和总结。

虽然以70多年经济发展实践为基础，形成中国当代经济发展理论体系本身并不容易，而要形成中国特色社会主义政治经济学的理论体系，难度可能更大一些，但是构建中国当代经济发展理论体系，能够为创建中国特色社会主义政治经济学打基础。

第六，在实践基础上形成的规律性认识具有学理特性。一些学者对新的实践中形成的规律性认识缺乏自信，他们担心缺乏学理支撑。在他们看来，能够从本本上找到答案的，特别是从西方的书本中找到答案的，就具有学理支撑，找不到的便是缺乏学理支撑。这种观点并不科学。确实，学理支撑这个命题现在很时髦，但是不能用本本主义和洋教条的观点来诠释。我认为学理乃学术之理，是指具有科学性的理论，学理支撑就是指科学性证明或者科学性检验。实践中形成的规律性认识，有科学理论印证的，当然是具有学理支撑；如果找不到现有理论来说明，那么规律性认识本身就是学理，就是实践创新基础上的理论创新成果，用新的规律性认识来解释新的实践，就是学理支撑。

第七，对于中国当代经济发展学的学术地位要有信心。如果一定要从世界近现代经济发展理论的脉络看问题，那么我认为，在四个不同时期，针对不同国家和地区，客观上存在四种经济发展理论：一是西方重商主义与重农学派、古典经济学，是当时西欧的经济发展理论；二是美国的工商立国思想、德国的历史学派、日本的保护贸易理论，是当时美国、德国、日本的经济发展理论；三是二战以后的发展经济学，包括新兴市场国家与地区自身形成的规律性认识，是当时新兴市场国家和地区的经济发展理论；四是中国当代经济发展理论体系，是中国这样的发展中大国的经济发展理论，也可以为其他发展中国家提供借鉴。

第八，以中国经济发展实践为研究对象，老一辈学人已经为我们做出了榜样。王亚南学贯东西，他于20世纪40年代写就的《中国经济原论》，被称为"政治经济学中国化的成功典范"。他在该书的序言中提到，他在中山大学讲授李嘉图（David Ricardo）的《经济学及赋税之原理》以及中国经济史、中国经济思想史，学生们对后两门课更感兴趣。[1]张培刚的博士论文《农业与工业化》，被中外学者普遍认为是发展经济学的奠基之作。张先生去哈佛之前在当时的中央研究院社会科学研究所做过六年的社会调查，形成了三个研究报告，即《清苑的农家经济》《广西粮食问题》《浙江省食粮之运销》。在哈佛，张培刚的博士论文指导老师是被誉为美国农业经济学之父的布莱克（John D. Black）和以研究技术革命为中心线索的美国经济史学家厄谢尔（A. P. Usher）。[2]张培刚之所以对"需求收入弹性"理论和"垄断竞争理论"有深刻认识，都与他此前所做的社会调查有密切关系。[3]张培刚留学哈佛起步的硕士专业是工商管理。他用了三个学期（包括暑期）学完工商管理课程后，为了研究落后的农业国如何实现工业化，便转到文理学院经济系学习经济理论、经济史、经济思想史、农业经济等课程。[4]谭崇台不仅梳理了西方经济学中的经济发展思想，还进行了发达国家发展初期与当今发展中国家经济发展的跨期比较。[5]这在中国当代有留学背景的经济学人中是少见的。老一辈经济学家在解放前和改革开放初期尚且能够关注中国的实际，今天的经济学人没有理由不从中国的实际出发进行理论创新。

---

(1) 王亚南：《中国经济原论》，商务印书馆2014年版，第1、32—41页。
(2) 张培刚：《农业与工业化》，中信出版社2012年版，第52、56页。
(3) 张培刚：《农业与工业化》，中信出版社2012年版，第33页。
(4) 张培刚：《农业与工业化》，中信出版社2012年版，第F38—F39页。
(5) 分别参见谭崇台主编：《西方经济发展思想史》（修订本），武汉大学出版社1995年版；谭崇台主编：《发达国家发展初期与当今发展中国家经济发展比较研究》，武汉大学出版社2008年版。

五、本书采取了非常规的技术线路，学者和读者需要对本书的框架和内容有全面了解才能接受

《中国当代经济发展学》有一个建构思路的总体说明即代序一，代序二则强调了加快构建中国特色哲学社会科学的时代背景，然后分绪论篇、历程分析篇、专题研究篇、结论篇，全书共20章。

代序一所说的建构思路，主要说明中国当代经济发展学学科建设的必要性与可能性，以及框架结构。

绪论篇包括研究方法、历史条件、主题主线3章。研究方法部分对现行经济学研究方法进行评析，提出本书研究的技术线路；历史条件部分讲中国当代经济发展的起点和历史影响；主题主线部分回答中国当代经济发展为什么始终绕不开工业化和现代化，为什么中国的工业化和现代化有许多不一样的地方，为什么形成一个突出的特点即建立了独立的完整的工业体系和国民经济体系。

历程分析篇将中国当代经济发展70多年来的历程划分为5个时期，即新民主主义经济形态时期、工业化与社会主义改造时期、探索和曲折的二十年、改革开放时期、新时代，共5章。历程分析并没有按照经济史的方法，用丰富的史料进行宏大叙事，而是分阶段对经济发展的总体情况进行分析评价，提出具有学理价值的线索；并把不同阶段关联起来，寻找中国当代经济发展背后的某些规律，由此生发出学理表达。运用必要的史料，采取"顺流式"的分析线路，目的在于史论结合、论从史出，"从历史的叙述和分析开始自然得出结论"[1]。

新中国成立后的新民主主义经济形态，要结合革命战争年代局部的新民主主义经济实践进行分析。毛泽东在党的七大报告和与美国驻华外交官谢伟思（John S. Service）的谈话中[2]，曾设想在新民主主义发展阶段实现工业化，并且由轻工业发展起步。刘少奇在天津调研时说，

---

[1]《毛泽东文集》第8卷，人民出版社1999年版，第138页。
[2] 毛泽东与美国驻华外交官谢伟思有多次谈话，这里是指1945年3月13日在延安的谈话。

向社会主义过渡要到工业发展到产品出现过剩时,同时认为,向社会主义过渡可以在很短的时间内完成。[1]后来由于国际环境和朝鲜战争,遵循生产资料优先增长规律,加速工业化的任务显得尤其紧迫,加上所有制结构自身也在快速地发生变化,所以中国较早较快地完成了社会主义改造。由此产生了一系列实践和理论问题。社会主义建设的前10年,有两种思想理论在不断地积累:一种是有利于生产力发展的正确的和比较正确的思想理论,一种是不利于经济发展的"左"的思想理论。后来由于"左"的思想理论占了上风,酿成了"文化大革命"。有利于经济发展的正确的和比较正确的思想理论,成为改革开放时期思想解放的重要思想基础。改革开放毫无疑问是解放生产力,但首先是解放思想,同时也可以看到哲学和经济学的解放。新时代,中国进入全面建设现代化强国的新时期,需要有巨大的勇气攻坚克难,需要立足新的发展阶段,贯彻新的发展理念,构建新的发展格局,要解决好三大难题:一是高质量发展的问题,二是改变农村小生产的生产方式问题,三是实现全体人民共同富裕的问题。

通过对中国当代经济发展历程的分析,可以观察到一个落后的农业大国在实现工业化现代化道路上的艰辛与成功,可以回答一系列的问题,比如:为什么新民主主义经济具有跨越时空的意义?它是中国创造还是苏联新经济政策的翻版?为什么社会主义改造的时间不断提前?工业化与社会主义革命的关系是什么?为什么中国的工业化要强调重工业优先发展?为什么"山、散、洞"的工业项目建设,有利于工业布局?为什么说"文化大革命"时期社会局面那么乱,但是由于社会主义制度的存在,经济还可以艰难前行?为什么市场经济可以和社会主义相结合?为什么构建以内循环为主体的国内国际双循环的新发展格局与独立完整的工业和国民经济体系相关联?通过发展历程研究,可以搞清楚支撑新中国成立70多年来经济发展的关键因素有哪

---

[1] 为了回应私人工商业者的担心和顾虑,刘少奇根据毛泽东的要求,1949年4月10日由香山赶赴天津,进行了为期20多天的调查。

些，以及这些因素所体现的中国特色是什么。将这些因素的相互关系和共同作用做一些梳理和提示，为专题研究提供学理基础。

专题研究篇共9章，注重学理分析和提炼。在发展条件、发展主题和发展历程研究的基础上，围绕影响中国当代经济发展的重大问题进行专题研究，有利于将我们的思考引向深入。从经济增长、企业改革、五年规划、政府作用、改革方式、激励兼容、经济伦理、综合平衡、系统集成等9个方面进行专题研究。形成了生产资料优先增长理论、产权链理论、信息结构理论、交易费用递减理论、价值共生与激励兼容理论、渐进式改革理论、伦理调节理论、综合平衡理论、系统集成理论等9个理论，一定程度上体现了中国当代经济发展学的原创性。

专题研究中的第十三章，讲渐进式改革时结合市场发育作过介绍，但没有就市场问题单列一章进行分析，这是因为九个问题中，每个问题都与市场相关联。本书的言说逻辑是将中国当代对市场的逐步认识和对市场作用的不断重视作为基础和背景的。

关于生产资料优先增长理论。中国共产党人接受了马克思所揭示的、列宁所论证的、苏联所实践的生产资料优先增长规律。张培刚按工业化的结构时序来划分工业化的类型，认为有两大类，一类是消费品导向的工业化，一类是投资品导向的工业化。他认为投资品导向的工业化通常是政府发动的，工业化的起步也是比较晚的，此时，先发国家投资品工业占优势，可资借鉴。[1] 当年中国是落后的农业大国，之所以要遵循生产资料优先增长规律，主要是因为国际环境难以容忍中国选择消费品主导的工业化道路，必须尽快建立起独立的完整的工业体系和国民经济体系。

产权链理论不仅是公有制在市场经济条件下实现形式演化的基本思路，同时也是社会化大生产背景下（包括发达资本主义国家也是这样）产权运动的基本形态。产权终极所有，不会影响其通过产权链的

---

[1] 参见张培刚：《新发展经济学》（增订版），河南人民出版社2001年版，第170—174页。

拓展与市场经济相适应。

信息结构理论正视分散信息与集中信息、零星信息与整体信息的区别与联系，力求真正解决信息不对称问题。对生产者和消费者产生影响的不仅仅是市场信息，例如，中国政府制定的五年规划这样的公共产品，是将经过整理的整体的信息传达给生产者和消费者。

交易费用递减理论超越了政府与市场的对立，是将理性的政府作用作积极的、正面的理解。政府为投资项目和企业服务，客观上起到了交易费用递减的作用；政府不同时期服务重点和支持重点的变化，客观上也使市场主体交易费用递减的机会趋于均衡。按照科斯在《企业的性质》中的定义，企业内部的计划是对价格机制的替代，政府与企业家在以计划为特征的价值理念上容易产生共识，企业家对交易费用节省和递减，非常敏感。

价值共生与激励兼容理论。价值共生是联合体、命运共同体的基础，激励兼容是价值共生基础上的主动的价值导向。集体主义体现了价值共生，利益协调关系体现了价值共生，财产共有体现了价值共生，共享体现了价值共生，共同富裕体现了价值共生。价值共生基础上的激励兼容，不同于西方经济学的激励相容理论（激励相容是现代西方经济学中的一个流派，是对以个人主义为基础的价值导向的一种弥补）。

渐进式改革理论符合认识规律，符合社会主义矛盾运动规律，符合"稳中求进"的治理总基调。既坚持不断改革、全面改革，又不至于落入改革所引起的"动荡甚至颠覆"的陷阱。渐进式改革与激进式改革，绝不仅仅是改革方式的区别。

伦理调节理论。在经济活动中，客观上有三个秩序在起作用：首先是市场秩序，其次是包括政府作用、法律规范等在内的国家经济治理秩序，最后是若隐若现的伦理秩序。中国传统文化带有浓烈的伦理色彩，中国现行的民主政治体系具有鲜明的道义追求。伦理调节在中国当代经济发展中发挥着重要作用。

综合平衡理论。该理论是中国独有的经济治理理论，是主动的、动态的均衡，是积极的宏观经济学。

系统集成理论。中国是单一制国家，现行的民主政治体系，实际发挥作用的广义的人民政府，加上民本思想灌注其中，在经济发展中能够形成系统集成的效能。这与西方"三权分立"所形成的否决机制有很大的不同。

结论篇共3章，分别涉及中国当代经济发展知识体系的初步归纳、从新现代性的角度对中国式现代化的穿透性认识、中国当代经济发展对世界的贡献和一般意义。

中国当代经济发展已经形成了具有自身特色的知识体系，这个知识体系是真正意义上的自主的知识体系。本书总共列举了13条，包括：顺应社会矛盾运动规律的哲学基础，以人民为中心的价值取向，建立独立的完整的工业体系和国民经济体系的发展主线，体现发展系统性、稳定性、安全性的生产资料优先增长，构建市场主体的产权链制度安排，弥补信息结构缺失的中长期发展规划，凸显交易费用递减优势的政府作用，支撑效率与公平相协调的价值共生，提供持久动力的渐进式改革，维系经济运转的三维秩序之一的伦理调节，积极的宏观经济学理论即综合平衡理论，社会主义民主政治体系的系统集成，文明崛起的世界贡献。

中国当代经济发展不仅改变了自己，也对世界作出了重要贡献。中国当代经济发展不仅具有鲜明的自身特色，而且也具有一般意义。其一般意义主要体现在发展哲学、对社会化大生产和市场一般规律的新认识、对发展中国家的发展启示等方面。

以上围绕中国当代经济发展学的建构思路所列的5个方面，既说明了选题之难，同时也说明构建中国当代经济发展学具有坚实的实践和逻辑基础。

这里特别需要说明的是，中国是后起的发展中国家，在独立自主地推进工业化现代化的过程中，也会虚心和诚恳地向发达国家学习，特别是学习和掌握社会化大生产和市场的一般规律。进一步说，是近代西方的哲学社会科学被翻译介绍到我国后，中国学者才开始运用现代社会科学方法，研究中国问题的。我们认为，具有悠久文明的中国，善于学习和借鉴人类文明的新成果，是生机与活力的象征。今天我们不应该也不会忘记这些。由于本研究侧重建构中国人自主形成的中国当代经济发展理论体系或知识体系，所以没有把我们向西方学了些什么，一一列举出来。

朝着难以企及的目标徒步旅行，可能会慢一点，艰困一些，但好处在于前景光明，且每一步都踏踏实实地踩在大地上。在"徒步旅行"中，沿途都是景点，即使难以企及目标，但一路走来，满眼也是风光。

始生之物，其形必丑。《中国当代经济发展学》这项原创性研究成果，也如同始生之物，就算丑一些，毕竟是新生新发。唯愿我的"徒步旅行"所获，能够成为大家讨论的靶子，成为中国政治经济学繁盛的一块铺路石。

代序二

构建中国特色哲学社会科学是时代要求 ※

理论是对时代问题的回应,理论的成熟需要时代条件。

哲学社会科学的特色风格气派是发展到一定阶段的产物。经济学是哲学社会科学的重要组成部分。经济学能否体现中国特色,决定于构建中国特色哲学社会科学是否具备时代条件。

习近平总书记指出:"哲学社会科学的特色、风格、气派,是发展到一定阶段的产物,是成熟的标志,是实力的象征,也是自信的体现。"(1)我认为,习近平总书记的这一重要论断,既强调了哲学社会科学形成特色、风格、气派所需要的历史条件,又强调了哲学社会科学特色、风格、气派形成的重大意义。

回顾中国近代以来哲学社会科学发展的历史,有利于我们深刻理解习近平总书记的这段话。

中国有过古代思想文化的辉煌,到了近代沦落为被动挨打之后,现代社会科学发展的起步却比较晚。鸦片战争使中国一度面临亡国灭种的民族危机,中国的志士仁人从"师夷之长技以制夷"到"中体西

※ 围绕"加快构建中国特色哲学社会科学的几点认识",我先后在复旦大学、中国人民大学、武汉大学、西南政法大学、上海市暑期社科骨干培训班讲过几次,其中在复旦大学和上海市暑期社科骨干培训班上的讲座文稿,分别在《复旦大学学报》和上海《文汇报》上发表过。这里选取其中的一部分,作为代序二,用以说明创建中国当代经济发展学的大背景和时代条件。
(1) 习近平:《在哲学社会科学工作者座谈会上的讲话》,《人民日报》2016年6月18日。

用",把救亡图存的目光投向西方。西方的哲学社会科学被翻译介绍到我国,不少人开始运用现代社会科学方法研究中国社会问题。此后,西学的代表人物多为新文化运动的先驱,国学的代表人物多为新儒家。一战之后的巴黎和会,强权战胜了公理,中国知识分子对西方的向往开始打折扣;二战中,中国又成为世界反法西斯战争中的东方主战场,此时,中国的知识分子萌发了第二次文化思考,在认识现代性的同时,进一步加深了对民族性的文化认知。毛泽东同志的《新民主主义论》,既是判断中国革命性质和阶段的宏篇巨著,又是体现中国特色的现代政治文化宣言。

当代中国哲学社会科学是以马克思主义传入我国为起点的。中国共产党人在建党初期以运用唯物史观的社会科学作为自己的外在形象,党早期的领导人参加了"科玄论战",反对"心物二元论",把党的机关刊物《新青年》作为社会科学杂志。他们自称是"现代最先进的社会科学派别"。延安时期,马克思主义中国化取得了重大进展,产生了毛泽东思想这一重大理论成果。在党直接组织和影响下,当代中国社会科学的重要学科开始起步。1930年,党组织成立了中国社会科学家联盟。包括文化思考与"科玄论战"在内,20世纪20—40年代发生过三次大论战,按时间顺序分别为:"科玄论战"、中国社会性质论战、文艺的民族形式论战。在这三次论战中,马克思主义尤其是其中的方法论,逐渐发挥出重要作用。

科玄论战。1923年2月,北京大学教授张君劢在清华做了题为《人生观》的演讲,认为科学不能解决人生观的问题。他说,科学是客观的,人生观为主观的;科学为论理的方法所支配,而人生观则起于直觉等等。同年4月,地质学家丁文江对此进行了批评,他同意胡适的意见,认为"今日最大的责任和需要,是把科学方法应用到人生问题上去"。梁启超认为:"人生问题,有大部分是可以——而且必要用科学方法来解决的。却有一小部分——或者还是最重要的部分是超科学的。"[1]

---

[1] 梁启超:《梁启超文选》下册,中国广播电视出版社1992年版,第548页。

胡适对心物二元论的批判是建立在"中国落后，哪里配得上排斥科学"的推理上的。当年的陈独秀和邓中夏强调物质原因引起社会变动，他们运用唯物史观批判了心物二元论。毛泽东在1921年1月21日给蔡和森的信中说："唯物史观是吾党哲学的根据，这是事实，不像唯理观之不能证实而容易被人摇动。"(1)这次论战以玄学论被批判、广大青年知识分子支持和同情科学派而告终。

中国社会性质论战。20年代末30年代初，陶希圣等学者发表文章，谈当时的中国社会性质。陶是中国思想史和经济史的专家，主张内部的资本主义论。他认为当时中国社会是金融商业资本之下的地主阶级支配的社会，而不是封建制度的社会。认为中国在周朝末年，商业资本主义就开始发展起来了，中国农民问题是资本问题的一面。严灵峰、任曙等人强调的是近代中国在帝国主义的侵略下，已经成为资本主义社会。社会性质也决定了当时革命的性质。最早提出中国是半殖民地半封建社会的是列宁。1912年7月，列宁在《中国的民主主义和民粹主义》一文中说，中国是一个"落后的、农业的、半封建国家"(2)。他在1916年初写的《社会主义革命和民族自决权》一文中说，"中国、波斯、土耳其等半殖民地国家……"(3)。在中国共产党内，陈独秀最先提出"半殖民地"，蔡和森最先提出"半封建"，时间是1922年。把半殖民地半封建连起来说，最早是蔡和森，他在1926年底给莫斯科中山大学中国学员作《中国共产党史的发展》报告中讲："中国共产党的政治环境是资产阶级德莫克拉西尚未成功，而是半殖民地和半封建的，中国共产党不仅负有解放无产阶级的责任，并且负有民族革命的责任。"(4)同年9月1日，毛泽东在《国民革命与农民运动》一文中指出："农民问题乃国民革命的中心问题。"所以"经济落后之半殖民地的农村封建阶级，

---

(1)《毛泽东文集》第1卷，人民出版社1993年版，第4页。
(2)《列宁选集》第2卷，人民出版社1995年版，第293页。
(3)《列宁全集》第22卷，人民出版社1958年版，第145页。
(4)《蔡和森文集》下，人民出版社2013年版，第795页。

乃其国内统治阶级国外帝国主义之唯一坚实的基础"[1]。这也是对中国半殖民地半封建社会性质的一种描述,是从生产力决定生产关系的基本原理出发判断中国当时的社会性质,体现了马克思主义的唯物史观。

文艺的民族形式的论战。胡风在《论民族形式问题》一书中强调启蒙是第一位,启蒙也要贯穿在救亡的过程之中。他强调文艺要不断地揭发中国"国民性"的弱点和病态,即揭出人民群众中"精神奴役的创伤",不赞成强调文艺的民族形式。毛泽东1940年发表的《新民主主义论》,并没有直接针对胡风,但却在客观上对这场争论做了总结,他说:"新民主主义文化是民族的、科学的、大众的。"此前张闻天曾经讲过,"民族的、科学的、民主的、大众的",这实际是在五四以来崇尚科学和民主之前,加上了民族。毛泽东认为大众的包含了民主的。毛泽东这个讲话的意义,大大超出了文艺文化民族形式的范围。

新中国成立之初,尚钺先生在人民大学对史学研究生讲,有日本学者说,研究中国历史的专家在日本。他倡导中国青年学者自立自强。这一时期,中国哲学社会科学的学科建设全面展开。与此同时,学科格局一定程度地受到了苏联的影响。

改革开放初期,我们党对文化和文明的认识达到了新的高度,强调中国文明的复兴。邓小平在1980年中央工作会议上讲:我们的思想道德要"为世界上一切要求革命、要求进步的人们所向往,也为世界上许多精神空虚、思想苦闷的人们所羡慕"[2]。这在一定程度上也是对哲学社会科学具有中国特色和具有道义高度的期许。

尤其需要指出的是,改革开放以来,马克思主义中国化取得了重大成果,形成了中国特色社会主义理论体系,包括邓小平理论、"三个代表"重要思想、科学发展观、习近平新时代中国特色社会主义思想。

---

[1]《毛泽东文集》第1卷,人民出版社1993年版,第37页。
[2]《邓小平文选》第2卷,人民出版社1983年版,第368页。

这是当代哲学社会科学最重要的成果。

改革开放以来，由于改革实践的需要和开放的环境条件，西方人文社会科学被大量翻译引进。与此同时，在崭新的实践面前，在解放思想的氛围中，学者们对受苏联影响的哲学社会科学进行了深入思考，接受和运用了西方现代社会科学的一些方法，也取得了一些理论创新的重要成果。

前几年，中国社会科学出版社做了一件很有意义的工作，组织编写了中国当代社会科学学科发展史，总共是32本，请老专家写中国社会科学发展历程回忆，总共是8本，近年来，还每年出版中国社会科学发展年度报告。中国现代社会科学研究机构，最先是民国时期中央研究院的社会科学研究所，新中国成立后，在中国科学院设立了社会科学部，改革开放初期，成立中国社科院。

我们在充分肯定哲学社会科学事业取得显著成绩的同时，也要清醒地认识到一些值得高度重视的倾向：一是马克思主义在有的领域被边缘化、空泛化、标签化；二是一些同志过度迷信西方学术及其标准；三是以马克思主义为指导，特别是以马克思主义中国化的最新成果为指导立足中国实践的学术原创成果不多、能力不强。

我们已经进入了新时代，正在开启现代化强国建设的新征程，哲学社会科学现在比任何时候更需要而且也有条件体现中国特色。

如果要从当代文化文明的发展结构看，现代性与民族性始终在我们思考的视野之中。现代性肯定是我们的追求，但民族性则是我们的本体和根基。追求现代性决不是全盘西化，坚守民族性也决不是保护落后。领袖们所说的"赶上时代""引领时代"，是对现代性与民族性结构互动所做的最好阐释。

我们已经经历了革命、建设和改革开放的伟大实践，也经历了世界社会主义运动的发展与曲折。当代中国正经历着我国历史上最为广泛而深刻的社会变革，正在进行着人类历史上最为宏大而独特的实践创新。这必将给理论创造、学术繁荣提供动力、条件、源泉和空间。

中国哲学社会科学已经到了体现特色、风格、气派的时候，到了通过构建中国特色社会科学知识体系，以体现综合国力和软实力的时候。这是一个需要理论而且可以产生理论的时代，这是一个需要思想而且可以产生思想的时代，这是一个需要大师大家而且可以产生大师大家的时代。

目 录

绪论篇

第一章　中国当代经济发展学的研究方法　3
　一、马克思主义政治经济学研究的根本方法是唯物史观　3
　二、样本思维是西方经济学研究的前提　10
　三、中国当代经济发展学的研究方法应该是1+X　19

第二章　关于中国当代经济发展历史条件的几个问题　33
　一、关于统一的多民族国家建设的历史问题　34
　二、关于中国资本主义萌芽为什么没有及时生发出资本主义生产关系的问题　38
　三、关于中国地主制经济形态和小生产方式的问题　43
　四、关于中国近代社会性质的问题　48
　五、关于中国当代经济发展的生产力基础问题　53
　六、关于当代经济发展的国际环境与后发优劣势问题　59

第三章　中国当代经济发展的主题主线　65
　一、中国当代经济发展的主题是现代化　65
　二、现代化的核心是工业化　76
　三、现代化和工业化的主线是建立独立的完整的现代的工业体系和国民经济体系　92

历程分析篇

第四章　新民主主义经济实践的历史意义　99
　一、如何理解新民主主义经济形态　99
　二、新民主主义经济的发展状况　105
　三、新民主主义经济形态具有过渡性　109
　四、新民主主义经济实践的历史意义　115

第五章　工业化起步与社会主义改造　121
　一、社会主义改造的历史机遇和社会条件　121
　二、以工业化为主要内容的"一五"计划编制过程及意义　126
　三、工业化的起步及其基础建设　131
　四、社会主义改造的内涵与特点　134

第六章　二十年经济发展中的探索与曲折　142
　一、二十年发展的特点　142
　二、五年计划的编制执行情况　144
　三、工业化和现代化建设的情况　147
　四、三次经济改革的得失　152
　五、对中国经济发展道路的积极探索　158
　六、工作重心转移的曲折与挫败　164
　七、两次大的经济发展困局　166
　八、如何理解领导人对这二十年的评价　169
　九、从思想方法上分析产生"左"的错误的原因　172
　十、为什么"文化大革命"中经济还有一定程度的发展　175

第七章　改革开放时期的经济发展与理论思考　176
　一、40多年来改革开放的历程与经济发展战略的形成　176
　二、从基本数据看改革开放40年的巨大变化　182
　三、改革开放以来五年计划的执行情况　184
　四、现代化工业化进程加快　186

五、对改革开放的认识仍然需要深入思考　188

　　六、改革开放与三个解放　192

第八章　新时代经济发展的新前景　204

　　一、新时代新理念新担当　205

　　二、农业农村的现代化　212

　　三、发展动能的转换　221

　　四、共建共享与共同富裕　233

专题研究篇

第九章　经济增长特点与生产资料优先增长规律　249

　　一、70年来多数年份的经济是中高速增长的　249

　　二、对发展经济学资本形成理论的分析　250

　　三、生产资料优先增长是支撑经济中高速增长的直接原因　252

　　四、生产资料优先增长推动多数年份的经济高速增长　257

　　五、中国经济周期性波动的特点和成因　262

　　六、中国当代经济增长态势的新变化　264

　　七、生产资料优先增长规律还会继续发挥作用　265

第十章　市场背景下的政府角色与交易费用递减理论　268

　　一、广义人民政府与人民政府的性质　268

　　二、基本国情、建国历史和后发特点影响中国政府的角色　271

　　三、在中国当代经济发展中政府发挥着重要作用　273

　　四、需要澄清市场条件下政府作用的若干认识误区　276

　　五、政府与企业家的良性互动　280

　　六、政府在救助困境企业中的作用　282

　　七、政府服务有利于企业交易费用的节省甚至递减　284

第十一章　微观改革与产权链理论　288

　　一、微观改革与产权链概念　288

二、农村改革的核心是集体产权制度改革　289

三、国有企业改革的核心也是产权制度改革　293

四、用产权链理论概括微观改革是学理总结的一个尝试　295

五、民营企业也需要产权链延伸式改革　298

六、产权链的延伸推动了中国式产权制度的建设　302

七、产权链理论是对社会化大生产和市场的一般规律的新认识　305

第十二章　五年规划与信息结构理论　311

一、20世纪的计划情结及其争论　311

二、计划与市场之争的学理基础是市场信息的处置方式　315

三、市场信息的结构性特征与突破性发展　317

四、客观上政府在市场信息处理中始终在发挥作用　322

五、五年规划与信息结构理论　323

第十三章　市场的发育路径与渐进式改革理论　331

一、中国市场发育路径体现了渐进式改革　331

二、如同市场改革一样，整个经济体制改革都是渐进式的　337

三、渐进式改革的内在决定因素　341

第十四章　价值共生与激励兼容理论　351

一、激励兼容与价值共生的概念来源　351

二、马克思共同体思想与股份制条件下资本的社会性理论　353

三、公有制为主体是利益共同体的制度基础　354

四、建构在利益共同体基础上的价值共生　359

五、以价值共生为基础的激励兼容　363

六、激励兼容与价值共生的中国逻辑　368

七、进一步拓展价值共生和激励兼容的社会基础　370

第十五章　社会主义伦理秩序与第三种调节　371

一、伦理秩序客观存在　372

二、中国伦理秩序的特色　374

三、市场的趋利性需要伦理依托　376

四、伦理调节与市场调节、政府调节　378

五、伦理秩序建设与第三种调节　380

六、进一步发挥伦理秩序的调节作用　386

第十六章　综合平衡理论：积极的宏观经济学　389

一、综合平衡理论具有丰富的内容内涵　389

二、综合平衡理论在实践中形成和发展　391

三、综合平衡理论的科学性与历史地位　398

第十七章　国家经济治理与系统集成理论　405

一、国家经济治理的目标与实践　406

二、国家经济治理的系统结构　411

三、国家经济治理的价值取向　416

四、国家经济治理系统集成的独特优势　419

结论篇

第十八章　中国当代经济发展的知识体系框架　427

一、中国当代到底有没有经济发展的知识体系　427

二、要有建构中国当代经济发展知识体系的话语自信　429

三、对于中国发展奇迹的一些具有代表性的解释　430

四、在中国当代经济发展的实践中已经形成了一系列规律性认识　432

五、中国当代经济发展的知识体系框架　433

第十九章　中国文明崛起与新现代性　451

一、中国文明崛起和新现代性的定义　451

二、西方的现代化和现代性的基本概念　452

三、马克思主义及其中国化集中反映了新现代性　456

四、中国新现代性的认知方法　460

五、中国文明崛起所体现的新现代性的基本内涵　467
第二十章　中国当代经济发展的世界贡献与一般意义　475
　　一、关于世界贡献和一般意义的理解　475
　　二、中国当代经济发展的世界贡献　477
　　三、中国当代经济发展学的一般意义　479

后记　487

绪论篇

第一章

中国当代经济发展学的研究方法

新的理论命题是否有学理支撑，关键在方法。

中国当代经济发展学的理论命题能不能真正立起来，关键要看新的分析框架是否具有科学性。

我们首先要对大家比较熟悉的经济学的研究方法进行分析。

在一些经济学同行看来，马克思主义政治经济学的研究方法主要是抽象的方法。于是乎，在研究政治经济学社会主义部分时，学者们往往围绕着从产品切入还是从所有制切入进行讨论，而西方经济学的研究方法主要是实证的方法，因此借鉴西方经济学往往在实证分析上下功夫。

实际上马克思主义政治经济学的研究方法不仅仅是抽象法，而西方经济学的研究方法也不仅仅是实证的方法。因此，我们有必要依次从三个方面加以分析：一是马克思主义政治经济学研究的根本方法是什么；二是西方经济学研究的思维前提是什么；三是中国当代经济发展学的研究方法应该有哪些。

一、马克思主义政治经济学研究的根本方法是唯物史观

笔者认为，马克思主义政治经济学的研究方法是一个体系。第一

个层次是根本方法,那就是唯物史观。第二个层次涉及技术线路,主要是抽象的方法,包括由具体到抽象、由抽象到具体。对此,马克思在《资本论》第一版序言当中做了明确的说明。他说:"因为已经发育的身体比身体细胞容易研究些。并且,分析经济形势,既不能用显微镜,也不能用化学试剂。二者都必须用抽象力来代替。而对资产阶级社会来说,劳动产品的商品形式,或者商品的价值形式,就是经济的细胞形式。在浅薄的人看来,分析这种形式好像是斤斤于一些琐事。这的确是琐事,但这是显微解剖学所要做的那种琐事。"[1]他的分析思路是从具体的商品到商品的一般,由商品的一般和劳动的一般,再到资本主义的生产、流通、消费和分配。第三个层次涉及一些具体方法,包括归纳和演绎的方法、分析与综合的方法、定性与定量分析的方法、实证与规范的方法等。但最根本、最基础、最重要的方法是唯物史观。正是由于运用了唯物史观的根本方法,马克思创立了剩余价值学说,揭示了资本主义私人占有与生产社会化之间的无法调和的矛盾。

马克思晚年曾经提到他研究政治经济学的出发点,直接说明他运用了唯物史观的根本方法。马克思在《评阿·瓦格拉的〈政治经济学教科书〉》一文中指出:他们"甚至没有看出我的这种不是从人出发,而是从一定的社会经济时期出发的分析方法"[2]。

之所以说唯物史观是马克思主义政治经济学研究的根本方法,可以从以下五个方面来看。

一是从马克思的唯物史观与政治经济学研究的关系来看。马克思在《〈政治经济学批判〉序言》中提到了他研究经济问题的最初动因。他说:"我学的专业本来是法律,但我只是把它排在哲学和历史之次当作辅助学科来研究。(在马克思的心目中,政治经济学本质上是一门历史的科学。——引者注)1842—1843年间,我作为《莱茵报》的主编,第一次遇到要对所谓物质利益发表意见的难事。……最后,关于自由

---

[1] 《马克思恩格斯全集》第44卷,人民出版社2001年版,第8页。
[2] 《马克思恩格斯全集》第19卷,人民出版社1963年版,第415页。

贸易和保护关税的辩论，是促使我去研究经济问题的最初动因。"[1]大家都知道，马克思的政治经济学理论主要体现在《资本论》的三卷当中。《资本论》出版发行比马克思的其他著作在时间上要晚，其中《资本论》的第二卷和第三卷是在马克思逝世后由恩格斯整理出版的。确实，马克思研究政治经济学经历了一个比较长的历史过程，从1843年开始，断断续续地直到他逝世的1883年。在马克思的思想进程中，哲学与政治经济学一直是他探索领域中的一对密不可分的孪生姐妹。他的兴趣时而从哲学转向政治经济学，时而又从政治经济学转回哲学。但从总体上讲，他是在确立了唯物史观之后，才慎重地在政治经济学研究中作出判断的，或者把他的判断公开发表出来。日本的马克思主义理论家河上肇，在1920年4月出版的《近世经济思想史论》中说："他（指马克思。——引者注）的历史观，起初稍有系统的，便是1848年发表的《共产党宣言》，更有一定的公式的，便是1859年著述的《经济学评判》一部书底序文（指《政治经济学批判》序言）。——引者注）。""《资本》（指《资本论》。——引者注）虽然通体与他特有的历史观作基础，三卷之中，随处有历史观底光闪出，却并没有将历史观特别提出，系统地说述过的。"[2]中国社科院学部委员靳辉明认为："如果说马克思在写作《1844年经济学哲学手稿》时期对政治经济学的研究，促进了历史唯物主义诞生的话，那么马克思写于1847年上半年的《哲学的贫困》，运用刚刚创立的唯物史观通过对政治经济学的研究，促进了马克思主义政治经济学的诞生。"[3]

二是从马克思研究的样本选择来看。马克思说："英国博物馆中堆积着政治经济学史的大量资料，伦敦对于考察资产阶级社会是一个方便的地点。"[4]为什么把英国作为样本，马克思在《资本论》第一卷第一版序言中说得更明确。他说："我要在本书研究的，是资本主义生产

---

[1]《马克思恩格斯全集》第13卷，人民出版社1962年版，第7—8页。
[2]《陈望道译文集》，复旦大学出版社2009年版，第34页。
[3] 靳辉明：《思想巨人马克思》，中国社会科学出版社2018年版，第452页。
[4]《马克思恩格斯全集》第13卷，人民出版社1962年版，第10页。

方式以及和它相适应的生产关系和交换关系。到现在为止,这种生产方式的典型地点是英国。因此,我在理论阐述上主要用英国作为例证。但是,如果德国读者看到英国工农业工人所处的境况而伪善地耸耸肩膀,或者以德国的情况远不是那样坏而乐观地自我安慰,那我就要大声地对他说:这正是说的阁下的事情!"(1)

三是从马克思研究的思路调整来看。《政治经济学批判》是马克思写作《资本论》之前的宏大的经济学写作计划。1857年,马克思在《导言》中曾设想了"五篇结构":①社会生产一般的抽象的规定。②形成资产阶级社会内部结构并且成为基本阶级的依据的范畴——资本、雇佣劳动、土地所有制。③资产阶级社会在国家形式上的概括。④生产的国际关系。⑤世界市场和危机。

1858年,马克思又提出"六册计划":①资本。②土地所有制。③雇佣劳动。④国家。⑤对外贸易。⑥世界市场。马克思在《〈政治经济学批判〉序言》中说:"我考察资产阶级经济制度是按照以下的次序:资本、土地所有制、雇佣劳动;国家、对外贸易、世界市场。在前三项下,我研究现代资产阶级社会分成的三大阶级的经济生活条件;其他三项的相互联系是一目了然的。"(2)

1861年到1863年,马克思写了一部篇幅很大的经济学手稿,约200个印张。这部手稿涵盖了《资本论》的所有内容。1862年,马克思调整了原先的写作计划,正式确定书名为《资本论》,把原来的书名《政治经济学批判》改作副标题,已经出版的《政治经济学批判》第一分册的内容,成为《资本论》的绪论性的内容。在此基础上,马克思计划把《资本论》分为四卷,第一卷是资本的生产过程,第二卷是资本的流通过程,第三卷是资本生产总过程的各种形式,第四卷是理论史。关于马克思研究思路的调整,笔者认为体现在两个方面:其一,正如马克思自己所说的,"我把已经起草好的一篇总的导言(指马克

---

(1)《马克思恩格斯全集》第44卷,人民出版社2001年版,第8页。
(2)《马克思恩格斯全集》第13卷,人民出版社1962年版,第7页。

思为他当时计划写作的《政治经济学批判》而写的总的导言。——引者注）压下了，因为仔细想来，我觉得预先说出正要证明的结论总是有妨害的，读者如果真想跟着我走，就要下定决心，从个别上升到一般。"(1)马克思"仔细想来"的新思路就是唯物史观的思路。其二，根据生产、流通、消费、分配这样的顺序开展研究，从商品这个细胞的解剖出发，进而从商品的一般到劳动的一般，从剩余劳动再到剩余价值，揭示资产阶级社会的根本矛盾，这充分体现了唯物史观的根本方法，也符合认识论的基本规律。

四是从马克思研究的技术线路来看。技术线路是理工科包括软科学研究中使用的概念，通常是指研究者要达到研究目标，准备采取的技术手段、具体步骤及解决关键性问题的方法等在内的研究途径，强调具有可操作性。引入技术线路的概念，有利于理解马克思政治经济学研究方法体系当中的不同层次。我认为马克思研究政治经济学所使用的抽象方法，是一种技术线路。在市场上，商品林林总总，很具体、很生动。但研究商品的一般，研究商品的使用价值和价值，这就是抽象，即由具体到抽象。从商品到商品的生产过程，再到商品的流通过程，最后到商品生产的总过程，这是由抽象到具体。抽象不是凭空想象，而是来源于具体，依据于具体；运用抽象方法，也不是在概念上打圈圈，而是依据具体并回归到具体。笔者认为，抽象的目的在于从感性认识上升到理性认识。显然，这不是像黑格尔和普鲁东那样的抽象。马克思在《哲学的贫困》中说，"他们在进行这些抽象时，自以为在进行分析，他们越来越远离物体，而自以为越来越接近，以至于深入物体"，最后成为头脑中纯粹的意识和"意向"，并认为"世界上的事物是逻辑范畴这块底布上绣成的花卉"(2)，把存在和意识关系颠倒了。

既然唯物史观是马克思主义政治经济学研究的根本方法，那么我们需要对唯物史观的方法论有深刻认识。

---

(1)《马克思恩格斯全集》第13卷，人民出版社1962年版，第7页。
(2)《马克思恩格斯选集》第1卷，人民出版社1995年版，第139页。

唯物史观在马克思主义理论体系当中占有非常重要的位置，是马克思主义真理性、科学性的基石。唯物史观和剩余价值学说是马克思的两大发现。马克思运用唯物史观的科学方法揭示了资本主义剩余价值的规律，而剩余价值规律的发现也验证了唯物史观的科学性。马克思唯物史观的形成发端于1843年。这一年马克思在《莱茵报》"第一次遇到要对所谓物质利益发表意见的难事"，"为了解决使我苦恼的疑问，我写的第一部著作是对黑格尔法哲学的批判性的分析。……我的研究得出这样一个结果：法的关系正像国家的形式一样，既不能从它们本身来理解，也不能从所谓人类精神的一般发展来理解，相反，它们根源于物质的生活关系，这种物质的生活关系的总和，黑格尔按照十八世纪的英国人和法国人的先例，称之为'市民社会'，而对市民社会的解剖应该到政治经济学中去寻求"。(1)马克思在这一阶段，直到1848年《共产党宣言》发表之前，他的《1844年经济学哲学手稿》（写于1844年4月至8月）、《关于费尔巴哈的提纲》（写于1845年春）、《德意志意识形态》（写于1845年秋至1846年5月，与恩格斯合著）、1847年上半年所写的《哲学的贫困》以及《关于自由贸易问题的演说》（写于1848年2月），是马克思唯物史观这一新的世界观形成的过程。在1848年与恩格斯共同完成的《共产党宣言》中，唯物史观得到了完整表达和科学运用。在马克思主义思想体系中，唯物史观的创立和运用，具有标志性意义。斯诺（Edgar Snow）的《西行漫记》所记录的毛泽东自述，特别能够说明这个问题。毛泽东说：有三本书特别深地铭刻在我的心中，建立起我对马克思主义的信仰，我一旦接受了马克思主义对历史的正确解释以后，我对马克思主义的信仰就没有动摇过。这三本书中，第一本是陈望道翻译的《共产党宣言》。毛泽东说，这是用中文出版的第一本马克思主义的书。(2)毛泽东所说的对历史的正确解释，就是运用唯物史观对人类社会发展

---

(1)《马克思恩格斯全集》第13卷，人民出版社1962年版，第7、8页。
(2)［美］埃德加·斯诺：《西行漫记》，董乐山译，东方出版社2005年版，第147页。

规律的科学揭示。1859年1月,马克思在伦敦所写的《〈政治经济学批判〉序言》,对唯物史观进行了系统的总结和阐发。马克思在晚年书信中,提出了俄国可以跨过"卡夫丁峡谷"的科学论断,科学地阐明了内部因素与外部条件的关系,进一步丰富和完善了唯物史观。马克思的这一重要思想在《资本论》中也有表达,他说:"在《资本论》里的好几个地方,我都提到古代罗马平民所遭到的命运。这些人本来都是自己耕种自己小块土地的独立经营的自由农民。在罗马历史发展的过程中,他们被剥夺了。使他们同他们的生产资料和生存资料分离的运动,不仅蕴涵着大地产的形成,而且还蕴涵着大货币资本的形成。于是,有那么一天就一方面出现了除自己的劳动力外一切都被剥夺的自由人,另一方面出现了占有已创造出来的全部财富的人,他们剥削他人劳动。结果怎样呢?罗马的无产者并没有变成雇佣工人,却成为无所事事的游民,他们比过去美国南部各州的'白种贫民'更卑贱,和他们同时发展起来的生产方式不是资本主义的,而是奴隶制的。因此,极为相似的事变发生在不同的历史环境中就引起了完全不同的结果。"[1]恩格斯晚年关于历史唯物主义的通信,不仅根据无产阶级革命实践的需要,对马克思的唯物史观进行了解读,还丰富了唯物史观的内涵,比如生产关系和上层建筑的反作用和相对独立性,社会合力论等。

当然,我们对唯物史观的理解,不能简单地理解为经济决定论,而是既要理解其中的决定论,又要理解其中的辩证法。要理解动态的时空条件、内外因素,理解生产关系对生产力、上层建筑对经济基础的相对独立性以及反作用,有时候甚至起决定性作用,理解社会合力。要理解生产力与生产关系,经济基础与上层建筑矛盾运动的内在规律,理解由此引起的不同的变革形式。

马克思唯物史观最初形成的动因是经济问题,而唯物史观的形成、

---

[1]《马克思恩格斯文集》第3卷,人民出版社2009年版,第466页。

表达、丰富和完善，既与无产阶级革命实践相联系，又始终与经济问题和政治经济学研究联系在一起。

二、样本思维是西方经济学研究的前提

经济学的样本思维根源于西方中心主义。弗朗西斯·福山（Francis Fukuyama）因提出"历史终结论"而广受诟病，或许由于他意识到其中根本性的方法缺陷，或许由于他需要作些姿态，他间接地在《政治秩序的起源》一书中说明了西方中心主义，他说："中国是开发国家制度的先行者"，"我在本卷第2部分讲述国家崛起时，就以中国开始。经典现代化理论（指西方。——引者注），倾向于把欧洲的发展当作标准，只探询其他社会为何偏离"。[1]

在西方经济学的思维格局中，有三个样板和标杆：一是资本主义社会是最理想的社会；二是自由放任的市场经济是最好的经济状态；三是做若干假设前提下的规范分析，才是主流经济学的专业水平。因此，在西方经济学者看来，只有私有制才能与市场经济相融合；后发国家要实现工业化、现代化，只能按英美的路子走。同时在西方经济学者看来，经济学不应该有国别，像中国这样的发展中国家，产生不了经济学理论体系。中国经济学界也不太能接受中国经济学这个命题，很长时间里，这类选题的文章也很难在核心期刊上发表。在中国的大学里，直到现在，学习经济学要做规范分析是基本要求，博士论文中如果没有数学模型，就不能获得通过。

下面我们来看看上述样本思维的方法论缺陷。

首先，在西方经济学看来，后发国家要向市场经济转轨，必须全盘私有化。

"休克疗法"原是医学术语，在20世纪80年代中期被美国经济学

---

[1] ［美］弗朗西斯·福山：《政治秩序的起源：从前人类时代到法国大革命》，毛俊杰译，广西师范大学出版社2012年版，第19—20页。

家杰弗里·萨克斯（Jeffrey Sachs）引入经济领域，他在担任南美一个小国玻利维亚经济顾问时，针对该国的经济危机，采取了一些应急措施，取得了一定成效。苏联解体后，时任俄罗斯总统叶利钦，为了迅速向资本主义市场经济转轨，决定大刀阔斧地进行改革，任命当时年仅35岁的盖达尔（Егор Тимурович Гайдар）为政府代总理。盖达尔在萨克斯的指导下，在俄罗斯开始了休克疗法式的改革，改革的重头戏是加速推进私有化。盖达尔认为，改革之所以险象环生，危机重重，原因主要在于国有企业不是市场主体，竞争机制不起作用，价格改革如同沙中建塔，一遇到风吹草动，就会轰然倒塌。为了加速私有化，俄罗斯政府最初采取的办法是无偿赠送国有资产，将俄罗斯国有资产总值的1/3，约1.5万亿卢布分给俄罗斯国民（当时俄罗斯的人口刚好是1.5亿），每人1万卢布。结果导致原有的国有企业大部分落入特权阶层和暴发户手中，但他们没有打算长期经营，都着眼于尽快转手盈利。这样企业不断地动荡，无法正常经营，职工拿不到股息，也不能参与管理。由此引发经济全面下滑。1994年初盖达尔被迫辞职，叶利钦也被迫在1996年2月发表的国情咨文中宣布放弃休克疗法的改革。曾在莫斯科度过近20年记者生涯的意大利人朱利叶托·基耶萨（Джульетто Кьеза）认为，俄罗斯民主派改革家们不顾俄罗斯自己的传统和特点，丢掉了俄罗斯精神，照搬照抄在西方也有争议的新自由主义和现代货币主义的东西，结果使俄罗斯陷入了今天这样灾难性的境地。[1]

资本主义社会是不是理想的社会？马克思的《资本论》对此作了结论，资本主义周期性危机的爆发也在不断地证明马克思的结论。二战后一些发展中国家效仿西方国家发展资本主义，成绩单也不好看。中国社会主义市场经济所取得的巨大成就有目共睹。[2]

---

[1] 参见尹汉宁《中国政治经济学的研究方法》，《新文科教育研究》2021年第1期；焦一强：《"休克疗法"为何在俄罗斯失败？——一个文化解读的视角》，《俄罗斯研究》2006年第3期。
[2] 尹汉宁：《中国政治经济学的研究方法》，《新文科教育研究》2021年第1期。

对于资本主义分配中的两极分化，他们通常用所谓的"涓滴理论"来解释。近年来，美国的政治人物也有批评"涓滴分配模式"的。例如，2023年4月27日，美国总统安全顾问沙利文（Jake Sullivan）在布鲁金斯学会上发表讲话，强调美国面临四大挑战，其中第四个挑战是指里根经济学的"涓滴分配模式"带来的社会不平等，也就是资本赚钱后产生的溢出效应传导到下层人民。而实际结果是大多数下层人民并未获得好处，中产阶级失去了优势，少数富人却比以往任何时候都拿走了更多。[1]沙利文是以民主党的视角批评共和党的里根当年的"华盛顿共识"的，他无意也无力改变美国资本主义制度所具有的深层次问题。

其次，按照西方经济学的说法，后发国家的工业化和现代化，都必须照着英美的模式来。

这个说法在实践中也是行不通的。虽然无论是发展中国家还是发达国家都要经历一个由传统农业社会向现代工业社会转型的过程，这是共性，但是当今发展中国家与发达国家发展初期的情况有很多的不同。为此，谭崇台带领他的团队，专门就这个问题进行了跨期比较。他选择了5个发达国家，包括英国、美国、法国、德国和日本，与当今发展中国家进行比较。比较了发达国家与发展中国家的发展历程、发展要素、发展模式，得出的基本结论是：两者的相异性远远超出了相似性。很显然，英国的工业化，对内是靠圈地运动，对外是靠殖民掠夺。美国在发展初期，国土面积快速扩大，客观上为美国19世纪以来经济的飞速发展提供了极为丰富的自然资源和优越的地理条件。美国靠什么扩大国土面积呢？第一是侵占印第安人的居住地，第二是以武力为后盾强买他国的殖民地，第三是直接以战争掠夺他国领土。美国独立时（1776年），国土面积只有90万平方公里；到了1876年，国土面积达到了930万平方公里。这显然是后发国家无法模仿的。就政

---

[1] 任泽钢：《沙利文讲话，美国国内外政策剧变，全球化消亡和中美对峙》，2023年5月9日，见https://m.toutiao.com/is/iNcrMcMA/。

府作用而言，英国在产业革命初期，也重视政府作用；德国、美国、日本在工业化初期，都主张政府干预和实行贸易保护。谭崇台说："当今发展中国家所采用的经济政策，实际上并不是一般意义上的宏观经济政策或微观经济政策，而是推动经济发展的政策。"[1]

西方经济学的不同发展阶段，主要代表人物基本上是英美籍或者在英美工作的。20世纪50年代，西方经济学出现了以发展中国家为研究对象的一个分支，即发展经济学。发展经济学也是发达国家的经济学家研究发展中国家的经济发展问题。虽然发展经济学一定程度上受到了当时成为主流的凯恩斯经济学的影响，但它仍然是将发达国家作为样本来研究的。到了20世纪七八十年代，发展经济学开始走向衰落。笔者认为衰落的原因大概有三条。一是西方经济出现滞胀，加上两次石油危机，凯恩斯主义备受争议，一大批自由主义经济学家又开始兴奋起来，他们有条件也有兴趣以英美经济为样本，进行精致研究；二是尽管发展经济学仍然是西方学者以英美为样本进行研究，但在西方主流经济学看来，它还是偏离了自由放任经济学的正宗；三是发展经济学仍然坚持样本思维，对发展中国家特别是发展中大国来说，不怎么对路子。

最后，西方经济学认为，自由放任的市场经济是最理想的经济状态。

自由放任是西方经济学的传统，西方的经济学者都崇尚亚当·斯密的"看不见的手"理论。马歇尔的《经济学原理》后来被认为是微观经济学。西方经济学的主流学派虽然也对马歇尔的《经济学原理》进行过重大修改，但主要是技术性的。20世纪30年代这样的修改有三次。第一次修改是1933年，张伯伦和罗宾逊夫人提出垄断竞争理论。在马歇尔经济学中，市场是完全竞争的，垄断只是例外。张伯伦和罗宾逊提出了要注意影响市场完全竞争的因素，当然他们并没有

---

[1] 谭崇台主编：《发达国家发展初期与当今发展中国家经济发展比较研究》，武汉大学出版社2008年版，第647页。

否认自由放任的市场经济是最好的经济状态。第二次修改是1936年凯恩斯在《就业、利息和货币通论》中提出,在市场经济条件下,并不是任何时候都可以实现充分就业的,比如需求不足时(马歇尔认为市场是完全竞争的,就业也是充分的)。但凯恩斯同时认为,政府进行周期性干预,市场仍然可以回到理想状态。第三次修改是希克斯(John R. Hicks)于1939年发表的《价值与资本》,用序数效用论取代了基数效用论。这一修改维护了原来的需求曲线,也维护了所谓的资本主义市场经济的完美,同时也解决了马歇尔经济学的两大问题:一是消费倾向很难被精确计算;二是效用递减就会形成一个逻辑,也就是把增加的收入给穷人,更有利于扩大需求,但这与资本主义精神是相悖的。[1]

弗朗西斯·福山说,一个世纪以来,新自由主义知识分子坚决反对国家干预主义。他所说的可能是奥地利学派,大概是从20世纪20年代米塞斯(Ludwig Heinrich Edler von Mises)发表《社会主义制度下的经济核算》算起吧。

奥地利学派自认为是彻底的市场主义者,实际上在笔者看来,他们应该是极端市场主义者。他们自认为,奥地利学派有学者预测到20世纪30年代的大萧条和2008年的金融危机。有人说,米塞斯预测到20世纪30年代的大萧条,保住了他的私人财产,还挽救了奥地利经济;而宏观经济学的代表人物凯恩斯和最早的货币主义者欧文·费雪(Irving Fisher),在大萧条中个人资产受到了很大的损失。凯恩斯的财产损失了一半,费雪由此而破产,并在贫病交加中死亡。《经济学人》曾报道国际清算银行首席经济学家威廉姆·怀特(Willam White),早在2006年就预测到一场大的金融危机即将爆发〔也有人说华尔街投资人彼得·希夫(Peter D. Schiff),以及美国国会议员罗恩·保罗(Ron Paul)也曾预测到危机即将发生〕。

---

(1)〔美〕约瑟夫·斯蒂格利茨:《经济学》,高鸿业译,中国人民大学出版社1997年版,第7页。

还有一种说法叫"摩天大楼诅咒",也是奥地利学派经济学家主张和宣扬的。他们认为之所以发生经济危机,是因为政府干预。他们所奉行的商业周期理论是一种自然秩序理论,即当经济过热的时候,生产过剩可以通过市场清算的办法加以解决。甚至有一些极端的说法是,可以不要政府和中央银行。他们的哲学基础是康德的《纯粹理性批判》(此为康德的三大批判中的第一批判,另外两个批判分别是《实践理性批判》《判断力批判》),人的先验知识起支配作用,经济学是人的行为学,物质价值可以计算,但人的主观感受没有办法精确地计算。这是典型的"心物二元论"(20世纪20年代的中国知识界有过"科玄论战",其中一种观点就是"心物二元论")。[1]奥地利学派关于经济危机是政府干预造成的观点,在西方经济学界遭到很多学者的反对;他们关于经济过剩通过市场清算来解决的观点,被很多学者认为很难付诸实施,因为社会没有相应的承受能力。凯恩斯之前的经济危机造成的动荡本身就比较大,而对于今天如此之大的经济体来说,完全依靠市场清算的办法来解决商业周期的问题,社会将要承受更大的压力。

2008年金融危机之后,出现了英国女王之问。而英国经济学家的回答并没有讲市场具有自我平衡的能力,反而怪罪于政府机构,既奇怪又令人深思。2008年美国次贷危机爆发后,当年11月,英国女王访问了伦敦经济学院,女王提了一个问题:为什么没有人预见到危机的到来? 2009年7月,英国经济学教授给女王作了回复。回复称2009年6月,英国社会科学院就此召开了一次论坛。在他们看来,探讨如何让财政部,内阁办公室,商务、创新和技能部及英格兰银行和其他金融服务管理局的雇员发展出一套全新的、共享的大局观能力,让女王再也无须问这个问题。英国女王之问也从侧面说明了一个问题:要么奥地利学派真的预测到了这次金融危机,但是英国女王没有获得如此

---

(1) 参见冯兴元、朱海就、黄春兴:《经济学通识课》,海南出版社2020年版。

珍贵的信息；要么奥地利学派并没有预测到这次危机，或许就是平时对政府干预表示担心的一般性说法而已。

四是在西方经济学看来，做若干假设前提下的规范研究才是经济学的专业水平。

西方早期的经济学研究，往往还是从经济实务出发的，到后来基本上是一系列假设前提下的具有很强思辨色彩的所谓规范研究。利用假设前提或约束条件进行模型分析，对经济学研究中的某些选项可能有意义，但这显然不是所有经济学研究中都适用的方法。

西方经济学说史是以重商主义为起点的。前面已提到，政治经济学这一学科概念最早是由蒙克莱田提出的。他的出生地在英国，但国籍是法国。1615年，他出版了代表作《献给国王和王后的政治经济学》。他提到的政治经济学，是要强调国家和社会层面的经济，不仅仅局限于家庭经济、庄园经济。关注国家层面的贸易和经济发展，显然是注重经济实务的研究。

英国晚期重商主义的代表人物、英国贸易差额说（今天我们所说的贸易顺差）的主要倡导者托马斯·曼（Thomas Mun），出生于伦敦的一个商人家庭，1615年担任东印度公司董事，后来又担任政府贸易委员会常务委员。1621年他出版了《论英国与东印度的贸易》一书，1630年，他把该书改写为《英国得自对外贸易的财富》。亚当·斯密说，这一著作"不仅成为英格兰，而且成为其他一切商业国家的政治经济学的基本准则"；马克思说，该书"在一百年之内一直是重商主义的福音书，因此如果说重商主义具有一部划时代的著作，那么这就是托马斯·曼的著作"[1]。

重商主义，包括古典经济学，都有重视经济实务的倾向。重商主义者基本政策主张是希望政府高度重视商业和对外贸易。英国古典政治经济学的创始人威廉·配第（Willam Petty），在培根（Roger Bacon）和霍布斯（Thomas Hobbes）的哲学思想影响下，也主张务实研究，他

---

[1] 参见陈岱孙主编：《政治经济学说史》，吉林人民出版社1982年版。

说:"我进行这种工作使用的方法,在目前还不是常见的,因为我不采用比较级和最高级的词语进行思辨式的议论,相反地采用了这样的方法,即用数字、重量、尺度来表达自己想说的问题,只进行诉诸人们的感觉的议论,借以考察在自然中有可见的根据的原因。至于那些以个人的容易变动的思想、意见、胃口和情绪为依据的原因,则留待别人去研究。"(1)

古典经济学之后的新古典经济学(古典经济学虽然重视经济实务,但有的代表作也开了所谓规范分析的先河),特别是具有代表性的四套教材(2),基本研究方法是样板思维前提下的规范分析(有一种说法,现代西方经济学是成熟经济背景下的精致研究)。卡尔·门格尔(Carl Menger)是早期奥地利经济学家、边际效用理论的创始人之一,也是新古典经济学奠基人之一。他与德国历史学派晚期代表人物施穆勒(Gustav von Schmoller)的争论,既是西方经济学奉行世界主义的标志,同时也是注重与历史和经验保持距离的规范性分析的开始。

多次再版的《经济学》一书的作者萨缪尔森(Paul A. Samuelson)认为:"每个人都知道,当一种思想写进这种书籍(指教材。——引者注)中以后,不管它是多么不正确,它几乎会变为不朽的。"他承认,撰写《经济学》的目的是为了"影响一代人的思想"(3)。这些新古典经济学背景下的教材都注重规范分析,规范分析都有假设前提,比如完全竞争、充分就业、完全信息等——这些前提在现实生活中并不存在——,然后用数学方法形成模型公式。对这种思维方式,马克思在1844年《经济学哲学手稿》中就进行过分析。他说,他所研究的政治经济学"不要像国民经济学家那样,当他想说明什么的时候,总是置身于一种虚构的原始状态。……他把他应当加以说明的东西假定为一

---

(1) [英]威廉·配第:《政治算术》,陈冬野译,商务印书馆1960年版,第8页。
(2) 指穆勒的《政治经济学原理》,马歇尔的《经济学原理》,萨缪尔森的《经济学》,斯蒂格利茨的《经济学》(包括同时期曼昆的《经济学原理》)。
(3) 《萨缪尔森科学论文集》第4卷,MIT出版社1977年版,第870页。

种具有历史形式的事实"。(1)马克思还在亚当·斯密《国民财富的性质和原因的研究》一书的摘要中写有评注:"十分有趣的是斯密作的循环论证。为了说明分工,他假定有交换。但是为了使交换成为可能,他就以分工、以人的活动的差异为前提。他把问题置于原始状态,因而未解决问题。"(2)

许成钢在《经济学理论的贫困》一文中介绍了米尔顿·弗里德曼(Milton Friedman)"实证经济学的方法论"。弗里德曼说,只要一个理论的预测能够被证伪,这个理论就是科学的。他在讨论这个论点时,以物理学的无摩擦假设作为例子,说明这个似乎违反常识的物理假设,并不影响可证伪的物理学的结论。许成钢首先认为,无摩擦的理想实验只是伽利略的工作假设,并不是建立牛顿体系的基础。物理学理论体系建立的起点或者说基本假设,都是某些最基本的没有争议(当然也可能是暂时没有争议)的物理现象或猜想,或者叫公理或原理。(3)

在西方经济学流派中,对假定前提条件下的规范分析也有不同看法。奥地利学派代表人物哈耶克(Friedrich August von Hayek),也批判了新古典综合派的代表人物萨缪尔森的实证主义,他认为用模型公式说明问题,是科学的滥用和数学的滥用。他说,奥地利学派可以基于人的行为,用逻辑推导的方式就可以得出结论。

因此,设定前提下的规范分析,作为工具,可以借鉴运用,但是过分夸大它的作用,甚至认为只有做这种模型才是主流经济学的专业水平,肯定有失偏颇。而且设定的前提不能是不现实的,不能是一种"原始状态"。在市场经济知识越来越普及的背景下,模型往往还会给人简单问题复杂化的感觉,而假设的前提要么毫无意义,要么正好是需要进行认真研究的问题。

---

(1)《马克思恩格斯选集》第1卷,人民出版社1995年版,第40页。
(2)《马克思恩格斯全集》第2卷,人民出版社1981年版,第336页。
(3) 许成钢:《经济学理论的贫困——从博尔顿"货币主义之困"得到的启发》,《经济学(季刊)》2020年第1期。

三、中国当代经济发展学的研究方法应该是1+X

如果把中国当代经济发展学作为政治经济学的一个新命题、新形态进行研究，那么就要深入学习和掌握马克思主义政治经济学的根本方法，要对西方经济学的思维方式和分析工具，进行深入剖析和甄别，在此基础上进行技术线路的创新，甚至进行研究范式的革命。

前面讲到，范式革命是美国科学哲学家托马斯·库恩在《科学革命的结构》中提出的一个概念。他说，范式是科学共同体共同遵守的规范与信念。笔者理解范式所涵盖的范围，不仅包括分析工具、技术线路、研究方法，还包括技术标准和思维方式。

那么，中国当代经济发展学的研究要运用哪些方法呢？显然按照西方经济学的样板思维，进行所谓的规范分析，难以说明中国的经济现象，更难以解释中国经济发展的内在原因。要坚持这样做，形成的理论成果也不是真正的中国经济学，只能算是在中国的某一个西方经济学学派的研究成果。

此外，按照苏联《政治经济学教科书》社会主义部分的研究方法，也难以开展中国当代经济发展学的研究。

由于时代条件所限，马克思没有系统地研究社会主义政治经济学。在斯大林的领导下，苏联做过这方面的尝试。1920年，列宁读布哈林（Николай Иванович Бухарин）《过渡时期的经济学》写下了批注，在总体肯定的同时，对布哈林认为不需要社会主义政治经济学，否定社会主义生产方式经济规律的客观性进行了批评。布哈林认为："资本主义商品社会的末日，也就是政治经济学的告终。"列宁说："不对，即使是共产主义社会也还有Ⅰ（v+m）和Ⅱc的关系，还有积累呢。"[1]1929年，苏联公开发表列宁的这个批注，引起了关于研究社会主义政治经济学的讨论。1940年，苏共中央要求编写政治经济学教科书。1951年，

---

[1] 刘佩弦、郭继严主编：《20世纪马克思主义史——从十月革命到中共十四大》，人民出版社1994年版，第104页。

苏联科学院经济研究所编写了《政治经济学教科书》(未定稿)。《斯大林年谱》中记载,他们先后组织了几十次讨论会,而且斯大林要求教科书"享有无可争议的权威"。针对讨论中提出的问题,斯大林于1952年2月至9月间写了有关经济问题的意见和三封信,并于当年结集为《苏联社会主义经济问题》一书出版。该书回答了社会主义建设中的一系列重大理论问题,比如商品生产的必要性、基本经济规律的客观性、有计划按比例的原则、社会主义矛盾的内涵等。1954年,苏联《政治经济学教科书》出版。1959年11月至1960年2月,毛泽东号召学习的版本是第三版下册(人民出版社1959年版)。1958年11月,毛泽东还要求学习斯大林《苏联社会主义经济问题》。1960年1月4日,毛泽东读《政治经济学教科书》第三十二章"社会主义制度下的商业"时说:"不能说这本书完全没有马克思主义,因为书中有许多观点是马克思主义的;也不能说完全是马克思主义的,因为书中有许多观点是离开马克思主义的。特别是写法不好,不从生产力和生产关系的矛盾、经济基础和上层建筑的矛盾出发,来研究问题,不从历史的叙述和分析开始自然得出结论,而是从规律出发,进行演绎。"[1]苏联《政治经济学教科书》不仅研究方法的科学性受到质疑,而且实际上也存在以苏联模式为样板的思维,在改革开放之前,该书对中国有较大影响,但是并不完全适合中国,特别是不适合中国改革开放以来的社会实践。

因此,中国当代经济发展学的研究必须从中国的实践出发,如果说研究方法是一个体系的话,首先必须坚持马克思主义政治经济学研究的根本方法——唯物史观,这是第一个层次,是管总的方法。第二个层次就是技术线路,包括运用社会矛盾运动规律分析法、空间与时间关联分析法、总体分析法、总结会通分析法、点面结合分析法、普遍性与特殊性相联系分析法。笔者认为,技术线路的这六种方法是唯物史观根本方法的坚持和贯彻。第三个层次才是根据需要,涉及一些

---

(1)《毛泽东文集》第8卷,人民出版社1999年版,第138页。

具体的方法和具体的分析工具，比如归纳与演绎的方法、实证与抽象的方法、定量与定性的方法，以及西方经济学中的一些分析工具等。

（一）必须坚持唯物史观的根本方法

1. 从中国社会主义实践出发，本身就是唯物史观的重要体现

马克思主义经典作家对未来社会的设想是建立在资本主义充分发展的基础上的，并没有涉及未来社会的市场问题，甚至他们预测未来社会不需要利用商品货币关系。恩格斯在《共产主义原理》和《反杜林论》中，马克思在《资本论》和《哥达纲领批判》中，都认为未来社会要消灭私有制，由自由人联合体共同占有共同使用生产资料；此外社会生产是协作的，并且按协议分配全部产品。马克思在《哥达纲领批判》中说到了"社会总产品"的必要扣除，说到了"生产者不交换自己的产品"，"直接作为总劳动的组成部分存在着"，使用"劳动凭证"计量劳动量和参加分配。[1]

马克思主义经典作家关于未来社会建立在资本主义充分发展基础上的结论也有例外，例如，马克思对以俄罗斯农村公社为代表的东方社会的革命前途问题有过深刻论述。马克思晚年还深刻指出："在将来某个特定的时刻应该做些什么，应该马上做些什么，这当然完全取决于人们将不得不在其中活动的那个既定的历史环境。"[2]

刚刚取得十月革命胜利的俄国，一方面为了保护新生政权，另一方面出于直接过渡到共产主义的考虑，曾经实行了战时共产主义。战争结束后，社会生产水平明显低于战前，战时共产主义难以继续坚持下去了。列宁说："我们……用无产阶级国家直接下命令的办法在一个小农国家里按共产主义原则来调整国家的产品生产和分配。现实生活

---

(1) 马克思：《哥达纲领批判》，人民出版社2018年版，第14页。
(2) 《马克思恩格斯选集》第4卷，人民出版社1995年版，第643页。

说明我们错了。"[1]列宁所领导的布尔什维克党于1921年3月召开第十次代表大会,作出了由战时共产主义转入新经济政策的决议。新经济政策的实质是利用商品货币关系发展经济。新经济政策仅仅实行了一年时间,国家经济就迅速恢复起来了,经济社会运转出现了空前的生机与活力。正是在这种背景下,才得以召开第一次苏维埃代表大会,宣布成立苏维埃社会主义共和国联盟即苏联,新生的社会主义政权才站稳脚跟。列宁的新经济政策思想是在社会主义实践中形成的,是对马克思主义的继承和发展。新经济政策包括利用商品货币关系,包括将国家所有作为生产资料公有或共同所有的组织形式,包括允许私有经济和自由贸易在一定范围内存在,包括对外开放、允许资本主义国家的企业租赁苏联的国有企业,等等。

新经济政策实施到1929年,由于主客观方面的原因,斯大林作出了重大调整,逐渐形成了以两种公有制形式、指令性计划、按劳分配为主要内容的苏联模式。这对苏联和其他社会主义国家产生深远影响。斯大林认为全民所有与集体所有存在着利益差别,需要商品货币关系,需要市场交换。

中国共产党人对社会主义社会需要商品货币关系、需要市场的认识是深刻的。1958年,毛泽东在郑州召开的工作会议上深刻指出:"商品生产,要看它是同什么经济制度相联系,同资本主义制度相联系就是资本主义的商品生产,同社会主义制度相联系就是社会主义的商品生产。"[2]1992年,邓小平发表南方谈话,指出:"计划经济不等于社会主义,资本主义也有计划;市场经济不等于资本主义,社会主义也有市场。计划和市场都是经济手段。"[3]两位领导人对商品经济和市场的认识,来源于中国社会主义实践,来源于解放和发展社会生产力的内在要求,是对马克思科学社会主义理论与实践的重大创新与突破。

---

(1)《列宁选集》第4卷,人民出版社2012年版,第570页。
(2)《毛泽东文集》第7卷,人民出版社1999年版,第439页。
(3)《邓小平文选》第3卷,人民出版社1993年版,第373页。

改革开放40多年来的实践,既是中国特色社会主义不断创新发展的实践,也是探索发展商品经济和运用市场配置资源的崭新实践。先是提出有计划的商品经济的改革思路,然后逐步深化为社会主义市场经济的改革取向。

确立有计划的商品经济改革思路前后,先是"计划经济为主,市场调节为辅",后来是"国家调节市场,市场引导企业";确立社会主义市场经济的改革取向后,先是"市场在资源配置中起基础性作用",到党的十八届三中全会《中共中央关于全面深化改革若干重大问题的决定》提出"使市场在资源配置中起决定性作用和更好发挥政府作用"。到了十九届四中全会、五中全会,中国共产党人对中国特色社会主义条件下的经济治理又有了新的认识。十九届四中全会就中国当代制度文明,讲了13个方面的显著优势。讲了上层建筑的相对独立性和反作用,有时甚至起决定作用;讲了"全国一盘棋",调动各方面积极性,集中力量办大事的显著优势;讲了把社会主义市场经济体制,作为社会主义基本经济制度的内容;讲了关键核心技术攻关方面的新型举国体制;等等。十九届五中全会就宏观经济治理体系作了比较完整的描述,还把共同富裕作为远景目标列入其中,即:"人民生活更加美好,人的全面发展,全体人民共同富裕,取得更为明显的实质性进展。"

从最初马克思主义经典作家设想的新的社会形态不需要商品货币关系到东方社会的例外,从列宁的新经济政策到斯大林的苏联模式,从毛泽东同志的看商品生产同什么经济制度相联系,到邓小平同志的计划与市场都是调节手段,从计划经济为主市场调节为辅,到发挥市场在资源配置中的基础性作用,再到市场在资源配置中起决定性作用和更好发挥政府作用,这些都是社会主义从理想变成实践过程的生动体现,也说明我们党对中国特色社会主义的规律性认识达到了空前的高度。这在社会主义运动史、社会主义政治经济学说史和社会主义改革思想史上,具有标志性意义。

2. 坚持唯物史观研究中国当代经济发展学，我们需要秉持科学的史学精神

经济学在本质上是历史科学。我们通常所说的史学研究，就是重史料，靠文献和考古相互印证，客观全面地认识历史，还原历史的真实。"历史就是历史，历史不能任意选择"。运用历史叙述和分析的方法研究中国经济问题，是从地上升到天上，而不是从天上降到地上；是从实践出发，不是从概念出发。

科学的史学精神，就是不从概念出发，不主观臆断，客观全面地占有史料，还原历史的本来面目，作出有事实依据的判断。不预设前提，不张冠李戴，不生搬硬套，不虚言妄议，不云山雾罩。

中国当代经济发展学，应该是反映中国经济发展进程和走向的科学理论，应该对历史具有解释能力，对未来有启示。因此，需要秉持"本我、理性、求真、直书、信史"的史学精神。

坚守本我。历史总是具体的、实在的，具有明确的时空限定。运用史学精神研究经济学，虽然要比较，要进行关联分析，要古今中外，要借鉴人类文明的有益成果，但出发点和落脚点是中国实际和实践。不能本末倒置，不能简单地用西方经济学的理论评判和剪裁中国实践。

坚守理性。客观理性是史学精神的重要体现。运用史学精神研究经济学，无论是切入点、占有资料，还是分析判断、提出假说，都需要清醒冷静，防止感情用事，防止简单偏激。

坚守求真。要注重史料甄别，去伪存真，注重权威性、代表性，关注真实的能够反映主流趋势的经济发展实践，注重历史脉络的主流主线，把握本质。

坚守直书。秉笔直书是史学研究中备受推崇的科学精神。运用史学精神研究经济学，要对经济发展实践进行实事求是的总结，既要总结经验，又要汲取教训，直面失误和不足，并深刻剖析其中的原因。

坚守信史。信史就是对历史客观叙述和理性分析。这不同于西方

经济学研究中推崇的实证研究方法,是纪事真实可信、无所讳饰的信史追求,是体现史学精神的实证,是一种客观价值判断。是"思辨终止"的"真正的实证"。马克思和恩格斯在《德意志意识形态》一文中指出:"思辨终止的地方,即在现实生活面前,正是描述人们的实践活动和实际发展过程的真正实证的科学开始的地方。"[1]

3. 运用唯物史观研究中国当代经济发展学,符合中国人的思维传统

西方知识界往往把古希腊作为他们的精神家园,也极力推崇古希腊的思辨思维传统。在中国的思想史学界,不少学者(比如李泽厚)认为,中国的思维传统是实用理性;也有学者(比如刘家和)认为,客观上存在理性思维结构,西方以逻辑思维理性为主体,中国以历史思维理性为主体。

2017年,美国加州理工大学政治学系教授张善若在北京大学举行讲座,主题为《中国政治文化与文本分析方法》。她首先批驳了黑格尔在《哲学史讲演录》中的一段话,即:"中国历史从本质上看是没有历史的,它只是君王覆灭的一再重复而已,任何进步都不可能从中产生。"她说西方带有偏见,误读误判中国的历史与现状。西方一些学者在研究中国的时候,虽然没有明确地讲出来,但暗含着对中国政治思维的学术和政治偏见,他们认为中国政治思维是未启蒙的,非理性的,教条化的。她说西方研究中国政治比较流行的方法有两种,一是心理学方法,二是舆情分析方法。心理学分析认为,中国长期受儒教思想的影响,对父权结构强烈依赖,要寻求和依赖新的权威。这显然是诋毁中国,把中国的政治文化解读为情感式的、非理性的。舆情分析方法是现代问卷调查方法的运用。比如史天健(美国杜克大学政治学系副教授),重点研究中国的政治参与、政治文化的影响等,他的研究结论被中国人所接受。张善若肯定了这种研究的实证意义,但她认为,

---

(1)《马克思恩格斯选集》第1卷,人民出版社1995年版,第73页。

这种研究加剧了中西政治文化的对立，并没有就中国不同于西方的原因进行深层次分析。张善若认为，要运用文本分析方法，回到"意义建构过程"。她还与中山大学教授景怀斌共同开发了"文、史、哲文本分析方法"，对《大学》进行三段式分析，即"是什么""为什么""怎么做"，然后得出中国政治文化的特点是"实用理性"，西方政治文化则带有"纯理性"的特点。

《大学》原为《礼记》中的第四十二篇，后来单列出来成为"四书"之一，且被列为"四书"之首。

在《大学》中，首先讲"是什么"，即："大学之道，在明明德，在亲民，在止于至善。知止而后有定，定而后能静，静而后能安，安而后能虑，虑而后能得。物有本末，事有终始。知所先后，则近道矣。"

接下来讲"怎么做"，即："古之欲明明德于天下者，先治其国。欲治其国者，先齐其家。欲齐其家者，先修其身。欲修其身者，先正其心。欲正其心者，先诚其意。欲诚其意者，先致其知。致知在格物。""物格而后知至，知至而后意诚，意诚而后心正，心正而后身修，身修而后家齐，家齐而后国治，国治而后天下平。"

最后讲"为什么"，对此作了经验性的回答："自天子以至于庶人，壹是皆以修身为本。其本乱而末治者否矣。其所厚者薄，而其所薄者厚，未之有也。"

张善若分析，不能说《大学》所讲的追求不是理性的，应该是实用理性。张善若说，往远看，先秦经典如此；往近看，比如领袖的文稿，毛泽东在《井冈山的斗争》一文中，对现实经验进行了分析，支持了民主集中制。

因为张善若的这个说法，笔者重读了《井冈山的斗争》。确实，毛泽东在《井冈山的斗争》中有一段论述的思维结构，能够说明问题。毛泽东说："红军的物质生活如此菲薄，战斗如此频繁，仍能维持不敝，除党的作用外，就是靠实行军队内的民主主义。官长不打士兵，官兵待遇平等，士兵有开会说话的自由，废除烦琐的礼节，经济公开。

士兵管理伙食，仍能从每日五分的油盐柴菜钱中结余一点作零用，名曰'伙食尾子'，每人每日约得六七十文。这些办法，士兵很满意。尤其是新来的俘虏兵，他们感觉国民党军队和我们军队是两个世界。他们虽然感觉红军的物质生活不如白军，但是精神得到了解放。同样一个兵，昨天在敌军不勇敢，今天在红军很勇敢，就是民主主义的影响。红军就像一个火炉，俘虏兵过来马上就熔化了。中国不但人民需要民主主义，军队也需要民主主义。"[1]在这段论述中，士兵很满意和俘虏兵精神得到了解放，说的是"是什么"；实行民主主义的一些具体做法，回答了"为什么""怎么做"；得出的结论是军队也需要民主主义。如果按照西方的思辨思维或者所谓规范分析逻辑思维，用数字坐标甚至是模型来分析，那么首先要设计长官的态度指数、士兵的情绪指数，以及官兵的收入差距指数；然后再分析长官的态度指数、官兵的收入差距指数，如何决定士兵的情绪指数。这样分析，一方面是把简单问题复杂化了，另一方面是忽略了军队的性质，忽略了士兵的阶级立场。

笔者认为，在中国传统的思维理性结构中，历史思维理性、伦理思维理性和实用思维理性共同发挥着作用。历史思维理性，包括历史叙述和分析的理性，历史判断的理性，历史地看问题的理性，历史镜鉴的理性。在历史思维理性中，并不是没有逻辑思维理性，比如常与变、成与败、得与失。在伦理思维理性中，最重要的是道德理性和秩序理性。伦理思维理性中也有逻辑思维理性，比如理和礼的重要性。实用思维理性主要是注重现实和管用，用结果和效果来支撑逻辑思维。伦理思维理性和实用思维理性，都是历史的、动态的。

有人认为，中国人的思维习惯与汉字有关系，张学新认为中国的汉字是拼义字，阅读汉字的视觉有脑电波反应，也就是N200，可以从阅读直接进入思维。[2]这种观点未必所有人都接受。但是，中国人的思维习惯与最早进行国家建设的历史有关系，与原生态文明延续至今

---

[1]《毛泽东选集》第1卷，人民出版社1991年版，第65页。
[2] 张学新：《拼义符号：中文特有的概念表达方式》，《科学中国人》2012年第23期。

的文化积累有关系，似乎是能够得到广泛认同的。

当然，要从整体上看待中国传统思维特性，除了与实用理性相关的思维特性外，还有注重整体思维的特性，比如注重"家国情怀"，不刻意突出个体个人等；此外还有辩证思维的特性，比如"祸兮福所倚，福兮祸所伏"等。

由此可见，中国的传统思维特性比较容易接受唯物史观的根本方法。

（二）在技术线路上运用好六种方法

1. 社会矛盾运动规律分析法

也就是从生产力决定生产关系、生产关系反作用于生产力这样一个良性互动的机制，来观察当代中国经济发展的制度设计、改革指向、政策选择。往往是发展得比较顺利、比较健康的时候，就是较好地遵循了社会矛盾运动规律的时候；而当发展出现大起大落甚至走弯路，需要进行大的改革调整的时候，就一定是偏离了社会矛盾运动规律的时候。

2. 空间与时间关联分析法

空间限定绝对化、空间影响无限论，以及历史终结论、简单的历史决定论等，都具有明显的方法论缺陷。空间中有时间因素，时间中有空间区别。空间与空间有联系，时间上的过去、现在和将来更是相互关联。考古学家许宏认为中华文明从来就不外在于世界，这个结论未必所有人都能够理解，但是随着考古的新发现，中国和世界产生联系的最早的时间被不断地往前推移，这确实是值得重视的一个趋向。在空间与时间关联分析法中，又可以具体分解为三维分析法。三维分析方法包括国情基础分析方法、历史传统分析方法、国际环境分析方法。运用空间与时间关联分析方法，有利于我们认识中国新民主主义经济形态的独创性、社会主义改造的时机选择、社会主义基本经济制度的形成、非对称财政体制与转移支付、一些领域的举国体制运用、产业政策与政府作用、区域发展战略、经济生活中的伦理底色等。

运用空间与时间关联分析方法，也能解释发达资本主义国家在发展中的政策选择。从国别经济学的层面讲，国家与国家之间是存在着利益博弈的，按照比较优势进行国际分工，要么是一厢情愿，要么是一种纯理想的状态。特别是先发国家经济遇到困难、后发国家经济持续上升的特定阶段，国家之间的博弈就更加激烈。不能简单地把这种博弈看成是市场经济与非市场经济之争。我们有一些经济学家，经常讲中国应该分析自己的资源禀赋，依托比较优势发展自己。就具体的产业和企业而言，这种观点是有道理的，但在一个超大型的国家范围内，从战略和安全的角度考虑整体经济的持续发展，仅仅运用比较优势理论，显然是不够的。

3. 总体分析法

总体分析方法与中国传统的整体思维相契合。总体思维有系统思维的成分，但不仅仅如此，总体分析方法是政治经济学本源的题中应有之义。前面我们说到应该回到政治经济学的本源。在蒙克莱田看来，政治经济学是不同于家庭经济或庄园经济的研究，而是指国家和社会层面的经济理论。古典经济学注重个量分析，只不过是用抽象的方法来说明整体，当然也有用抽象的模式简单地等同于整体的问题。中国当代经济发展学，不是经济运行中的精致研究、精细研究，不是经济发展的某个侧面的研究，不是局部研究、碎片化的研究，而是要从总体上研究中国当代经济发展为什么能够取得成就，为什么会呈现出一些不一样的特征，包括为什么会发生一些失误。要研究中国当代经济发展总的规律性，要研究中国当代经济发展的主题主线、总体的发展轨迹、总体的增长形态、总体的制度变迁、总体的政策设计、总体的战略谋划。当然总体分析方法不是不关注结构、领域、局部，而是在总体的背景下分析结构、领域、局部。对结构、领域、局部甚至个体的研究，也是为总体研究和总体把握服务的。

4. 总结会通分析法

所谓总结，就是对过去发生的事进行回顾、梳理与分析，观察其得失成败，分析其中的原因，找出规律性的东西。总结的方法不完全等同于归纳的方法，是将我们党的重要工作方法引入到经济学研究之中。（1965年7月26日，毛泽东对李宗仁的秘书程思远说："我是靠总结经验吃饭的。"）总结具有主体性，注重客观事实和理性思考。总结涵盖本书研究的全过程，历程研究中要有总结，专题研究中要有总结，综合起来形成判断和结论也需要总结。在总结中，要运用动态思维、系统思维、关联思维和比较思维。会通是古人看重的思维方法。《易经·系辞上》说："圣人有以见天下之动，而观其会通，以行其典礼"。也就是说，圣人能从世间万物变化中，观察其可以会而通之之道，以显现其规律。会通就是会合变通，融会贯通。总结会通就是在总结中"顺流式""串联型""穿透性"地看，联系起来条分缕析，有时还会运用"古今中外"的视角，提炼出带有规律性的内容，对过去有客观的评价，对今后有深刻的启示。总结会通分析法的内涵和外延比西方所流行的实证研究方法也要宽泛得多，虽然二者都具有直接经验特征，但实证研究通常是指研究者直接观察，取得资料和信息，为提出理论假设和验证理论假设而展开的研究。而且西方学者经常运用的实证研究方法，多为数理实证，其所形成的数理模型都有假设的前提，而且所假设的前提往往在现实中是不存在的。总结会通分析法的运用不限于研究者，还包括领导人和管理者。运用总结会通分析法来观察、评价，有的有理论框架作为前提，有的完全没有理论框架，而是从实践中总结分析形成理论框架。总结会通分析法的主要目的不是得出一个抽象的数学模型，而是取得规律性的认识。总结会通分析法的运用，也不仅仅是验证理论或者形成新的理论框架，而是直接对实践进行评估，哪些是成功的，哪些是失败的，哪些是不足的，由此提出调整、改变、充实、完善的意见和建议，在此基础上形成政策和理论。总结会通分析法不作前提条件的设定，而是开放式地研究已经发生的实践和正在发生的实践。

5. 点面结合分析法

点面结合分析方法不仅仅是案例分析方法，更重要的是它能够揭示中国独特的基层创造和顶层设计的良性互动关系。在中国的改革发展实践中，试点探索是很重要的方法，这不同于西方的逻辑推演，它不是虚拟的，而是实打实的。中国是一个发展中大国，几乎所有改革和发展中的重大举措、重大创新，都不是一夜之间同步在全国范围内组织实施的，都是首先在小范围内进行试点，然后总结完善，最后在全国范围内推广。比如社会主义改造初期的初级社、高级社以及后来的人民公社，比如公司合营与和平赎买，比如改革开放初期从建特区、沿海开放、办开发区到全方位开放，比如农村联产承包责任制和国有企业改革，比如自由贸易区的建设，等等。很多试点都体现了基层创造，同时政府对试点的组织或者支持本身也体现了顶层设计或者顶层的思路与倾向。点面结合的方法，符合认识论的基本规律，有利于系统集成。只要管理者认真总结试点实践，客观地看待得失成败，就能够在一定程度上避免颠覆性的决策失误。即令出现偏颇或形成隐患，事后也能调整和纠正。

6. 普遍性与特殊性相联系分析法

现在有一种观点认为，中国经济学知识体系关键是要超越特色，找出一般的东西来。这样提出问题，首先不能看不起中国特色，同时客观地看，基于中国实践的学理总结，一定有一般的内容。在中国经济发展实践中，我们对西方经济学中反映社会化大生产和市场一般规律的内容，需要认真地学习借鉴运用，但并不是西方经济学的所有内容都适合中国的经济发展实践，也就是说，并不是西方经济学的全部内容都体现了社会化大生产和市场一般规律。当然，我们强调中国特色也决不是要保护落后，而且适合中国实际的经济思想和理论中，也有对社会化大生产和市场一般规律的新认识。总之，中国人的思维方式是把普遍性与特殊性联系起来的辩证思维方式，"中国特色"的形成需要运用"一般",形成后的"中国特色"中又产生了新的"一般"。这不同于西方哲学中把普遍性与特殊性对立起来甚至极化的思维方式。

总之,一个新学科的建构,需要哲学支撑,需要哲学思维。唯物史观的根本方法,是中国当代经济发展学的立论前提、基础或者说深层逻辑、底层逻辑,也是贯穿本书的红线。运用社会矛盾运动规律分析法,既体现在历程分析中,又体现在专题研究和总论的各个章节之中,以利于总体判断和以整体为背景进行分析。用系统的联系的思维进行具体分析,包括总体分析法、总结会通分析法、空间与时间关联分析法、点面结合分析法、普遍性与特殊性相联系分析法,也在本书各章节中有针对性地加以运用。

本书的思维线索是:一是通过经验直觉提出问题(经验直觉是客观存在的东西,不像西方经济学,把根本不存在的作为前提条件。当然所提出的问题要有意义),二是多因素列举,三是相关性分析,四是学理论证与转换,五是概念范畴定义,六是形成基本结论。以产权链理论为例。经验直觉提出的问题是国有企业要独立经营,自负盈亏,要成为市场主体。改革经历了很多,即多因素列举,比如松绑放权、实行生产经营责任制、所有权和经营权分离、股份制改造、建立现代企业制度、实行混合所有制改革、实行国资国企配套改革等。引入产权概念,进行相关性分析。通过相关性分析可以在多因素中找出一个最重要的因素,或者几个因素,也可以对多因素只排序不取舍,进行要素与直觉之间以及要素与要素之间的相关性分析,例如与所有权的相关性分析,与激励的相关性分析,与其他所有制产权的同质性分析,等等。进行学理论证与转换,包括底层思维及哲学基础的科学性论证,也就是运用唯物史观的根本方法进行验证,判断逻辑关系是否成立,进行学术语言转换等。接下来是概念范畴定义,在中国的微观改革中,实际上形成了非常重要的产权链理论。最后形成基本结论,包括有针对性地解释过往,分析得失,以及对以后的启示。

第二章

关于中国当代经济发展历史条件的几个问题

> 历史题材中,有属于未来的东西,作家找到了,就会永恒。
>
> ——黑格尔

研究并形成中国当代经济发展学,首先必须分析历史起点。分析历史起点,绝不仅仅是分析1949年的经济发展水平,我们需要"以大历史观之"。70多年来,环境条件也在不断变化,因此,中国当代经济发展的历史条件也是动态的。

英国的经济史学家罗伯特·艾伦(Robert C. Allen)写的《近代英国工业革命揭秘》,洋洋43万字。这本书回答了为什么工业革命发生在英国而没有发生在欧洲其他国家,最后得出结论是价格结构方面的原因,即工人的高工资与煤炭的低价格。[1]我们且不说这个说法是否权威,但它至少给我们以启示,即应该重视历史条件的分析与研究,而且研究历史条件,应该多视角。

笔者在这里列举六个方面的问题,也并非涵盖了中国当代经济发展历史条件的所有方面,而且这六条也只能是粗线条的,以择要说明中国当代经济发展的历史条件。

---

[1] [英]罗伯特·艾伦:《近代英国工业革命揭秘:放眼全球的深度透视》,毛立坤译,浙江大学出版社2012年版,第15页。

一、关于统一的多民族国家建设的历史问题

或许我们今天主要不是依据国家学说、国家理论、国家观来评价国家建设的历史,而是从国家建设的时间,从外国人如何看待中国国家建设的历史,以及我们如何看待西方国家建设的历史的角度,分析其对中国当代经济发展的影响。

赵德馨先生在《中国近现代经济史(1842—1949)》一书中有一个判断,即中国是世界上为数不多的、第一批原生形态的文明起源地和最早形成的国家之一。中国从秦汉开始便是统一的多民族国家,两千多年来,虽然有过内战和割据,但统一的政治认同和文化认同,始终是中华民族的最高价值追求。(1)麦克法夸尔(Roderick MacFarquhar)和费正清说:"由于公元前221年以前未能统一,统一就成了以后中国政治中的至善事物。""公元前221年以前几个世纪的混乱,成了以后两千年期间赞许关于统一秩序的理想的原因。"(2)

中华文化、中华文明源远流长、延绵不绝。

作家苏叔阳在《中国读本》中,专门就汉字的优点和历史功绩,作了非常精到的阐述。他说:"人类最古老的文字都是象形文字,目前知道的,共有三种:一是美索不达米亚平原上的苏美尔人,创造的楔形文字,约在公元前3000多年;一是古埃及的圣书字,约在公元前3000年就已经很成熟了;再一个就是方块汉字,约在4000年前已经产生。这三种文字,只有汉字越过了漫长的岁月,其他两种文字,都湮没在历史的尘埃中,没有人使用,也很少人懂。""汉字是唯一在现代最活跃的古老文字。"汉字书面语言要比其他语言简单得多,有人做过调查,联合国每个决议案的几种文本中(包括汉语、英语、法语、俄语、西班牙语),中文本最薄。(3)

---

(1) 赵德馨:《中国近现代经济史(1842—1949)》,厦门大学出版社2017年版,第26页。
(2) [美] R. 麦克法夸尔、[美] 费正清编:《剑桥中华人民共和国史》上卷,谢亮生、杨品泉等译,中国社会科学出版社1990年版,第21页。
(3) 苏叔阳:《中国读本》,海豚出版社2011年版,第107、100页。

马克斯·韦伯给现代国家下了一个定义,大概有四个方面的意思:对法律机器的合法垄断;垄断的地域有确定的疆界;法律和权威具有普遍性;以官僚制为核心的行政组织。他所说的现代国家,主要是指资产阶级革命以后的某些西方国家。

对西方一些知识分子而言,古希腊是他们的精神家园。建立在村社共同体基础上的雅典城邦,对西方国家建设产生了深远影响。现代西方国家的共和制,一定程度上也受古罗马的影响。

弗朗西斯·福山在《政治秩序的起源》中说,中国是世界上最早进行国家建设的。他在书中写下了"中国第一"[1]的标题。他说:"中国是开发国家制度的先行者,但西方的政治发展史解说,却很少提及此一创新。"[2]"现代政治制度在历史上的出现,远早于工业革命和现代资本主义经济。我们现在理解的现代国家元素,在公元前3世纪的中国业已到位,其在欧洲的浮现,则晚了整整1800年。"[3]他还说:"如果研究国家的兴起,中国比希腊和罗马更值得关注,因为只有中国建立了符合马克斯·韦伯定义的现代国家。中国成功发展了统一的中央官僚政府,管理众多人口和广阔疆域,尤其是与地中海的欧洲相比,中国早已发明一套非人格化(指不受基于家族关系的身份的限制)和基于能力的官僚任用制度,比罗马的公共行政机构更为系统化。"[4]

麦克法夸尔和费正清说:"另一个制度的发展使统一的理想在中国比在欧洲更为可行。声称受天命而统治天下的中国皇帝们不比声称作为神的化身或通过神授的权力进行统治的欧洲国王们更不

---

(1)〔美〕弗朗西斯·福山:《政治秩序的起源:从前人类时代到法国大革命》,毛俊杰译,广西师范大学出版社2012年版,第19页。
(2)〔美〕弗朗西斯·福山:《政治秩序的起源:从前人类时代到法国大革命》,毛俊杰译,广西师范大学出版社2012年版,第20页。
(3)〔美〕弗朗西斯·福山:《政治秩序的起源:从前人类时代到法国大革命》,毛俊杰译,广西师范大学出版社2012年版,第19页。
(4)〔美〕弗朗西斯·福山:《政治秩序的起源:从前人类时代到法国大革命》,毛俊杰译,广西师范大学出版社2012年版,第23页。

可一世。差别在于，统治着稠密人口的中国人不得不发明官僚政府。当罗马帝国仍把公共职务委托给骑士阶级和其他个人时，汉代诸帝开始训练和考核文官，这些人有固定的任期，享受二十等俸禄，并受公文往来、规定的视察和奖惩的严格控制。纸和印刷书籍的很早发明，也使唐代有可能制定科举考试制度，中举的士子组成了有才之士都能加入的文官集团——这是古今最伟大的政治发明之一。"(1)

把中西国家建设的历史作一比较，笔者认为有很大的不同。这对国家的权力结构和治理方式产生了深远影响，也深刻影响着经济体制、经济政策和经济发展。

最大的不同是两条：一是国家建设起始时间的社会性质和经济形态不同。中国统一的多民族国家是封建社会早期经历了短暂的领主制经济之后，向地主制经济过渡时开始的。战国时期的李悝、吴起、商鞅变法，顺应了历史发展的潮流，代表了新兴地主阶级的利益，着眼于打击奴隶主贵族势力，着眼于形成地主制经济形态，着眼于构建农耕文明，这些促进了生产力的发展，为秦的统一奠定了基础。东亚这一片大盆地地貌导致每年东南的季风跟西北的寒流交汇，它们交汇得正好的时候就会风调雨顺，但这种情况是非常少的；碰撞得很厉害的话就是洪涝灾害，没碰撞就是干旱。遇到这些自然灾害，第一个要应对的就是赈灾。统一管理代价最低，效果最好。中国是在农耕基础上"滚雪球"式的不断发展起来的，发展的过程是多民族融合的过程，也是开放交流的过程。西方国家建设是在资产阶级革命背景下，在资本主义生产方式确立过程中开始的。与此相联系的是商品生产、对外贸易和殖民扩张。当时的殖民扩张具有深层次的经济原因。企业追求利润最大化，开辟域外市场，甚至为了牟取暴利，赤裸裸地进行鸦片贸易；资本主义国家是资产阶

---

(1) ［美］R. 麦克法夸尔、［美］费正清编：《剑桥中华人民共和国史》上卷，谢亮生、杨品泉等译，中国社会科学出版社1990年版，第21页。

级的利益代表,为了保障资本的利益,用坚船利炮打开别国市场。二是国家建设的结构设计有显著差别。西方一些国家受古希腊雅典村社共同体的影响,多采取邦联或联邦制,民族与民族之间结构松散,与中国民族融合的历史传统不一样。"在欧洲和南北美洲生活的约10亿欧洲人分成约50个独立的主权国,而10亿中国人只生活在1个国家中。人们一旦看到1和50的差别,就不能忽视。"[1]中国是单一制国家,有很强的民族凝聚力,而西方有的国家很容易采取民族自决的方式,分分合合。既然是几个民族松散的联合体,那么愿意就继续在一起,不愿意便可退出联合体。中国需要集中统一,包括统一法制,统一市场。而西方国家是不同部分的联合体,各组成部分经过协商让渡一部分权力给邦联政府或中央政府,自然要对中央政府的权力有所限制。

笔者认为,统一的多民族国家建设的历史对中国当代经济发展的影响,主要体现在五个方面:一是先进性和道义高度。先进性体现在西方人所说的中国现代国家建设早于西方1800年,最早创造了伟大的政治文明。道义高度是指,统一的多民族国家建立以后,有过内乱和分裂,但从来没有以国家的名义对外侵略,没有进行过殖民扩张,到了现代,仍坚持走和平发展和崛起的道路。对此,我们要有民族自豪感和自信心。不能因为近代中国落后了、现代西方国家生产力水平高,我们就搞历史虚无,有自卑感。二是由于建国历史和国家结构的原因,自古以来,中国政府就发挥着重要作用。即令今天强调发挥市场在资源配置中的决定性作用,我们仍然要"更好发挥政府作用"。三是需要综合平衡和区域协调发展。四是家国相联的历史传统和人口众多的国情,要求我们更加注重家庭和民生。五是在充分发挥市场作用(包括重视法治、契约)的同时,仍然要坚持必要的伦理原则。

---

(1) [美] R. 麦克法夸尔、[美] 费正清编:《剑桥中华人民共和国史》上卷,谢亮生、杨品泉等译,中国社会科学出版社1990年版,第18页。

二、关于中国资本主义萌芽为什么没有及时生发出资本主义生产关系的问题

在这个题目下面,要讨论三个问题:一是资本主义萌芽的标志;二是最早出现资本主义萌芽的时间;三是资本主义萌芽催生资本主义生产方式的时代条件。

资本主义萌芽,应该是指在封建社会内部生长出的资本主义经济因素。有人认为它是一种新的生产方式,有一定范围和规模,不能用一厂一店举例来加以说明;还有人认为,它具有新生事物的生命力,具有延续性和导向性,除了不可抗力的因素外,会逐步形成占主导地位的生产关系。马克思在《资本论》第一卷中指出:"商品流通是资本的起点。商品生产和发达的商品流通,即贸易,是资本产生的历史前提。世界贸易和世界市场在十六世纪揭开了资本的现代生活史。"[1]傅筑夫在《中国古代经济史概论》一书中,就资本主义经济因素,或者资本主义萌芽,讲了四个标志。一是商业已经不是单纯的贩运,商业发展了生产物的商品形态;二是由使用价值的生产变为交换价值的生产;三是商品经济与货币经济永远是密切结合相辅而行的;四是为增值价值而进行的商品生产。[2]赵德馨先生在《中国近现代经济史(1842—1949)》一书中说:"所谓资本主义萌芽,就是资本主义生产关系萌生的经济现象,资本主义生产关系最基本的内容,是生产资料的占有者雇佣可以自由出卖劳动力的无产者进行商品生产,无偿占有后者创造的剩余价值。"[3]资本主义萌芽最先出现在手工业中,推动个体手工业向工场手工业转变。

中国资本主义萌芽问题研究,是中国史学界特别是经济史学界长期关注和研究的重要课题。20世纪30年代,50年代中期到60年代中期,

---

[1] 《马克思恩格斯选集》第2卷,人民出版社1995年版,第166页。
[2] 傅筑夫:《中国古代经济史概论》,中国社会科学出版社1981年版,第148页。
[3] 赵德馨:《中国近现代经济史(1842—1949)》,厦门大学出版社2017年版,第56页。

70年代到80年代，90年代，一直到现在，都产生过许多重要研究成果。由于资本主义萌芽的标准不统一，不同学者看法不一，一度出现中国封建社会2000多年间任何一个阶段都有资本主义萌芽的观点。截至目前的情况看，关于中国资本主义萌芽，在两个方面意见是比较集中的。一是中国资本主义萌芽出现在明代中期或者后期，与西方资本主义萌芽出现的时间接近。二是如果没有外敌入侵，中国的资本主义萌芽经过缓慢发展以后，可以进入到资本主义社会。邓拓（笔名邓云特）在1935年撰写的《中国社会经济"长期停滞"的考察》一文中说："中国封建社会的体内，已经存在和发展着否定它的母体的因素了。假设当时没有国际资本主义的侵入，中国这一封建社会，也可能有其自体内所包孕的否定因素的发展而崩溃，蜕化为资本主义的社会的，可是外来资本主义的侵入，却截断了这一历史的阶段，使中国经济走上了半殖民地半封建而转向社会主义的发展道路。"[1]1939年，毛泽东在《中国革命和中国共产党》一文中，作了经典而客观的阐述："中国封建社会内的商品经济的发展，已经孕育着资本主义的萌芽，如果没有外国资本主义的影响，中国也将缓慢地发展到资本主义社会。外国资本主义的侵入，促进了这种发展。外国资本主义对于中国的社会经济起了很大的分解作用，一方面，破坏了中国自给自足的自然经济的基础，破坏了城市的手工业和农民的家庭手工业；又一方面，则促进了中国城乡商品经济的发展。"[2]

关于西方资本主义萌芽产生的时间，学者们说得比较多的是14世纪15世纪，甚至到16世纪末。

作为资本主义因素出现时间最早的一派观点的代表，傅筑夫在

---

[1] 邓云特：《中国社会经济"长期停滞"的考察》，《中山文化教育馆季刊》，1935年第2卷第4期。
[2] 《毛泽东选集》第2卷，人民出版社1991年版，第626页。有人认为毛泽东接受了邓拓的观点（参见王必胜：《邓拓评传》，群众出版社1986年版；刘金田、吴晓梅：《〈毛泽东选集〉出版的前前后后》，中共党史出版社1993年版），笔者认为，毛泽东对外国资本主义进入中国所产生的影响，作了更为深刻的分析。

《中国古代经济史概论》中，分析了东周后期的资本主义经济因素及其发展。他说：

> 中国典型封建制度的崩溃，其情况与欧洲封建制度的崩溃过程大致相同。正是由于在东周后期社会经济结构中已经有了资本主义因素，成为向资本主义发展的历史前提，并且这些因素都还有一定程度的发展，这给封建制度的崩溃准备了条件。我们说战国时期社会经济的结构已经有了资本主义因素，乍聆之下，也许对于这个提法会感到新奇，其实这并没有什么值得奇怪的地方，在社会经济结构中出现一些资本主义的经济因素，与发展成资本主义生产方式是两回事，资本主义因素是产生资本主义的一些历史前提条件，它既不是资本主义生产方式，也不是资本主义萌芽本身。萌芽也不是突然出现的，而是源远流长，经过长时期的孕育发展而逐渐形成，形成之后，仍然不保证一定要发展到资本主义阶段。谁都知道地中海沿岸城市是资本主义萌芽出现最早的地方，但是后来资本主义生产方式却不是在这些地方建立。其实所谓资本主义萌芽，不过是比较发达的一种商品经济而已，只要是一种规模较大的商品生产，使用了雇佣工人，在同一工作场所（在同一作坊或工场）、在同一资本命令下，生产同种商品，这种生产就具有了资本主义性质。中国古代由于城市的性质与欧洲封建时代的城市完全不同，没有那种以限制自由发展为目的的欧洲型（即基尔特型）的行会制度，故具有资本主义性质的经济成分有随时出现的可能。在东周后期——主要是战国时期，商品经济与货币经济的突出发展，大型工矿企业的纷纷出现，特别是规模宏大的冶铁、炼钢、铁器铸造等工业，在生产技术上和组织管理上的高度成就，说明当时的大型工矿企业已具有了一定程度的资本主义性质。我们不仅从理论上论证了这种可能性，并以大量的历史事实证明了这一可能性。正是这一股新生的力量，对于当时

的封建制度起到了强大的分解作用，并在这个强力的冲击下，使典型的封建制度陷于瓦解。如果没有资本主义经济因素的产生和发展，则这股强大的冲击力量就没有来源，而发生在东周后期那种天翻地覆的大变化，就完全成为不可理解了。"(1)

下面我们要着重讨论资本主义萌芽催生资本主义生产方式的时代条件问题。

马克思和恩格斯在《共产党宣言》中，以及马克思在《给〈祖国纪事〉杂志编辑部的信》中，有几段话讲到社会变迁的时代条件。马克思和恩格斯在1882年《共产党宣言》俄文版序言中指出："《共产主义宣言》（即《共产党宣言》。——引者注）的任务，是宣告现代资产阶级所有制必然灭亡。但是在俄国，我们看见，除了迅速盛行起来的资本主义狂热和刚开始发展的资产阶级土地所有制外，大半土地仍归农民公共占有。那么试问：俄国公社，这一固然已经大遭破坏的原始土地公共占有形式，是能够直接过渡到高级的共产主义的公共占有形式呢？或者相反，它还必须先经历西方的历史发展所经历的那个瓦解过程呢？对于这个问题，目前唯一可能的答复是：假如俄国革命将成为西方无产阶级革命的信号而双方互相补充的话，那么现今的俄国土地公有制便能成为共产主义发展的起点。"(2) 马克思在《给〈祖国纪事〉杂志编辑部的信》中说："如果俄国继续走它在1861年所开始走的道路，那它将会失去当时历史所提供给一个民族的最好机会，而遭受资本主义制度所带来的一切灾难性波折。"(3) 同样在这封信中，我们过去比较注意上面的这段话，而不太注意马克思在后面所举的古罗马的案例。

马克思说，他在《资本论》中好几个地方提到古罗马时期出现过

---

(1) 傅筑夫：《中国古代经济史概论》，中国社会科学出版社1981年版，第300—301页。
(2) 《马克思恩格斯选集》第1卷，人民出版社1995年版，第251页。
(3) 《马克思恩格斯选集》第4卷，人民出版社1995年版，第446页。

类似的资本主义萌芽。他说，古罗马出现资本主义因素之后，"结果怎样呢？罗马的无产者并没有变成雇佣工人，却成为无所事事的游民，他们比过去美国南部各州的'白种贫民'更卑贱，和他们同时发展起来的生产方式不是资本主义的，而是奴隶制的。因此，极为相似的事变发生在不同的历史环境中就引起了完全不同的结果"[1]。

另外我们再看一看傅筑夫对中国的分析。他认为"中国典型封建制度的崩溃，其情况与欧洲封建制度的崩溃过程大致相同"。"在欧洲，当发生这样的变化时，是在十四、十五世纪，即资本主义产生的时期"。而中国发生这样的变化是东周后期，最终结果是由"领主制变为地主制"，由典型的封建制度转变为变态的封建制度，"成为一种含有若干资本主义成分的封建制度"[2]。

由此可见，资本主义萌芽，在不同的历史环境中，就会引起完全不同的结果。西欧资本主义萌芽，产生的时间正好是资本主义发展的时期，其结果是催生了资本主义制度。古罗马的资本主义萌芽，发生在奴隶社会中，其所催生的是奴隶制经济形态。傅筑夫所说的东周后期中国的资本主义经济因素，发生在封建社会发展的过程中，其结果是领主制变成了地主制，所改变的只是封建社会的特点。即令有学者认为宋代的商品生产有一定规模或者与西方资本主义萌芽时间相近的明代中期的资本主义萌芽，也因为没有资本主义生产关系生发成主导地位的政治和社会条件，而没有产生资本主义制度。俄国由于有农村公社的基础，又具有资本主义因素，尤其是在无产阶级革命的时代，自身又出现了相应的政治社会条件，十月革命就催生了社会主义。

结合时代条件分析资本主义萌芽，可以给我们两个方面的启示：一是在无产阶级革命时代，中国新民主主义革命不同于过去的资产阶级革命，其前途不是资本主义，而是社会主义。这符合历史的内在逻辑。二是在资本主义生产没有充分发展的基础上建设社会主义，资本

---

(1)《马克思恩格斯文集》第3卷，人民出版社2009年版，第466页。
(2) 傅筑夫：《中国古代经济史概论》，中国社会科学出版社1981年版，第300页。

主义制度可以超越，生产力和商品经济的发展阶段无法超越。马克思和恩格斯在《共产党宣言》中除了强调"资产阶级的灭亡和无产阶级的胜利是同样不可避免的"外，还客观和充分地列举了资本主义曾经发挥过的"非常革命的作用"，其中特别强调了生产力的大发展。"资产阶级在它的不到一百年的阶级统治中所创造的生产力，比过去一切世代创造的全部生产力还要多，还要大。"[1]所以我们要更加注重解放和发展生产力，要充分运用资本主义社会先行使用的市场配置资源的方式。

三、关于中国地主制经济形态和小生产方式的问题

如何看待中国封建社会，史学界有不同说法。首先是对封建这个概念的运用，较长时间以来，学术界有不少学者都做过分析。冯天瑜说："'封建'本为表述中国古代政制的汉字旧名，意谓封土建国、等级封授，近代以前在汉字文化圈诸国（中国、越南、朝鲜、日本）未生异议。十九世纪中叶西学东渐以降，'封建制'在中日两国用以对译西洋史学术语feudalism（封土封臣、采邑领主制），衍为一个表述普世性历史阶段和社会形态的新名词。'封建'一词经历了古今转换和中西涵化，日本因素也参与其内。马克思主义在中国传播，深化了此一术语的含义，其内涵与外延均大为丰富并复杂化。"[2]

正是由于上述原因，史学界对中国封建社会的起始时间，存在着分歧。有主张西周封建论的（吕振羽、翦伯赞、范文澜等），例如，有的学者把中国封建社会与西方封建社会作比较，认为秦汉以降的封建社会是"变态"的封建社会，或者带有资本主义色彩的封建制度，而此前的封建社会类似于欧洲（傅筑夫）；有主张战国封建论的（郭沫若、吴大琨、白寿彝、林甘泉等）；也有主张魏晋封建论的（何兹全、

---

[1] 《马克思恩格斯选集》第1卷，人民出版社1995年版，第284页。
[2] 冯天瑜：《"封建"考论》，中国社会科学出版社2010年版，第1页。

王仲荦、林志纯等）。但是对秦汉以来的地主制经济形态，学界倒有一致的看法。

地主制经济，是中国封建社会主要的经济形态，或者是主要的生产方式。傅筑夫指出："早在东周后期，就发生过巨大变化，并且在当时还是一种天翻地覆的大变化。"[1]这个变化最重要的内容是"井田制的崩溃和以自由买卖为基础的土地私有制的代兴"[2]，也就是由领主制经济变为地主制经济。《汉书·食货志》中说："至秦则不然，用商鞅之法，改帝王之制，除井田，民得卖买。富者田连阡陌，贫者亡立锥之地。"[3]傅筑夫和不少历史学家都认为领主制经济是封建社会典型的经济形态。领主制经济的特点是"田里不鬻"，即土地不能买卖；"庶人"即农奴，他们以"助"的形式向封建领主缴纳劳役地租。西周开始的井田制被认为是中国典型的领主制经济形态。地主制经济的特点是土地私有，能买卖，租户农民有人身自由，地租是实物地租。

费正清在《美国与中国》一书中说："封建主义这个词，就其用于中世纪欧洲和日本来说，所包含的主要特点是同土地密不可分。中世纪的农奴是束缚在土地上的，他自己既不能离开也不能出卖土地。而中国农民则无论是在法律上还是在事实上，都可自由出卖或购进土地（如果他有钱的话）。"[4]

傅筑夫在《中国古代经济史概论》中，对早期的资本主义萌芽为什么难以催生出资本主义生产方式，作了深入的分析。在笔者看来，他是从生产关系的角度分析地主制经济的，与此同时，他还从生产力和生产方式的角度，分析了小农制经济。他说：

> 从战国起直到近代，历时两千多年，社会经济的基本结构形态始终是小农制经济。这样的经济结构，不但在鸦片战争以

---

[1] 傅筑夫：《中国古代经济史概论》，中国社会科学出版社1981年版，第299页。
[2] 傅筑夫：《中国古代经济史概论》，中国社会科学出版社1981年版，第300页。
[3] 班固：《汉书》（第二十四卷），中华书局1962年版，第1132页。
[4] ［美］费正清：《美国与中国》，张理京译，商务印书馆1987年版，第26页。

前的全部历史时期内没有发生过变化，就是在鸦片战争过了很长时间之后，虽然在外国资本主义的强烈震撼冲击之下，遭到了一定程度的破坏，但是它仍然苟延残喘地延续下来，并没有倾圮或崩溃，可以说，小农制经济是与旧中国的历史相始终的。

小农制经济的形成是土地兼并的必然结果，是随着土地私有制的确立而确立的。战国以后土地制度没有再发生过任何质的变化，土地私有成了社会经济的不变基础，小农制经济遂成了社会经济结构的基本核心。

土地兼并本是土地私有制度的一种必然相随而至的占有形式，而由这种占有方式所决定的土地经营方式，又必然是小土地经营，马克思称之为"小块土地所有制"，也就是我们所说的小农制经济。这种经济结构的形成和长期存在，决定了中国历史的面貌和发展方向，成为中国变态封建社会的经济基础，一切社会经济问题，无不直接间接与此有关。

土地兼并是土地集中过程，通过土地兼并，把分散在许多人手里的小块土地合并成为大地产。但是土地所有权的集中，不等于土地经营规模的扩大，在中国，两者是一种相反的过程，即随着土地的不断集中，经营规模则是在不断缩小，这与圈地运动以后的英国情况是完全相反的。英国的圈地运动在性质上也是一种土地集中过程，是将分散的小地产合并成为大地产。随着这种合并而产生的是租地经营的农业资本家的出现，他们用货币资本来向地主承租大块土地，以经营城市工业的方式来经营农业，这是向农业投资，是把货币资本转化为产业资本，整个变化是农业资本主义化的过程。所以英国的土地兼并——圈地运动，就成为资本原始积累的基本环节。[1]

---

(1) 傅筑夫：《中国古代经济史概论》，中国社会科学出版社1981年版，第87—88页。

傅筑夫分析了中国的不同，他认为，小规模经营的原因，从所有者看，是多子平分财产的继承制。另外最重要的是："土地的直接生产者或土地的经营者主要有两种人：一是佃农，二是自耕农。不论是佃农还是自耕农，其生产和生活条件都是非常贫乏的，两者基本上都是穷人。而在全体农民中占最大比重的佃农更是贫困不堪，他们没有佃耕大片土地的能力，加之以极端残酷的剥削，又使他们有能力也不敢多佃。自耕农则由于缺乏充足的资力来购买大量土地，故被称为小自耕农。这样不论是佃农或自耕农，都不能经营大型农场，而只能是小规模。"(1)

小农经济生产方式与地主制经济形态相关联，几乎与中国秦汉以后的封建社会的历史相始终。马克思指出："这种生产方式是以土地及其他生产资料的分散为前提的。它既排斥生产资料的积聚，也排斥协作，排斥同一生产过程内部的分工，排斥对自然的社会统治和社会调节，排斥社会生产力的自由发展。它只同生产和社会的狭隘的自然产生的界限相容。"(2)

马克思还说："小块土地所有制按其性质来说，就排斥社会劳动生产力的发展、劳动的社会形式、资本的社会集聚、大规模的畜牧和科学的不断扩大的应用。高利贷和税收制度必然会到处促使这种所有制没落，资本在土地价格上的支出，势必夺去用于耕种的资本。生产资料无止境地分散，生产者本身无止境地分离，人力发生巨大的浪费。生产条件日益恶化和生产资料日益昂贵是小块土地所有制的必然规律。对这种生产方式来说，好年成也是一种不幸。"(3)

地主制经济或小农制经济，与当时的农耕文明、封建制度相辅相成。

对于小农经济或小块土地经营的历史局限性，赵德馨有不同看法。

---

(1) 傅筑夫：《中国古代经济史概论》，中国社会科学出版社1981年版，第90页。
(2) 马克思：《资本论》第1卷，人民出版社2014年版，第872页。
(3) 马克思：《资本论》第3卷，人民出版社2014年版，第912页。

他在《中国近现代经济史（1842—1949）》一书中说："所谓中国封建经济'停滞论'和'超稳定结构'这类说法，都缺乏历史的根据。一般地说，一种生产方式能维持多久，在于它对新生产方式（力）包容性的大小。中国土地私有和自由买卖，以及农民人身自由和流动，使得地主经济对农业发展和商品经济具有很大的包容性。大一统国家的经济职能，对经济具有较强的调控能力，以及大国所具备的发展空间和回旋余地，扩大了这种包容性。"[1]

冯天瑜则是从生产关系和上层建筑的视角来分析的。他在《"封建"考论》一书中把地主制与宗法制、专制帝制关联起来，写道：

> 地主制需要借助宗法制度维系力量，这是巩固农耕经济及其社会秩序的一种内在要求。小农业和家庭手工业相结合的自然经济，是地主——自耕农制的基础，它是高度分散的、封闭的，需要一种综合机制，统筹社会资源，实现某些大目标（如兴修水利、开辟道路交通、抵御异族入侵、维护社会秩序等），于是，君临一切的、强势的专制国家在分散的小农经济的广阔地基上巍然耸立。而专制君主政治，则多把地主视作可靠的依凭阶层，甚至有的朝代明令商人不得为官，又明令无产者不能择补为吏。如汉景帝所谓"有市籍不得为官，无赀又不得为官"。那么，何人既有资产又非市籍经商者呢？当然只有地主（景帝的诏书称之"廉士"），地主成为专制帝王选拔官吏的基本群体。隋唐以下实行科举制，虽无身份限制的明文规定，但能长期接受儒学教育，又孜孜不倦地追逐仕途的，主要也是那些有产的而无市籍的地主—自耕农子弟。"耕读传家"成为许多地主—自耕农家庭自诩之语。当然，唐宋以下商人子弟渐入科举行列，读书晋仕者也不在少数。[2]

---

(1) 赵德馨：《中国近现代经济史（1842—1949）》，厦门大学出版社2017年版，第72页。
(2) 冯天瑜：《"封建"考论》，中国社会科学出版社2010年版，第402页。

综上所述，我们可以得出以下结论：一是东周后期的重大变革，由领主制向地主制转变，尽管出现了资本主义因素，但当时不具备资本主义发展的时代条件，难以生成资本主义社会。地主制相对于领主制是历史进步，在当时是有利于生产力发展的。二是地主制经济是与小农经济、自然经济相适应的生产关系或生产方式，在农耕文明时代，又与中国地处内陆、人口众多的基本国情相契合，与大一统的国家建构相依存。三是依托地主制经济，中国古代的发展领先于世界，到了资本主义发展的时代条件形成后，地主制经济的历史局限就逐渐地暴露出来了。四是在地主制经济内部是可以不断地滋生资本主义因素的，也会缓慢地发展到资本主义社会，不过是资本主义因素成长的难度更大一些。但中国封建社会"超稳定结构"的原因，并非完全由于地主制经济，还应结合国情、伦理文化传统、上层建筑的其他方面，进行综合分析。五是两千多年的地主制小农经济对中国当代经济发展产生深远影响，要着眼于推动社会化大生产格局的形成，要解决好农业中"小生产"和"大市场"之间的矛盾，要继续深入探索类似于"双层经营"这样的经营方式，要解决好现代化与人的关系，要克服封闭、保守、狭隘、自给自足的小农经济思想和思维的消极影响。

四、关于中国近代社会性质的问题

我们的今天是从昨天走过来的。近代社会的性质决定革命的性质，也必要会影响到中国当代经济发展的方方面面。

笔者在代序二中提到过，20世纪20年代末30年代初，发生了关于中国社会性质的争论。国民党理论家陶希圣等学者发表文章，谈当时的中国社会性质。陶希圣亦学亦官，是那个年代的思想史和经济史专家，主张中国是内生的资本主义。他认为当时中国社会是金融商业资本之下的地主阶级支配的社会，而不是封建制度的社会，因为中国在"周的末年,……商业资本主义已发达起来"[1],"商人资本却成了中国经济的重心","中国农民问题是资本问题一面"。[2]严灵峰、任曙等人强调的是,近代中国社会在帝国主义侵略下,已经成为资本主义社会。[3]20世纪20年代末,陈独秀反对斯大林,倾向托洛茨基一派,认为经过大革命,中国基本完成了资产阶级革命的任务,当时的中国已经进入资本主义稳定发展的时期,中共应停止武装斗争,静待无产阶级革命形势的到来。陈独秀三次致信中共中央,申述他对中国社会性质、革命性质的看法。其中1929年8月5日发表的《关于中国革命问题致中共中央的公开信》最为系统,陈独秀认为,"资本主义的作用及其特有的矛盾形态,不仅占领了城市,而且深入了乡村,……土地早已是一种个人私有的资本而不是封建的领地,地主已资本家化了"。[4]1929年9月1日,中共中央通过了《关于接受共产国际对于农民问题之指示的决议》,对陈独秀的判断进行了批驳。《决议》指出:"中国地主阶级已经努力资本主义化,封建剥削已经不是农村中主要的形式,所以现在农村中的主要矛盾,已经不是反封建势力的斗争,而是反各种各色的资本主义的斗争。但从现在农村中的经济关系的特点看,这是一种无稽之谈,他们已经走上了取消主义的道路。"[5]

在马克思主义经典作家中,恩格斯最早使用"半封建"一语,他在《德国的革命和反革命》一文中指出:"德国中间阶级或资产阶级的政治运动,可以从1840年算起。在这之前,已经有种种征兆表明,这个国家拥有资本和工业的阶级已经成熟到这样一种程度,它再也不能在半封建半官僚的君主制的压迫下继续消极忍耐了。"[6]这里的"半封

---

[1] 陶希圣:《中国社会之史的分析》,岳麓出版社2010年版,第32页。
[2] 陶希圣:《中国之商人资本及地主与农民》,见高军编:《中国社会性质问题论战(资料选辑)》,人民出版社1984年版,第93、144页。
[3] 李泽厚:《中国现代思想史论》,生活·读书·新知三联书店2008年版,第65—66页。
[4] 《陈独秀文集》第4卷,人民出版社2013年版,第278页。
[5] 中国社会科学院经济研究所中国现代经济史组:《第一、二次国内革命战争时期土地斗争史料选编》,人民出版社1981年版,第309页。
[6] 《马克思恩格斯选集》第1卷,人民出版社1995年版,第491页。

建"与"半官僚"相对应，显然是指残存的中世纪式的封君封臣、政权分割的制度。即令是1848年革命爆发时，德国"国民的大部分既不是贵族，也不是资产阶级，而是城市里的小手工业者小商人阶级和工人，以及农村中的农民"，"还有一个广大的小农业主阶级，农民阶级，这个阶级加上附属于它的农业工人，占全国人口的大多数"。[1]

列宁称东方国家为半封建，则是从泛化封建观演绎来的名称。列宁将泛化的封建观提升为普适性范式，用于分析亚洲（包括中国）社会，认为近代前的中国处于封建社会，又由于西方资本主义的侵入，近代中国沦为半殖民地，其社会形态则可称为半封建半殖民地社会。1912年7月，列宁在《中国的民主主义和民粹主义》一文中说："中国这个落后的、农业的、半封建国家……"[2]又在1916年初写的《社会主义革命和民族自决权》一文中说："中国、波斯、土耳其等半殖民地国家……"[3]

在早期中国共产党人中，陈独秀最先提出半殖民地，蔡和森最先提出半封建，时间是1922年。而把半殖民地半封建连起来说得最早的是蔡和森。1926年底，他在给莫斯科大学中国学员作《中国共产党史的发展》的报告中讲："中国共产党的政治环境是资产阶级德谟克拉西尚未成功，而是半殖民地和半封建的中国，中国共产党不仅负有解放无产阶级的责任，并且负有民族革命的责任。"[4]同年9月1日，毛泽东在《国民革命与农民运动》一文中指出："农民问题乃国民革命的中心问题"，所以"经济落后之半殖民地的农村封建阶级，乃其国内统治阶级国外帝国主义之唯一坚持的基础，不动摇这个基础，便万万不能动摇这个基础的上层建筑物"。[5]这是对中国半殖民地半封建社会性质的深刻分析。

---

(1)《马克思恩格斯选集》第1卷，人民出版社1995年版，第486、489页。
(2)《列宁选集》第2卷，人民出版社1995年版，第293页。
(3)《列宁选集》第2卷，人民出版社1995年版，第569页。
(4)《蔡和森文集》下，人民出版社2013年版，第795页。
(5)《毛泽东文集》第1卷，人民出版社1993年版，第37页。

1927年大革命失败之后,包括中国共产党在内的国人对于中国当时的社会性质的认识又变得模糊起来。正如李维汉回忆说:"大革命时期遗留下来的几个重大理论问题,还没有统一认识,有待于澄清和解答,否则就不能适应历史前进的要求,例如中国革命的性质问题,中国革命的性质是什么,它是由什么来决定的?"[1]1927年的"八七"会议批判了陈独秀的"二次革命"的右倾错误,之后,又批判了瞿秋白、李立三、王明等的"一次革命论"的"左"倾思想。党的六大正确揭示了中国革命和中国社会性质的关系,深刻地说明了中国社会的半殖民地半封建性质。张闻天指出:"中国农村中主要的经济生产方法,还是手工业的,而不是机器的,还是封建式的生产,而不是资本主义式的生产。""帝国主义在中国的统治,只能破坏中国经济,而不能发展中国经济,它只能使中国的经济殖民地化,而不能使中国的经济独立发展。"[2]当时以共产党人为代表的主流思想认为,中国资本主义经济并没有覆盖大的区域,在中国经济中并没有压倒性的势力,并不代表中国经济的主要特征。

　　李泽厚在《中国现代思想史论》中说,20世纪20年代末30年代初,关于中国社会性质的论战,"显然以中国共产党《新思潮》派的论点论证最符合当时中国的现实。中国社会基本上建立在农村经济的基础上,而农村基本上仍是封建的土地制度即以地主对农民的超经济的地租剥削为主体;帝国主义开始侵蚀但并未瓦解更未消灭广大农村的自然经济;中国是那么大的国家,农村地域如此广阔,帝国主义和资本主义的经济影响和渗透毕竟还局限在沿海和大中城市的周围农村,远没有取得全部统治或主宰、支配地位。所以,半封建半殖民地的社会性质,再次科学(学术)地被肯定,从而反帝反封建的革命任务也就明确无疑了。这确乎是马克思主义原理结合中国当年实际的创造性的理论产物,也是这场论战的特大收获。这收获不仅是学术的,而且

---

(1) 李维汉:《回忆与研究》(上册),中共党史资料出版社1986年版,第239页。
(2) 《张闻天文集》第1卷,中共党史资料出版社1990年版,第178、199页。

同时是意识形态性的"[1]。

这场论战有别于20世纪20年代发生的"科玄论战"。在"科玄论战"中，陈独秀还在呼吁要用唯物史观来解释人生问题和树立"物质一元论"，亦即唯物史观的科学人生观，要求把信仰建立在马克思主义基础之上。他当时在同辈学人中还相当孤立。这次论战的背景是马克思主义的影响和声势从20世纪20年代末到30年代初愈益扩大，所以论战的双方，无论是否是马克思主义者，都大体接受了马列主义基本学说，并以之作为论证的依据。论战的各方共同使用如"帝国主义""封建制度""阶级关系""商品经济"等概念，所使用的表述也基本上属于和遵循着马克思主义理论学术的范围。

中国近代社会性质的论战中所涉及的半殖民地半封建经济形态，不是一种单纯的独立的经济形态，而是一种动态的、复杂的、过渡性的经济形态，不能用简单的数量来衡量，更不是0.5+0.5。

回顾关于中国近代社会性质的论战，深刻分析半殖民地半封建社会的历史定位，有助于我们理解以下问题：一是理解取得革命胜利之后的新民主主义经济形态，理解社会主义的过渡时期，甚至理解改革开放。二是理解中央提出的"一化三改"的过渡时期总路线。即"要在一个相当长的时期内，逐步实现国家的社会主义工业化，并逐步实现国家对农业，对手工业，资本主义工商业的社会主义改造"，尤其要理解其中"相当长的时期"和"逐步"的判断和要求。理解在过渡时期中，我们党创造性地开辟了一条适合中国特色的社会主义改造的道路。三是理解《关于建国以来党的若干历史问题的决议》中所指出的："1955年夏季以后，农业合作化以及手工业和个体商业的改造要求过急，工作过粗，改变过快，形式也过于简单化一，以致长期遗留一些问题。""1956年资本主义工商业改造基本完成以后，对于部分原工商业者的使用和处理也不很恰当。"四是理解独立自主，自

---

(1) 李泽厚：《中国现代思想史论》，生活·读书·新知三联书店2008年版，第71页。

力更生的必要性和重要性。五是理解建立完整的工业体系和国民经济体系的重要性。

五、关于中国当代经济发展的生产力基础问题

下面从自然资源、人口以及经济发展状况三个方面作些介绍和分析。

人们的经济活动是在一定的空间里展开的。特定的空间里的自然条件，对该地区经济发展是一种起长期制约作用的重要因素。这方面的情况可参见专栏一。

> **专栏一 赵德馨关于中国的自然资源、人口以及经济发展状况的分析**
>
> 中国位于亚洲东部，太平洋西岸，土地面积约为1045万平方公里，其中陆地960万平方公里（原著中为940万平方公里。新中国成立之后，陆续收回的面积为3.4057万平方公里，现在应为963.4057万平方公里。——引者注），岛屿7.54万平方公里，滩涂1.27万平方公里，内海69.3万平方公里，领海22.8万平方公里。陆地占全球陆地总面积的6.5%，与欧洲大陆相当，仅次于苏联、加拿大，居世界第三位。海岸线长1.8万多公里，有6000多个岛屿和广阔的海域。
>
> 全国从南到北兼有热带、亚热带、暖温带、温带、寒温带等不同的气候带，其中亚热带、暖温带、温带约占72.1%，有着比较优越的光热条件，适于各种农作物的生长。
>
> 水土资源比较丰富，但人均资源较少。在国土总面积中，平地占31%，其余60%为山地和高原。1949年，耕地面积为14.68亿亩，占国土总面积的10.2%。平均每人2.7亩，为世界每人平均占有量（5.5亩）的一半。草原、草地面积49.4亿亩，每人平均9亩，而世界每人平均

11.4亩，宜农荒地5亿亩，开发利用的条件不是很好。我国水土资源分布不均，东南部湿润半湿润地区土地面积占全国的48%，降水总量占全国80%以上，河川径流量占90%以上，全国90%以上的耕地分布在这里。西北部半干旱地区占全国土地面积的52%，水资源贫乏，多为草原荒漠。

广阔的领土上蕴藏着大量的矿物资源（包括动力资源。黑色金属、有色金属、稀有金属、非金属矿等）。自然资源种类多，储量丰富，而且分布区域广阔。其中煤保有储量7276亿吨，铁矿石保有储量467.6亿吨，至今探明的富铁矿为数有限。

生物资源多种多样，中国是世界上植物资源最丰富的国家之一。

辽阔的领土和丰富的资源，是有利于经济发展的。但是建国前（新中国成立之前。——引者注），这些资源并没有很好地加以利用，一是遭到帝国主义的破坏，它们凭借不平等条约和特权，对中国丰富的资源进行掠夺性的开发。二是生态平衡受到长期的严重破坏。至晚是从唐代末年起，森林和植被间断性地趋于减少，水土流失严重，主要河流中的泥沙比重增加，河床变高，塘堰淤塞，小河干涸，水旱频仍，土地沙化、碱化，土壤退化，妨碍农牧业作物单位面积产量的提高和总产的增加。可是人口却在增加。为了生存，破产农民（失地农民）进入深山老林，伐林造地，刀耕火种。16世纪以后，番薯、玉米、土豆等高寒地区仍可高产的作物相继传入中国，为进入高山地区开垦创造了条件。于是森林进一步破坏，水土流失进一步严重，在几百年的时间里，陷于了穷则需垦、垦则愈穷的恶性循环之中。鸦片战争后，帝国主义对农副产品掠夺和吸吮中国人民的血汗，使中国变得更穷，加剧了生态平衡的失调与上述恶性循环的过程。

人是经济活动的主体。人的需要是经济活动的原因与目的。人口状况是对经济发展起长期制约作用的因素之一。

有人口统计以来，中国的人口数量一直为世界各国之冠。1949年中国人口已达5.4亿，占全世界人口总数的25%。在地域上，人口分布不均。占全国面积的40%的东南部地区，人口占全国总数的96%。平均人口密度接近200人。其中黄淮平原、长江三角洲、长江中游盆地、四川盆地以及东南沿海地带五个区域，面积占全国的17%，人口却占全国的83%。西北部地区平均人口密度在10人以下。1949年城镇人口为5765万人。占全国总人口的10.6%。人口分布的状况反映出中国还是一个地区经济发展不平衡的以农业为主的国家。

近代中国人口发展的特征是高出生率、高死亡率、低自然增长率。根据一些调查的测算，人口出生率约在35‰—40‰之间，人口死亡率在30‰—35‰之间，婴儿死亡率在150‰左右。自然增长率低时接近零，最高时也只有5‰—10‰。1840—1949年的109年里，增加了1.3亿人。

旧中国人口的另一特征是素质差。广大人民的体质弱、疾病多。在恶劣的社会环境下，吸毒等陋习成风。20—40岁的成年人平均体重只有52公斤，平均身高161.5厘米。由于营养、疾病、遗传等方面的原因，残愚痴呆人占总人口的2%左右，个别地区高达4.3%。全国人均寿命35岁，20%—40%的婴儿活不到一周岁就夭折。

从建国前文化教育事业发展水平最高的年份看，全国高等学校（1947年）有学生15.5万人，中等学校（1946年）有学生187.9万人，小学（1946年）有学生2368.3万人，各级各类学校学生总数仅占总人口的5.6%。全国人口中80%以上是文盲。

中国是一个统一的多民族国家，由56个民族组成。在总人口中，汉族占90%以上，少数民族占6%以上，少数民族居住的地方散布很广，主要在西北、西南和东北地区。民族自治地方占全国土地的60%以上。建国前，少数民族地区人口减少，人民生活极为贫苦。部分少数民族处在社会发展的低级阶段。

建国前，在农村存在着大量的过剩人口。破产农民在农村无法生活，或到城市，或到海外谋生。据统计，旧中国被当作"猪仔"拐骗出洋的中国人口累计达700万人以上。城市里的劳动群众也很难找到就业机会。据不完全统计，1947年在许多大城市中，失业和半失业工人达到工人总数的25%—30%左右。建国之初，旧中国留下了大约400万失业者。就中国这样庞大的过剩人口，不是资本主义生产发展的结果。而是帝国主义、封建主义、官僚资本主义残酷剥削的产物。[1]

对于新中国成立之初的生产力发展状况，我们现在很难看到1949年及之前的完整的、权威的统计资料，只能通过学者收集整理并公开使用的一些数据来说明问题。

赵德馨先生在《中华人民共和国经济史（1949—1966）》中指出："在1842至1949年间，半殖民地半封建经济，是占主导地位的经济形态。它是新中国经济取代的对象。"为了说明白新中国经济是从什么样的基础上前进，旧中国留下的是怎样一份经济遗产？他列举了一些数字：

在工农业总产值中，手工劳动创造的价值所占比重，1936年是89.2%，1949年是83%，手工劳动生产的产品，在社会总产品中占了3/4以上。古老的、中世纪的生产力占统治地位。1949年，近代工业在国民经济中占的比重很小。在1936年的工农业总产值中，工业总产值占34.9%，其中近代工业只占10.8%，1949年相应的比例是30.1%和17%。在近代工业中，重工业的比重很小，据估算在工业总产值中，重工业产值占的比重，1936年是23%左右，1949年是28.8%。1949年，中国人均占有量与1950年的印度相比，电力，印度为中国的1.7倍，钢为13倍，棉布为2.75倍，旧中国的生产比长期是殖民地的印度还要落后。1949年，与以往年代最高产量对比，电力只有72%，煤45%，石油38%，生铁11%，钢锭16%，钢材18%，水泥31%，棉纱72%。棉布73%，纸90%。从1937年8月到1948年8月，物价上升600万倍。[2]

---

(1) 赵德馨：《中华人民共和国经济史（1949—1966）》，河南人民出版社1989年版，第4—8页。

(2) 赵德馨：《中华人民共和国经济史（1949—1966）》，河南人民出版社1989年版，第14—15、25—26页。

> 1949年农业创造的国民收入是245亿元（折合新人民币），占国民收入总额的68.4%，粮食总产量11318万吨，单产每亩68.5公斤；棉花总产量44.4万吨，单产每亩10.5公斤；油料总产256.4万吨，单产每亩42公斤。按人均计算，每人占有粮食209公斤，棉花0.8公斤，油料4.75公斤，这样的单产和人均占有量，决定了农业收入中可以用于积累的部分是很小的。以1949年的农业总产值为100%，农业各部门之间的状况是，农业占82.5%，林业占0.6%，牧业占12.4%，渔业占0.2%，副业占4.3%。全国总人口80%以上的人，忙于生产粮食棉花，同时还要进口粮食棉花，尽管如此，大多数劳动者，依然食不果腹，衣不蔽体。
>
> 1949年人均国民收入，西欧是473美元，美国是1453美元，整个亚洲平均为40美元，其中日本100美元，印度57美元，中国27美元，在亚洲倒数第一。
>
> 帝国主义依据不平等条约取得多种特权，在中国办工厂、矿山、银行、商店、铁路等等。它们在国民经济中形成了一种经济成分，直接间接控制中国经济命脉。"1948年，帝国主义在中国的资本合计为30.989亿美元。其中，美国为13.933亿美元，占40%以上。另有未转作借款部分的'美援'，估计约40.092亿美元。"[1]

私人资本主义所有制或曰民族资本主义所有制，其力量总的来说是微弱的。"1948年有民族工业企业12.3万户，职工人数164.38万人，资产净值20.08亿元（折合新人民币）。"[2] 赵德馨说："旧中国尽管地广人众，自然资源丰富，但在鸦片战争之后，在帝国主义的侵略下，逐步由一个主权独立国家变成一个依附国，变成半殖民地半封建的国家，中国领土上绝大部分地区的经济，由封建制经济形态变成半殖民地半封建经济形态。生产力落后，所有制结构多层次，经济上依附于帝国主义及世界市场，国民经济发展极端不平衡。半殖民地半封建社会是一种过渡性

---

[1] 赵德馨：《中华人民共和国经济史（1949—1966）》，河南人民出版社1989年版，第16、26、18页。
[2] 吴承明：《中国资本主义与国内市场》，中国社会科学出版社1985年版，第143—144页。

的社会，帝国主义、官僚资本主义和封建主义残酷地压迫和剥削着广大中国人民。到1949年，中国半殖民地半封建经济面临全面崩溃。"[1]

现在有一种观点认为，一直到清朝中期，中国在世界上还是领先的。其理由是1820年中国的生产总值仍占世界的1/3。赵德馨研究的一组数据与这种观点有出入。他说："宋代经济处于世界巅峰。"[2]这显然与汉唐经济的快速发展有关系。"中国是以领先于世界文明水平进入公元1000年的。""至宋、元之交的公元1279—1280年（宋祥兴二年到至元十七年），世界人口约2.65亿，中国人口近7000万，占世界人口的26.45%。1280年中国GDP比960年增长140%，人口增长82%，人均GDP增长133%。中国GDP是欧洲的1.77倍，人口是1.47倍，人均产值是1.2倍。"[3]安格斯·麦迪森（Angus Maddison）在《世界经济千年史》一书中说，西欧收入在1000年左右处于最低点，低于同时期的中国，到14世纪时，西欧在人均收入方面超过了作为亚洲领先经济的中国。[4]所以，陈寅恪说"华夏民族之文化，历数千载之演进，造极于赵宋之世"，是有道理的。钱穆的《国史大纲》讲宋朝积贫积弱过于简单。

从1949年中国的生产力状况来看，有四个明显的特点：一是由于帝国主义的入侵，帝国主义、官僚资本主义、封建主义的剥削和压迫，1949年，中国半殖民地半封建经济面临全面崩溃。二是由于历史的原因加上国民党的腐败，新中国的建设是在烂摊子基础上起步的，百废待兴。三是中国仍然是一个人口众多的农业国。麦克法夸尔和费正清说："没有其他国家在全力向现代工业化冲击之前，具有人数通常为它两三倍的如此众多和稠密的农村人口。"[5]四是半殖民地半封建经济，

---

(1) 赵德馨：《中华人民共和国经济史（1949—1966）》，河南人民出版社1989年版，第26—27页。
(2) 赵德馨：《中国近现代经济史（1842—1949）》，厦门大学出版社2017年版，第62页。
(3) 赵德馨：《中国近现代经济史（1842—1949）》，厦门大学出版社2017年版，第62页。
(4) ［英］安格斯·麦迪森：《世界经济千年史》，伍晓鹰、许宪春等译，北京大学出版社2003年版，第30页。
(5) ［美］R. 麦克法夸尔、［美］费正清编：《剑桥中华人民共和国史》上卷，谢亮生、杨品泉等译，中国社会科学出版社1990年版，第20页。

具有过渡性。

从中国当代经济发展的生产力基础分析，我们可以得出如下结论：一是摆脱贫困，赶上时代，不仅是领导人的情结，同时也是中国人的人心所向。二是不同发展阶段会有不同的任务，但工业化、现代化客观上是中国经济发展的主题主线。三是实现中华民族伟大复兴，重新走到世界前列，是中华儿女最伟大的梦想。四是保持清醒的头脑，到新中国成立100周年即本世纪中叶时，中国只能达到中等发达水平。五是像中国这样的人口大国，近代又遭受外敌侵略，我们能够在不太长的时间内摆脱贫困，走向富裕，不靠殖民掠夺，完全依靠自己的力量实现现代化，具有道义高度，是世界奇迹。

六、关于当代经济发展的国际环境与后发优劣势问题

新中国成立之初面临的国际环境有利有弊。有利条件是资本主义体系被严重削弱，社会主义已经在一些国家取得了胜利，亚非拉的民族解放运动日益高涨；不利条件是以美国为首的资本主义仍然在经济和军事上占优势，并主导国际秩序的建立。1950年美国发动了朝鲜战争，1955年又发动了越南战争，一直持续到1975年。在较长时间内，中国边境很不安宁，发生了1962年对印度的自卫反击战、1969年对苏联的自卫反击战、1979年对越南的自卫反击战。新中国成立之初，以毛泽东为代表的中国共产党人，实行向苏联"一边倒"的外交政策。社会主义改造完成以后，"北约"与"华约"两大军事集团相互制衡，毛泽东曾经作出一个重要判断，即战争在十年内或许更长时间内打不起来，我们可以集中时间进行社会主义建设。但美国长时间的对越南战争，加上苏联单方面撕毁合同撤走专家，中苏关系破裂，特别是苏联陈兵中苏边界，侵犯我边境珍宝岛，中国的国际环境趋紧，备战被提上了重要日程。到了20世纪70年代，中国与美、日关系缓和，但这期间又在搞"文化大革命"。改革开放以来，邓小平对国际形势有了新

的判断,认为和平和发展是时代主题,提出以经济建设为中心,抓紧时间进行社会主义建设。

70多年来,中国在外交政策向苏联"一边倒"的时期,争取到了苏联156项工程的援助建设;在与美日关系缓和的时期,引进了43亿美元的项目;十一届三中全会后,中国逐步实行改革开放,加入了世贸组织,参与了全球化。

近些年来,国际经济环境发生了很多新变化。改革开放以来,以开放促改革促发展,是我国改革发展的成功实践。今天的开放与改革开放之初的开放有很大的不同,不仅要吸引外资,而且要对外投资;不仅要办好出口的广交会,还要办好进口的上交会;不仅要适应国际规则,而且要参与规则的制定。2018年9月,习近平总书记在中非合作论坛北京峰会上指出,"当今世界正在经历百年未有之大变局。世界多极化、经济全球化、社会信息化、文化多样化深入发展",我们也面临"保护主义、单边主义不断抬头"等前所未有的挑战。[1]贸易保护主义抬头,对跨国公司的全球供应链产生消极影响,不少企业因此减少配套商,加强企业的内部化;新技术应用推广更加受限,分工深化细化的进程减缓,国际贸易规则受到挑战。中美贸易摩擦的根源在于美国贸易保护主义和单边主义抬头。

福山在其新作《身份政治:对尊严与认同的渴求》中,强调世界政治已经由过去的以经济利益为主要内容的政治转变为身份政治。这种说法有待商榷,应该说,在世界之变中,被利益驱使的内在动力没有变。他认为英国脱欧公投与特朗普现象,是民粹主义的新表现。特朗普的自传中讲了他做生意的基本套路:"一个远高于预期的条件让对手无从下手—反复无常的变化给对手施加压力—给出次优条件让对手急于接受了事—达到最初想要的结果。"[2]特朗普说这番话有他个人的

---

(1)《习近平在2018年中非合作论坛北京峰会开幕式上的主旨讲话》,《人民日报》2018年9月3日。
(2) [美]唐纳德·特朗普、[美]比尔·赞克:《特朗普传:激情创造梦想》,唐其芳、顾岳译,中国工商联合出版社2016年版,第46页。

风格问题，但说到底还是资本利益和国家利益使然。近年来西方常常炒作"修昔底德陷阱"，即新兴大国与守成大国必然发生零和博弈。希腊历史学家修昔底德（Thucydides）在《伯罗奔尼撒战争史》中讲述了公元前5世纪正在崛起的雅典和守成国斯巴达之间的战争。美国哈佛大学教授格雷厄姆·艾利森（Graham Allison）2012年曾说，如果中美不能做得比古希腊和20世纪初的欧洲人更好，那么21世纪的历史学家将用"修昔底德陷阱"来描述中国与美国的冲突与灾难。2015年9月，习近平总书记访美时曾指出，世界上本无"修昔底德陷阱"，但大国之间一再发生战略误判，就可能自己给自己造成"修昔底德陷阱"。(1)也有人类比日本与美国签订的"广场协议"以及日本"失落的十年"。《时运变迁：世界货币、美国地位与人民币的未来》（中信出版社2016年版）一书的作者是沃尔克（Paul Volcker）和行天丰雄（Toyoo Gyohten），沃尔克是美联储前主席，行天丰雄曾担任日本大藏省国际金融局局长，他们两位都是各自国家货币政策制定与调整的参与者。该书总结了"广场协议"签订以来诸多世界经济事件，从布雷顿森林体系的建立到崩溃，从"广场协议"到"卢浮宫协议"，再到几次石油危机引发的通货膨胀，并对人民币走势提出建议。"广场协议"是美、日、德、法、英五国在纽约广场饭店就联合干预外汇市场所达成的共识，协议签订后，美元大幅贬值、日元大幅升值。今天，时代不同了，国际力量对比更加趋向均衡。因此中国必须坚持走和平崛起的道路，坚定不移地扩大开放，坚定不移地主动参与经济全球化进程，坚定不移地积极参与全球经济治理和公共产品供给。

国际环境作为外部条件，对中国当代经济发展产生深刻影响。比如，为了备战，我们必须自力更生，必须优先发展重工业和国防工业，必须进行"三线建设"，需要尽快建立起独立的比较完整的工业体系和国民经济体系；而实行高度集中的计划经济体制，有利于集中力量办

---

(1) 《习近平出席华盛顿州当地政府和美国友好团体联合欢迎宴会并发表演讲》，《人民日报》2015年9月24日。

大事，有利于组织动员社会资源。国际环境趋于缓和，有利于对外开放，引进项目、资金和技术，有利于参与全球化，发挥比较优势和后发优势。当然，到目前为止，以美国为首的资本主义世界，仍然拥有经济技术和军事上的优势，它们不愿意改变现有格局，企图凭借技术垄断和军事优势，遏制中国的现代化进程。中国必须抓住和平发展的有利时机，赶上时代，引领时代，实现中华民族的伟大复兴。

关于后发优势与劣势的问题。后发优势包括要素成本优势、市场优势、承接产业和资本转移的优势、学习优势。要素成本优势主要指人口和土地的优势。最近一段时间以来，有学者特别从"人口红利"和"土地财政"两个方面对改革开放40年进行总结。笔者认为，从改革开放之初开始，我国就面临人口红利窗口期，改革开放使这一潜在优势得以充分发挥。而且，在农村实行家庭联产承包责任制，使大量剩余劳动力进城务工经商，从动态和结构上为人口红利加分。到改革开放后期，教育成果也反映到人力资本质量上，知识具有内在的和外溢的双重优势，对社会而言，具有正外部性，使人口红利窗口期得以延长。

土地财政包括土地出让收益和以土地作抵押的政府信用。20世纪80年代后期，沿海特区学习香港的做法开始起步。1994年实行分税制改革，明确土地收益作为地方收入，由此奠定了土地财政的体制基础。1998年实行住房制度改革，2003年实行土地出让"招拍挂"，土地财政开始成为包括内地城市在内的全国所有城市工业化、城市化的重要资本来源。

中国的市场优势是明显的。这一方面是由于"短缺"。从一定意义上讲，短缺就是市场空间。另一方面，中国地域辽阔、人口多。中国当代经济发展，往往社会商品零售总额和出口的增速要快于GDP的增速。以改革开放以来为例，社会商品零售总额的年均增速是15%，外贸出口的增速是19.1%，GDP的增速是9.5%。

承接产业和资本转移的优势，在改革开放以来也体现得非常明显。

40多年来,中国基本上是发展中国家中利用外资最多的国家。从改革开放之初开始,全球家电、汽车等产业就陆续向中国转移。以沿海地区为主的加工贸易,涉及包括轻纺在内的传统制造业和IT产业。当然承接产业和资本转移的优势仍然在于包括劳动力在内的要素成本低。

过去我们讲后发优势讲得比较多,不太注意分析后发劣势。实际上中国作为发展中大国,除了具有后发优势以外,也具有明显的后发劣势。笔者认为,中国的后发劣势包括处于产业链的低端、先发国家主导制定的国际规则对我们不利、美西方意识形态偏见具有明显的排他性、经济发展面临生态环境的压力。

处在产业链的低端是我们的后发劣势,也是发达国家的先发优势。中国目前仍处于产业链低端位置,在外贸进出口结构中反映得非常明显。有人曾经算过账,中国需要出口8亿条裤子或衬衫,才能换回一架波音飞机。而且美欧一些发达国家不仅限制高技术产品对中国的出口,也不愿意改变这种技术落差现状。中国制定《中国制造2025》,美西方作出强烈反应。美国要求相关企业对中国禁售高端光刻机,向华为公司实行"芯片禁令",组织"芯片四方联盟"围堵中国。2022年,美国总统拜登又正式签署了《芯片和科学法案》(简称《芯片法案》),计划为美国半导体产业提供高达527亿美元的政府补贴。在美国白宫发布的相关说明书中,《芯片法案》的目的被概括为降低成本、创造就业、加强供应链以及对抗中国。这是美国几十年来少有的非常鲜明的产业政策支持,目的是要重夺行业主导权,同时限制和削弱半导体国际企业在中国大陆的既有制造能力和计划中的先进制造能力,进而将这些制造能力虹吸到美国,达到损人利己的目的。在《芯片法案》中,还专门设置了"中国护栏"条款,公然开启了一国利用产业政策扰乱国际市场和全球供应链的危险先例。

关于在国际贸易和国际规则中处于不利地位。现有的国际秩序和规则,是二战后由美国等西方发达国家主持制定的,体现了美西方国家优先的原则,作为发展中国家的中国处于不利地位。美国、欧盟、日本至今不承认中国的市场经济地位，常常以第三国作为替代国计算生产成本，由此实行反倾销。它们不想在旧的世界秩序中接受中国调整规则的建议，而企图用旧秩序继续遏制中国的崛起。美西方的意识形态偏见，极大地限制和制约了国际经济技术合作。新中国成立之初，美西方对于包括中国在内的社会主义国家采取经济上"封锁""禁运"政策。1949年11月，在美国提议下，一个对新中国实行禁运和贸易限制的国际组织"输出管制统筹委员会"在巴黎秘密成立，1951年美国又操纵联合国通过对中国实行禁运的提案。后来即令与中国建立了外交关系，经历了由它们操弄导致东欧剧变、苏联解体后，美西方仍然以意识形态偏见的排他性，在国际投资、贸易中，对中国予以逆全球化的限制。

关于生态环境压力。中国是在先发国家在工业化现代化中已经形成了足够的生态环境容量的基础上，进行工业化和现代化建设的，自然面临着与它们不一样的生态环境压力。

关于中国当代经济发展的历史条件，可以列举很多条，甚至难以穷尽，但仅从以上六个方面看，就会给我们以深刻的历史启示。这六个方面不仅是当代中国经济发展的基础，而且会深刻影响到中国当代经济发展的全过程。

上述六个方面的分析也告诉我们：中国当代经济发展，如果完全按苏联《政治经济学教科书》所提供的苏联模式，是行不通的；靠适应西方国家实际的西方经济学，也不能解决中国当代经济发展中的所有问题；二战之后借重《发展经济学》、靠出口加工崛起的中小国家和地区所树立的样板，也不完全适合中国这样具有独特历史、超大型的国家。中国必须从自己的历史和实际出发，在充分吸收和应用人类文明成果的同时，坚定不移地走具有自身特色的道路，形成"中国方案"，创造新的具有道义高度的中国文明，实现中华民族的伟大复兴。

第三章

中国当代经济发展的主题主线

中国当代经济发展的主题主线具有中国特色，也具有一般意义，对后现代化国家具有启示意义。

中国当代经济发展的主题是现代化，现代化的核心是工业化。现代化与工业化的主线是建立独立的、完整的、现代的工业体系和国民经济体系。

一、中国当代经济发展的主题是现代化

现代所对应的概念是传统与落后，现代化是人类社会发展的总趋势。新中国是在经济社会极端落后的基础上开始建设的，中国当代经济发展的鲜明主题，自然而然是现代化。

1. 关于现代化的概念

笔者比较倾向于认为，现代化是一个动态概念，是指近代以来人类社会已经发生和正在发生的深刻变化，包括由传统经济向现代经济、传统社会向现代社会、传统政治向现代政治、传统文明向现代文明的转变。现代化是近代以来人类文明演进的动态过程，是近代以来人类文明进步的前沿。西方学者通常将现代化与工业化、民主化、市场化、

资本主义化联系在一起，他们认为，现代化是从工业革命，或者从文艺复兴、资产阶级革命开始的，并认为英美等西方国家早已实现了现代化，现在所面临的问题是后现代化问题；他们还认为，后发国家要实现现代化，必须仿照西方模式，必须市场化、民主化、私有化及资本主义化。

中国研究现代化理论的学者多为历史学者，特别是研究近代史的学者。罗荣渠在《现代化新论：中国的现代化之路》一书中，强调现代化理论研究不能过于泛化，必须以生产力作为基础。他从政治、经济和文化变革等不同角度探讨了中国的现代化进程，把近代中国的巨变放在世界大变革的总进程中加以考察，提出以三大矛盾（殖民主义与反殖民主义的矛盾、资本主义生产方式与前资本主义生产方式的矛盾、以基督教文化为核心的现代工商文明与以儒教为核心的东方农耕文明的矛盾）交织、四大趋势（衰败化、半边缘化、革命化、现代化）互动作为近代中国变革基本线索的新观点；指出革命在近代中国社会变革中的历史地位，特别是在抑制半边缘化、衰败化危机中的作用，但又强调革命不能概括中国现代化的全貌。他还认为，在1949年以前，中国现代化是西方的资本主义模式，而现代化努力不断遭受挫折和失败，是中国社会内部上述四大趋势相互交织，衰败化、半边缘化得不到抑制的必然结果；1949年革命完成了国家重建任务，从根本上抑制了衰败化和半边缘化的危机；1979年开始的改革，最终使中国走上了现代化道路。[1] 此外不少学者认为，中国的现代化是从洋务运动开始的。而民国时期也有使用近代化概念的，现代化、现代国家、近代化、近代国家的概念散见于当时学者的著述之中。

正因为前面所说的现代化是近代以来人类社会已经发生和正在发生的深刻变化，所以人们使用现代化这个概念比其他的社会科学概念要晚。

---

(1) 罗荣渠：《现代化新论：中国的现代化之路》，华东师范大学出版社2013年版。

有学者（黄兴涛、陈鹏）做过专门研究认为，1860年，威廉·萨克雷（William M. Thackeray）依据哲学家弗朗西斯·培根对印刷术、火药等技术性发明的赞许，称"火药与印刷术使这个世界现代化"，这是首次将现代化用于表达普遍的现代性进步意义，而此前的现代化仅表达技术改进之义。可见，西方运用现代化概念与中国的"四大发明"有关。但后来，直到19世纪与20世纪之交，这个概念仍然不是很明确和巩固。在中国，清末民初，有些通晓英文的学人实际上开始主动使用现代化的概念，如：1911年辛亥革命爆发，辜鸿铭就在《北华捷报》上撰文指出，此次反抗可等同日本历史上的萨摩起义，系一个民族打破独裁统治、迈向现代化的重要阶段；1919年，《上海泰晤士报》报道，赴欧洲游历的梁启超在伦敦的一次演说中，表示自己正在思考"现代化进程"对于中国民族特性可能的影响；1933年，上海《申报月刊》开展的"中国现代化问题"讨论，对现代化概念的推广和运用具有标志性意义。需要指出的是，工业化与机械化是民国时期国人把握现代化概念时较为一致，也更具底盘意义的基础内涵；1933年，经济学家张素民认为从国家社会层面来说，现代化即是工业化，"至于政治上是不是要民主，宗教上是不是要耶稣，这与现代化无必然的关系"。[1]

20世纪三四十年代，知识界热烈研讨现代化国家的理念，引起了当政者的关注。蒋介石发起的"新生活运动"，声称旨在通过培育具有独立自由精神的现代化国民，实现复兴民族精神、国家自由独立之目标。阎锡山是抗战时期最热衷于使用"现代化"一词的国民党大员。中国第一份以现代化命名的杂志——《现代化》，于1937年在山西诞生，其发刊词宣称："本刊的创办，是要想在全中华民族的自卫和求生的过程中，尽一个国民应有的责任，使中华民族踏上现代化国家的现实的康庄大道！"次年，中国第一家以现代化命名的出版社——现代

---

[1] 黄兴涛、陈鹏：《民国时期"现代化"概念的流播、认知与运用》，《历史研究》2018年第6期。

化编译社也经阎锡山批准成立。

当时,中国共产党人在关注国家民族前途命运和展望国家发展前景的时候,也使用了"现代化"的概念。以往学界认为,毛泽东最早使用现代化一词,是在1945年赴重庆谈判时,他在参政员茶话会上提出要建设现代化的新中国。实际上早在1938年5月,毛泽东在《论持久战》中就曾提出革新军制离不了现代化。1939年,周恩来在经济社会整体发达意义上使用现代化(近代化)概念,认为中国东部人口众多、交通便利、土地肥沃、经济发达、文化程度高,"代表了中国走向近代化的最有力的地区"。1945年,中共更将"中国的工业化和农业近代化"明确写入了中共七大的政治报告中。[1]

2. 罗斯托的现代化理论是冷战思维在经济学理论中的集中反映

在发展经济学中,罗斯托(Walt W. Rostow)的现代化理论影响较大。罗斯托是美国著名经济史学家,我国经济学界比较熟悉他的经济发展阶段理论,实际上他的经济发展阶段理论即现代化理论,既具有鲜明的冷战背景,也具有浓烈的意识形态色彩。第二次世界大战结束之后,由于以苏联为首的社会主义阵营的形成,美苏关系由战时盟友转变为冷战对手,加上西方殖民体系的崩溃,一批亚非拉国家实现了民族独立。美国联邦政府和私人基金会开始关注"地区研究",他们与社会科学家一起致力于"生产"能直接用于冷战的"知识武器"。1950年,福特基金会启动了一个大型地区研究项目,在1953—1966年间,共向34所大学投入了2.7亿美元科研基金。1950—1952年,在美国国务院的资助下,以麻省理工学院的研究者为主的社会科学家与工程师完成了以"扩大和加强对苏东政治战"为研究主题的"特洛伊计划"(Project Troy)。作为麻省理工学院教授的罗斯托参加了这个计划,承担了关于苏联社会的研究项目,此间还结识了后来成为艾森豪威尔总统心理战特别助理的杰克逊(C. D. Jackson)。这样,罗斯托实际上成

---

[1] 黄兴涛、陈鹏:《民国时期"现代化"概念的流播、认知与运用》,《历史研究》2018年第6期。

了美国白宫的"策士"。1961年,罗斯托的代表作《经济增长的阶段:非共产党宣言》出版。罗斯托的现代化理论脱颖而出,很快就被肯尼迪政府采纳,成为20世纪60年代美国对第三世界政策的理论基础和表达方式,也成为美国对第三世界发展政策的指南。同时,罗斯托本人也在60年代历任总统国家安全事务副特别助理、国务院政策设计办公室主任及总统国家安全事务特别助理等职,成为美国对外政策的重要决策人。

罗斯托认为,美国必须加强对第三世界国家的发展援助,引导这些国家效仿西方工业化道路,从而使其成为符合西方标准的民主国家。对于共产主义,罗斯托将其看成是"过渡时期的一种病症"。他认为:"它能够在这样一种社会中推动和维持增长过程——在这个社会中,(起飞的)前提条件是没有产生为数众多的、有企业精神的商业中产阶级,也没有在社会领导人中产生足够的政治共识。""病症"最容易出现在发展中国家正处于过渡社会("起飞的前提条件阶段")和"起飞阶段"尚未巩固之前的时期。(1)

3. 中国近代被延误的现代化

前面讲到,由于以地主制经济形态为基础的中国封建社会制度以及近代的闭关锁国政策等因素,中国的资本主义萌芽并没有如同西方一些国家那样,及时顺利地生长出资本主义生产关系,所以现代化被搁置和延误。中国的"四大发明"和思想文化对西方的现代化作出了有益贡献[培根和马克思就中国技术发明对西方的贡献有经典的论述,被称为"欧洲的孔夫子"的重农学派代表人物魁奈(Francois Quesnay)的经济思想也具有中国渊源],而西方在现代化的进程中反过来用坚船利炮打开了中国的大门,对中国进行掠夺。

(1) 清朝末年中国民族工业发展的三次高潮

中国近代工业的兴起,走的不是一条资本主义发展正常的道路。

---

(1) [美] W. W. 罗斯托:《经济增长的阶段:非共产党宣言》,郭熙保、王松茂译,中国社会科学出版社2001年版,第172、171页。罗斯托认为,现代化过程可以划分为五个阶段,依次为"传统社会""起飞的前提条件阶段""起飞阶段""走向成熟阶段""大众消费阶段"。

它不是在工场手工业的基础上顺其自然地发展起来的，从某种程度上讲，是外国资本主义入侵的产物。鸦片战争后，由于外国资本主义入侵的刺激和自然经济结构的开始崩坏，人们逐渐看到新式工业有利可图，从19世纪70年代起，在中国东南沿海的通商口岸，一些原来的买办、商人、官僚、地主开始投资新式工业。

中国民族工业发展的第一次高潮发生在甲午战争结束后不久。19世纪最后5年，中国设立的商办厂矿数量和资本总额比以往20多年的总和还要大得多。其中规模大的，如山东烟台张裕酿酒公司、江苏南通由张謇等开设的大生纱厂。这个时候商办厂矿的资本额已超过了官办和官督商办的企业，这是一个重要变化。

第二次高潮发生在20世纪初。它的发展速度和规模超过了第一次高潮。商办工业投资范围进一步扩大，从原来的缫丝、棉纺织、面粉，到烟草、肥皂、电灯、玻璃、锅炉、铅笔、化妆品等行业。

第三次高潮发生在辛亥革命前。7年投资总额与前30年相等。除了棉纱、造纸、面粉等行业规模大大扩充，上海、武汉、广州等城市面貌有很大变化之外，也出现了一股筹设商办铁路公司、集股自修铁路的热潮。

但是，当时民族资产阶级的力量还很弱小，一方面为了生存，他们与官僚和外国资本保持密切联系；另一方面，他们中很多人也不愿意放弃封建土地关系。所以他们既不愿意改变现状，也不能放手发展民族工业。而且从社会环境和氛围来看，投资办实业的这些人社会地位也不是很高，在等级分明的社会里，按照士农工商的顺序，他们也常常被看不起。

（2）孙中山《实业计划》的理想

辛亥革命胜利后，1912年1月1日，中华民国临时政府在南京成立，孙中山当选为第一任临时大总统。临时政府成立后，鼓励民间兴办实业，减免厘金，取消了清政府的一些苛政；社会上掀起了兴办实业的热潮，大量实业团体涌现出来。但辛亥革命胜利的果实很快就被北洋（"北洋"两个字从袁世凯建立北洋六镇、担任北洋大臣而来）军阀首领袁世凯所窃取，然后就出现了北洋军阀割据混战的局面。军阀统治是半殖民地半封建社会封建统治的变种，在这种条件下，中国的工业化和现代化不仅难以发展，而且由于战争和盘剥，生产力水平还在倒退。

自1917年2月起，孙中山在勤读细思、多方考察的基础上开始撰写《实业计划》，历时3年5个月，至1920年7月才最终完稿。撰写过程中，他将部分章节先期发表于1919年《远东时报》6月号上。1920年，上海商务印书馆首先出版了英文版，1921年10月，上海民智书局出版了由朱执信、廖仲恺等翻译的中文版，定名为《实业计划》，后编为《建国方略》之二《物质建设》。《实业计划》实际上是孙中山先生关于中国的工业化和现代化的十年规划，其中铁路、港口等重大项目的规划是富有远见的。他还提出利用"后至"者的优势，选择"最直捷的路径"，一步实现西方国家两步才达到的水平。他也知道中国当时搞工业化和现代化，最大的问题是缺钱，所以他主张利用外资、外才，而且外资在中国办的实业都应该归国家所有。

孙中山的《实业计划》在当时的中国，只是一种良好的愿望、一种美好的理想。一方面，在当时中国处于半殖民地半封建格局当中，美西方国家不可能按孙中山的设想，组成经营团为中国办实业，并交由中国国家所有，盈利后再归还借款；另一方面，当时的军阀统治和后来的国民党统治集团，也不可能有效地推进工业化和现代化。

（3）帝国主义与中国的工业化和现代化

有一种观点认为，帝国主义国家侵略中国，有利于中国的工业化和现代化。这种观点是不符合事实的。

从20世纪初列强为了掠夺和控制对华投资路矿的情况看，它们采取借款或者强行承租的方式，控制中国铁路的建设和营运，着眼点是要把它们的商品大量地运送到中国内地，而把中国内地的原料运送出去，并获得一定年限内对某些铁路事业的管理权，从而获得优厚的借款手续费、利息和红利。因此,凡是铁路通过的区域都成为它们的势力范围。这绝对不同于美国的西部大开发,是不利于中国民族工业的发展的。

在矿业控制中,特别是从中国的煤矿掠夺利益,有两个案例特别典型。一是英国借八国联军进攻中国的机会以欺诈手段霸占中国经营多年的开平煤矿,随后又兼并滦州煤矿,在1911年成立英国控制下的开滦矿务总局;二是日本在1906年成立"南满洲铁道株式会社",以经营"南满铁路"及开发沿线煤矿资源为中心,日后成为日本侵占中国东北地区的急先锋。

这期间,外国资本的投资,是在中国丧失国家独立主权的情况下,在外国资本享有垄断、权利不平等的背景下的所谓投资。

胡绳说,帝国主义到中国来,虽然没有完全灭亡中国,中国还是半独立的,但帝国主义实际上也是中国的统治者。帝国主义到一个落后国家来,总是维护这个国家的落后势力,不肯轻易地去掉它,改变它,以便利用其侵略和压迫。[1]

(4)民国政府与工业化和现代化

从1927年到1937年,这10年中,民国政府完成了形式上的统一,有时间和精力进行一些建设,有人将此称为"黄金十年"。有的甚至认为,如果没有"七七"事变爆发全面侵华战争,中国有可能走资本主义道路并实现现代化。这种观点显然是不正确的。我们可以从以下五点来分析。

一是历史不能假设。希望日本不侵略,不发动侵华战争,是一厢情愿的。

二是1937年之前,中国已沦为半殖民地半封建社会。不仅1931年日本侵占了东三省,而且西方列强在中国也有殖民利益存在。胡绳认为,民族独立是中国现代化的前提。这十年实为无穷阴影所覆盖,东

---

[1] 石仲泉:《胡绳提出的这三个问题,是研究近代史最后30年很难回避的》,《北京日报》2021年4月12日。

北沦亡，华北告急，使这十年中的后五年黯然失色。他说，以言经济，很难说这十年有多大成绩。

三是1927年至1937年，国民党不仅把枪口对准了共产党，而且内部出现了新军阀割据。胡绳说，国民党内各派系、各地方实力派互争雄长，甚至导致大规模内战。在这样内忧外患的环境中，不可能实现现代化。金冲及在《二十世纪中国史纲》中，引用了台北出版的《中华民国建国史》的有关数据：1928年，岁出4.97亿元，主要项目所占百分比中，军务是49.7%，债务是33.3%，建设是0.6%；1929年，岁出6.1875亿元，军务所占比例为42.9%，债务为33.4%，建设为0.4%；1930年岁出7.12亿元，军务占43.8%，债务占39%，建设只占0.2%。[1]这组数字一定程度上能说明问题。

四是民族资产阶级的软弱性使其不可能完成旧民主主义革命的任务。毛泽东在《新民主主义论》中指出："由于他们是殖民地半殖民地的资产阶级，他们在经济上和政治上是异常软弱的，他们又保存了另一种性质，即对于革命敌人的妥协性。中国的民族资产阶级，即使在革命时，也不愿意同帝国主义完全分裂，并且他们同农村中的地租剥削有密切联系，因此，他们就不愿和不能彻底推翻帝国主义，更加不愿和更加不能彻底推翻封建势力。这样，中国资产阶级民主革命的两个基本问题，两大基本任务，中国民族资产阶级都不能解决。"[2]当国家命运还没有掌握在中国人自己手里的时候，当统治中国的反动势力拒绝一切根本社会变革的情况下，进行大规模的现代化建设只能是一句空话。

五是中国的仁人志士确曾寄希望于将西方的政治制度运用于中国，改变中国当时的悲惨命运。但是从外部环境看，列强不愿意放弃在华利益，不允许中国实现真正的独立；从内部条件看，民族资产阶

---

[1] 金冲及：《二十世纪中国史纲》增订版第1卷，生活·读书·新知三联书店2021年版，第348页。
[2] 《毛泽东选集》第2卷，人民出版社1991年版，第673—674页。

级很弱小，难以担当起历史重任。辛亥革命以后，议会政治模式的种种丑态也让中国人产生了对西方所谓民主模式的怀疑。胡绳说：蒋介石上台，资本家、中间派大多数是支持的，对他抱有很大希望，以为可以走上资本主义道路。但蒋介石既不触动帝国主义，也不触动封建主义；在抗战时期，既反共产党，又反民主主义。他不可能真正搞资本主义。

实际上，第一次世界大战之后，特别是20世纪30年代大危机之后，中国知识界对西方资本主义以及中国走资本主义道路的看法，也发生了一些变化。1933年7月，上海《申报月刊》组织了关于中国现代化问题的讨论，总共发表了26篇文章，其中10篇是短论，没有涉及中国现代化的道路问题，其余16篇为专论，涉及了中国现代化的道路问题。16篇专论中，只有1篇主张走资本主义道路，其余15篇主张走社会主义道路或者非资本主义道路。就连蒋介石于1941年在《改进》杂志上所发的长文《中国经济学说》，也批判西洋的经济学说以欲望尤其是个人小己的欲望——私欲为出发点。他主张，在工业的建设方面，必须采取计划经济制度。他还引用了孙中山的两句话："近代经济之趋势，适造成相反之方向，即以经济集中代自由竞争是也。""故于中国两种革命，必须同时并举，既废手工采机器，又统一而国有之。"这说明当时在中国，非资本主义的道路选择是大势所趋。不过蒋介石既反对西洋的自由竞争的资本主义，又反对阶级斗争和社会主义，实际上走的是官僚、买办的资本主义道路。蒋介石离开大陆时所写的日记说："昨游鉴城乡，可说乡村一切与四十余年之前毫无改革，甚感当政廿年党政守旧与腐化自私，对于社会与民众福利毫未着手"。[1]

4. 现代化是中国当代经济发展的战略主题

新中国成立后，才真正具有进行大规模现代化建设的可能性。从新中国成立以来国家发展战略前后联系的主轴来看，现代化是中国当

---

(1) 金冲及：《二十世纪中国史纲》增订版第1卷，生活·读书·新知三联书店2021年版，第335页。

代经济发展的主题。

最早把现代化作为国家发展战略提出来的时间是1954年，也就是新中国成立之后，经过三年的经济恢复，在社会主义改造的过程中，提出现代化发展战略的。现代化的战略大体上有前后衔接的三个提法，也可以说是三个阶段。一是"四个现代化"。1954年，第一届全国人大会上首次提出建设"四个现代化"的目标，当时提出的是工业、农业、交通运输业、国防四个方面，1964年调整为现代农业、现代工业、现代国防、现代科学技术。二是小康社会。1979年，邓小平在会见日本首相大平正芳时的谈话中说："我们要实现的四个现代化，是中国式的四个现代化。我们的四个现代化的概念，不是像你们那样的现代化的概念，而是'小康之家'。到本世纪末，中国的四个现代化即使达到了某种目标，我们的国民生产总值人均水平也还是很低的。"[1]改革开放以后，我们党对我国社会主义现代化建设进一步作出战略安排，提出"三步走"的战略目标，包括解决人民温饱问题、人民生活总体上达到小康水平、全面建成小康社会。目前，"三步走"的战略目标已经完成。三是全面建成现代化强国。党的十九大报告提出，从2020年到本世纪中叶，分两个阶段实现现代化的战略目标。第一阶段，从2020年到2035年，在全面建成小康社会的基础上，再奋斗15年，基本实现社会主义现代化。第二阶段，从2035年到本世纪中叶，在基本实现现代化的基础上，再奋斗15年，把我国建设成富强民主文明和谐美丽的社会主义现代化强国。党的二十大报告概括提出并深入阐述了中国式现代化理论，是一个重大理论创新，使中国式现代化更加清晰、更加科学、更加可感可行。中国式现代化既有各国现代化的共同特征，更有基于自己国情的鲜明特色。中国式现代化是人口规模巨大的现代化，是全体人民共同富裕的现代化，是物质文明和精神文明相协调的现代化，是人与自然和谐共生的现代化，是走和平发展道路的现代化。

---

(1)《邓小平文选》第2卷，人民出版社1994年版，第237页。

实现"四个现代化"、建成小康社会、全面建成现代化强国,这三个战略目标,在时间上也客观地形成了三个阶段。实现"四个现代化"的战略目标,是从20世纪50年代到20世纪末;建成小康社会的战略目标,在本世纪前20年左右;全面建成现代化强国,是指从建党一百周年到新中国成立一百周年之间的这30年左右。三个阶段的现代化战略目标前后相衔接,符合像中国这样的落后的大国从事现代化建设的演进逻辑,即先是重点领域的现代化,然后是社会再生产过程的现代化,最后是全面建成现代化强国。虽然小康社会的现代化目标,在提法上没有直接涉及社会再生产全过程的现代化,但是,邓小平讲小康社会的本意,可以从两个方面理解:一是由于基础差、加上"文革"十年的耽误,原定20世纪末实现四个现代化的目标,只能是低水平的(周恩来在四届人大会上的提法还有一句是"使我国国民经济走在世界的前列"),这体现了与第一代领导人的现代化目标谨慎的、实事求是的对接;二是把四个现代化的提法转换为人民的小康生活,把总量翻两番转换到人均收入翻番,直接涉及生产与分配,自然也涉及社会生产的全过程。在后来的战略安排中,小康社会建设涉及很多经济指标,还涉及社会和文化发展的指标。

二、现代化的核心是工业化

从20世纪30年代开始,理论界都把工业化作为现代化的核心和基础,工业化在中国当代经济发展的现代化战略中也反映得很清晰。与中国当代经济发展的现代化主题相适应,也有前后衔接的工业化战略。

在新中国成立之初,领导人先强调工业化,后强调现代化,之后领导人在强调现代化的同时也强调工业化。后来的领导人也继承了这个传统。

1949年3月,毛泽东在党的七届二中全会上指出:"在革命胜利以后,迅速地恢复和发展生产,对付国外的帝国主义,使中国稳步地由农业国转变为工业国,把中国建设成一个伟大的社会主义国家。"[1]这年9月通过的《共同纲领》的表述是:"发展新民主主义的人民经济,稳步地变农业国为工业国。"[2]

在这之后,从1954年第一届全国人大开始,多次全国人大和党代会在提出现代化战略目标的同时,也在部署实施工业化。社会主义改造以工业化为主体,社会主义建设的20年,建立独立的完整的工业体系;改革开放之初,消费类、加工工业大发展,工业体系更加完整;此后至今,我们仍然处在推进新型工业化的战略历程之中。

经历了三年的经济恢复之后,中国在1953年就启动了大规模的工业化建设。1953年《人民日报》发表元旦社论说:"工业化——这是我国人民百年来梦寐以求的理想,这是我国人民不再受帝国主义欺侮不再过穷困生活的基本保证,因此这是全国人民的最高利益。全国人民必须同心同德,为这个最高利益而积极奋斗。"[3]从那个时候开始,中国工业化的战略大体是两个,一个是建立独立的比较完整的工业体系和国民经济体系,一个是实现新型工业化和建立现代化经济体系。1979年,叶剑英在庆祝中华人民共和国成立三十周年大会上宣布,已经建立了独立的比较完整的工业体系和国民经济体系。中央的"十四五"规划建议提出,到2035年,基本实现新型工业化,建成现代化经济体系。

1. 为什么说现代化的核心是工业化?

一是因为现代化,是比工业化更宽泛的一个概念,但现代化的实质是工业化,是可感可知的现代化。罗荣渠认为,modern(现代)一词是文艺复兴时期人文主义者最先使用的。当时以此来表达一个新的观念体系,把文艺复兴看成是与中世纪相对立的新时代。由于文艺复兴否定了中世纪的神学权威,遵从古典文化,故而文艺复兴以后的时代被视为欧洲历史的一个新时代,"现代"一词的内涵——现代性

---

(1)《毛泽东选集》第4卷,人民出版社1991年版,第1437页。
(2) 中共中央文献研究室编:《建国以来重要文献选编》第1册,中央文献出版社1992年版,第2页。
(3)《迎接一九五三年的伟大任务》,《人民日报》1953年1月1日。

（modernity），即源于此。[1] 他还认为，现代化实质上就是工业化，更确切地讲，是指落后国家实现工业化的进程。今天所有的不发达和发展不足的国家都致力于实现工业化的目标，把它作为从根本上改变国家面貌和国际地位的战略性措施。因此，用工业化来概括现代社会变迁的动力、特征和进程，已为经济史学界和社会史学界所广泛接受。

二是因为现代化从经济的层面讲就是工业化，工业化与经济发展的联系更加紧密。70多年来，工业化的经济发展战略是前后连贯的。开始是156个项目，建设工业体系。毛泽东在第一届全国人大第一次会议开幕词中说："准备在几个五年计划之内，将我们现在这样一个经济上文化上落后的国家，建设成为一个工业化的具有高度现代文化程度的伟大的国家。"[2] 毛泽东在《论十大关系》中明确提出，中国工业化道路问题，就是正确处理重工业、轻工业、农业的发展关系问题。他在《关于正确处理人民内部矛盾的问题》中说："我国的经济建设是以重工业为中心，这一点必须肯定。但是同时必须充分注意发展农业和轻工业。"[3]

到了1975年1月召开的第四届全国人大第一次会议上，周恩来提出了"两步走"的战略安排：第一步，从"三五计划"开始，用15年时间建设一个独立的比较完整的工业体系和国民经济体系；第二步，在20世纪内，全面实现工业、农业、国防和科学技术的现代化，使我国国民经济走在世界的前列。改革开放以后，我们对工业化进程还有跟踪评估。受发展经济学中的工业化阶段划分标准的影响，学界经常有工业化中期的某个阶段的说法。2002年11月，党的十六大提出了新型工业化的战略目标。2020年10月，党的十九届五中全会提出的"十四五"规划《建议》，确定了2035年经济社会发展远景目标，要求基本实现新型工业化。

---

(1) 罗荣渠：《现代化理论与历史研究》，《历史研究》1986年第3期。
(2) 《毛泽东文集》第6卷，人民出版社1999年版，第350页。
(3) 《毛泽东文集》第7卷，人民出版社1999年版，第241页。

2. 中国的工业化是在极端落后的条件下启动的

（1）工业基础极为薄弱

前面说到，1949年新中国成立时，经济发展的基础很差。机器大工业产值占工业总产值的17%，农业和手工业占83%，工业弱小落后，是一个典型的农业国，而且呈现出很重的半殖民地半封建的工业特征，工业部门结构、工业布局畸形发展，生产资料产值占比不到30%，消费资料工业产值占比70%以上。工业中很多是修配型工厂，且70%以上的工业集中于占国土面积不到20%的东部沿海狭长地带，集中于少数城市。[1]日本侵华战争和国民党政府的财政经济总崩溃，还使原本十分落后的工农业生产大大倒退。李富春说过："1949年的生产量与历史上最高年产量比较，煤减少了一半以上，铁和钢减少了80%以上，纺织品减少了四分之一以上。总的来讲，工业生产平均减产近一半。"[2]

1954年，毛泽东描述中国当时工业状况时说："现在我们能造什么？能造桌子椅子，能造茶碗茶壶，能种粮食，还能磨成面粉，还能造纸，但是，一辆汽车、一架飞机、一辆坦克、一辆拖拉机都不能造。"[3]

（2）原来设想在新民主主义时期实现工业化

正是由于工业化起步的基础很差，以毛泽东为代表的第一代领导人曾设想，在新民主主义阶段实现工业化，先发展轻工业。毛泽东在党的七大报告和与美国驻华外交官谢伟思的谈话中，都讲的是在新民主主义发展阶段实现工业化，并且由轻工业发展起步。刘少奇在新中国成立前夕的1949年4月赴天津调研时说，向社会主义过渡要到工业发展到产品出现过剩时，同时认为，向社会主义过渡可以在很短的时间内完成。[4]在笔者看来，当时领导人这样考虑，首先，当然是由于生产力水平低、工业化起点低的原因。按照马克思主义基本原理，要

---

[1] 中国工业经济联合会编：《中国工业现代化进程》，中国经济出版社1999年版，第5页。
[2] 《李富春选集》，中国计划出版社1992年版，第96页。
[3] 《毛泽东文集》第6卷，人民出版社1999年版，第329页。
[4] 为了回应私人工商业者的担心和顾虑，刘少奇根据毛泽东的要求，1949年4月10日由香山赶赴天津，进行了为期20多天的调查。

在资本主义高度发达的基础上向新的社会形态过渡。而且从轻工业起步，也是英国等西欧国家工业化的基本路径。其次，也有回应私人工商业者的担心和顾虑的需要。当时经济面临全面崩溃，又有严重的战争创伤，需要稳定人心和预期，需要重建秩序。最后，后来新民主主义经济形态形成后，所有制构成很快地自发地发生变化，同时国际环境恶化，所以工业化起步的重点发生变化，社会主义改造的时间也提前了。

（3）用利益兼顾的方式解决初始资本的形成

工业化有一个初始资本形成的问题，在生产力水平极端落后的情况下，初始资本的形成更难，特别是优先发展重工业，投资门槛高，对初始资本形成的要求更高。

为什么毛泽东在读苏联《政治经济学教科书》时说不应该过多地强调物质利益？难道毛泽东不关心人民群众的生活吗？显然不是的。毛泽东毕生奋斗的目的就是要让国家强起来、人民富起来。早在1942年，毛泽东就在《经济问题与财政问题》中指出："一切空话都是无用的，必须给人民以看得见的物质福利。"[1]只不过是当时生产力水平极端落后，百废待兴，需要兼顾眼前利益和长远利益、根本利益而已。在当时的条件下，要建立独立的工业体系和国民经济体系，工业化的投资不能不从农业上打主意。1954年5月，陈云在中央宣传工作会议上指出，国家对农民的粮食收购价只能做到使农民保本微利，而不能太高，否则国家就需要拿出足够的工业品给农民并提高工人工资，这个在短期内是做不到的（因为优先发展的重工业，不能直接提供消费品）。这是一个农业国在进行工业化建设中必经的艰难历程。陈云说，少吃猪肉死不了人，而没有机器就要受帝国主义欺负。但是如果农业的投资少了，供给也会减少，这也会制约工业包括重工业的发展。[2]当

---

(1)《毛泽东文集》第2卷，人民出版社1993年版，第467页。
(2) 中共中央文献研究室编：《陈云年谱（修订本）》中卷，中央文献出版社2015年版，第321页。

时在城乡居民收入水平不高的情况下，国家也尽其所能，在极其重要的几个方面提供了覆盖全社会的公共服务。比如义务教育，包括学生读高中和大学经济负担也很轻；此外还实行了包括农村合作医疗在内的全民医疗保障。

（4）中国的工业化是政府主导下启动和建设的

正如1953年《人民日报》元旦社论中所说的那样，工业化是全国人民的最高利益，党和政府组织领导工业化建设，顺民意得民心。在社会主义革命和建设时期，人民群众对参与和支持工业化建设有很高的热情。改革开放以来，党和政府虽然在逐步推动市场配置资源，但是党和政府仍然发挥着重要作用，通过战略引领、通过中长期发展规划、通过改革开放、通过"放管服"等，进一步推动着工业化和新型工业化建设。像中国这样的工业化启动和建设模式，是西方工业化先行国家不曾有过的，西方经济学也无法解释。这是中国当代经济发展奇迹的奥秘所在，也是中国当代经济发展学需要研究的"富矿"。

早期的发展经济学认为，影响工业化的因素是单一的，这就是资本。比如"哈罗德-多马经济增长模型"强调：资本的不断形成是经济增长的唯一决定因素。正因为如此，二战后，新古典经济学家认定，发展经济学与新古典经济学可以合二为一，并由新古典经济学一统天下。我们在前面说过，发展经济学是发达国家的经济学家以发达国家为样本，为发展中国家经济发展提供方案的理论。其中也有学者虽然仍以发达国家为样板、为标准，但在一定程度上注意到了发展中国家的特殊性。比如1979年诺贝尔经济学奖得主阿瑟·刘易斯（W. Arthur Lewis）就曾说，"发展经济学与发达国家的经济学之间的重叠，注定是巨大的，但是也有颇大的差异"，尤其在长期经济增长方面，涉及问题又可以分为两类，即增长引擎的探索和增长格局的转变，在这两个方面，那就是发展经济学的天下了。[1]他还在《经济增长理论》一书中

---

(1) [英] 阿瑟·刘易斯：《发展经济学的现状》，继周译，《国际经济评论》1984年第12期。

说：" 资本并不是增长的唯一要素，而且，如果提供了资本但同时却没有提供使用资本的有效框架的话，资本将被浪费掉。"[1]增长经济学家索洛（Robert M. Solow）和经济统计学家丹尼森（Edward F. Denison）等人，在用生产函数来研究投入要素与产出增长之间的关系时惊奇地发现，资本与劳动等资源投入的增加只能部分地解释产出的增长，而且这一部分所占比重，有时大大地小于不能由资本和劳动投入的增加来解释的部分，并把非资源性因素称为技术进步。张培刚先生被中外经济学界公认为发展经济学的开创者之一，他不是发达国家的经济学家，而是发展中的中国的经济学家。前面专门说到，他的博士论文《农业与工业化》，是在对中国当时社会经济发展进行过深入调查研究的基础上形成的。他在论文中说，在工业化过程中存在着五种基本因素：（1）人口——数量、组成及地理分布；（2）资源或物力——种类、数量及地理分布；（3）社会制度——人的和物的生产要素所有权的分配；（4）生产技术（technology）——着重于发明的应用，至于科学、教育及社会组织的种种情况，则未包括在目前的讨论范围内；（5）企业家创新管理才能（entrepreneurship）——改变生产函数或应用新的生产函数，也就是改变生产要素的组合或应用新的生产要素组合。他认为："这五种因素是发动并定型工业化过程最重要的因素。但是它们的性质和影响各有不同，可以再归纳而划分为两大类：一类是发动因素，包括企业家创新管理才能及生产技术；一类是限制因素，包括资源及人口。当然，这种划分也只能是相对的，至于社会制度，则既是发动因素，又是限制因素。"[2]

3. 新中国70多年来工业化建设的基本脉络

如何总结中国工业化的发展历程，显然用美国发展经济学家霍利斯·钱纳里（Hollis B. Chenery）工业化发展阶段的理论进行比对，不

---

(1) [英] 阿瑟·刘易斯：《经济增长理论》，梁小民译，三联书店上海分店、上海人民出版社1994年版，第252页。
(2) 张培刚：《农业与工业化》，华中工学院出版社1984年版，第85页。

能完全说明问题，更难以体现中国工业化道路的特色。比如，有人认为，改革开放以前是中国工业化发展的初期，或者初级工业化，按照钱纳里关于工业化的阶段理论，工业化初期应以轻纺工业为主，但是，由于"一五"时期我们主要进行工业基础项目建设，加上后来的"三线建设"，因此重工业的比重大于轻纺工业。到了改革开放初期，有人说，我们进入了工业化的中期，但恰恰这个时候轻纺工业有较快的发展。

工业化与现代化一样，还是一个动态过程。美国2008年金融危机之后，提出"再工业化"；德国也推出了"工业4.0"；日本也在鼓励制造业回归。工业化、现代化几乎没有终点，只有不断出现的新目标。

所以，我们研究中国工业化的发展历程，还是按照时间顺序，分为不同时期比较好。

（1）计划经济时期的工业化建设

从"一五"时期开始到改革开放之前，中国建立了独立的完整的工业体系。

这一时期，国家推进工业化建设大的部署总共有五次。第一次是"一五"时期的156个项目的建设。"一五"时期基本建设投资重点在工业和运输邮电部门，投资比重为77.4%。重点推动苏联援建的156个项目和限额以上的694个工业项目的建设。第二次是20世纪60年代开始的"三线建设"与工业布局的调整。中共中央把备战作为"三五"计划的中心。除了服务备战的考虑以外，还着眼于工业布局的调整。第三次是20世纪70年代初提出的"四三方案"与技术引进。"四三方案"就是要从美国、联邦德国、法国、日本等发达国家引进总价值43亿美元的成套设备，后来增加为51.4亿美元。利用这些引进的成套设备，同时通过国内自力更生的生产和设备改造，兴建了26个大型工业项目，总投资是214亿元。第四次是社队企业和"五小"工业（即小钢铁厂、小煤矿、小机械厂、小水泥厂、小化肥厂）的发展。70年代初，社队集体企业以毛泽东1966年的"五七指示"中"亦工亦农"的设想为依据，获得了新中国成立以来最大的发展。江苏省社队企业工业总产值1975年达到22.44亿元，比1970年增长2.22倍。从1970年起的5年中，中央安排80亿元扶持"五小"工业。[1]第五次，1977年国家计划委员会提出了大规模引进新技术和成套设备的计划，到1978年底引进规模超过了80亿美元。

从1950年到1977年，中国工业年均增长速度为11.2%，仅次于同期的日本（12.4%），远高于美国、苏联、联邦德国、英国等国家。中国在不到30年的时间内，在一穷二白的农业国的基础上，完成了国家工业化的资本原始积累，建立起了独立的完整的工业体系。1949年到1952年，中国工业总产值由140亿元增加到343亿元，同比增长1.45倍，年均增长34.8%。"一五"时期，中国工业年均增长19.8%。1958年到1962年，平均每年增长2.7%。1961年，实行"调整、巩固、充实、提高"的八字方针后，1963年到1965年工业增长速度明显加快，年均增长21.4%。1966年至1976年，中国工业仍然在艰难曲折中保持着较高的增长幅度，年均增长9.5%。[2]

（2）从改革开放之初到2002年新型工业化战略的提出

这一时期又可以划分为两个阶段。从1978年开始，由于改革开放之前优先发展重工业，工业的结构性矛盾突出地反映出来了，主要是消费品短缺和轻纺工业发展滞后。为了加快发展轻纺工业，1980年起，国家实施了"六个优先"。[3]1981年，轻工业在工业总产值中所占的比重大幅上升，首次超过了50%。在基本消费品短缺问题解决后，消费结构开始升级，此外还要解决能源、交通、原材料等领域的制约瓶颈，重工业又呈现出快速发展的势头。从1992年到1996年，重工业比例又高于轻工业，到1999年之后，重工业再次与轻工业拉开差距，工业结构开始明显地带有重化工业和高加工度化的特点。2002年党的十六大在总结我国工业发展和工业化经验的基础上，作出了走新型工业化道

---

(1) 当代中国研究所：《中华人民共和国史稿》第3卷，人民出版社、当代中国出版社2012年版，第133、137页。
(2) 蔡昉主编：《新中国经济建设70年》，中国社会科学出版社2019年版，第69—87页。
(3) 冯飞：《新中国的工业化进程》，《中国经济时报》2003年3月20日。

路的战略决策。

（3）新型工业化战略提出以来

所谓新型工业化，就是要坚持以信息化带动工业化，以工业化促进信息化，走出一条科技含量高、经济效益好、资源消耗低、环境污染少、人力资源优势得到充分发挥的工业化道路。本世纪前10年，中国工业发展仍然保持较高的增长幅度。2013年，习近平总书记对中国经济发展作出了新常态的判断，社会上开始关注部分工业产能过剩的问题，中央部署推进供给侧结构性改革。2015年，国家全面推进实施制造强国发展战略，出台了《中国制造2025》行动纲领，引起了西方的高度关注。他们认为，《中国制造2025》在本质上是要替代西方国家的技术。他们对中国提出的"自主保障"的目标特别敏感。《中国制造2025》提出，到2025年前，中国将基本核心部件和重要基础材料供应商的国内市场份额提高到70%；中国市场上40%的手机芯片由中国生产，70%的工业机器人和80%的可再生能源设备由中国生产。他们说，中国前些年利用西方技术发展自己，现在要把西方技术赶出中国。在这个背景下，中美贸易摩擦进一步加剧。

到目前，中国已经连续10多年稳居世界第一制造业大国位置，制造业增加值占世界总规模的1/4左右。

习近平总书记在庆祝改革开放40周年大会上的讲话，有两句话涉及对工业化的评价。第一句话是，我们用几十年时间走完了发达国家几百年走过的工业化历程；第二句话是，建立了全世界最完整的现代工业体系。

毛泽东当年说，要用50年时间建成强大的高度社会主义工业化的国家，这个任务我们在20世纪末已经完成。本世纪的前10年我国已经成为世界第一制造业大国。党的十九届五中全会提出，到2035年基本实现新型工业化，这与基本实现社会主义现代化的时间是一致的。

世界仍然处在工业化的时代。工业化过去是现在仍然是我国当代经济发展的主题。

4. 工业化与经济社会发展全局相关联

工业化是现代化的核心，是经济工作的"牛鼻子"，是生产力与生产关系、经济基础与上层建筑矛盾运动的动力基础。

（1）工业化与社会主义改造

新中国成立初期，不具备马上进行大规模工业化建设的条件。中央政治局扩大会议提出"三年准备，十年建设"的战略思想。"三年准备，十年建设"之后，新中国的面貌就要改变，不但有庞大的农业，还会有自己的工业。这个时候，我们对工业的发展要求还是很谨慎的，并认为应该在"三年准备，十年建设"之后，再向社会主义过渡。1950年下半年起，国际国内形势发生急剧变化，导致毛泽东和党中央调整了原来的设想。形势变化主要体现在三个方面。

一是抗美援朝战争的爆发。1950年6月，美军入侵朝鲜，并乘机越过"三八线"，迅速向中朝边界推进，使我国东北重工业基地暴露在美军的炮火之下。党中央决定派出志愿军抗美援朝，同时深感加快与国防工业相联系的重工业建设迫在眉睫。

二是1951年下半年着手编制"一五"计划。由于有抗美援朝这个战争背景，无论是讨论"一五"计划的经济部门的同志，还是后来援华的苏联专家，都倾向于优先发展重工业。

三是苏联答应全面援助我国"一五"时期的建设。1952年8月，周恩来、陈云率领中国代表团，访问苏联，希望苏联帮助中国"一五"时期的建设。会谈时，斯大林明确表示，在工业资源勘察、工业设备设计和制造、技术资料提供以及派遣经济、技术顾问和接受留学生等方面，对中国进行全面援助。有人分析，斯大林之所以采取这样积极的态度，是有感于中国在极端困难的条件下出兵朝鲜。9月24日，周恩来、陈云回国，中央当晚召开书记处会议，听取他们的汇报，并讨论"一五"计划的方针。据薄一波回忆，毛泽东就是在那次会上提出，我们现在就要开始用10年到15年的时间，基本上完成社会主义的过渡，而不是10年或者15年以后才开始过渡。对毛泽东提出的这个新要求，与会领导没有发表任何不同意见。[1]在笔者看来，后来社会主义改造的进程进一步加快，与156个苏联援建项目的实施有密切的关系。因为需要政府和国营企业与苏方对接，需要运用计划手段集中和调度资源。了解这段历史，能够帮助我们认识到，是抗美援朝战争加剧了我国优先发展重工业的迫切性；是苏联答应全面援助我国"一五"计划建设，使优先发展重工业具有现实可能性。不是党中央和毛泽东急于向社会主义过渡，而是抓住机遇，不失时机地推进工业化的现实需要。这符合马克思主义的唯物史观，符合毛泽东所强调的社会主义社会基本矛盾运动的规律。

四是向社会主义过渡也是一个自然的过程。1952年8月，周恩来在去苏联商谈第一个五年计划而准备的报告提纲中，有一段值得注意的话，说明中国的社会经济形态已经和正在逐步发生变化。"工业总产值公私比重已由一九四九年的百分之四十三点八与百分之五十六点二之比，变为一九五二年的百分之六十七点三与百分之三十二点七。私营商业在全国商品总值中的经营比重，已由一九五〇年的百分之五十五点六，降为一九五二年的百分之三十七点一，但在零售方面，私商经营一九五二年仍占全国零售总额的百分之六十七。"[2]"毫无疑问，国营工商业今后的发展将远远超过私营工商业的发展，而且会日益加强其控制力量。"[3]

（2）工业化与生产目的

1979年9月30日，中央党校主办的《理论动态》第160期，发表了一篇8000多字的文章——《要真正弄清社会主义生产的目的》。10月20日，《人民日报》在头版头条以通栏标题全文转发，由此引发了"社会主义生产目的"大讨论。有学者认为，这场讨论是真理标准讨论的姊妹篇。

---

(1) 金冲及：《二十世纪中国史纲》第3卷，社会科学文献出版社2009年版，第781—783页。
(2) 金冲及：《二十世纪中国史纲》第3卷，社会科学文献出版社2009年版，第781页。
(3) 金冲及：《二十世纪中国史纲》第3卷，社会科学文献出版社2009年版，第781页。

"为人民服务，为人民谋福利"是我们党的执政理念，也是对社会主义生产目的的精练解读。1956年党的八大报告指出："我们国内的主要矛盾，已经是人民对于建立先进的工业国的要求同落后的农业国的现实之间的矛盾，已经是人民对于经济文化迅速发展的需要同当前经济文化不能满足人民需要的状况之间的矛盾。"[1]可见，当时是把工业化与社会主义生产目的紧密联系在一起的。党的八大以后，对社会主义基本矛盾的判断出现过偏离。1979年中央召开的理论工作务虚会议形成了共识：我们的生产力发展水平很低，远远不能满足人民和国家的需要，这就是我们目前时期的主要矛盾。1981年十一届六中全会通过的《关于建国以来党的若干历史问题的决议》，作了规范的表述：在社会主义改造基本完成之后，我们所要解决的主要矛盾是，人民日益增长的物质文化需要同落后的社会生产之间的矛盾。后来的几次党代会，仍然坚持这个基本判断，只是把"社会主义改造基本完成之后"这句话换成了"社会主义初级阶段"。习近平总书记在2016年初专题研讨班的讲话中指出："从政治经济学的角度看，供给侧结构性改革的根本，是使我国供给能力更好满足广大人民日益增长、不断升级和个性化的物质文化和生态环境需要，从而实现社会主义生产目的。"[2]党的十九大报告指出，我国社会主要矛盾已经转化为人民日益增长的美好生活需要和不平衡不充分的发展之间的矛盾。

实际上，我们是为了实现社会主义生产目的而加速推进工业化的，工业化的过程实际上也是不断满足人民美好生活需要的过程。实现工业化可以从总体上提高全体人民的生活质量和水平。传统农业需要工业装备，提高农产品的品质和保障优质农产品的供给，需要采取工厂化、标准化的生产方式。改革开放前期，工业的发展满足了井喷式的消费需求，新型工业化正在适应人民消费升级和对美好生活的新追求。

---

[1] 中共中央文献研究室编：《建国以来重要文献选编》第9册，中央文献出版社1994年版，第341页。
[2] 《习近平谈治国理政》第2卷，外文出版社2017年版，第252页。

（3）工业化与宏观经济治理

党的第一代领导人，在宏观经济治理方面也做过积极的探索，比如提出有计划按比例、综合平衡等指导思想，这些都与工业化直接相关。工业发展是中长期规划的主要内容，也是宏观调控服务的主要对象。有计划按比例、综合平衡等指导思想，多数时候会涉及农轻重的关系，涉及基础设施和工业项目的投资，涉及工业发展的速度与效益。改革开放以来，宏观经济治理的内容和方式发生了新变化。作为积极的宏观经济学，综合平衡思想仍然在发挥积极作用。通常所说的经济过热，多数时候是指工业投资和生产规模无序扩大，而通常所进行的调整，多数时候也是针对工业的调整。改革开放之前，对生产指标的调整，主要针对关系国计民生的工业产品。这几年供给侧结构性改革重点也是针对工业的。通常所说的基建规模过大和压缩基建规模，都直接或间接地与工业有关。

（4）工业化与改革开放

可以说，改革开放以来，工业领域的改革，特别是工业领域的企业改革，一直是改革的中心和重点难点，并且贯穿整个改革的全过程。目前仍在进行国有控股企业混合所有制改革的三年行动计划。就国有企业改革的悲壮程度（农村改革对农民而言，更多的是喜；而企业改革对职工而言，更多的是忧）以及产权结构改革所涉及的深度而言，是其他领域的改革难以企及的。其他的改革比如价格改革、投融体制改革、用工制度的改革、国有资产管理体制的改革、行政管理体制的改革等，都与工业企业的改革相关。至于开放引进，甚至包括"走出去"，其主体更是工业企业，几乎都是围绕着工业发展需要而进行的。"一五"时期与156个项目相联系的引进，20世纪60年代策划70年代初实施的"四三方案"的引进，70年代末的大规模技术引进，改革开放以来的特区、开发区建设与全方位开放，自由贸易区的建设、"走出去"战略中的对外投资，"一带一路"倡议下的国际产能合作等，工业企业都是基础与主角。

(5) 工业化与高质量发展

习近平总书记在十九大报告中指出，我国经济已由高速增长阶段转向高质量发展阶段，正处在转变发展方式、优化经济结构、转换增长动力的攻关期。高质量发展是立足新阶段、贯彻新的发展理念的新的战略选择。要实现高质量发展，必须构建以国内大循环为主体、国内国际双循环相互促进的新发展格局，必须加快建设现代化经济体系。围绕高质量发展和建设现代化经济体系，十九大报告明确了三个重点：一是必须坚持质量第一、效益优先，以供给侧结构性改革为主线，推动经济发展质量变革、效率变革、动力变革，提高全要素生产率。二是着力加快建设实体经济、科技创新、现代金融、人力资源协同发展的产业体系。三是着力构建市场机制有效、微观主体有活力、宏观调控有度的经济体制。落脚点是不断增强我国经济创新力和竞争力。

实现高质量发展的重点和难点都在工业。建设现代化经济体系，关键在于建设现代工业体系和现代产业体系。"十四五"规划《建议》指出，坚持把发展经济着力点放在实体经济上，坚定不移建设制造强国、质量强国、网络强国、数字中国，推进产业基础高级化、产业链现代化，提高经济质量效益和核心竞争力。

实现高质量发展任务非常艰巨，仍然面临挑战，我们要对我国经济发展的质量水平问题有清醒的认识。习近平总书记讲，中国近代落后挨打，不是输在规模上，而是输在技术水平落后上。麦迪森的《世界经济千年史》认为，中国1820年的GDP占世界的33%，从规模上看仍然在世界上处于领先地位。李约瑟（Joseph Needham）认为，中国从公元前1世纪到16世纪，技术发明占世界的54%，到了19世纪初，只占世界的0.4%，于是产生了"李约瑟之问"，即：尽管中国古代对人类科技发展作出了很多重要贡献，但为什么科学和工业革命没有在中国近代发生？鸦片战争及之后，西方列强侵略和瓜分中国，是一百多年甚至几百年科技落后的结果，而绝不是1820年到1840年20年规模变化的结果。习近平总书记在党的十八届三中全会上，专门讲过抓住机遇、赶上时代的问题,特别讲到"两个一百年"和20世纪六七十年代,讲到丧失发展机遇和没有发展条件的问题。

实际上,在普通消费者心目中,是很难直观地感觉到经济发展总量的,他们往往对具体产品的质量很敏感,他们认为中国经济与发达国家的经济有差距,更多是从产品质量和技术上说的。

从某种意义上讲,工业产品的质量决定了整体经济的质量,工业高质量发展是整体经济高质量发展的基础和前提。工业产品无外乎两大类,一类是生产资料,一类是生活资料。我们可以设想一下,生产资料产品的质量提高了,自然会提高农业和服务业的装备水平,而生活资料产品品质的提高,也会提高消费者的生活质量,进一步刺激消费或扩大出口。这些都会提高全要素生产率。

高质量发展,需要深化供给侧结构性改革,解决高质量供给和高质量资源配置的问题,实现由低水平供需平衡向高水平供需平衡跃升,实际上是从无到有的工业化向从有到优的新型工业化或者现代工业化的跃升。从实际操作层面讲,供给侧结构性改革的现实针对性在于解决供给结构错配的问题,涉及消化过剩产能,包括开展国际产能合作;涉及发展新兴产业和现代服务业,增加公共产品和服务供应;涉及科技、工艺和商业模式的创新;等等。当前的重点是去产能、去库存、去杠杆、降成本、补短板。

高质量发展需要转换发展动能,由过去的高投入、高消耗、高产出转变为更多地依靠科技创新驱动,用尽可能少的投入创造高的效益。科技创新的主要需求来源于工业企业,科技创新的载体也主要是工业企业。习近平总书记指出:"当今时代,社会化大生产的突出特点,就是供给侧一旦实现了成功的颠覆性创新,市场就会以波澜壮阔的交易生成进行回应。"[1]通过创新驱动,工业产品的性能和品质也会跃升,工业企业的盈利模式也会发生深刻变化。

---

[1]《习近平在省部级主要领导干部学习贯彻党的十八届五中全会精神专题研讨班上的讲话》,《人民日报》2016年1月19日。

三、现代化和工业化的主线是建立独立的完整的现代的工业体系和国民经济体系

这里需要说清楚两个问题:一是为什么说中国当代经济发展的主题是工业化和现代化,其特色和主线是建立独立的完整的现代的工业体系和国民经济体系;二是为什么要建立独立的完整的现代的工业体系和国民经济体系。

1. 为什么说中国当代经济发展的主题是工业化和现代化,其特色和主线是建立独立的完整的现代的工业体系和国民经济体系?

这可以从三位领导人就不同时间节点的讲话来看。

首先从前面说到的1979年9月叶剑英在庆祝中华人民共和国成立30周年大会上的讲话看。他自豪地宣布:"我国在旧中国遗留下来的'一穷二白'的基础上,建立了独立的比较完整的工业体系和国民经济体系。"[1]

再从2006年6月胡锦涛在纪念中国共产党成立85周年大会上的讲话看。他指出,中国共产党成立以来,领导中国人民干了三件大事:"在新民主主义革命时期,我们经过28年艰苦卓绝的斗争,推翻了帝国主义、封建主义、官僚资本主义的反动统治,实现了民族独立和人民解放,建立了人民当家作主的新中国。在社会主义革命和建设时期,我们确立了社会主义基本制度,在一穷二白的基础上建立了独立的比较完整的工业体系和国民经济体系,使古老的中国以崭新的姿态屹立在世界的东方。在改革开放和社会主义现代化建设时期,我们开创了中国特色社会主义道路,坚持以经济建设为中心、坚持四项基本原则、坚持改革开放,初步建立起社会主义市场经济体制,大幅度提高了我国的综合国力和人民生活水平,为全面建设小康社会、基本实现社会主义现代化开辟了广阔的前景。"[2]

---

[1] 《热烈庆祝中华人民共和国成立三十周年》,《人民日报》1979年9月30日。
[2] 胡锦涛:《在庆祝中国共产党成立85周年暨总结保持共产党员先进性教育活动大会上的讲话》,《人民日报》2006年7月1日。

最后从习近平总书记发表的一系列重要讲话看。2017年10月18日，习近平在中国共产党第十九次全国代表大会上作报告，指出："我国经济已由高速增长阶段转向高质量发展阶段，正处在转变发展方式、优化经济结构、转换增长动力的攻关期，建设现代化经济体系是跨越关口的迫切要求和我国发展的战略目标。""着力加快建设实体经济、科技创新、现代金融、人力资源协同发展的产业体系。"[1]新时代构建以国内大循环为主体、国内国际双循环相互促进的新发展格局，也要求工业体系和国民经济体系的独立性、完整性和现代性。笔者认为，习近平总书记所讲的现代化经济体系，与过去所讲的工业体系、国民经济体系，以及现在讲的产业体系，是接续与递进的关系。"现代化经济体系，是由社会经济活动各个环节、各个层面、各个领域的相互关系和内在联系构成的一个有机整体。"[2]现代化是一个动态的概念，代表了当代的先进水平，在开放的环境中，现代化应该是国际先进水平。简言之，现代化经济体系是中国当代具有国际先进水平的高质量的经济发展体系，其战略意义在于"国家强，经济体系必须强"[3]。建设现代化经济体系，有利于跨越由高速度增长向高质量发展转变的关口，有利于支撑其他领域的现代化，真正实现社会主义现代化强国的建设目标，实现中华民族的伟大复兴。

从三位领导人在三个时间节点上的讲话，我们可以看出，独立的完整的现代的工业体系和国民经济体系，始终是中国当代经济发展的追求，只不过现在叫产业体系和现代化经济体系。在这个过程中，工业化和现代化也始终是我们的战略目标，只不过改革开放之前叫工业化、四个现代化，改革开放以来叫新型工业化、小康社会、基本实现现代化、建设现代化强国。

实现工业化和现代化是发展中国家在经济发展中的共同选择，但

---

[1]《习近平谈治国理政》第3卷，外文出版社2020年版，第23、24页。
[2]《习近平谈治国理政》第3卷，外文出版社2020年版，第240—241页。
[3]《深刻认识建设现代化经济体系重要性　推动我国经济发展焕发新活力迈上新台阶》，《人民日报》2018年2月1日。

不同国家或地区因为基础和环境不同,会选择不同路径。建立独立的完整的现代的工业体系和国民经济体系,是中国实现工业化和现代化的基本路径,也是中国工业化和现代化的重要特色。

2. 为什么要建立独立的完整的现代的工业体系和国民经济体系呢?

第一,当然是农业国基础的内在要求。新中国成立之初,几乎没有装备制造业和机器大工业。毛泽东说:"新民主主义社会的基础是机器,不是手工。我们现在还没有获得机器,所以我们还没有胜利。如果我们永远不能获得机器,我们就永远不能胜利,我们就要灭亡。现在的农村是暂时的根据地,不是也不能是整个中国社会的主要基础。"(1) "在新民主主义的政治条件获得之后,中国人民及其政府必须采取切实的步骤,在若干年内逐步地建立重工业和轻工业。使中国由农业国变为工业国。"(2) 在党的八大上,根据毛泽东的思路,周恩来对工业化问题做了比较详尽的阐述。他说:"八大规定的建设方针是为了把我国由落后的农业国变为先进的社会主义工业国,我们必须在三个五年的建设计划或者再多一点时间内,建成一个基本上完整的工业体系……我们所说的是在我国建立一个基本上完整的工业体系,主要是说自己能够制造生产足够的主要的原材料;能够独立的制造机器,不仅能够制造一般的机器,还要能够制造重型机器和精密机器;能够制造新式的、保卫自己的武器,像国防方面的原子弹、导弹、远程飞机;还要有相应的化学工业、动力工业、运输业、轻工业、农业等。"(3)

第二,中国半殖民地半封建社会经济形态的深刻记忆,决定了必须建立独立的完整的现代的工业体系和国民经济体系。在半殖民地半封建社会里,虽然中国的政府还在,但是帝国主义实际上控制了中国的经济命脉。"我们的国家在政治上已经独立,但要做到完全独立,还

---

(1) 中共中央文献研究室编:《毛泽东书信选集》,人民出版社1983年版,第239页。
(2) 《毛泽东选集》第3卷,人民出版社1991年版,第1081页。
(3) 《周恩来 刘少奇 朱德 邓小平 陈云著作选读》,人民出版社1987年版,第438页。

必须实现国家工业化。如果工业不发展，已经独立了的国家甚至还有可能变成人家的附庸国。"[1]当时苏联以"社会主义大家庭"为由，主张在社会主义阵营内进行产业分工，反对其他社会主义国家建立独立的完整的工业体系。毛泽东等第一代领导人明确提出，中国必须建立自己的独立的完整的工业体系和国民经济体系，并认为只有这样才能实现经济上的独立，从而保障政治上的独立。

第三，像中国这样的发展中大国，肯定不能简单地按照西方经济学中的比较优势理论来进行产业的战略选择。比较优势理论，是西方古典经济学中基于个体个量分析的理论，如果简单地应用到中国的国家战略选择上，那么新中国成立之初，我们的比较优势就是农业和手工业，但我们肯定不能把发展的重点放在农业和手工业上。改革开放以来的一段时间里，我国也有劳动力成本低的比较优势，但我们也不能把发展的重点长期放在简单加工业上。如果一定要这样做，那我们就会永远处在国际分工和产业链的低端。

第四，新中国成立之初，西方资本主义世界对社会主义国家是采取封锁和围堵的，而且很快就发动了朝鲜战争，中国的边境和国家安全受到严重威胁，必须尽快建立包括重工业、军事工业在内的独立的比较完整的工业体系和国民经济体系，才能真正维护国家的独立和安全。

第五，中国是个大国，国内市场的潜力很大，经济发展的回旋余地也比较大，在积极参与经济全球化的背景下，独立的完整的现代的工业体系和产业体系，既有基本的市场依托，又有利于保障供应链的安全和整个经济的安全。正因为如此，中国经济没有卷入1997年的亚洲金融危机和2008年由美国引起的世界金融危机。

---

(1) 中共中央文献研究室编：《周恩来经济文选》，中央文献出版社1993年版，第151—152页。

历程分析篇

第四章

新民主主义经济实践的历史意义

新民主主义经济实践中的思想理论是中国经济学的重要知识来源。

这一章，我们要带着以下问题来讨论：新民主主义经济形态存续的范围和时间；中国的新民主主义经济形态与苏联的新经济政策的关系；为什么强调体现中国特色和推进改革开放时，会回望新民主主义经济形态；新民主主义经济实践给我们留下哪些经济学和经济治理的成果。

一、如何理解新民主主义经济形态

笔者认为，中国的新民主主义经济形态，是指中国共产党领导的土地革命时期的苏区、抗日战争时期的敌后根据地、解放战争时期的解放区以及新中国成立以后直到社会主义改造完成之前，在局部地区和全国范围内占主导地位的经济格局；是在改造半殖民地半封建社会经济形态基础上建立的一种新的经济形态。毛泽东称其为新民主主义经济形态。其主要特征是，公营（或国营）经济和私营经济并存，还有多种过渡性经济成分存在。其中，私营经济主要是指个体经济和资本主义经济，过渡性的经济成分主要有合作社与国家资本主义。

毛泽东在1940年发表的《新民主主义论》中指出：

在中国建立这样的共和国，它在政治上必须是新民主主义的，在经济上也必须是新民主主义的。

大银行、大工业、大商业，归这个共和国的国家所有。"凡本国人及外国人之企业，或有独占的性质，或规模过大为私人之力所不能办者，如银行、铁道、航路之属，由国家经营管理之，使私有资本制度不能操纵国民之生计，此则节制资本之要旨也。"这也是国共合作的国民党的第一次全国代表大会宣言中的庄严的声明，这就是新民主主义共和国的经济构成的正确的方针。在无产阶级领导下的新民主主义共和国的国营经济是社会主义的性质，是整个国民经济的领导力量，但这个共和国并不没收其他资本主义的私有财产，并不禁止"不能操纵国民生计"的资本主义生产的发展，这是因为中国经济还十分落后的缘故。

这个共和国将采取某种必要的办法，没收地主的土地，分配给无地和少地的农民，实行中山先生"耕者有其田"的口号，扫除农村中的封建关系，把土地变为农民的私产。农村的富农经济，也是容许其存在的。这就是"平均地权"的方针。这个方针的正确的口号，就是"耕者有其田"。在这个阶段上，一般地还不是建立社会主义的农业，但在"耕者有其田"的基础上所发展起来的各种合作经济，也具有社会主义的因素。

中国的经济，一定要走"节制资本"和"平均地权"的路，决不能是"少数人所得而私"，决不能让少数资本家少数地主"操纵国民生计"，决不能建立欧美式的资本主义社会，也决不能还是旧的半封建社会。谁要是敢于违反这个方向，他就一定达不到目的，他就自己要碰破头的。

这就是革命的中国、抗日的中国应该建立和必然要建立的内部经济关系。

这样的经济,就是新民主主义的经济。

而新民主主义的政治,就是这种新民主主义经济的集中的表现。[1]

毛泽东还说:"国体——各革命阶级联合专政。政体——民主集中制。这就是新民主主义的政治。"[2]

中国的新民主主义经济在发展过程中经历了两个阶段。

一是1927年以后到1949年全国解放之前,在中国共产党领导的苏区、根据地和解放区内,不承认帝国主义在华任何特权,实行土地改革和减租减息政策,消灭或削弱了封建剥削制度。工农民主政权的机关、军队、学校,直接经营一些以保障战争和自我供给为目的的,以手工劳动为基础的工业、农业、商业与运输业,其性质主要是公营经济。因为根据地和解放区基本上在农村,属于资本主义性质的工商业占的比重较小,除上述的公营经济外,个体小生产开始占有较大比重,后来也在此基础上发展了合作经济。

解放大城市后,实际上实行了毛泽东在1947年发表的《目前形势和我们的任务》中说到的"三大纲领",即:"没收封建阶级的土地归农民所有,没收蒋介石、宋子文、孔祥熙、陈立夫为首的垄断资本归新民主主义国家所有,保护民族工商业。这就是新民主主义革命的三大经济纲领。"[3]

二是1949年新中国成立以后到社会主义改造完成之前,在全国范围内实施新民主主义的三大经济纲领。1949年9月29日中国人民政治协商会议第一届全体会议通过的《共同纲领》提出的方针是"以公私兼顾、劳资两利、城乡互助、内外交流的政策,达到发展生产、繁荣

---

[1]《毛泽东选集》第2卷,人民出版社1991年版,第678—679页。
[2]《毛泽东选集》第2卷,人民出版社1991年版,第677页。
[3]《毛泽东选集》第4卷,人民出版社1991年版,第1253页。

经济之目的"[1]，由此形成了五种经济成分：国营经济、国家资本主义经济、私人资本主义经济、农民和手工业者的个体经济、向社会主义过渡的经济形式。

对于新民主主义经济形态，毛泽东1949年3月5日发表的《在中国共产党第七届中央委员会第二次全体会议上的报告》中阐述得非常清楚和深刻，而且他是从生产力水平和结构出发进行阐述的，充分体现了唯物史观。他说：

> 我们已经进行了广泛的经济建设工作，党的经济政策已经在实际工作中实施，并且收到了显著的成效。但是，在为什么应当采取这样的经济政策而不应当采取别样的经济政策这个问题上，在理论和原则性的问题上，党内是存在着许多糊涂思想的。这个问题应当怎样来回答呢？我们认为应当这样地来回答。中国的工业和农业在国民经济中的比重，就全国范围来说，在抗日战争以前，大约是现代性的工业占百分之十左右，农业和手工业占百分之九十左右。这是帝国主义制度和封建制度压迫中国的结果，这是旧中国半殖民地半封建社会性质在经济上的表现，这也是在中国革命的时期内和在革命胜利以后一个相当长的时期内一切问题的基本出发点。从这一点出发，产生了我党一系列的战略上、策略上和政策上的问题。对于这些问题的进一步的明确的认识和解决，是我党当前的重要任务。这就是说：
>
> 第一，中国已经有大约百分之十左右的现代性的工业经济，这是进步的，这是和古代不同的。由于这一点，中国已经有了新的阶级和新的政党——无产阶级和资产阶级，无产阶级政党和资产阶级政党。无产阶级及其政党，由于受到几重敌人的压迫，得到了锻炼，具有了领导中国人民革命的资格，谁要是忽视或轻视

---

[1] 中共中央文献研究室编：《建国以来重要文献选编》第1册，中央文献出版社1992年版，第7页。

了这一点，谁就要犯右倾机会主义的错误。

第二，中国还有大约百分之九十左右的分散的个体的农业经济和手工业经济，这是落后的，这是和古代没有多大区别的，我们还有百分之九十左右的经济生活停留在古代。古代有封建的土地所有制，现在被我们废除了，或者即将被废除，在这点上，我们已经或者即将区别于古代，取得了或者即将取得使我们的农业和手工业逐步地向着现代化发展的可能性。但是，在今天，在今后一个相当长的时期内，我们的农业和手工业，就其基本形态说来，还是和还将是分散的和个体的，即是说，同古代近似的。谁要是忽视或轻视了这一点，谁就要犯"左"倾机会主义的错误。

第三，中国的现代性工业的产值虽然还只占国民经济总产值的百分之十左右，但是它却极为集中，最大的和最主要的资本是集中在帝国主义者及其走狗中国官僚资产阶级的手里。没收这些资本归无产阶级领导的人民共和国所有，就使人民共和国掌握了国家的经济命脉，使国营经济成为整个国民经济的领导成分。这一部分经济，是社会主义性质的经济，不是资本主义性质的经济。谁要是忽视或轻视了这一点，谁就要犯右倾机会主义的错误。

第四，中国的私人资本主义工业，占了现代性工业中的第二位，它是一个不可忽视的力量。中国的民族资产阶级及其代表人物，由于受了帝国主义、封建主义和官僚资本主义的压迫或限制，在人民民主革命斗争中常常采取参加或者保持中立的立场。由于这些，并由于中国经济现在还处在落后状态，在革命胜利以后一个相当长的时期内，还需要尽可能地利用城乡私人资本主义的积极性，以利于国民经济的向前发展。在这个时期内，一切不是于国民经济有害而是于国民经济有利的城乡资本主义成分，都应当容许其存在和发展。这不但是不可避免的，而且是经济上必要的。但是中国资本主义的存在和发展，不是如同资本主义国家那样不受限制任其泛滥的。它将从几个方面被限制——在活动范围方面，在税收政策方面，在市场价格方面，在劳动条件方面。我们要从各个方面，按照各地、各业和各个时期的具体情况，对于资本主义采取恰如其分的有伸缩性的限制政策。孙中山的节制资本的口号，我们依然必须用和用得着。但是为了整个国民经济的利益，为了工人阶级和劳动人民现在和将来的利益，决不可以对私人资本主义经济限制得太大太死，必须容许它们在人民共和国的经济政策和经济计划的轨道内有存在和发展的余地。对于私人资本主义采取限制政策，是必然要受到资产阶级在各种程度和各种方式上的反抗的，特别是私人企业中的大企业主，即大资本家。限制和反限制，将是新民主主义国家内部阶级斗争的主要形式。如果认为我们现在不要限制资本主义，认为可以抛弃"节制资本"的口号，这是完全错误的，这就是右倾机会主义的观点。但是反过来，如果认为应当对私人资本主义限制得太大太死，或者认为简直可以很快地消灭私人资本，这也是完全错误的，这就是"左"倾机会主义或冒险主义的观点。

第五，占国民经济总产值百分之九十的分散的个体的农业经济和手工业经济，是可能和必须谨慎地、逐步地而又积极地引导它们向着现代化和集体化的方向发展的，任其自流的观点是错误的。必须组织生产的、消费的和信用的合作社，和中央、省、市、县、区的合作社的领导机关。这种合作社是以私有制为基础的在无产阶级领导的国家政权管理之下的劳动人民群众的集体经济组织。中国人民的文化落后和没有合作社传统，可能使得我们遇到困难；但是可以组织，必须组织，必须推广和发展。单有国营经济而没有合作社经济，我们就不可能领导劳动人民的个体经济逐步地走向集体化，就不可能由新民主主义社会发展到将来的社会主义社会，就不可能巩固无产阶级在国家政权中的领导权。谁要是忽视或轻视了这一点，谁也就要犯绝大的错误。国营经济是社会主义性质的，合作社经济是半社会主义性质的，加上私人资本主义，加上个体经济，加上国家和私人合作的国家资本主义经济，这些就是人民共和国的几种主要的经济成分，这些就构成新民主主义的经济形态。[1]

二、新民主主义经济的发展状况

党领导下的土地革命时期的苏区经济是从1927年开始的，加上抗日战争时期的根据地和解放战争时期的解放区的经济发展，集中在两个着眼点上：一是发展生产，保障供给，为革命战争服务；二是改造半殖民地半封建经济，发展新民主主义经济。张闻天在《论苏维埃经济发展的前途》一文中说："我们应该有系统的来组织我们的经济力量，我们应该经过我们自己的苏维埃政权为将来社会主义的前途，在经济上创造一些前提和优势。"[2]开始的经济政策主要集中在三个方面：一是消灭帝国主义经济；二是发展国营经济和合作经济；三是保护民族资本主义工商业。"抗战开始后，中国共产党领导的武装力量八路军、新四军深入敌后，发动群众，分别在华北、西北、山东和大江南北建立了十几个大的根据地。"[3]到1945年的年初，根据地总面积达95万平方公里，人口9550万。"抗日根据地与国民党统治区和沦陷区相比，社会经济性质已发生了根本变化。"[4]

新中国成立以后，从1949年10月到1952年，经济发展的积极变化主要体现在两个方面：一是恢复经济；二是形成新民主主义经济的总体格局。赵德馨在《中国近现代经济史（1949—1991）》一书中整理了一组数据如下：

其一是总量恢复。

到1952年，就工农业生产总量而言，已超过历史最高水平的1936年。其中，工业总产值比1936年增加22.3%，农业总产值超过18.5%。

---

(1)《毛泽东选集》第4卷，人民出版社1991年版，第1429—1433页。
(2)《张闻天文集》第1卷，中共党史出版社1990年版，第345页。
(3) 赵凌云主编：《中国共产党经济工作史》，湖北人民出版社2005年版，第100页。
(4) 赵凌云主编：《中国共产党经济工作史》，湖北人民出版社2005年版，第100页。

工业主要产品，农业中的粮食、棉花、家畜、水产品的产量，均超过历史最好水平，国民经济总量恢复的任务基本完成。

1950—1952年，社会总产值由557亿元增加到1015亿元，增长了85.2%，年均增长22.8%。其中，工农业总产值由466亿元增加到810亿元，增长了77.6%，年均增长21.1%。国民收入由358亿元增加到589亿元，增长69.8%，年均增长19.3%；人均国民收入由66元增加到101元，增长了57.6%，年均增长16.4%。从数字上看，这是新中国成立后各个历史时期最快的。当然，这种增长速度是恢复性质的。

1952年与1949年相比，农业总产值由326亿元增加到461亿元，增长48.4%，年均增长14.1%。粮食产量从11318万吨增加到16392万吨，增加了5074万吨，增长了44.8%，年均增长13.1%；超过历史最高水平（1936年，15000万吨）。棉花产量从44.4万吨增加到130.4万吨，增长了193%，年均增长43.1%；超过历史最高水平（1936年，84.9万吨）。

在工业生产方面，1949年与1952年相比，工业总产值由140亿元增加到349亿元，增长了145.1%，年均增长34.8%。这个速度比农业快，与农业的另一不同之处是，主要工业产品都超过历史上最高水平。其中，棉纱超过47.4%，棉布超过37.3%，食糖超过9.8%，原煤超过6.5%，原油超过37.5%，发电量超过21.7%，钢超过46.3%，生铁超过7.2%，水泥超过7.2%，硫酸超过5.6%，烧碱超过558.3%，金属切削机床超过153.7%。[1]

其二是新民主主义经济总体格局形成，国营经济在国民经济中占据优势地位。

在工业方面，1952年，国营工业占全国工业总产值的41.5%。在现代工业总产值中，国营工业产值的比重1949年为34.2%，1952年上

---

[1] 赵德馨：《中国近现代经济史（1949—1991）》，厦门大学出版社2017年版，第49、50页。上述这组数字，总量增幅与直观的数字计算略有出入，可能是考虑了不变价。

升为52.8%。在大型工厂的产值中,国营工业占60%。国营工业主要工业产品产量在全部产量中所占比重的变化为:电力由58%上升到88%;原煤由68%上升到84%;生铁由92%上升到95%;钢100%保持不变;水泥由68%下降为64%;棉纱略有下降,由49%下降到48%;机制纸由35%上升到59%;面粉由19%上升到43%;卷烟由17%上升到64%。

从资本存量方面看,1952年底,国营工业企业固定资产净值和流动资金即资金总额为146.8亿元,而同是经营着现代化经济事业的私营工业资本总额只有26亿元。国营工业是私营工业的5.6倍,占有绝对的优势。

在五种经济成分中,个体经济占的比重最大。在农村和整个国民经济中,在劳动力数量上,在经济单位数量上,个体经济都占大多数。1952年,在国民收入中,城乡个体经济占71.8%,也是占大多数。

1952年,全国共有各种类型的合作社3.6万多个,社员1.1亿多人。其中,农村供销社3.2万多个,社员约1.1亿人,建立了10万多个固定零售商店和近4万个货摊和零售点。农村信用社2271个,供销社的信用部1578个,信用互助组16218个,吸收存款10亿多元。农业生产互助组802.6万个,入组的农户4536.4万户,占农户总数的39.9%。农业生产合作社3644个,入社的农户为59028户,占农户总数的0.05%。手工业合作社社员达到23万人,占手工业从业人员总数的3.1%;在全部手工业总产值中,手工业生产合作社所占的比重为3.5%。

在国民经济恢复时期,资本主义经济发生三个重要的变化。第一,数量增加,即得到发展。1952年与1949年相比,私营工业产值增加54.2%,年均增长15.5%;私营商业零售额增加18.6%。私营工业企业户数增长21.6%,职工人数增长25.1%。第二,在国民经济中的所占份额即相对比重下降。1952年与1950年相比,私营现代工业在现代工业总产值中占的比重，由54.7%下降到44%。在主要工业产品产量方面，私营工业占的比重都有下降，但下降的程度不同。在商业批发总额中，私营商业批发额占的比重，由76.1%下降到36.2%；在零售总额中，私营商业占的比重，由85%下降到57.2%。……第三，结构得到改组。私营工商业的变动，各个行业不同。有利于国计民生的行业，特别是经济建设急需的重工业，满足人民生活需要的消费品工业，发展得快一些。有关国家经济命脉的行业受到制约，发展得慢一些。……成为国家可以调节和控制的资本主义。

国家资本主义经济产生于接收国民政府企业和随后的清理国有资产的过程中。1949年以前的一些股份制企业中，既有国家股份，又有私人股份。国有股份多的，被人民政府接收为国有企业，其中有私人股份；私人股份多的，人民政府未接收其企业，这些企业仍属私营经济，其中有国家资本。这样，就存在着国家资本与私人资本合作的企业。随后，出现了国家资本主义经济的多种形式。在1950年和1952年的两次工商业调整中，国家和国营商业对私营工业的加工订货发展很快。1952年，加工订货（包括统购、包销、收购）的价值占私营工业产值的49.8%，公私合营工业企业的产值占私营工业企业产值的11.4%。两者合计已占61.2%，私营工业自产自销的产值只占38.8%。这就是说，私营工业生产经营的大部分已直接或间接纳入国家计划轨道。[1]

其三是宏观经济治理积累了经验。

在这三年多的时间内，综合经济治理主要做了三个方面的工作：一是抑制飞涨的物价，变财政赤字为盈余；二是统一财政经济；三是开展"五反"（反行贿、反偷税漏税、反盗骗国家财产、反偷工减料、反盗窃国家经济情报）运动并进行了两次工商业调整。综合经济治理，是在多种经济成分并存的背景下进行的，党

---

[1] 以上内容参见赵德馨：《中国近现代经济史（1949—1991）》，厦门大学出版社2017年版，第42—48页。

和政府综合运用了经济的、行政的和法律的手段，达到了建立经济秩序，稳定和恢复经济，促进多种经济成分并存和共同发展的目的。

由此可见，新民主主义经济发展具有以下特点：一是超常规地快速增长；二是结构特征反映了现实生产力的水平；三是体现了对半殖民地半封建经济形态改造的特点；四是国家直接或间接地掌握了国家经济命脉；五是国有工业的规模占优势，国有比重呈上升势头。

三、新民主主义经济形态具有过渡性

陶大镛先生在1948年所著的《战后东欧的经济改造》一书的"原序"中说："新民主主义国家既不是资本主义国家的'变态'，又不是社会主义国家的'化身'，也不能说它是资本主义与社会主义的'凑合'，它是一种特殊的、新型的、过渡的社会制度，具有特定的历史内容。"[1]陶先生在书中对东欧11个国家用"经济改造"为题作了介绍，也介绍了有关国家的经济计划。其"新民主主义国家"的概念应该是受毛泽东《新民主主义论》的思想影响。笔者认为，新民主主义经济形态关联"两个革命"和"两个改造"，即新民主主义革命和对半殖民地半封建经济的改造；社会主义革命与对个体农业、个体手工业、资本主义工商业的社会主义改造。

新民主主义具有鲜明的实践性。马克思恩格斯揭示了人类社会发展的一般规律，同时也敏锐地觉察到了以俄国为例的东方社会的特殊性；并且从东方社会内在的条件和欧洲无产阶级革命的外部时代条件相结合的实际出发，提出东方社会在生产力水平不高、资本主义发展不充分条件下，可以通过无产阶级领导的民主革命向社

---

(1) 节选自陶大镛：《新民主主义经济论纲》，北京师范大学出版社2002年版，第4页。

主义过渡。这同样是对社会发展规律的深刻揭示。这里特别需要指出的是，马克思研究俄国农村公社绝不是一般性的"隔岸观火"，也不是偶尔地发发感慨，而是非常认真地进行了历史考察。靳辉明在《思想巨人马克思》中介绍："关于俄国问题的研究，从1881年马克思开列的题为《我书架上的俄国书籍》的书单中就可以看出，他拥有150个版本的115种俄文书籍，还不包括他在工作中正在使用的资料。"[1]

马克思恩格斯所揭示的人类社会发展规律，在对未来社会的设想包括以俄国为例的东方社会发展道路的思想中，都没有新民主主义社会形态。列宁关于"新经济政策"的思想，涉及利用资本主义战胜资本主义，也涉及向社会主义过渡的问题，但是没有从理论和实践上涉及新民主主义经济形态。列宁所讲的"过渡"，主要是讲从资本主义向社会主义的过渡，包括由国家资本主义向社会主义的过渡，然后再向共产主义过渡。虽然列宁也强调新经济政策需要一个历史时代，但没有把它作为一种经济形态。列宁在《论合作社》一文中说：要向社会主义过渡，我们要做的"仅有"一件事，即"通过新经济政策使全体居民人人参加合作社"，并认为"这就需要整整一个历史时代。在最好的情况下，我们度过这个时代也要一二十年"。[2]实际上新经济政策在苏联实施了8年零9个月的时间。1929年12月27日，斯大林在马克思主义土地专家代表大会上，在提出"消灭富农"[3]口号的同时，郑重宣布，当新经济政策"不再为社会主义事业服务的时候，我们就把它抛开"[4]。1934年苏共召开的第十七次党代会对新经济政策的作用又做了新的解释："新经济政策的目的就是要使社会主义经济形式获得完全胜利"，[5]"社会主义经济成分在整个国民

---

[1] 靳辉明：《思想巨人马克思》，中国社会科学出版社2018年版，第69—70页。
[2]《列宁论新经济政策》，人民出版社2014年版，第263页。
[3]《斯大林选集》(下册)，人民出版社1979年版，第229页。
[4]《斯大林选集》(下册)，人民出版社1979年版，第232页。
[5]《斯大林选集》(下册)，人民出版社1979年版，第232页。

经济中独占统治地位的唯一的领导力量"[1]。工业化和集体农庄取得显著成就后,1936年苏维埃第八次代表大会通过的新宪法载明:"苏联已进入新的发展时期,进入完成社会主义建设并逐渐过渡到以'各尽所能,按需分配'的共产主义原则为社会生活准则的共产主义社会的时期。"[2]

在新中国成立前夕,我们党的第一代领导人,都认为利用资本主义过渡到社会主义需要较长的时期。如前所述,毛泽东在七届二中全会报告中说:"由于这些,并由于中国经济现在还处在落后状态,在革命胜利以后一个相当长的时期内,还需要尽可能地利用城乡私人资本主义的积极性,以利于国民经济的向前发展。"[3]"1948年9月,毛泽东、刘少奇提出向社会主义过渡需要15年时间。"[4]毛泽东关于过渡的时间安排,后来有一个加速的过程。首先是新民主主义经济运行10到15年之后再用10到15年过渡,加起来是20年到30年。1952年5月24日在中央书记处会议上毛泽东提出,我们现在就要开始用10年到15年的时间基本上完成到社会主义的过渡,而不是10年或15年以后开始过渡。1953年底,中央批准了由中宣部起草并经过毛泽东修改的《关于党在过渡时期总路线的学习和宣传提纲》(简称《宣传提纲》),对过渡时期有了新的定义,即:"从中华人民共和国成立,到社会主义改造基本完成,这是一个过渡时期。"[5]有学者认为,这个时间是比照苏联算出来的。苏联从1918年到斯大林宣布建成社会主义的1936年,共计18年。中国如果把1950年到1952年这三年也作为过渡,那么再用15年,也是18年。《宣传提纲》确定将新中国成立作为过渡的起点。这实际变成了"大过渡",即由半殖民地半封建向社会主义过渡。《宣传提纲》引用了列宁关于从资本主义向社会主义过渡

---

(1) 斯大林:《列宁主义问题》,人民出版社1973年版,第526页。
(2) 《联共(布)党史简明教程》,人民出版社1975年版,第381页。
(3) 《毛泽东选集》第4卷,人民出版社1991年版,第1431页。
(4) 赵德馨:《中国近现代经济史(1949—1991)》,厦门大学出版社2017年版,第4页。
(5) 赵德馨:《中国近现代经济史(1949—1991)》,厦门大学出版社2017年版,第59页。

的思想，毛泽东后来也运用了这一提法。1948年12月下旬刘少奇在华北经济委员会上作报告时指出："新民主主义的经济政策，是无产阶级与资产阶级斗争的政策，经过经济竞争，到十年、十五年后，大势所趋，消灭资本主义，过渡到社会主义。"但第二年也就是1949年夏，刘少奇的看法发生变化，他在天津调查时说："向社会主义过渡需要几十年时间，即在中国工业发展到产品出现过剩时。"(1)这种判断的基础是马克思主义基本原理，逻辑基础是当产品出现过剩时，就会出现资本主义不可避免的经济危机。当然，刘少奇当时那样讲，也有回应私人工商业者的顾虑与担心的原因。而在此之前，强调需要充分利用商品货币关系，充分利用市场，加快发展，也说明商品生产是生产力发展不可逾越的阶段。

其所以加快过渡进程，既有内在原因，也有外部影响。从内部看，带有恢复性质的三年新民主主义经济的快速发展、人民的积极性和热情、领导人的责任感和信心，综合形成了一种激励效应，加上当时私人资本主义经济、个体经济也暴露出一些问题；从外部看，主要是由于抗美援朝战争爆发，斯大林答应援助165个项目，我们为了抓住时机，推进工业化。因为要加快过渡进程，所以《宣传提纲》中，论证时引用了列宁、斯大林战时共产主义的论述，而没有引用新经济政策的论述。(2)

但是，既然是过渡形态，那么无论多长时间，终归是要过渡的。

有人认为新民主主义不急于过渡，顺其自然发展可能更好一些；有人认为改革开放是对新民主主义发展不充分、社会主义过渡时期进度太快的补课，需要"退够"。这些看法好像是有点道理，但事实并非如此。实际上由于国际形势的变化，加上所有制结构内部也在自发地快速地发生变化，社会主义改造提上议事日程是内在要求。至于新民主主义经济形态下的所有制结构，是通过对半殖民地半封建社会经

---

(1) 赵德馨：《中国近现代经济史（1949—1991）》，厦门大学出版社2017年版，第4页。
(2) 赵德馨：《中国近现代经济史（1949—1991）》，厦门大学出版社2017年版，第60页。

济形态进行改造的结果,是历史形成的;改革开放以来,新的所有制结构的形成,是在社会主义制度建立的背景下,在确保公有经济的主体地位和国有经济的主导作用的前提下,通过改革开放形成的。由于时代和背景不同,现在的非公有经济与新民主主义经济背景下的私人工商业,已经有很大的不同了。农村家庭联产承包,也不同于合作化之前的个体农民,有长期集体经济发展成果的支撑,有双层经营的体制。

1981年党的十一届六中全会通过的《关于建国以来党的若干历史问题的决议》,就社会主义改造的历史必然性讲了三条:

一、国家的社会主义工业化,是国家独立和富强的当然要求和必要条件。

二、新民主主义革命在全国胜利和土地制度改革在全国完成以后,国内的主要矛盾已经转为工人阶级和资产阶级之间、社会主义道路和资本主义道路之间的矛盾。国家需要有利于国计民生的资本主义工商业有一定的发展,但资本主义工商业的发展也必然出现不利于国计民生的一面,这就不能不发生限制和反限制的斗争。在资本主义企业和国家的各项经济政策之间,在它们和社会主义国营经济之间,在它们和本企业职工、全国各族人民之间,利益冲突越来越明显。打击投机倒把、调整和改组工商业、进行"五反"运动、工人监督生产、粮棉统购统销等一系列必要的措施和步骤,必然地把原来落后、混乱、畸形发展、唯利是图的资本主义工商业逐步引上社会主义改造的道路。

三、我国个体农民,特别是在土地改革中新获得土地而缺少其他生产资料的贫农下中农,为了避免重新借高利贷甚至典让和出卖土地,产生两极分化,为了发展生产,兴修水利,抗御自然灾害,采用农业机械和其他新技术,确有走互助合作道路的要求。随着工业化的发展,一方面对农产品的需要日益增大,一方面对农业技术改造的支援日益增强，这也是促进个体农业向合作化方向发展的一个动力。[1]

有学者引用领导人的两段话，想说明新民主主义经济形态应该维持更长的时间。第一段话是，1989年3月23日，邓小平在会见乌干达共和国总统穆塞韦尼（Yoweri Kaguta Musveni）时说："我很赞成你们在革命胜利后，不是一下子就搞社会主义。我和许多非洲朋友谈到不要急于搞社会主义，也不要搞封闭政策，那样搞不会获得发展。"[2]第二段话是，1988年5月18日，邓小平对莫桑比克总统希萨诺（Joaquim Alberto Chissano）说："有一个问题，你们根据自己的条件，可否考虑现在不要急于搞社会主义。确定走社会主义道路的方向是可以的，但首先要了解什么叫社会主义，贫穷绝不是社会主义。"[3]在笔者看来，邓小平这样讲，首先是针对20世纪80年代两个非洲国家的，其次这两段话有三个层次：一是肯定了社会主义的方向（确定走社会主义道路的方向是可以的）；二是强调要搞清楚社会主义的性质（要了解什么是社会主义，贫穷绝不是社会主义）；三是我赞成你们在革命胜利后，"不是一下子""不要急于"搞社会主义。笔者理解的第三层意思首先是赞成他们根据自身条件，不是一下子搞社会主义；其潜台词是，要搞社会主义，自身要有相应的条件，要对社会主义本质有认识。但20世纪80年代两个非洲国家的情况，与中国当时的情况，包括外部环境有很多的不同。

如果联系后来的实践尤其是改革开放的实践看，从奠定根本政治前提和制度基础看，从新民主主义经济过渡到社会主义经济，是有必要也可以在较短的时间内完成的。但从生产力水平看，商品生产、市场经济的发展阶段不能在很短的时间内逾越。这个认识客观上也是逐

---

(1)《关于建国以来党的若干历史问题的决议》，《人民日报》1981年7月1日。
(2)《邓小平文选》第3卷，人民出版社1993年版，第290页。
(3)《邓小平文选》第3卷，人民出版社1993年版，第261页。

步加深的。

苏联是在新经济政策时期启动工业化建设的。以毛泽东为代表的中国共产党的第一代领导人,也曾设想在新民主主义经济形态的背景下启动工业化建设,甚至实现工业化,后来由于形势变化,工业化是与社会主义改造同步启动的。

四、新民主主义经济实践的历史意义

前面我们说到,谈论新民主主义经济形态,不应该只关注新中国成立之初经济恢复的三年多时间或者到1956年,其实之前的苏区、根据地、解放区的区域性实践长达22年。在极其恶劣的战争环境中,经过实践摸索,群众真心拥护,又能有效地发展经济,改善民生,保障供给,说明它是符合实际的、有生命力的。新民主主义经济的形成与发展,是探索适合中国当代经济发展道路的基础和前提,是紧密结合中国实际的最初成果和伟大创造,累积了解放和发展社会生产力、组织国家经济建设的重要思想方法和工作方法。其中有丰富的属于中国人自己的经济学理论资源和政策工具资源,对后来的改革开放产生深远影响。

1. 新民主主义经济形态符合中国国情,具有独创性

这里有一个问题需要明确回答,即:中国的新民主主义革命包括通过半殖民地半封建经济形态的改造,形成的新民主主义经济形态,究竟是技术层面的创新还是实质层面的创新。是路径的创新还是整个实践和理论上的系统创新?笔者认为是实质层面的、系统的创新。

我们都知道,马克思从无产阶级革命实践出发,提出了以俄国为例的东方发展道路的思想,列宁将马克思的这一思想在俄国成功地进行了实践。列宁从当时俄国的实际出发,也高度关注中国和其他东方国家,对殖民地半殖民地国家的革命、对无产阶级在民主革命中的领导权问题、对资产阶级民主革命与无产阶级社会主义革命这两次革命

的性质及相互关系问题,都有深刻的论述。比如,列宁在《社会民主党在民主革命中的两种策略》中,对当时在俄国发生的资产阶级革命进行过深刻分析,并针对孟什维克,强调"无产阶级民主革命的彻底性",强调无产阶级在民主革命中要掌握领导权。毛泽东1932年读到这本书时说过,此书要是在大革命时读到,就不会犯错误。延安时期,该书更是毛泽东经常阅读的两本书之一。[1]而且十月革命之后,经过战时共产主义,列宁倡导并推行了"新经济政策",并在此基础上恢复经济,建立苏维埃政权。新经济政策实施中对商品货币关系的认识和形成的经济结构,虽然与中国后来形成的新民主主义经济形态的经济结构相类似,但是,中国新民主主义革命的胜利和新民主主义经济形态的形成,是以毛泽东为代表的中国共产党人以马克思列宁主义为指导,紧密联系中国实际而进行的伟大创造。列宁揭示了无产阶级革命时代民主革命的新特点,但列宁和他所领导的无产阶级政党直接参与和领导俄国的民主革命具有其自身的特点。在分析1905年至1907年的革命时,《联共(布)党史简明教程》对工人、农民的参与以及发挥的重要作用给予了很高的评价:"在不到三年的革命时期(1905—1907年),工人阶级和农民受到了他们在三十年平常的和平发展时期所不能受到的丰富的政治教育。革命时期的几年,使得和平发展条件下几十年也无法使人看清楚的事情看清楚了。""革命表明,只有工人阶级才能成为资产阶级民主革命的领袖,只有工人阶级才能排除立宪民主党自由资产阶级,使农民摆脱它的影响,消灭地主,把革命进行到底,扫清通往社会主义的道路。"[2]但是当时俄国并没有巩固的工农联盟,工人阶级的行动还不够协调一致,工人阶级的党即社会民主工党分裂成两大政治集团,而且孟什维克成了工人阶级中的资产阶级代理人。因此,从严格意义上说,这一时期民主主义革命并不是在无产阶级政党领导

---

(1) 王占阳:《新民主主义与新社会主义》,中国社会科学出版社2006年版,第241页。
(2) 联共(布)中央特设委员会编:《联共(布)党史简明教程》,人民出版社1975年版,第104页。

下进行的。[1]尽管该书中说，1917年2月革命的胜利，"是因为工人阶级做了革命先锋，领导了数百万身穿军服的农民群众'争取和平，争取面包，争取自由'的运动，无产阶级领导权决定了革命的成功"[2]，但实际上当时包括列宁在内的党的重要领袖有的流亡国外，有的还在流放地。革命后形成了两个并行的政权，即以临时政府为代表的资产阶级专政和以工兵代表苏维埃为代表的工农专政，二者交错。而且孟什维克和社会革命党人在苏维埃中占了多数，甚至获得胜利的工人和农民，自愿把政权交给了资产阶级的代表。[3]因此，作为无产阶级政党的布尔什维克，在这次革命中也没有实质性地掌握领导权和主动权。关于新经济政策，列宁认为是战时共产主义"跑得太远"，需要"后退一点"，然后通过"国家资本主义"和"合作制"向社会主义过渡。尽管列宁在《论合作社》中说："……与此同时我们不得不承认我们对社会主义的整个看法根本改变了。"[4]"为了通过新经济政策使全体居民人人参加合作社，这就需要整整一个历史时代"，"这个时代也要一二十年"[5]，但是列宁始终没有将新经济政策条件下形成的经济格局看成为新民主主义经济形态。

由此我们可以得出这样的结论：新民主主义经济形态理论，是中国共产党人将马克思主义的一般原理用于国情特殊的中国，总结实践中的经验教训而作出的一系列新的经济学结论。它是像中国这样的经济文化落后的半殖民地半封建国家，经过新民主主义革命，不经过资本主义社会，跨越"卡夫丁峡谷"，走向社会主义的全新理论；是把马克思列宁主义普遍原理与中国具体国情相结合的创举，是中国共产党

---

[1] 联共（布）中央特设委员会编：《联共（布）党史简明教程》，人民出版社1975年版，第104—105页。
[2] 联共（布）中央特设委员会编：《联共（布）党史简明教程》，人民出版社1975年版，第196页。
[3] 联共（布）中央特设委员会编：《联共（布）党史简明教程》，人民出版社1975年版，第198—203页。
[4] 《列宁论新经济政策》，人民出版社2014年版，第266页。
[5] 《列宁论新经济政策》，人民出版社2014年版，第263页。

人在那个年代最重要的理论创造；既是中国当代经济发展的根脉，也是具有中国特色经济思想理论的根脉。在这个科学理论的指导下，中国共产党领导全国人民取得解放战争的伟大胜利，使新民主主义经济从地区性的变成全国性的经济形态，从而出现了国民经济迅速恢复和"一五"时期经济快速发展的奇迹。

2. 中国共产党人顺应经济发展的内在规律，具有伟大的历史担当

早在建党初期，中国共产党人就从基本国情出发，深刻认识新民主主义革命的新特点，积极探索新民主主义革命的新路径。在共产党和共产国际的影响下，孙中山先生提出"联俄、联共、扶助农工"的三大政策。他所领导的国民党于1924年1月召开"一大"，共产党的代表参与起草的大会"宣言"，将"平均地权，节制资本"作为民生主义的最重要原则和基础，并提出防止私人资本主义制度操纵国民之生计。1927年，蒋、汪相继叛变革命后，中国共产党人在极其残酷的斗争中和在极其艰苦的环境中，始终肩负着民族独立、人民解放的历史使命，带领中国人民，经过艰苦卓绝的斗争，终于取得了新民主主义革命的伟大胜利，从区域性新民主主义经济实践到全国新民主主义经济形态的形成，这在苏联党和其他兄弟党中绝无仅有。这是对马克思列宁主义关于人类社会发展规律理论的丰富和发展，是对马克思列宁主义关于科学社会主义理论的丰富和发展，是对马克思列宁主义关于社会主义政治经济学理论的丰富和发展。

关于走农村包围城市的道路，关于形成工农武装割据，由局部到全局的新民主主义经济形态的形成，毛泽东在《井冈山的斗争》一文中有一段经典的描述："一国之内，在四围白色政权的包围中间，产生一小块或若干小块的红色政权区域，在目前的世界上只有中国有这种事。我们分析它发生的原因之一，在于中国有买办豪绅阶级间的不断的分裂和战争。只要买办豪绅阶级间的分裂和战争是继续的，则工农武装割据的存在和发展也将是能够继续的。此外，工农武装割据的存

在和发展,还需要具备下列的条件:(1)有很好的群众;(2)有很好的党;(3)有相当力量的红军;(4)有便利于作战的地势;(5)有足够给养的经济力。"[1]

3. 新民主主义经济理论对中国特色社会主义政治经济学理论的形成,具有重要的历史意义

新民主主义经济实践回答了生产力水平落后国家确立建立新的社会制度目标后,如何解决生产力发展阶段不可逾越的问题;它在控制国家经济命脉、确定国家发展方向的同时,有效地利用了资本主义的商品货币关系、市场配置资源的方式;它对改造半殖民地半封建经济形态具有总体和结构方面的针对性;它验证了多种经济成分,公有制的多种实现形式、多种经营方式的可行性;它尝试了政府运用经济手段和市场办法提供公共服务以及控制国计民生的可操作性;它最早体现了"效率优先、兼顾公平"的原则;它在运用经济的、政策法规的、行政的方式维护市场秩序和经济稳定方面,积累了实践经验。

4. 新民主主义经济理论对改革开放具有深刻的启示

在对"文化大革命"造成经济面临崩溃的反思中,在对高度集中计划经济经验教训的总结中,人们自然而然地开始回望新民主主义经济和社会主义改造,积极理性地思考中国的基本国情,思考生产关系适应生产力、上层建筑适应经济基础的问题。在坚定改革开放决心的同时,自然要思考改什么、怎么改、改成什么样子等问题。尽管改革开放不是简单地复归,但是对新民主主义经济形态和经济理论的回望和总结,并以此为基础,对国情和发展阶段再认识,对多种经济成分和国家控制国计民生的实践的历史记忆,有利于增强改革开放的决心和信心。

5. 为坚定不移地走中国特色社会主义道路,奠定了坚实的基础,形成了优良的传统

以毛泽东为代表的中国共产党人所领导的新民主主义革命实践和

---

[1]《毛泽东选集》第1卷,人民出版社1991年版,第57页。

理论创造，是运用唯物史观的科学典范，是马克思主义中国化的根本源头，是中国特色社会主义道路的基础，是实现中华民族伟大复兴中国梦的伟大起点。其中新民主主义经济理论，已经对并且还将继续对中国当代以至未来经济发展的实践探索和理论创造，产生深远影响。无论是社会主义革命和建设时期，还是改革开放时期，甚至进入新时代，我们在认识国情的过程中，在思考经济发展战略和政策的过程中，在吸收人类文明成果的过程中，在总结经验教训的过程中，都应该回望新民主主义革命实践和理论创造，回望新民主主义经济发展和规律性认识，从中汲取智慧和力量。像当年那样清醒和理性，像当年那样执着而坚定。

第五章

工业化起步与社会主义改造

大规模工业化启动与社会主义改造,在中国当代经济发展中具有基础和底盘意义。

社会主义改造是与工业化同时启动的。党在过渡时期的总路线强调了"一主两翼",又称为"一化三改"。这一时期也是中国第一个中长期国民经济发展计划制定和实施的时期。从某种意义上讲,"一五"计划也是工业化大规模建设的启动计划。

一、社会主义改造的历史机遇和社会条件

当初,党和国家领导人的讲话和重要文献都说新民主主义经济格局要稳定较长时间,为什么后来提前了呢?工业化与社会主义改造是什么关系,为什么过渡时期总路线的主体是工业化?这需要我们认识和理解社会主义改造的历史机遇和社会条件。

1. 大规模启动工业化使社会主义改造时间提前

在前面一章中,讲了新民主主义经济形态的过渡性,也讲了领导人最初考虑的过渡时间。而且在1951年及以前,领导人还有一个想法,也就是在正式向社会主义过渡之前,新民主主义经济结构要保持稳定。

最有代表性的是刘少奇说的一段话。1951年7月，刘少奇说："采取进入社会主义的步骤，第一步是实行工业国有化，就是将私人工业收归国有。小工厂、手工业一下子还不能国有化，要把三十人以上的工厂收归国有。这是严重的社会主义步骤，一步就进入社会主义，其性质是破坏资本主义私有制，所以，没有准备好就不能走这一步。工业国有化是一天早晨的事，全国人民代表大会一通过，第二天就执行。"[1]但是领导人的相关判断到了1952年发生了变化。由于朝鲜战争的爆发，由于苏联明确表态援建156个项目，加上国内经济形势的新变化，包括所有制结构自发地快速变动，因此原来关于向社会主义过渡的时间设想提前了。毛泽东认为过渡的时机已经成熟，应该加快向社会主义过渡。

我们有必要在前面章节分析的基础上，进一步分析促成加快的原因。

一是朝鲜战争爆发与苏联的援助计划，是加快社会主义改造的契机。1952年8月，周恩来、陈云访问苏联，斯大林表态支持中国的工业化建设，最后落实援建项目156项，这使国家启动包括原材料工业、能源工业、机械工业在内的大规模工业化建设，具有现实可能性。苏联之所以援助中国，除了两国同属社会主义阵营的因素外，更直接的原因是，中国在极其困难的条件下，出兵抗美援朝，维护了苏联在远东的安全，维护了苏联所代表的核心价值。笔者认为，后来社会主义改造的进程进一步加快，与苏联援建156个项目的实施有密切的关系。因为需要政府和国营企业与苏方对接，需要运用高度集中的计划方式组织和调动资源。

二是苏联援建计划包括提供设备和贷款，有利于形成工业化的初始资本。原来工业化的基本思路是，先发展农业、轻工业，然后积累资金再发展重工业。既然苏联明确表态援建工业基础项目，那么中国优先发展重工业（包括原材料工业、能源工业、机械工业）的条件和

---

[1] 中共中央文献研究室编：《刘少奇论新中国经济建设》，中央文献出版社1993年版，第210—211页。

时机就具备了,我们应该抓住历史机遇,通过政府主导,加速实现国家的社会主义工业化。

三是以毛泽东为代表的中国共产党人对马克思、列宁所揭示的生产资料优先增长的规律,有深刻的领悟和认同。特别是落后的发展中大国在国际环境不利的条件下实现工业化,更应该优先发展重工业,更应该尽快形成独立的工业基础,并增强国防实力。因此在美西方对新中国实施封锁禁运并发动朝鲜战争的背景下,有了苏联援助的契机,使得我们遵循生产资料优先增长的规律,既有必要,又有可能。

四是在多种经济成分的结构和格局中,国有经济成分的比重在快速上升,抓紧向社会主义过渡也是顺其自然。工商业所有制结构快速变动。在没收官僚资本基础上形成的国营经济,经过三年发展,比重大幅度上升。这时使用的国营概念,实际上包括国有国营的内涵。具有社会主义经济性质的国营工业和国有批发商业,已经在相关领域发挥着主体主导作用了。实行国家资本主义形式,对所涉及的资本主义工商业企业起到了初步社会主义改造的作用,比如加工订货、经销代销、统购包销、公私合营等。私营工商业与国营工商业的经济联系紧密了,国营工商业对私营工商业的主导作用也加大了。土改之后农村互助合作已经在紧锣密鼓地开展。1951年,中央明确要求,新解放区要有领导地大力发展互助组,使得占总数40%的农户参加互助组,有条件的地方还要有领导、有重点地发展土地入股的初级合作社。这本身便是农业社会主义改造的初级步骤。[1]

五是苏联的示范,我国三年恢复时期经济的快速发展、人民的积极性和热情、领导人的责任感和信心,综合形成了一种加快社会主义改造的激励效应。斯大林领导苏联人民已经建成了社会主义经济制度,形成了计划经济体制,并取得卫国战争和反法西斯战争的胜利;苏联在较短的时间内由落后国变成位于世界前列的强国,形成了鼓舞人心

---

(1) 当代中国研究所:《中华人民共和国史稿》第1卷,人民出版社、当代中国出版社2012年版,第154、155页。

的标杆和样板。

六是领导层对社会主义改造时机选择的意见一致，也说明有其内在要求。新民主主义政治、新民主主义经济和新民主主义文化，是毛泽东运用马克思主义基本原理结合中国具体实际所形成的新的理论体系，在马克思列宁主义思想体系中是一个伟大的创造。毛泽东本人也非常看重他的新民主主义经济思想，也看重他所主导的新民主主义经济形态的实践。按照常理，对新民主主义经济格局，应该会坚持较长时间，不会急于过渡，领导人开始也是这样想的和这样讲的。但是在1953年形成过渡时期总路线时，党内包括领导层的意见又是高度一致的，而且在当时和改革开放以后，对社会主义改造所选择的时机以及"一五"计划的成就，老一辈领导人都是充分肯定的，说明社会主义改造的时机选择是合适的、可行的。

2. 以工业化为主体的过渡时期总路线

1953年12月13日，毛泽东修改中宣部《宣传提纲》时形成了过渡时期总路线的完整表述，即：从中华人民共和国成立，到社会主义改造基本完成，这是一个过渡时期。党在这个过渡时期的总路线和总任务，是要在一个相当长的时间内，逐步实现国家的社会主义工业化，并逐步实现国家对农业、对手工业和对资本主义工商业的社会主义改造。这条总路线是照耀我们各项工作的灯塔，各项工作离开它，就要犯右倾或"左"倾的错误。1954年2月，中共七届四中全会正式批准中央政治局确认的这条总路线。

我们可以从以下三个方面来理解过渡时期的总路线：

一是过渡时期的基本定义，也就是第一句话："从中华人民共和国成立，到社会主义改造基本完成，这是一个过渡时期。"目标方向是社会主义工业国，性质是继新民主主义革命胜利之后的社会主义革命。从经济角度讲，从新中国成立到社会主义改造基本完成，这个过程是个大过渡。即由半殖民地半封建经济形态向新民主主义经济形态过渡，再由新民主主义经济形态过渡为社会主义经济形态。全局性的新民主主义经济形态的存续时间虽然不长,但实实在在地形成了并运行了;如果把战争年代局部性的新民主主义经济形态的时间算起来,那么作为这个大过渡的中间过渡形态,它并非形式上的,而是实质性的。

二是过渡时期的总路线和总任务。首先"是要在一个相当长的时期内",当时这个判断是谨慎理性的。实现国家社会主义工业化,肯定需要一个长的时间过程。在总路线的"两个逐步实现"中,既包括逐步实现国家的社会主义工业化,还包括逐步实现国家对农业、对手工业和对资本主义工商业的社会主义改造。一方面,毛泽东曾经将"两个逐步实现"比喻为"一体两翼":逐步实现国家的社会主义工业化,是总路线和总任务的主体;逐步实现对农业、手工业的社会主义改造,以及对资本主义工商业的社会主义改造,是两翼。这充分体现了重视生产力的唯物史观。另一方面,这"两个逐步实现"又是并列的,第一个"逐步实现"之后,是"并逐步实现"。也就是说,"相当长的时期内",不仅指工业化,也针对社会主义改造。

三是实现工业化,是改变落后面貌的主题主线,也是实现现代化的基础和主要内容。把逐步实现国家社会主义工业化作为总路线和总任务的主体,体现了马克思主义的唯物史观,体现了中国共产党人的初衷和使命。"工业化——这是我国人民百年来梦寐以求的理想,这是我国人民不再受帝国主义欺侮不再过穷困生活的基本保证,因此这是全国人民的最高利益,全国人民必须同心同德,为这个最高利益而积极奋斗。"[1] "社会主义革命的目的是为了解放生产力。农业和手工业由个体的所有制变为社会主义的集体所有制,私营工商业由资本主义所有制变为社会主义所有制,必然使生产力大大地获得解放。这样就为大大地发展工业和农业的生产创造了社会条件。"[2] 这符合社会矛盾运动规律。

---

(1)《迎接一九五三年的伟大任务》,《人民日报》1953年1月1日。
(2)《毛泽东文集》第7卷,人民出版社1999年版,第1页。

3. 工业化具有政府主导的特征

笔者认为，迄今为止工业化的发动方式有三种：一是先发国家，在一定的经济社会条件影响下发生产业革命，然后又由此引起经济社会的变革，率先实现工业化现代化。在这个过程中，政府也会发挥一定的作用，但工业化路径带有自然演进的特点。这类国家形成了独立的工业体系，并且具有处于产业链高端和技术垄断方面的优势。二是有的体量比较小的经济体，如某些小国或地区，用低成本优势通过出口导向实现工业化，自身没有独立完整的工业体系，一定程度上依附依靠发达国家，经济运行缺乏稳定性，与发达国家经济周期性波动同频共振。三是像中国这样的后发大国，政府主导工业化建设，在启动时就着眼于建立独立的工业体系。中国具有举国体制的优势，政府有很强的组织和动员能力，往往工业化建设的速度很快，经济运行也具有一定的稳定性和安全性。

中国的工业化为什么只能走政府主导型的路子？笔者在前面做过分析，概括起来讲主要是五条：一是走自然演进的工业化道路，依托农业先发展轻纺工业，积累资金再逐步发展重化工业。中国按照这条路径推进工业化，国际环境不允许，经济安全和国家安全也没有保障。二是走自然演进的工业化道路，工业化进程缓慢，不符合后发的中国赶超型发展战略要求。三是比照某些小国或地区利用低成本优势实现工业化，不符合发展中大国的实际，而且很容易使中国长期滞留在产业链的低端，长期依附于发达国家，经济的稳定性和安全性也难以维系。四是中国是单一制的社会主义国家，中国共产党是使命型政党，中国的广义人民政府富有历史责任感，政府主导工业化有内在动力。五是朝鲜战争的外在压力与苏联的援建，促使政府主导大规模工业建设成为可能。

二、以工业化为主要内容的"一五"计划编制过程及意义

工业化和社会主义改造时期也是"一五"计划编制和组织实施的

时期。

"一五"计划即1953年至1957年国民经济发展计划,是新中国制定的第一个全面的中长期国民经济计划,它的编制与实施,对于新中国工业化的奠基和经济建设的全面开展,具有重要意义。新中国成立以后,1950年和1951年政务院财政经济委员会(简称"中财委")试编了全国国民经济年度计划,实际上只是一些具有指导作用的控制数字。1951年中财委召开全国计划会议,下达了1952年的控制数字,要求各地自下而上编制经济计划草案。1952年国家计划委员会和国家统计局成立,同时加强了对国营企业和基本建设的计划管理。尽管如此,编制第一个五年计划,仍有很多困难。在既缺乏编制计划的经验,又无精确统计资料的当时,编制和实施全国性的经济计划确是一项十分艰巨的任务,因为要求编制的计划要积极可靠,符合中国实际,反映中国特点,能够成为动员全国各族人民共同奋斗的纲领。

第一个五年计划,从1951年2月开始编制,到1955年7月一届全国人大二次会议审议通过,历时四年,数易其稿,其间大的修改就有六次。

第一次试编于1951年2月,由中财委具体负责,编制领导小组成员为周恩来、陈云、薄一波、李富春、宋劭文。试编工作遵照中共中央提出的"三年准备,十年建设"的思想,提出了五年计划的初步设想。编制过程中探讨的重要问题之一是,把一个经济落后的农业大国逐步建设成工业国,从何处起步?在探讨过程中,小组成员曾提出过多种设想,经过对政治、经济、国际环境诸多方面的利弊得失的反复权衡和深入讨论之后,初步统一了认识:必须从发展原材料、能源、机械制造等重工业入手。如果不建立和发展钢铁、有色金属、机械制造、能源等重工业,要想大力发展轻工业,使工业给农业以更大的支持,都是办不到的。特别是当时中国遭受西方资本主义国家的封锁和禁运,美国等帝国主义国家实际上同新中国处于军事对峙状态,中国急需发展军事工业以增强国防力量,这些因素都决定了"一五"计划不能不采取优先发展重工业的指导方针。

第二次编制于1952年开始，仍由中财委负责。同年7月，试编出《五年计划轮廓草案》，其中包括《关于编制五年计划轮廓的方针》《中国经济状况和五年建设的任务（草案）》和《三年来中国国内主要情况及今后五年建设方针的报告提纲》。当第二稿的计划轮廓草案经中共中央、政务院基本确定后，中央决定派一个代表团访问苏联，就第一个五年计划和苏联有关方面交换意见，重点是争取苏联的援助。代表团由周恩来任团长，陈云、李富春为团员，包括各个部门的专家共计30多人，于1952年8月前往莫斯科。我方提出141个项目，要求苏联帮助设计，提供设备和贷款，派遣专家。苏联原则上同意之后，周恩来、陈云于9月下旬先行回国，李富春留在莫斯科，继续征询苏联有关方面意见，落实苏联援助中国的具体项目。为了进一步充实计划轮廓草案，陈云找有关部长个别交换意见，并分别征求了马寅初、李四光等专家的意见，为修改计划轮廓草案做了准备。

1952年12月，中共中央发出《关于编制1953年计划及长期计划纲要若干问题的指示》，提出必须按照边打、边稳、边建的方针，从事国家建设。在明确"抗美援朝战争与国家建设必须兼顾"是制定计划出发点的前提下，1953年由中财委会同国家计委、中央各部和各大区进行第三次编制。这些计划编制工作对以往计划轮廓草案在各个经济部门和各个年度互相配合、基建投资在各个部门的分配等方面的缺陷作了弥补，对计划轮廓草案作了进一步的修改和充实。

第四次于1953年由国家计委编制，在编制过程中征求了苏联国家计委和专家的意见，对计划轮廓草案作了重大修改，将工业增长速度由年均20%改为14%至15%，同时强调加快发展农业和交通运输业等。1953年5月15日，中苏两国政府签订了《关于苏维埃社会主义共和国联盟政府援助中华人民共和国中央人民政府发展中国国民经济的协定》，协定明确规定苏联政府援助中国新建与改建91个项目，加上国民经济恢复时期援建的50项，共计141项。

第五次编制于1954年3月进行，中共中央成立了由陈云任组长，高岗、李富春、邓小平、邓子恢、习仲勋、贾拓夫、陈伯达为小组成员的编制五年计划纲要的8人工作小组，这时党的过渡时期总路线已经明确，苏联援助中国的建设项目已经确定，编制五年计划的条件更加成熟。陈云连续主持召开了17次会议，对国家计委提出的计划草案，逐章逐节进行审议和修改。9月报送毛泽东审阅。毛泽东逐字逐句批改后，又交刘少奇、周恩来、邓小平、彭真阅改。10月12日，为了保证国民经济各部门之间的协调，并根据苏联政府派来的5个综合专家组对发展各部门工业远景计划、中国政府要求苏联政府再增加设计和援建15个项目等情况，11月，毛泽东、刘少奇、周恩来在广州集中一个月时间，共同审核了"一五"计划草案初稿。11月，陈云主持召开中央政治局会议，仔细讨论了计划草案的方针任务、发展速度、投资规模、工农业关系、建设重点和布局等。同月，中共中央决定将这个计划草案发给各省、市、自治区党委以及国务院各部委党组讨论。1955年3月31日，中国共产党全国代表会议讨论并原则通过了这个草案，建议由国务院提交全国人民代表大会审议批准，颁布实施。

最后一次修改是1955年4月至5月，根据中国共产党全国代表会议的决议，并吸收各省、市、自治区和中央各部的意见，以及参考苏联顾问的建议等作了适当修改。计划草案由原来的12.7万字减少到10.4万字左右。同年7月30日，全国人大一届二次会议正式通过"一五"计划。

"一五"计划是在执行时间过了两年半才最后定案的，主要原因有以下几点：（1）第一次编制中长期经济发展计划，缺乏经验，只能边编制边摸索；（2）当时的中国又是一个生产力水平极其低下的发展中大国，经济情况复杂，缺乏系统的统计资料，摸清家底难，形成指标体系难；（3）经济建设受到战争的巨大影响和制约，不确定因素比较多，朝鲜战争到1953年7月才停战，在这之前只能边打、边建、边编计划；（4）苏联援建的91项重点建设项目到1953年5月才签订协议，1954年10月又补充了15项，加上国民经济恢复时期确定的50项，总计156项，至此，"一五"工业建设的骨干项目才确定下来。[1]

"一五"计划的编制，在中国当代经济发展历程中具有非常重要的意义。

"一五"计划是新中国成立后第一张建设蓝图，是社会主义建设初期的总体设计。"一五"计划编制时间长达四年，数易其稿，其中大的修改就有六次。这为后来编制年度计划和中长期规划树立了标杆，积累了经验。这与孙中山先生当年以一己之力写成的《实业计划》，有很大的不同。一是在发扬民主、集思广益的基础上形成的，当时党中央领导集体中的重要成员都多次参与讨论和修改；二是建设项目是在衔接好的基础上写进计划的，具有可操作性；三是具有实施的制度和组织保障。

"一五"计划是对中国当代经济发展基本国情的深刻认识，是对当时国际环境的总体把握，体现了中国共产党人领导社会主义经济建设的基本思路。比如，国家工业化建设有两种思路可供选择：一种是西方资本主义国家的工业化，通常是先发展轻工业；另一种是苏联的工业化，则是先发展重工业。要迅速实现工业化，追赶世界工业强国，并且根据当时的国际国内情况，"一五"计划确定了优先发展重工业的方针；同时为了解决技术和建设资金不足的问题，确立了"自力更生为主，争取外援为辅"的指导思想。

"一五"计划体现了"积极可靠"的原则，注重实事求是、统筹兼顾、综合平衡、有计划按比例，注重项目、资金、技术配套与衔接。

考虑到处在社会主义改造的过程中，还存在着多种经济成分，因此计划采取了三种形式：对国营经济是直接计划，即指令性计划；对资本主义经济和个体经济，是间接计划，通过价格政策和其他具体政

---

[1] 参见当代中国研究所：《中华人民共和国史稿》第1卷，人民出版社、当代中国出版社2012年版，第164—170页。

策，发挥计划的调节作用；对集体经济则实行指导性计划。

"一五"计划的编制学习借鉴了苏联经验，也听取了苏联专家和有关方面的意见，在编制过程中虽然争取到了苏联的援助，但立足点是中国实际，没有简单地照搬苏联经济体制。当时苏联已经形成了高度集中的计划经济体制，但中国的"一五"计划仍然采取了"指令性计划、间接计划、指导性计划"三种形式。

三、工业化的起步及其基础建设

新中国成立之后，将落后的农业国建设成为先进的工业国，是中国共产党人的共识。中国没有出现过美国和苏联那样的工业立国与农业立国的争论，只是在先发展轻工业还是先发展重工业的问题上有过变化。因为先发展重工业，需要大量资金，需要资本积累和巨额初始资本形成。所以开始的想法是先发展轻工业。但是，中国是个大国，又是从半殖民地半封建社会走过来的，当时西方帝国主义对中国是封锁的，客观上要求建立独立的比较完整的工业体系，需要从工业化的基础项目重工业建设开始。再加上当时抗美援朝，苏联同意援建156个项目，因此在工业化发展的优先选择问题上，毛泽东有条件强调尊重生产资料优先发展的规律，优先建设工业化的基础，为建设独立的比较完备的工业体系和国民经济体系创造前提。也正因为条件具备，领导人才把工业化作为过渡时期总路线的主体，突出地提出来，并且把工业化的基础建设作为"一五"计划建设的重点。

关于工业化的基础建设，"一五"期间主要是集中力量搞好苏联援建的156项重点工程，为建立比较完整的工业体系打下坚实的基础，为国防建设提供物质条件。建设156项工程，是中国社会主义工业化起步建设的一个决定性的环节。其他工程项目，以保证完成156项工程为前提。在工业建设的布局方面，"一五"计划注意利用东北、上海和其他沿海城市的工业基础，特别是集中力量加强以鞍山钢铁联合企业为中心的东北重工业基地的建设,同时出于国家建设安全的考虑,上海等近海城市,除安排少量改扩建项目外,主要依靠原有企业的挖潜,发挥其以轻纺工业、机械工业为主体的综合性工业基地的作用;在关内新建了一批重点骨干项目及其配套项目,布局在京广铁路沿线及其以西地区;加强华北中南和西北西南地区新工业基地建设,使工业布局在西部延展到包头、兰州、成都等地。

"一五"期间重点建设的工业部门,包括冶金工业、机械工业、化学工业、国防工业,以及勘探业、建筑业、交通运输通信业、纺织制糖和造纸业。在冶金工业中,重点对鞍钢进行大规模的改扩建,与此同时国家加快新的钢铁生产基地的建设,确定在武汉和包头建设大型的、综合性的钢铁基地。有色金属工业根据多出铜早出铝的方针,首先完成河北寿王坟铜矿的采矿选矿工程和安徽铜官山的采矿选矿冶炼工程,然后开始建设甘肃白银有限金属公司、云南东川铜矿生产基地,新建冶炼铜和铜合金的洛阳有色金属加工厂,使铜的电解能力和压延能力逐步适应机械制造业的需要;铝工业以东北铝厂和铝矿的建设为主。机械工业以制造冶金矿山设备、发电设备、运输机械设备、金属切削机床等为建设重点,并适当发展电机电工器材设备、炼油化工设备和农业机械等。沿海老工业城市的机械工业得到了迅速提高,并逐步形成一批新的机械工业基地,如哈尔滨、洛阳、西安、兰州等。煤炭工业是能源建设的重点,在改建和扩建原有矿区的同时,积极开发新矿区,在建设部署上,以为钢铁工业服务的炼焦煤基地建设为主,同时还重点建设了一批动力化工用煤和城市居民用煤的基地,先后开工建设的新矿区比较集中于东北和华北地区,以减少长途运输的耗费。还在原有工业基地附近地区,重点扩建了一批老矿区,开辟了一些新矿区。电力工业以火电为主,采取加强原有基地和新建基地齐头并进的方针。一方面,配合全国工业基地建设,加强东北、华北、中南、华东电力工业基地的建设;另一方面,为了给以后新建工业基地做好准备和开发西部地区,在西南、西北新建和改扩建了15个电站。石油工业首先加强了地质勘探，先后在新疆准噶尔盆地发现了以克拉玛依为中心的几个油田，在青海柴达木盆地发现了冷湖油田和几个含油区。人造石油以开发辽宁、吉林油页岩资源以及改建扩建抚顺石油加工厂等为重点，天然石油重点开发以玉门油田为中心的西北地区。化学工业是极为重要的原材料工业，先后动工新建了吉林化工基地、太原化工基地、兰州化工基地，此外还新建和改建扩建了一批生产化肥和基本化工原料的项目。国防工业的建设重点首先是制造常规武器和兵器工业，其次是航空工业、船舶工业和电子工业。核工业和航天工业，在"一五"计划末期才开始起步。毛泽东在1956年初，对地质工作提出要求，认为在国民经济建设中，地质工作要提早一个五年、一个十年计划；地质工作必须先行，走在国民经济建设的前面。大规模经济建设的初期，勘探工作集中主要力量，进行重点勘探，同时尽可能开展普查工作，发现新的勘探基地。"一五"计划期间，勘查了74种矿产，有63种取得了可供工业设计使用的储量。建筑业是国民经济的重要生产部门。"一五"期间建筑业已从一般民用建筑进入了规模巨大、结构复杂的工业交通等生产性建设。为了保证重点工程的建设，建筑业拥有的机械和运输设备主要供重点工程使用。冶金、煤炭、电力、交通、铁道等部门的专业性建设安装企业，具有一定规模。铁道是交通运输的主导和骨干。在"一五"计划交通运输基本建设的投资总额中，铁道占65.5%。"一五"期间国家不但加强了原有的交通线路，而且开始大量新线路的建设，特别是在交通闭塞的西北、西南地区进行线路建设，公路建设获得重大进展，通向世界屋脊的康藏、青藏、新藏三条公路建成通车，是新中国公路建设的巨大成就。1957年全国内河航道里程已达14.4万多公里，比1952年增长了51.6%。在空运方面，1957年航运路线达到2.6万多公里，比1952年增长1倍多，民航开辟了北京至西藏的航线。"一五"计划期间，轻工业建设的重点是纺织工业、制糖工业和造纸工业。在重点发展棉纺织业的同时，对毛、麻、丝等纺织工业也进行了适当的投资。"一五"计划期间在广东、广西、福建三省集中建设了近30个以甘蔗为原料的大中型糖厂,并先后在黑龙江和内蒙古动工兴建了以甜菜为原料的糖厂。"一五"计划期间造纸工业首先为满足大规模建设需要,与水泥工业建设配套,安排了设计规模为年产5万吨水泥袋纸的佳木斯造纸厂。同时为满足文化生活等用纸需要,新建了广州造纸厂等一批项目。[1]

四、社会主义改造的内涵与特点

1953年至1956年,伴随国民经济第一个五年计划的实施,按照过渡时期总路线的要求,国家在逐步推进社会主义工业化的同时,采取符合中国特点的步骤和措施,不失时机地实现了对个体农业、手工业和资本主义工商业的社会主义改造,确立了社会主义基本经济制度,使中国发生了最深刻最伟大的社会变革。三大改造的基本完成,为中国的经济发展奠定了根本政治和制度前提。

关于农业的社会主义改造,是三大改造中起步最早的改造。在抗日战争和解放战争时期,中国共产党开辟和领导的根据地解放区,就在一定范围内开展了农业互助合作运动,并积累了许多经验。根据这些经验,中国人民政治协商会议通过的《共同纲领》规定:"在一切已彻底实现土地改革的地区,人民政府应组织农民及一切可以从事农业的劳动力以发展农业生产及其副业为中心任务,并应引导农民逐步地按照自愿和互利的原则,组织各种形式的劳动互助和生产合作。"[2]1951年9月初召开的中共中央第一次农业互助合作会议,讨论并形成了《关于农业生产互助合作的决议(草案)》,经过试行修改,1953年2月正式下发了《关于农业生产互助合作的决议》。1953年9月,中共中央公布了过渡时期总路线,同年的10月26日至11月5日,中共中央召开

---

(1) 参见当代中国研究所:《中华人民共和国史稿》第1卷,人民出版社、当代中国出版社2012年版,第171—188页。
(2) 中共中央文献研究室编:《建国以来重要文献选编》第1册,中央文献出版社1992年版,第9页。

第三次农业互助合作会议，讨论通过了《关于发展农业生产合作社的决议（草案）》。《决议（草案）》指出，引导个体农民通过具有社会主义萌芽的互助组，到半社会主义性质的初级社，再到完全社会主义性质的高级社，是农业社会主义改造的正确道路。农业合作化运动的第一阶段，也就是从1951年底到1955年上半年，由于较好地贯彻了自愿互利的原则，基本上是稳步而健康地发展的，基本上适应了农村生产的状况、群众接受程度、干部管理水平和运动发展规律。1955年8月以后，全国农村很快出现了社会主义改造的高潮，用了五六个月的时间，基本实现初级形式的合作化。而大多数初级社转为高级社，只用了1956年上半年两三个月的时间。这样快的速度，难免出现偏差，这个偏差主要体现为要求过急、工作过粗、改变过快。

农业合作化的历史意义在于，促进了农业生产的发展，农业合作化把汪洋大海般的小农个体经济改造成为集体经济，使农业经济制度发生了根本性变化。农业合作化还为国家工业化的起步准备了重要条件，为开展大规模工业建设所需的粮食和资金，提供了有力的保障，比如为"一五"计划期间积累了建设资金。据计算，"一五"计划期间国家预算收入中，农民上缴的农业税占10%左右，由农业及副产品收购加工销售、运输等创造的利润和税收间接构成的财政收入约占40%。

关于手工业的社会主义改造。在旧中国，手工业在西方国家商品倾销冲击下，日趋没落，到全国解放前夕已陷于困境。据对全国重点省市18种手工业产品的估算，从抗日战争到1949年全国解放为止，手工业者破产了47%左右。新中国成立后，党和政府立即根据需要和可能，帮助手工业者恢复发展生产，到1952年手工业已恢复到历史最高水平的96.6%。个体手工业者具有两重性，一方面他们是小私有者和小商品出售者，另一方面他们又是劳动者，不剥削别人的劳动，其中不少人生产生活有困难，生老病死均无保障，从而决定了他们可以在工人阶级领导下走向社会主义。

个体手工业的合作化，经历了三个阶段。第一阶段是国民经济恢复时期的典型示范阶段。新中国成立后，党和政府在恢复和发展手工业生产的过程中，就着手在一些与国计民生关系密切并有发展前途的行业中，选择一些觉悟较高又具有代表性的手工业者，重点示范手工业供销合作社或生产合作社，同时还把城市中失业半失业的工人组织起来，成立互助合作社组织，从事手工业生产。第二阶段是1953年到1955年，是全面发展阶段。手工业改造一般都经过手工业生产合作小组，手工业供销生产合作社过渡到手工业生产合作社三个阶段。因地制宜按照不同手工业者容易接受的形式，由低级到高级、由小到大、由简单到复杂，逐步过渡。在手工业合作化过程中坚持贯彻自愿互利原则，力求把合作社办得对生产者、国家和消费者三个方面都有利。第三阶段是1956年开始的手工业改造高潮阶段。与当时出现的农业合作化高潮相适应，中央要求加快手工业改造的步伐，同时决定改变过去零敲碎打的建社方式，采取全行业改造和分期分批分片建社的方法。到1956年6月底，组织起来的手工业者已占从业人员的90%以上，全国基本实现了手工业的合作化。

关于资本主义工商业的社会主义改造。1949年3月，中共七届二中全会曾经提出过利用、限制资本主义的方针。1953年6月15日和19日中央政治局召开会议，确定了对资本主义工商业实行利用、限制和改造的方针，当时确定的具体步骤为两步：第一步，用三五年时间将私营工商业基本上引上国家资本主义轨道；第二步，再用几个五年计划的时间完成社会主义改造，实现国有化。这标志着对资本主义工商业的改造基本理论和政策的进一步清晰，把对资本主义工商业的利用、限制和改造的方针，同对私营工商业者的团结教育改造的政策有机地结合起来，这在马克思列宁主义的发展史上是一个创造。国家资本主义的高级形式是公私合营，在公私合营企业内部的利润分配采取"四马分肥"的办法，即国家所得税占30%左右，企业公积金占30%左右，职工福利费占15%，资本家所得占25%。第一个五年计划开始执行后，资本主义工业主要部门已全部和大部纳入了各种形式的国家资本主义轨道，并且有了若干企业公私合营成功的榜样，资产阶级当中也分化出一部分要求公私合营的积极分子。在各方面条件具备的情况下，1954年1月6日至16日，经中共中央批准，中财委召开扩展公私合营工业计划会议，1954年是有计划地大规模地扩展公私合营的第一年。1954年3月4日，中共中央批准下发了《关于有步骤地将有十个工人以上的资本主义工业基本上改造为公私合营企业的意见》，要求在两个五年计划期间，对雇用10个工人以上的私营企业，基本上纳入公私合营轨道，然后在条件成熟时，将公私合营企业改造为社会主义企业。由于实行正确的方针方法，1955年，资本主义工业的公私合营，从大厂逐步推广到小厂，从大行业逐步推广到小行业，从少数大城市逐步推广到中小城市。企业合营后生产迅速好转，1955年公私合营企业的劳动生产率和利润都比私营企业高一倍左右，公私合营企业的资本家分得的利润，也比私营企业主所得的利润要多而且稳定，同时还能从合营的企业中获得较高的薪金。

在改造资本主义工业的同时，对资本主义商业的改造也逐步展开。对于资本主义商业的改造是从排除资本主义批发商开始的。国家拥有国有工业的全部产品，通过加工订货、收购统购等取得私营工业的产品，加上对农产品的大量收购和对进出口的管制，各种主要商品基本上为国营和合作社经济所掌握。经营大宗重要商品的私营批发商，也无法与国营商业竞争，逐渐被国营商业代替；经营次要商品的私营批发商，有一部分根据需要保留下来，转为公私合营的批发店，或者替国营商业经营二道批发业务；批发兼零售的私商，尽可能根据市场条件结束批发、转营零售。这样，到了1954年底就基本上完成了国营商业代替私营批发商的工作。私营商业在实行国家资本主义以后，营业额增加，成为国营商业必要的和有益的补充。到1955年，在全国纯商业的机构零售总额中，国营和合作商业已占到67.3%，国家资本主义和合作化商业占15.2%，私营商业只占17.5%。

从1956年开始，资本主义工商业社会主义改造进入了全行业公私合营阶段,到1956年底,全国绝大部分地区基本上实现了对资本主义工商业的社会主义改造。资本主义工业中占产值99.6%、占职工总数99%的企业,已转变为公私合营企业,个体和私营商业总户数82.2%和从业人员的85.1%转变为国营或合作社营、公私合营商业或合作商店、合作小组。

资本主义工商业的社会主义改造,这场大规模的社会变革,没有造成破坏和动乱。价值20多亿元的生产资料几乎没有损失,原工商业者继续发挥专长和作用,实行工商合营的工商企业气象一新,劳动生产率和营业额明显提高。在实践过程中创造出来的委托加工、计划订货、统购包销、公私合营和全行业公私合营等一系列从低级到高级的改造形式,使资本主义工商业通过各种形式的国家资本主义迅速地转变为社会主义性质的企业。通过定息方式对资本家进行和平赎买,把对企业的改造和对人的改造结合起来,互相促进,达到双重改造的目的。[1]正如邓小平所说:"资本主义工商业社会主义改造的胜利完成,是我国和世界社会主义历史上最光辉的胜利之一。""中国消灭资产阶级,搞社会主义改造,非常顺利,整个国民经济没有受任何影响。"[2]

毛泽东把社会主义改造称为社会主义革命。他认为社会主义革命的目的是解放生产力。[3]1956年底,他在同工商界人士谈话时指出:"为什么要搞公私合营,要搞社会主义?就是为了便于把国家发展起来,社会主义比私有制度更有利于发展国家的经济、文化,使国家独立。"[4]

社会主义改造实践具有鲜明的特点:一是把工业化与三大改造结合起来谋划,体现了以发展生产力为着力点,同时通过调整生产关系,促进生产力发展;二是根据不同的生产力水平,选择不同的改造形式;三是农业、手工业和资本主义工商业同步改造。

---

[1] 中共中央文献研究室编:《建国以来重要文献选编》第1册,中央文献出版社1992年版,第189—210页。
[2]《邓小平文选》第2卷,人民出版社1994年版,第186、235页。
[3]《毛泽东文集》第7卷,人民出版社1999年版,第1页。
[4]《毛泽东文集》第7卷,人民出版社1999年版,第177页。

中国的社会主义改造具有与苏联向社会主义过渡的不同思路和方式。列宁是强调苏联由资本主义向社会主义的过渡，斯大林强调建成社会主义经济。斯大林认为，十月革命后，"工人阶级建立了自己的政治专政，在政治上战胜了资本主义。从那时起，苏维埃政权采取了一切措施，来粉碎资本主义的经济实力和创造建成社会主义国民经济所必需的条件。这些措施就是：剥夺资本家和地主，变土地、工厂、铁路和银行为全民财产；实行新经济政策；建设社会主义国营工业；实行列宁的合作社计划。现在，主要任务是要在全国展开社会主义新经济的建设，从而在经济上也彻底击败资本主义"[1]。十月革命后，1917年11月至1918年2月，被列宁称为"赤卫队进攻资本"的时期，这一时期的任务首先是"剥夺剥夺者"，然后是实施新经济政策。斯大林在这个背景下，进一步完善了"一国建成社会主义"的思想，主要包括两个方面的内容：一是提出工业化方针，二是开展农村集体化运动。其间有过工业化不同思路的党内斗争。斯大林指出："把我国从农业国变成能自力生产必需的装备的工业国，——这就是我们总路线的实质和基础。"[2]季诺维也夫反对这个总路线。他的亲信索柯里尼柯夫提出，苏联仍应为农业国，与别国交换农产品。[3]这应该是受李嘉图（David Ricardo）比较成本学说的影响。苏联1927年开始启动农业集体化，这时才有类似于中国社会主义改造的内容。[4]1936年11月，斯大林主持苏维埃第八次代表大会，通过了新宪法，"明文记载了一件具有全世界历史意义的事实，即苏联已进入新的发展时期，进入完成社会主义社会建设并逐渐过渡到以'各尽所能、按需分配'的共产主义原则为社会

---

(1) 联共（布）中央特设委员会编：《联共（布）党史简明教程》，人民出版社1975年版，第301页。
(2) 联共（布）中央特设委员会编：《联共（布）党史简明教程》，人民出版社1975年版，第305页。
(3) 联共（布）中央特设委员会编：《联共（布）党史简明教程》，人民出版社1975年版，第305页。
(4) 联共（布）中央特设委员会编：《联共（布）党史简明教程》，人民出版社1975年版，第238、244页。

生活准则的共产主义社会的时期"[1]。

中国社会主义改造不同于苏联,至少体现在以下几个方面。

一是起点不同。中国是由新民主主义经济作为过渡起点的(如果按照总路线的提法,从新中国成立算起,起点是半殖民地半封建经济)。苏联的起点则是资本主义经济,尽管当时苏联的资本主义经济是不发达的,农村经济中仍然有封建主义色彩。

二是对改造或者过渡时期目标的定位不一样。中国过渡时期总路线的提法是"两个基本",即基本实现工业化和基本实现三大改造。在社会主义改造完成之后,虽然领导人也有过急于向共产主义过渡的想法,甚至毛泽东还认为农村人民公社是向共产主义过渡的好形式,但发现"共产风"等问题后很快就做了调整。从第一次郑州会议到第二次郑州会议,毛泽东在调查研究的基础上陆续提出了"三个区分",即:区分共产主义与社会主义,认为中国仍处在不发达的社会主义阶段;区分全民所有制与集体所有制,即令是生产资料属人民公社所有,也还是集体所有制,而且实际上是社、生产大队、生产队三级所有;区分公有制与个人财产,公有是指土地集体所有,农民还有私有财物,比如农具、房屋和生活资料。毛泽东等领导人都认为关键是发展生产力,提出超英赶美也是从生产力的角度讲的。毛泽东认为,社会主义改造完成之后,要用十到十五个五年计划赶上或超过美国。他在第一次郑州会议上讲过,中国的社会主义还处在初期阶段。[2]此外,他在读苏联《政治经济学教科书》的谈话和批示中明确指出,社会主义有不发达阶段和发达阶段,中国处在不发达的社会主义阶段。社会主义改造完成后,以毛泽东为代表的中国共产党人仍然在探索适合中国国情的社会主义道路。毛泽东的《论十大关系》《关于正确处理人民内部矛盾的问题》、读苏联《政治经济学教科书》的谈话与批示,是那个时

---

(1) 联共(布)中央特设委员会编:《联共(布)党史简明教程》,人民出版社1975年版,第381页。
(2) 杨蒲林、赵德馨主编:《毛泽东的经济思想》,湖北人民出版社1993年版,第398页。

期的代表性思考。改革开放以后，以邓小平为代表的中国共产党人得出了中国处于社会主义初级阶段的重要判断，提出了建设有中国特色的社会主义的时代命题。邓小平还说社会主义初级阶段的总路线要管一百年。而苏联的定位是建成社会主义，向共产主义过渡，这在1936年苏联新宪法中有明确的表达。

三是改造的方式不完全相同。苏联对资本一律采取剥夺的方式，中国对民族资本则是采取和平赎买的方式（毛泽东讲是用和平的方式，说服教育的方式）；苏联将地主的土地收归国有，中国则通过对农业的社会主义改造，实现土地集体所有。

四是改造或过渡所用的时间不同。苏联用了18年，中国如果从新中国成立算起，仅用了7年时间。

第六章

二十年经济发展中的探索与曲折

二十年中经济发展规律的有益探索和违背经济规律的教训都很珍贵。

二十年是指从社会主义改造基本完成到改革开放启动之前的这一段时间。我们习惯把前十年称为全面建设社会主义的十年,后十年则是"文化大革命"的十年。

把这两个十年放在一起来写,主要有以下几个方面的考虑:一是相对于社会主义改造时期,或者说社会主义革命时期,这二十年都是社会主义建设的探索时期;二是这一时期的工业化和现代化建设是前后衔接的;三是这个时期指导思想上"左"的错误也是逐步发展起来的,直至发生"文化大革命"。

这一章涉及十个方面的内容。

一、二十年发展的特点

在社会主义改造基本完成之后,以毛泽东为代表的中国共产党人曾经判断,侵华战争和世界大战不可能马上打起来,中国可以赢得十年或者更长的和平发展时期,所以决定将工作重点转移到技术革命和经济建设上来。后来苏共召开二十大，波匈事件发生，苏东酝酿改革和改变，直至苏联单方面撕毁合同、撤走专家等，中国领导人更加坚定地认为必须自力更生地发展自己，而且要积极探索有自身特色的发展道路。

二十年经济发展是在这样的背景下展开的。前十年是伟大成就与严重错误相交织的十年。"我们现在赖以进行现代化建设的物质技术基础，很大一部分是这个期间建设起来的；全国经济文化建设等方面的骨干力量和他们的工作经验，大部分也是在这个期间培养和积累起来的。这是这个期间党的工作的主导方面。"[1]但这个时期也发生了指导思想上"左"的错误，经济发展出现了大起大落。后十年，"文化大革命"从理论到实践，不是也不可能是任何意义上的革命和社会进步，经济发展从总体上遭受了严重干扰，但面对现实需要，国民经济和国防建设在战备的环境中也有所发展。我们要把"文化大革命"运动和"文化大革命"时期的经济发展区别开来。

这一时期无论是经济发展速度，还是经济发展质量，都不及之前的"一五"时期，更不能同之后的改革开放时期相比。新中国成立以后，经济增长最高的年份、最低的年份、负增长年份都出现在这个阶段。1960年、1961年、1962年、1967年、1968年、1976年等六年经济均属负增长。但从总体上看，这个时期经济还是有成就的，前十年的多数时候还能把阶级斗争与经济建设分开，领导人往往一方面讲阶级斗争，一方面讲加快工业化建设步伐，因此这一时期也积累了不少经验；同时从总结经验教训的角度看，这一时期也给予我们很大的思考空间。

胡绳主编的《中国共产党的七十年》中说："十年探索中，党的指导思想有两个发展趋向，一个发展趋向是正确的和比较正确的趋向，这就是党在探索中国自己的建设社会主义道路的过程中，形成的

---

(1)《十一届三中全会以来重要文献选读》(上)，人民出版社1987年版，第310页。

一些正确的和比较正确的理论观点和方针政策，积累的一些正确的和比较正确的实践经验。这主要是指1956年八大一次会议前后一年多的探索、1959年庐山会议以前八九个月的探索和1960年冬天以后五年调整的探索中所取得的积极成果。另一个发展趋向是错误的趋向，这就是党在探索中国自己的建设社会主义道路的过程中，形成了一些错误的理论观点、政策思想和实践经验。邓小平后来在回顾党的历史的时候多次说过：一九五七年后，'左'的思想开始抬头，逐渐占了上风。这主要是指经济建设上急于求成的'大跃进'和从反右派斗争扩大化到庐山会议'反右倾'再到八届十中全会以后阶级斗争扩大化的'左'倾错误……十年中'左'倾错误的积累和发展，到后来终于暂时压倒了正确的发展趋向，导致'文化大革命'的发动。当然，'文化大革命'以前的错误，无论在规模、程度、性质上都不能同'文化大革命'的错误等量齐观……十年探索中正确和比较正确的发展趋向也在积累。当然，由于它本身还不成熟，不彻底，它终于没有力量阻挡错误趋向的进一步发展，到后来反而被错误趋向的发展在一段时间内压倒。但是，它终究不可能被完全抛弃、摧毁。它的相当一部分（例如，农业六十条）在'文化大革命'中仍然在广大干部和群众中发挥作用，这是为什么'文化大革命'在指导思想上根本错了，但是'文化大革命'期间广大干部和群众仍然在实际工作中取得一定成绩的一个原因。更为重要的是，积累起来的这些正确的东西，为后来纠正'文化大革命'的错误，实行指导思想上的拨乱反正，作了一定的准备。"[1]

二、五年计划的编制执行情况

这二十年涉及第二个五年计划，三年调整时期，第三、第四个五年计划以及"五五"计划的前两年。

---

[1] 胡绳主编、中共中央党史研究室著：《中国共产党的七十年》，中共党史出版社1991年版，第418—420页。

关于第二个五年计划（1958—1962年）。1956年9月召开的党的八大正式通过《关于发展国民经济的第二个五年计划的建议的报告》，《报告》明确规定了第二个五年计划的基本任务：一是继续进行以重工业为中心的工业建设，推进国民经济的技术改造，建立社会主义工业化的巩固基础；二是继续完成社会主义改造，巩固和扩大集体所有制和全民所有制；三是进一步发展工业、农业和手工业生产，相应发展运输业和商业；四是努力培养建设人才，加强科学研究工作，以适应社会主义经济文化发展的需要；五是在工农业生产发展基础上，提高人民的物质生活和文化生活水平。《报告》提出的主要指标是：工业产值增加1倍左右，农业总产值增长35%，钢产量1962年达到1060万吨到1200万吨，基本建设投资占全部财政收入比重由"一五"时期的35%增长到40%左右，基本建设投资总额比"一五"时期增长1倍左右，职工和农民的平均收入增长25%到30%。"二五"计划执行的第一年，许多计划指标就开始调整和大幅度提高。1958年8月，北戴河中共中央政治局扩大会议讨论并批准的《关于第二个五年计划的意见》提出，可以在第二个五年计划期间完成我国的社会主义建设，为向共产主义过渡创造条件，到1962年建成强大的独立完整的工业化体系，在若干重要产品和产量方面超过英国赶上美国。《意见》要求农产品总产值五年增长2.7倍以上，1962年粮食总产达到15000亿斤，棉花达到15000万担，钢8000万吨，煤9亿吨，纱1600万件，五年基本建设投资3850亿元，重大建设项目1000个以上。

由于1958年以来的"大跃进"和人民公社运动，由于不切实际的高指标，造成国民经济主要比例关系的失调，连年出现财政赤字，人民生活遇到很大困难，我国经济建设已经不能按照第二个五年计划的部署继续执行，国家决定对国民经济实行调整。1960年9月，中共中央在批转国家计委《关于1961年国民经济计划控制数字的报告》中提出了国民经济"调整、巩固、充实、提高"的"八字方针"，1961年1月党的八届九中全会正式批准了"八字方针"。

关于第三个五年计划（1966—1970年）。"三五"计划是从1964年初开始研究和编制的。计划方案先后有两个：一个是国家计委提出的经1964年5月中央工作会议讨论并原则同意的《第三个五年计划（1966—1970）的初步设想（汇报提纲）》；另一个是1965年9月国家计委议定并经中央讨论基本同意的《关于第三个五年计划安排情况的汇报提纲》。第三个五年计划，充分体现了中共中央提出的"备战、备荒、为人民"的战略方针，立足于准备战争，准备大打、早打，把国防建设放在第一位，加快"三线建设"。"三五"时期，绝大部分经济指标完成了计划，但是仍然有盲目追求高速度、高积累的问题。

关于第四个五年计划（1971—1975年）。"四五"计划于1970年开始编制。1970年2月15日至3月21日，国务院召开全国计划工作会议，制定1970年国民经济发展计划，会上还研究讨论拟定了《第四个五年计划纲要（草案）》。这个《纲要（草案）》同年9月在党的九届二中全会上作为参考文件印发。1971年3月，中共中央在批准1971年计划时，《纲要（草案）》的部分指标也作为附件下发。第四个五年计划期间的主要经济指标是：工农业总产值每年平均增长速度达到12.5%，五年合计国家预算内基本建设投资1300亿元，1975年粮食产量达到6000亿—6500亿斤，棉花6500万—7000万担，钢3500万—4000万吨，原煤4亿—4.3亿吨，发电量2000亿—2200亿度，铁路货运量9亿—10亿吨。1973年7月国家计委拟定了《第四个五年计划纲要（修正草案）》，对主要经济指标进行了调整，做了压缩，钢产量下调到3200万—3500万吨，后又调到3000万吨，1972年和1973年国民经济形势有所好转，1973年各项主要经济指标都完成和突破了计划。

关于第五个五年计划（1976—1980年）。1975年中共中央制定了《1976—1985年发展国民经济十年规划纲要（草案）》，安排了"五五"计划。"五五"计划提出后三年（即1978—1980年），要建立独立的比较完整的工业体系和国民经济体系。"五五"计划执行的过程中，1978年3月和十一届三中全会以后，中央又做了两次修正。第一次修正是调高了指标,增加了项目;第二次修正是调低了指标,调减了项目。[1]

三、工业化和现代化建设的情况

在这二十年中,国家围绕建设独立的工业体系,新建和扩建了一大批工业项目,"三线建设"、社队工业和"五小"工业的发展,也有力地推动了工业化并有效地扩充和优化了工业的空间、层级布局。

前十年社会主义工业化仍然是建设重点。1965年同1957年相比,主要工业品的产量,钢增长了1.29倍,达到1223万吨;原煤增长了77.1%,达到2.32亿吨;发电量增长了2.5倍,达到676亿度;原油增长了6.75倍,达到1131万吨;天然气增长了14.71倍,达到11亿立方米;水泥增长了1.38倍,达到1634万吨。十年间新建和扩建了一大批重要工业企业,工业生产能力大幅度提高。1965年同1957年相比,全民所有制企业固定资产投资增长了1.76倍,建设了十大钢厂,一批重要的有色金属冶炼厂,几十个煤炭企业和发电厂。武汉、包头两大钢铁基地,主要是在这十年中建设起来的,攀枝花钢铁基地也是在这一期间开始建设的,中国最大的钢铁基地鞍山钢铁厂得到了扩建。这十年新建的项目形成的生产能力,在1950—1979年新增的生产能力中所占的比重,炼钢为36.2%,炼铁为32.7%,采煤为29.6%,棉纺锭为25.9%。一些工业技术经济指标也有了提高,1965年生铁合格率达到99.85%,钢材合格率达到了98.39%,棉布一等品率达到了98.39%。一些机械工业产品性能和质量已经接近或达到当时的世界水平。从产业结构看,中国已经初步建成具有相当规模和一定技术水平的工业体系。能源工业方面,电力供应已在全国大部分地区连接成网,煤炭工业逐步向现代化方向发展,石油在1965年达到了自给。冶金工业方面,经

---

[1] 以上内容参见当代中国研究所:《中华人民共和国史稿》第2卷第七章、第3卷第五章、第4卷第四章,人民出版社、当代中国出版社2012年版。

过调整，钢品种在1964年达到900个，钢材品种达到9000个，均比1957年增长了1倍多。在机械工业方面，形成了冶金、采矿、电站、石油化工等工业设备制造，以及飞机、汽车、工程机械制造等10多个基本行业，逐步建立起门类比较齐全的机械制造体系，已经能够独立设计和制造一部分现代化大型设备，到1964年主要机械设备自给率已由1957年的60%提高到90%多。中国生产的纺织机械不但能满足国内需要，还能为30多个国家和地区提供成套设备。新兴的电子工业、原子能工业、航天工业在这10年里从无到有、从小到大逐步发展起来，成为我国的重要产业部门。到1965年中国已经能够生产雷达、广播电视发射设备、电视中心设备、无线电通信设备、原子射线仪、各种气象仪、水声设备、电话交换机、电子计算机、电视机等。支援农业的工业也有很大的发展，从1957年到1965年，农业机械总动力由121万千瓦增加到1099万千瓦，化肥使用量由37.7万吨增加到194.2万吨，农村用电量由1.4亿度增加到37.1亿度。工业的地区布局也有了改善，原来的沿海工业基地得到了进一步加强，广大的内地和边疆地区新建了不同规模的现代工业，内地工业的产值在全国工业产值中的比重由1957年的32.1%提高到了1965年的35%。交通运输业有了较快发展，从1958年到1965年，全国新增铁路营运里程9700多公里，有12条干线建成或部分建成，"三线建设"的开展对铁路建设起到了推动作用。铁路货运量1965年比1957年增加了79.06%，客流量增加了31.93%，公路、水运、航空等事业也有较大发展，全国大部分县、镇通了汽车，沿海港口新增10多个万吨级的深水泊位，远洋航运开辟了通往东南亚、欧洲和非洲的三条航线。

  1964年开始的"三线建设"，是中国工业化进程中的重大部署。其直接原因虽然是备战，但也有工业合理布局的需要，在客观上是工业和交通产业的大规模区域结构调整，是更大空间范围的工业化。"三线建设"还分为大三线和小三线。大三线是西南地区和西北地区，小三线是指一线地区即沿海和二线地区即中部腹地。

农村社队工业的兴起。社队工业原指人民公社和生产大队、生产小队创办的工业企业,1984年改为乡镇企业。70年代初,中国的经济环境开始发生有利于社队工业崛起的变化。一方面,农村人口的持续增长,使一些地区尤其是沿海人口密集省份的农业劳动力出现剩余,人多地少的矛盾日益尖锐;另一方面,国家号召实现农业机械化,但又拿不出较多的资金予以扶持,而国有大中型企业由于"文化大革命"动乱,效益不高,不能完全满足社会市场需要。[1]社队工业也有理论依据,毛泽东1966年提出的"五七指示",有"亦工亦农"的设想。"1970年,北方农业会议提出,大办地方农机厂、农具厂以及与农业有关的其他企业,这一指导方针给单纯靠种植农作物养活自己的各地农村注入了新的活力。江苏、浙江、广东等历史上有传统手工业和地方工业的省份首先行动起来,纷纷创办各种规模的农具、粮油加工、建材、编织、服装等社队工业。""如江苏省社队的工业总产值,1975年已达22.44亿元,比1970年的6.96亿元增长2.22倍,平均每年增长20%以上。社队工业在全省工业总产值中所占的比重,由3.3%上升到9.3%。这些社队企业的特点是:围绕农业办工业,工业为农业服务;为城市工业加工服务;就地取材、就地生产、就地销售,适应了当时农村较低的生产力状况,因而具有很强的生命力。""1965年至1976年期间,按不变价格计算全国社办工业产值由5.3亿元增加到123.9亿元,在全国工业产值中的比重由0.4%上升到3.8%。"[2]

地方"五小"工业的发展。"五小"工业主要是指地县办的小钢铁、小机械、小化肥、小煤窑、小水泥工业,"文化大革命"前已经有了兴起的趋势。"中共九大召开以后,为了实现毛泽东于1966年2月重新提出的到1980年'基本上实现农业机械化'的目标,也为了适应战备需要,国家对地方五小工业进行了新的部署。1970年2月的

---

(1) 当代中国研究所:《中华人民共和国史稿》第3卷,人民出版社、当代中国出版社2012年版,第133页。
(2) 当代中国研究所:《中华人民共和国史稿》第3卷,人民出版社、当代中国出版社2012年,第133、134页。

全国计划会议强调各地都要建立自己的五小工业，形成为农业服务的小而全的工业体系。从1970年起的五年中，中央安排了80亿元扶持地方五小工业，并制定了一系列优惠政策。中央财政预算之外的投资也迅速增加，由1970年的100万元增加到1973年的1.48亿元。当时大批企业的管理权限下放，也使地方获得了较多的自主权，提高了地方建设的积极性。下放到地方的机关干部、科研人员及上山下乡知识青年也给农村地区带来了科技文化知识和经济信息。"[1]这些也促进了地方"五小"工业的蓬勃发展。"1975年底，地方"五小"工业的钢、原煤、水泥、化肥年产量分别占全国的6.8%、37.1%、58.8%、69%。全国小化肥厂有1300多个，合成氨产量比1964年增长18倍，使农业化肥施用量增长了4倍多，全国农业机械总动力达1亿马力以上，比1964年增长了近10倍。"[2]

关于现代化的战略安排。1964年12月，在第三届全国人大第一次会议上，周恩来在《政府工作报告》中阐述了我国国民经济的长期发展规划，第一次完整地提出了实现"四个现代化"的奋斗目标，周恩来说："今后发展国民经济的主要任务，总的来说，就是要在不太长的历史时期内，把我国建设成为一个具有现代农业、现代工业、现代国防和现代科学技术的社会主义强国，赶上和超过世界先进水平。为了实现这个伟大的历史任务，从第三个五年计划开始，我国的国民经济发展，可以按两步来考虑：第一步，建立一个独立的比较完整的工业体系和国民经济体系；第二步全面实现农业、工业、国防和科学技术的现代化，使我国经济走在世界的前列。"[3]为了实现这一宏伟的目标，周恩来提出了四条基本方针：第一，正确处理农业、轻工业、重工业的关系，按照农、轻、重的次序安排国民经济的发展计划。以农

---

(1) 当代中国研究所：《中华人民共和国史稿》第3卷，人民出版社、当代中国出版社2012年版，第137页。
(2) 当代中国研究所：《中华人民共和国史稿》第3卷，人民出版社、当代中国出版社2012年版，第137—138页。
(3) 《周恩来选集》下卷，人民出版社1984年版，第439页。

业为基础,以工业为主导。第二,正确处理自力更生和国际合作的关系,自力更生是革命和建设事业的基本立脚点,国际合作必须建立在自力更生的基础上,自力更生是中国共产党一贯坚持的方针,我们完全能够依靠自己的力量,建设一个独立的、完整的、现代化的国民经济体系。第三,实行技术革命,我们不能走世界各国技术发展的老路,跟在别人后面一步一步地爬行。我们必须打破常规,尽量采用先进技术,在一个不太长的历史时期内,把我国建设成为一个社会主义现代化强国。第四,实行集中领导与大搞群众运动相结合。这个《政府工作报告》是经过中共中央和毛泽东等讨论和修改过的。实现"四个现代化"的宏伟目标,是根据毛泽东的意见提出来的,毛泽东在此前修改《关于工业发展问题(初稿)》时,增写了两段文字。他分析了中国近代挨打战败的原因,提出要"力求在不太长久的时间内,改变我国社会经济、技术方面的落后状态","把我国建设成为一个社会主义现代化的强国"。他强调:如果不在今后几十年内,争取彻底改变我国经济和技术远远落后于帝国主义国家的状态,挨打是不可避免的。我们应当以可能挨打为出发点,来部署我们的工作,否则我们就要犯错误。毛泽东增写的这两段文字深刻地说明了实现"四个现代化"的迫切性和重要性。[1]1975年1月13日,第四届全国人大第一次会议在北京召开,周恩来在《政府工作报告》中重申了第三届全国人大《政府工作报告》中提出的把中国建设成为社会主义现代化强国的宏伟目标和"两步设想"的蓝图,即:"第一步,在1980年以前,建成一个独立的比较完整的工业体系和国民经济体系;第二步,在本世纪内,全面实现农业、工业、国防、科学技术现代化,使我国国民经济走在世界前列。报告中提出的'两步设想'的时间虽然定得局促了一些,但'四个现代化'的宏伟目标和'两步设想'的具体蓝图,使全国人民看到了社会主义中国的光明前途,给遭受'文化大革命'动乱之祸的人民

---

(1) 当代中国研究所:《中华人民共和国史稿》第3卷,人民出版社、当代中国出版社2012年版,第199—201页。

带来希望。它成为1975年进行整顿、争取经济转机的巨大动力，也是同'四人帮'进行斗争的锐利武器。"[1]

四、三次经济改革的得失

这二十年中，有三次体制改革和管理权限的变动。第一次是"大跃进"时期的权力下放；第二次是经济调整时期的改革探索；第三次是1969年到1972年的管理体制大变动。

关于1958年的经济管理权限下放。党中央酝酿改进宏观经济管理体制，最早是在1955年。当年毛泽东外出巡视工作期间，听到各省的负责人纷纷向他反映，中央对经济统得过死，严重束缚着地方与企业的手脚，要求中央向下放权。毛泽东对此极为重视，回京后在中央召开的会议上，多次讲到经济管理体制要改，要注意发挥中央和地方两个积极性。1956年2月，毛泽东在听取重工业几个部的负责人汇报时说："我去年出去了一趟，同地方同志谈话，他们流露不满，总觉得中央束缚了他们，地方同中央有些矛盾，若干事情不放手让他们管。他们是块块，你们是条条，你们无数条条往下灌，而且规格不一，也不通知他们，他们的要求你们也不批准，约束了他们。"[2]1956年4月，毛泽东在中央政治局会议上作《论十大关系》的讲话，主张扩大一点地方的经济管理权力，给地方更多的独立性，特别是主张给企业一点权力、一点机动、一点利益，使企业在实施经营、发展经济中具有相对独立性。这些思想是尝试改革我国经济管理体制的先声。根据毛泽东《论十大关系》的讲话精神，1956年5月至8月间召开全国体制会议，研究改进经济管理体制的方案。同年8月，国务院起草出《国务院关于改进国家行政体制的决议（草案）》。1957年9月

---

[1] 当代中国研究所：《中华人民共和国史稿》第3卷，人民出版社、当代中国出版社2012年版，第230—231页。
[2] 中共中央文献研究室编：《毛泽东年谱（1949—1976）》第2卷，中央文献出版社2013年版，第528页。

24日，陈云在党的八届三中全会上作了《经济体制改进以后应注意的问题》的发言，强调平衡与稳妥。本来在1956年全国体制会议上，周恩来早就提出改进体制的工作不要匆匆忙忙，要实事求是，不要急躁冒进，要逐步实现；但是1958年在"大跃进"的推动下，党中央决心加快和扩大管理权限下放的步伐。4月11日，中共中央在《关于工业企业下放的几项规定》中，要求把中央各部门所属企业，除了一些重要的、特殊的和试验性质的企业以外，原则上一律下放给地方管理，而且要求雷厉风行，以跃进的速度完成此事。[1] "1957年，国务院各部所属企事业单位共计9300多个，工业产值占全国工业总产值的39.7%；1958年下放后，减少到1200多个，所占比例降低为13.8%，到1965年，国务院各部直属企事业单位又达到了10533个，超过了1957年的数目。"[2] 其原因是"大跃进"带来的挫折和自然灾害带来的严重困难，在其后的调整中，不得不更多地强调集中统一，收回下放的权限。

调整时期的经济体制改革的初步探索。在国民经济调整中，为了克服"大跃进"时期造成的国民经济管理体制和企业管理方面存在的突出问题，党和国家对经济体制改革做了某些探索，改革探索对于经济调整起了积极的作用，收到了良好的效果。

其中最重大的一项改革是在工业和交通领域试办托拉斯。托拉斯是社会化大生产的一种集团化的有效组织形式和资源配置方式。它首先出现在发达的资本主义国家。列宁在苏联社会主义经济建设中，非常重视这种企业组织形式。他说："只有那些懂得不向托拉斯的组织者学习就不能建立或实施社会主义的人，才配称为共产主义者。因为社会主义并不是臆想出来的，而是要靠夺得政权的无产阶级先锋队去掌握和运用托拉斯所造成的东西。我们无产阶级政党，如果不去向资本

---

(1) 赵凌云主编：《中国共产党经济工作史（1921—2011）》，中国财政经济出版社2011年版，第295—296页。
(2) 当代中国研究所：《中华人民共和国史稿》第3卷，人民出版社、当代中国出版社2012年版，第118页。

主义的第一流专家学习组织托拉斯式的即像托拉斯一样的大生产的本领，那便无从获得这种本领。"[1]列宁的这一思想对新中国第一代领导人产生了很大影响。早在1949年6月中华人民共和国成立前夕，刘少奇就提出，新中国的经济要"按各产业部门成立公司或托拉斯，经营国家的工厂和矿山"[2]。毛泽东曾指出，我们的工业建设可以走托拉斯的道路，托拉斯是工业发达国家找到的比较先进的组织管理形式，机器设备利用得比较合理，搞得也比较快。1960年春，中共中央在研究第二个五年计划的后三年计划时，毛泽东和刘少奇等领导都曾考虑过示范托拉斯的问题。这一年的3月25日，邓小平在天津召开的中央工作会议上，集中阐述了这个问题，他说：最近中央讨论了办托拉斯的问题，目的就是为了使工业的发展速度更快一些，也是为了实现资源和资产的综合利用，组织托拉斯首先接触到生产关系和上层建筑的问题，所谓搞托拉斯，是以一个行业为主，兼及其他行业。比如淮南有煤、有铁、有化工，搞一个托拉斯，或者归煤炭部管，或者归冶金部管都可以。又如石景山钢铁厂，京西煤矿在它的门口，还有迁安铁矿、龙烟煤矿，这几个点可以建立几个钢铁基地、几个化工基地，归一个托拉斯管。[3]在"一五"时期，大中型企业主要由中央集中管理，有利于统一和集中国力，但不利于调动地方和企业的积极性。1958年"大跃进"中企业管理权层层下放给各级地方政府，又产生了分散和多头管理的问题。1960年中央重新将大中型企业的管理权收到中央各部。但无论是集中管理还是分散管理都没有解决由于条块分割而造成的企业的单厂制组织形态，大而全，小而全，企业之间缺乏应有的分工协作，不能形成规模经济效益。这种企业组织形式，造成机构重复、生产设备大量闲置等弊端，不利于经济效益的提高。1963年，随着国民经济形势的好转，中央决定着手改革工业管理体制，在工业和交通部

---

[1] 《列宁选集》第3卷，人民出版社2012年版，第536页。
[2] 《刘少奇选集》上卷，人民出版社1981年版，第429页。
[3] 参见当代中国研究所：《中华人民共和国史稿》第2卷，人民出版社、当代中国出版社2012年版，第203页。

门组织专业公司，即试办托拉斯。在参考借鉴国外经验和调查国内企业管理体制状况的基础上，国家经委于1964年6月拟出了《关于试办工业、交通托拉斯的意见报告（草稿）》，周恩来两次主持会议讨论该文件，并提出五条意见：（1）组织托拉斯要照顾地方，地方对全国性的托拉斯既有责任，也有权利和要求；（2）托拉斯成立后要搞好同外部、同地方的协作关系，不能什么都由自己搞；（3）托拉斯成立后要精简机构，部里留少数人即可，有些部如石油部本身可以变成总托拉斯；（4）托拉斯要用经济办法进行管理，公司的企业职能逐步扩大，行政职能逐步缩小并转化为经济职能，地方同托拉斯的关系也将以经济关系为主；（5）举办托拉斯的有关部，要拟出不同类型的托拉斯实施方案。根据国家经委的报告，拟建立全国性的托拉斯9个，地方性的托拉斯3个。

1964年开始试办托拉斯。第一批成立了12个部属公司，部分省市也办了一批归地方管理的托拉斯。试办托拉斯的时间虽然不长，但取得了良好的经济效果，例如，精简了机构和人员，提高了产品产量，提高了劳动生产率。与此同时，试办托拉斯也遇到一些困难和矛盾：一是全国性托拉斯与地方企业隶属体制和地方税收入的矛盾，二是托拉斯内部实行统一管理与所属企业原来的独立核算体制的矛盾，三是托拉斯与尚未实行配套改革的经济体制如物资供应体制、定价体制的矛盾。

这一期间，也进行了工业企业管理体制的改革，主要是贯彻1961年制定的《国营工业企业工作条例（草案）》，即工业七十条，克服"大跃进"时期打乱企业规章制度和生产组织所造成的企业管理的混乱状况。国民经济调整时期企业管理体制改革的又一重要内容是改革财务管理体制，适当扩大企业的财权。1965年12月，国务院发布了国营工业交通企业财务管理的几项规定草案，工业企业管理体制的改革收到了良好的效果，为数众多的企业出现了产品质量、产品产量、劳动生产率提高而原材料消耗和生产成本降低的好局面。与此同时，国民经济调整时期还进行了物资供应体制改革、教育制度和劳动制度的改革与试验。物资供应体制改革的基本内容是突破行政部门和行政区划的界限，按照经济区组织物资供应；设立生产资料服务公司。教育制度和劳动制度改革与试验的内容是实行两种教育制度、两种劳动制度。所谓两种教育制度是在保持现有的全日制教育制度的同时，实行半工半读的教育制度，而以前者为主，后者为辅。所谓两种劳动制度有两层含义：第一层含义是在实行八小时的劳动制度的同时，实行半工半读的劳动制度，前者是主要的，后者是辅助的；第二层含义是固定工制度和临时工合同工制度同时并存。

国民经济调整时期对经济体制改革的探索，还有一个很重要的内容就是适当扩大地方管理权限。在基本建设方面，中央将19个非工业部门的基本建设投资权划归地方；在计划管理方面，赋予地方一定的计划权，国家在预定计划控制数字的时候，在一定范围内要考虑地方的意见，将地方的意见逐级平衡，然后纳入国家计划；在财政方面，适当扩大地方的机动财力，提高大区和省市的预备费的比例；在物资分配方面，适当扩大地方和部门的物资支配权。[1]

60年代末70年代初经济管理体制的大变动。全国进入了"斗批改"阶段，在改革不合理的规章制度口号的推动下，经济管理体制大变动被推到了前台。除了试图改变中央统得过多过死状况的原有动机以外，由于战争随时可能爆发的估计，因而需要各地尽快建立起独立完整的地方工业体系，以便战时能各自为战。1970年2月召开的全国计划会议提出，把全国划为10个大协作区，各自建立工业体系，自己武装自己。经济管理体制大变动的第一项内容是下放企业精简机构。1969年5月1日，全国最大的企业鞍山钢铁公司下放辽宁省鞍山市管理。1970年3月5日，中央决定，大庆油田、长春汽车制造厂等2600多个中央企事业单位下放地方。在当时的政治

---

[1] 参见当代中国研究所：《中华人民共和国史稿》第2卷，人民出版社、当代中国出版社2012年版，第202—212页。

环境下，这样下放企业带有较大的盲目性，造成了管理上的混乱状态。一些重点大型企业下放后，地方无法解决生产计划、原材料和设备供应等问题。经济管理体制大变动的第二项内容是下放财政收支、物资分配、基建投资权力，实行地方大包干。1971年3月，财政部决定从本年起实行财政收支包干，定收定支，收支包干，保证上交，结余留用，一年一定。包干以后，虽然调动了地方积极性，但又产生了新矛盾。由于收入指标难以符合实际，各地苦乐不均，地方机动财力不稳定，各年的差异较大；短收地区不能保证上缴，仍要国家补贴。1972年3月又作了部分改变，采取各省、市、区分层的办法，但是仍没有解决问题，当年国家亏空29.8亿元。1973年再次作出调整后，华北、东北地区和江苏省试行"收入按固定比例留成"的办法。然而在执行中收支脱钩，又把地方的压力转嫁到了中央。1971年4月，国家计委提出关于物资分配大包干的报告，同年在华北地区和江苏省试行，主要内容是：减少国家集中管理的物资种类，由1966年的579种，减少到1972年的217种；下放企业的物资分配权和供应权，对部分重要物资实行地区平衡差额调拨的办法。在当时物资紧缺情况下，层层下放物资分配权实际上难以完全实现。1970年国家在拟定"四五"计划的同时，还提出了基建投资大包干。即按国家规定的项目，由地方负责包干建设投资，投资、设备、材料由地方统筹安排，结余归地方。基本折旧资金也下放用于地方的设备更新、技术改造等。[1]

这场经济管理体制大变动的目的，在于改变原有经济管理体制中中央集中过多的弊端，它在一定程度上调动了地方积极性，有利于发展地方工业，但是由于计划体制没有改变，又缺乏稳定的政治环境，它也产生了消极后果。原有的问题没有得到根本解决，又出现了散和乱的问题。

---

[1] 参见当代中国研究所：《中华人民共和国史稿》第3卷，人民出版社、当代中国出版社2012年版，第117—121页。

五、对中国经济发展道路的积极探索

对中国经济发展道路的积极探索，主要发生在前十年，集中体现在党的八大报告、毛泽东的《论十大关系》《关于正确处理人民内部矛盾的问题》以及读苏联《政治经济学教科书》（包括读斯大林《苏联社会主义经济问题》）的谈话中。

1956年4月初，在中共中央书记处会议上，毛泽东指出：我认为最重要的教训是独立自主，调查研究，摸清本国国情，把马克思列宁主义的基本原理同我国革命和建设的具体实际结合起来，制定我们的路线方针政策。在社会主义革命和建设时期，我们要进行第二次结合，找出在中国进行社会主义革命和建设的正确道路。[1]在听取中央和国务院34个部委办局的工业生产和经济工作汇报之后，毛泽东分别在1956年4月25日和5月2日召开的中共中央政治局扩大会议和最高国务会议上，作了《论十大关系》的讲话。他在讲话中指出："特别值得注意的是，最近苏联方面暴露了他们在建设社会主义过程中的一些缺点和错误，他们走过的弯路，你还想走？过去我们就是鉴于他们的经验教训，少走了一些弯路，现在当然更要引以为戒。"[2]《论十大关系》中前五个关系主要是讲经济问题，包括重工业和轻工业、农业的关系，沿海工业和内地工业的关系，经济建设和国防建设的关系，国家、生产单位和生产者个人的关系，中央和地方的关系；第十个关系讲中国和外国的关系，也涉及学习资本主义国家的先进科学技术和企业管理方法中合乎科学的方面。

中共八大对适合中国国情的社会主义建设道路，进行了总结和探索，并取得了一系列重大成果，为指导全党全国人民独立自主进行社会主义建设事业，作出了重要贡献。中共八大首先正确分析了社会主

---

(1) 吴冷西：《十年论战——1956~1966中苏关系回忆录》上卷，中央文献出版社1999年版，第23—24页。
(2)《毛泽东文集》第7卷，人民出版社1999年版，第23页。

义改造基本完成后,国内阶级关系和主要矛盾的变化,大会指出:目前对农业、手工业和资本主义工商业的社会主义改造已取得决定性胜利,"这就表明我国的无产阶级同资产阶级之间的矛盾已经基本上解决,几千年来的阶级剥削制度的历史已经基本上结束,社会主义的社会制度在我国已经基本上建立起来了"。"毫无疑问,我国人民还必须为解放台湾而斗争,还必须为彻底完成社会主义改造、最后消灭剥削制度而斗争,还必须为继续肃清反革命残余势力而斗争。不坚决进行这些斗争,是决不许可的。但是,我们国内的主要矛盾,已经是人民对于建立先进的工业国的要求同落后的农业国的现实之间的矛盾,已经是人民对于经济文化迅速发展的需要同当前经济文化不能满足人民需要的状况之间的矛盾。""党和全国人民当前的主要任务,就是要集中力量来解决这个矛盾,把我国尽快地从落后的农业国变为先进的工业国。"[1] "由于社会主义革命已经基本上完成,国家的主要任务已经由解放生产力变为保护和发展生产力。"[2] "就是依靠已经获得解放和已经组织起来的几亿劳动人民,团结国内外一切可能团结的力量,充分利用一切对我们有利的条件,尽可能迅速的把我国建设成为一个伟大的社会主义国家。"[3] 中共八大在探索中国社会主义建设道路上的另一个重要贡献,就是坚持和充实了既反保守又反冒进,在综合平衡中稳步前进的经济建设方针。在八大的发言中,陈云提出了经济中存在"三个主体"和"三个补充"的思想,即:在工商业经营方面,国家经营和集体经营是工商业的主体,但同时也有一定数量的个体经营作为补充;在生产的计划性方面,计划生产是工农业生产的主体,按照市场变化在国家计划许可范围内自由生产是计划生产的补充;在市场方面,

---

(1) 中共中央文献研究室编:《建国以来重要文献选编》第9册,中央文献出版社1994年版,第341页。
(2) 中共中央文献研究室编:《建国以来重要文献选编》第9册,中央文献出版社1994年版,第350—351页。
(3) 中共中央文献研究室编:《建国以来重要文献选编》第9册,中央文献出版社1994年版,第270页。

国家市场是社会主义统一市场的主体，一定范围内国家领导的自由市场作为国家市场的补充。他同时提出计划指标必须切合实际，建设规模要和国力相适应，其基本点是量力而行、循序渐进，他认为只要财政收支和信贷是平衡的，社会购买力和物资供应之间，从全局来看就会是平衡的。邓子恢提出在合作社内部建立严格的生产责任制是巩固集体经济的一个重要环节。薄一波提出："在国民收入中，积累部分的比重不低于20%，或者略高一点；国民收入中，国家预算收入的比重不低于30%，或者略高一点；国家预算支出中，用于基本建设的比重不低于40%，或者略高一点。这被后人称为'二、三、四'比例。"在1956年11月中国共产党八届二中全会上，刘少奇提出，生产资料不是商品的这个观点恐怕还值得研究。(1)

八大前后，经济学界也在积极探索中国经济建设的道路问题，他们研究的问题主要集中在两个方面。一是关于社会主义条件下商品生产存在的原因。1956年以前，主要是从两种公有制并存来说明。1957年以后的观点有：（1）按劳分配；（2）两种公有制、按劳分配和经济核算；（3）两种公有制和消费品个人所有制；（4）部分劳动者个人所有制与劳动力所有制；（5）全民所有制企业之间保留经济利益上的界限，是全民所有制内部存在商品生产的原因。二是关于经济体制的问题。比较一致的观点是认为要改革现成的经济体制，改革方向是下放管理权限，避免集中过多。(2)

关于正确处理人民内部矛盾的问题。1957年2月27日至3月1日，毛泽东召集最高国务会议第11次（扩大）会议，1800多人出席会议。27日，毛泽东以《如何处理人民内部的矛盾》为题发表讲话。同年6月19日，这篇讲话以《关于正确处理人民内部矛盾的问题》为题在《人民日报》上公开发表。这篇著作在马克思主义发展史上第一次创立

---

(1) 赵德馨：《中国近现代经济史（1949—1991）》，厦门大学出版社2017年版，第152—153页。
(2) 参见中共中央文献研究室编：《建国以来重要文献选编》第9册，中央文献出版社1994年版，第153页。

了关于社会主义社会矛盾的学说,第一次系统地提出了社会主义社会存在着两类性质完全不同的矛盾。同时指出在社会主义改造基本完成以后,正确处理人民内部矛盾已成为国家政治生活的主题,规定了处理人民内部矛盾的方针。毛泽东强调要普遍提倡和善于运用"团结—批评—团结"这个总方针,即从团结的愿望出发,经过批评或者斗争,使矛盾得到解决,在新的基础上,达到新的团结。毛泽东在这篇著作中围绕经济发展,讲了一系列重要观点。比如"统筹兼顾,适当安排"的方针,兼顾国家、集体、个人三者利益,妥善解决人民内部在物质利益方面的矛盾。在工商业者问题上,毛泽东指出,把工人阶级与民族资产阶级之间的矛盾当作人民内部矛盾来处理。毛泽东在这篇著作中,还正确地提出和论述了中国工业化道路的问题。毛泽东指出,中国工业化道路问题,主要是指重工业、轻工业和农业的发展关系问题。中国的经济建设必须以重工业为中心,同时充分注意发展农业和轻工业。就是因为中国是一个农业大国,农业人口占全国人口的80%以上,发展工业必须和发展农业同时并举,工业才有原料和市场,才有可能为建立强大的重工业积累较多的资金。因此所谓工业化道路,绝不只是工业本身的问题,从社会关系上说它还是如何正确处理工人和农民之间这个最大的人民内部关系和矛盾问题。[1]

毛泽东读苏联《政治经济学教科书》的谈话(1959年12月至1960年2月),还包括此前读斯大林《苏联社会主义经济问题》的谈话,是他对中国社会主义经济理论的系统阐发。特别是关于社会主义建设和关于政治经济学的一些问题这两个部分,涉及中国社会主义经济发展道路的一系列问题。比如他指出:我们要以生产力和生产关系的平衡和不平衡,生产关系和上层建筑的平衡和不平衡,作为纲,来研究社会主义社会的经济问题。政治经济学研究的对象主要是生产关系,但是要研究清楚生产关系,就必须一方面联系研究生产力,另一

---

[1] 参见当代中国研究所:《中华人民共和国史稿》第2卷,人民出版社、当代中国出版社2012年版,第25—32页。

方面联系研究上层建筑对生产关系的积极作用和消极作用。教科书在这里承认社会主义社会中生产关系和生产力的矛盾的存在，也讲要克服这个矛盾，但是不承认矛盾是动力。他说："商品生产，要看它是同什么经济制度相联系，同资本主义制度相联系就是资本主义的商品生产，同社会主义经济制度相联系就是社会主义的商品生产。商品生产从古就有，商朝的'商'字，就是表示当时已经有了商品生产的意思。"[1]他还说："生产资料优先增长的规律是一切社会扩大再生产的共同规律。资本主义社会如果不是生产资料优先增长，它的社会生产也不能不断增长。斯大林把这个规律具体化为优先发展重工业。斯大林的缺点是过分强调重工业的优先增长，结果在计划中把农业忽略了。前几年东欧各国也有这个问题。我们把这个规律具体化为：在优先发展重工业的条件下，工农业同时并举。"毛泽东认为计划是意识形态，意识是实际的反应，又对实际起反作用。"恩格斯说，在社会主义制度下，'按照预定计划进行社会生产就成为可能'，这是对的。资本主义社会里，国民经济的平衡是通过危机达到的。社会主义社会里，有可能经过计划来实现平衡。但是也不可能因此就否认我们对必要比例的认识有一个过程。教科书说'自发性和自流性同生产资料公有制的存在是不相容的'，可以这样说。但是不能认为社会主义社会里就没有自发性和自流性。我们对规律的认识，不是一开始就是完善的。"[2]他还指出："现在我国工业化速度也是一个很尖锐的问题。原来的工业越落后，速度问题也越尖锐，不但国与国之间比较起来是这样，就是一个国家内部，这个地区和那个地区比较起来也是这样。""苏联在第一个五年计划完成以后，大工业总产值占工农业总产值的百分之七十，就宣布实现了工业化。根据统计，我国一九五八年的工业总产值占工农业总产值的百分之六十六点六；一九五九年计划完成后，估计一定会超过百分之七十。即使这样，我们还可以不宣布

---

(1)《毛泽东文集》第7卷，人民出版社1999年版，第439页。
(2)《毛泽东文集》第8卷，人民出版社1999年版，第118页。

实现了工业化。我们还有五亿多农民从事农业生产。如果现在就宣布实现了工业化，不仅不能确切地反映我国国民经济的实际状况，而且可能由此产生松劲情绪。"(1)

由此可见，以毛泽东为代表的中国共产党人，对中国经济发展道路的探索，在那个时候已经涉及一定的广度和深度了。

1. 这些探索，是在初步总结中国发展的经验教训和以"以苏为戒"的基础上形成的，其思想深度超过了斯大林的《苏联社会主义经济问题》。

2. 不仅承认社会主义社会仍然有生产关系与生产力的矛盾，而且这个矛盾是推动经济发展和社会进步的动力。

3. 对中国商品生产落后的基本国情有了深刻认识。1958年11月，毛泽东在郑州会议上讲："我国是商品生产很不发达的国家，比印度、巴西还落后。印度的铁路、纺织比中国发达。去年我们生产粮食三千七百亿斤，其中三百亿斤作为公粮，五百亿斤作为商品卖给国家，两项合起来商品粮还不到粮食总产量的四分之一。"(2)

4. 找到了符合中国工业化的道路，在优先发展重工业的同时，工农业同时并举，农业、轻工业和重工业协调发展，相互促进。

5. 对计划的性质和功能有比较客观的认识。强调不以规律为计划的依据，就不能使有计划按比例发展的规律的作用发挥出来。

6. 对中国经济发展中的重大关系问题进行了系统的梳理，至今仍然是国家制定经济发展战略和进行宏观管理的重要指导思想。

7. 也是在郑州会议上，毛泽东强调，商品生产不能与资本主义混为一谈，并强调商品生产要看它同什么经济制度相联系。这个重要论断是改革开放之后邓小平把计划与市场从社会主义经济制度和资本主义经济制度中剥离出来的重要思想来源。毛泽东关于商品生产属性的论断比同时期经济理论界关于商品生产存在原因的分析，要深刻得多。

---

(1)《毛泽东文集》第8卷，人民出版社1999年版，第124、125页。
(2)《毛泽东文集》第7卷，人民出版社1999年版，第435页。

8. 初步形成的综合平衡理论具有独创性，是积极的宏观经济学。

9. 强调用历史叙述和分析的方法研究经济学，而不是从定义到定义，从概念到概念演绎。

六、工作重心转移的曲折与挫败

中国共产党最早提出工作重心转移是在1949年3月5日至13日召开的中国共产党七届二中全会上。全会着重讨论了党的工作重心的战略转移，即工作重心由乡村转移到城市的问题。会议还深入讨论了如何实现党的工作重心转移的问题。根据毛泽东的提议，全会确定党必须用极大的努力去学会管理城市和建设城市。在领导城市工作时，党必须全心全意地依靠工人阶级，吸收大量工人入党，团结其他劳动群众，争取知识分子，争取尽可能多的能够同共产党合作的民族资产阶级及其代表人物，以便向帝国主义者、国民党统治集团、官僚资本主义作政治斗争、经济斗争和文化斗争，并向帝国主义作外交斗争。会议明确指出，党要立即开始着手各项建设事业，一步一步地学会管理城市和建设城市，并将恢复和发展城市中的生产作为中心任务。城市中的其他工作，都必须紧紧围绕着生产建设这个中心工作，并为这个中心工作服务。会议号召全党同志必须用全力学习工业生产的技术和管理方法，学习和生产有密切联系的商业工作、银行工作和其他工作。

1956年9月15日至27日，在北京召开的中共八大总结了过渡时期总路线贯彻以来社会主义改造和社会主义建设的成就和经验；科学准确地分析了社会主义改造基本完成以后国内形势的重大变化，以及在即将开始的新的历史时期党和国家面临的新的历史任务；确定了党在新的历史时期为完成新的历史任务应采取的各项重大方针和政策。八大的重要历史贡献在于决定把党的工作重心转移到社会主义建设上来。一年以后，反右派斗争的扩大化，对社会政治生活造成十分严重的危害和影响，一个突出表现就是"从理论上改变了中共八大关于中国社会主要矛盾的论断。1957年9月20日至10月9日召开的中共八届三中全会对整风运动和反右派斗争进行了总结"[1]，毛泽东在会上作了题为《做革命的促进派》的长篇讲话。这次会议全面肯定了反右派斗争的性质、意义和做法，以较多的时间讨论了国内主要矛盾的问题。会议认为，在过渡时期，无产阶级与资产阶级的矛盾、社会主义道路与资本主义道路的矛盾，仍然是国内的主要矛盾。这个论断的提出为1958年5月召开的中共八大二次会议改变中共八大关于社会主要矛盾的正确判断做了铺垫。

笔者认为，1960年开始的全面调整国民经济应该是一次工作重心的转移。1960年6月毛泽东在上海举行的中共中央政治局扩大会议上的讲话及在当时写的《十年总结》一文中说，对于社会主义革命和建设，我们已经有了十年的经验了，但还有很大的盲目性，还有一个很大的未被认识的必然王国，我们要以第二个十年时间去调查它、研究它，从中找出固有规律，以便利用这些规律为社会主义革命和建设服务。他还说，"大跃进"中指标过高，人民公社化运动中不认识公社内部三级所有制是个教训；1958年、1959年曾经讲数量，今年要讲质量、规格、品种。[2] 这一年的9月，由国家计委起草的、经周恩来修改补充的"调整、巩固、充实、提高"的八字方针，"这一方针经中共中央同意，于9月30日批转各部各地参照执行"[3]。三年调整时期，对经济工作中"左"的错误，进行了集中清理，国民经济得到了恢复。

1962年1月11日至2月7日，中共中央在北京召开了扩大的中央工作会议，也就是七千人大会，是一次工作重心转移。会议认为，1960年到1962年的调整工作，取得了很大的成就，但还存在不少问题。中

---

(1) 当代中国研究所：《中华人民共和国史稿》第2卷，人民出版社、当代中国出版社2012年版，第57页。
(2) 当代中国研究所：《中华人民共和国史稿》第2卷，人民出版社、当代中国出版社2012年版，第133—134页。
(3) 当代中国研究所：《中华人民共和国史稿》第2卷，人民出版社、当代中国出版社2012年版，第137页。

央决定再花三年时间继续进行全面调整，到1965年工业生产得到了全面恢复和发展，调整国民经济的任务顺利完成。

以1966年5月毛泽东发动"文化大革命"为标志，党的工作重心又一次转移到阶级斗争上来。而1975年的整顿算是一次短暂的、不充分的向经济建设的转移。直到党的十一届三中全会召开，党的工作重心才再次转移到以经济建设为中心上来。

七、两次大的经济发展困局

第一次困局发生在1960年前后，是由于党在经济工作指导思想上的"左"倾错误和自然灾害造成的。1957年的反右派斗争扩大化，1959年庐山会议中断纠"左"转而反"右倾机会主义"，连续发动"大跃进"、人民公社化运动等，破坏了国民经济的正常秩序，导致国民经济比例关系失调，加上农业生产连续三年遭受特别严重的自然灾害，苏联政府又背信弃义单方面撕毁合同，我国国民经济在1960年前后陷入了新中国成立以来最为严重的困难局面。

一是农业生产急剧下降，粮食极度缺乏。在1959年农业生产已经大幅度下降的情况下，1960年农业总产值只完成了当年计划的47.2%，比1959年下降了12.6%。粮食产量只完成了当年计划的48.3%，比1959年下降了15.6%；棉花产量只完成了当年计划的40.1%，比上年下降了37.8%；油料产量比上年下降50.9%。粮棉产量降到了1951年的水平，油料产量甚至比新中国成立时还要低。其他主要农副产品的产量也大幅度下降。由于粮食极度紧张，又缺少必需的副食品，致使城乡广大人民群众的健康受到极大威胁，城市普遍出现了营养不良导致的浮肿病，全国相当一部分农村地区出现了非正常死亡的严重情况。

二是国民经济各项比例严重失调。首先是农业、轻工业、重工业之间的关系不协调。一方面，不仅农业出现了急剧、持续的大幅度下降，轻工业在此期间也出现了前所未有的大滑坡。1960年，轻工业总产值比1959年下降了9%，棉纱产量下降28.6%，棉布下降28%，食糖等轻工业产品下降60%以上。而且从1960年起，轻工业出现了连续三年下降。另一方面，重工业却孤军冒进。经过1958年、1959年和1960年连续三年以年平均49.4%的高速度增长，1960年重工业产值达到了1100亿元，比1957年增长2.3倍。重工业的超速发展不但脱离了农业基础，也与轻工业不相适应。1960年与1957年相比，农业的比重由43.3%下降到21.8%，轻工业由31.2%下降为26.1%，重工业则由25.5%猛增至52.1%。

三是通货膨胀严重，市场供应紧张。"大跃进"期间，一方面基本建设规模过大，投资额上升过猛；职工人数增长过快，工资额增长过多；建设、生产重速度，不讲效益，工业和企业管理混乱，许多单位亏损严重，浪费惊人，从而使国家财政支出急剧增加。另一方面则是农业、轻工业产品大幅下降，国家财政收入锐减。两方面交互作用导致国家收不抵支，出现了财政危机。三年"大跃进"期间，国家出现大量财政赤字。1958年赤字为21.8亿元，1959年猛增至65.8亿元，1960年赤字又高达81.8亿元，三年共计169.4亿元。1961年仍有赤字10.9亿元。为了弥补财政赤字，国家不得不大量增发货币，导致通货膨胀。"二五"计划期间，国家供应的消费品价格平均上涨15%以上，高价商品上涨20%，全国集市贸易的价格上涨30%左右，有的地区甚至高达40%以上。许多商品国营有价无货，自由市场价格则高于国营牌价数倍至十余倍。[1]

第二次困局发生在"文化大革命"期间。粉碎"四人帮"后，直至今天，中央领导人在涉及"文化大革命"对经济发展的影响时，多次使用过国民经济处于"崩溃的边缘"的结论。但1981年6月中共十一届六中全会通过的《关于建国以来党的若干历史问题的决议》的提法是"我国国民经济虽然遭到巨大损失，仍然取得了进展"。而且，

---

[1] 参见当代中国研究所：《中华人民共和国史稿》第2卷，人民出版社、当代中国出版社2012年版，第130—132页。

邓小平也不赞成在《决议》中"文革"部分写上"经济处于崩溃的边缘"[1]。《中华人民共和国史稿》第3卷采用了《决议》的提法。"文化大革命"期间，虽然经济仍有增长，但是经济发展确实出现了严重困局。"文化大革命"使国民经济遭受巨大损失，人民生活很少改善，中国的经济水平与发达国家之间拉大了差距。主要表现为：一是经济增长速度缓慢。与新中国经济史上其他时期比较，1967—1976年间经济发展是缓慢的，工农业总产值和国民收入年平均增长率分别为7.1%和4.9%，而1953年至1966年分别是8.5%和6.2%，1977年至1984年分别是8.3%和7.7%，1984年以后两个指标都高达9%以上。二是产业结构比例不协调，轻工业所占的比重，1966年为47.21%，1976年为40.4%；重工业所占的比重，则由1966年的52.8%上升到1976年的59.6%。在农业内部，农业总产值中牧业和渔业的比重，1966年分别为14.2%和1.7%，1976年分别下降为14%和1.5%。国民收入中，商业所占的比重，1966年为10.3%，1976年下降为7%。三是经济效益全面下降，1966年国有制工业企业每100元资金实现利税34.5元，1976年降为19.3元；每100元工业总产值实现利润，1966年为21.6元，1976年降为12.6元。上述两项指标，1976年比1966年分别下降44.1%和42.5%。从农业看，农业总产值中，若扣除社办企业的产值，1975年农业总投入的生产率（总产出与总投入之比）比1965年下降6%。从基本建设看，1966年固定资产交付使用率为70.4%，1976年下降到58.9%，1976年比1966年下降16.3%。财政收入1976年比1966年增长39%，平均每年增长3.4%。1967年至1976年的10年中，1967年、1974年、1975年、1976年的财政赤字总额达65.1亿元，其余6年的财政结余共计29亿元，冲销赤字后还欠账36.1亿元。四是物资供应缺乏。由于生产情况不正常，市场商品供应紧张，物价有失去控制的危险，国务院于1967年和1970年两次发布文件冻结物价，这种强制手段是迫不得已而采取的。

---

[1] ［英］伊文思：《邓小平传》，田山译，国际文化出版社2014年版，第430页。

1971—1972年粮食棉花购销价格倒挂，出现粮、棉两大主要商品收支"大窟窿"，被迫进口粮、棉和动用库存粮、棉。1971年、1976年商品可供量与社会购买力长期不平衡，每年货币流通量与商品流通量的比例一般为1∶6.5左右（正常情况下两者的比例应为1∶8左右）。市场上吃、穿、用、烧各类商品仍然全面紧张，凭票证供应的商品种类不断增多。五是人民生活水平下降。1966年国有单位职工年平均工资是636元，1976年降为503元，比1966年降低了4.9%。1966年全国城市居民每人平均粮食和食用植物油消费量分别为379斤和3.5斤，1976年为381斤和3.2斤。[1]

上述两次经济困局，就其特点和原因而言，既有相同的地方，也有不同的特点。从相同的方面看，都与指导思想上的"左"和极左相关联。都有一个共同点就是夸大生产关系、上层建筑以及人的主观意志对生产力的反作用，偏离基本国情与生产力现状的实际。从不同的特点看，如果说"三年困难时期"主要表现为主观上急于求成的话，那么"文化大革命"时期出现的重大比例关系失调则主要说明了计划经济的弊端。

八、如何理解领导人对这二十年的评价

按照毛泽东的说法，前七年强调得多的是以苏联为师，"一边倒"，基本上照抄苏联的办法，"走苏联走过的道路"。以《论十大关系》《关于正确处理人民内部矛盾的问题》公开发表为标志，以毛泽东为代表的中国共产党人开始强调以苏联为鉴，强调"走自己的路"。毛泽东甚至在后来的《十年总结》中，还非常肯定地说，《论十大关系》后，我们找到了社会主义建设的中国道路。

毛泽东在《读苏联〈政治经济学教科书〉的谈话》中说："解放

---

[1] 赵德馨：《中国近现代经济史（1949—1991）》，厦门大学出版社2017年版，第270—273页。

后，三年恢复时期，对搞建设，我们是懵懵懂懂的。接着搞第一个五年计划，对建设还是懵懵懂懂的，只能基本上照抄苏联的办法，但总觉得不满意，心情不舒畅。"[1]毛泽东在《论十大关系》中讨论重工业和轻工业、农业的关系时指出："在处理重工业和轻工业、农业的关系上，我们没有犯原则性的错误。我们比苏联和一些东欧国家作得好些。""他们片面地注重重工业，忽视农业和轻工业，因而市场上的货物不多，货币不稳定。"[2]他还在《关于正确处理人民内部矛盾的问题》中指出："发展工业必须和发展农业同时并举。"[3]"这里所讲的中国工业化的道路问题，主要是指重工业、轻工业和农业的发展关系问题。我国的经济建设是以重工业为中心，这一点必须肯定。但是同时必须充分注意发展农业和轻工业。"[4]

邓小平极其深刻地总结了中国社会主义曲折发展的历史经验，他对社会主义改造到改革开放前的二十年，有过两种说法：一种说法认为前十年还是成功的，但中间有曲折。他在会见莫桑比克总统希萨诺时说："头八年好（指三年恢复时期和'一五'计划实行时期。——引者注），后十年也好，当中那些年受到'左'的干扰，情况不大好。"[5]另一种说法是认为这二十年基本上是停滞和徘徊的。他在会见南斯拉夫共产主义者联盟中央主席团委员科罗舍茨时说："过去我们搬用别国的模式，结果阻碍了生产力的发展，在思想上导致僵化，妨碍人民和基层积极性的发挥。我们还有其他错误，例如'大跃进'和'文化大革命'，这不是搬用别国模式的问题。可以说，从一九五七年开始我们的主要错误是'左'，'文化大革命'是极左。中国社会从一九五八年到一九七八年二十年时间内，实际上处于停滞和徘徊的状态，国家的经济和人民的生活没有得到

---

(1)《毛泽东文集》第8卷，人民出版社1999年版，第117页。
(2)《毛泽东文集》第7卷，人民出版社1999年版，第24页。
(3)《毛泽东文集》第7卷，人民出版社1999年版，第241页。
(4)《毛泽东文集》第7卷，人民出版社1999年版，第240—241页。
(5)《邓小平文选》第3卷，人民出版社1993年版，第260页。

多大的发展和提高。这种情况不改革行吗？"[1]但对二十年的主要错误和失误，他始终认为是"左"的问题，对"大跃进"、人民公社，特别是对"文化大革命"是否定的。

因为领导人在做上述评价时，往往侧重点不一样、针对性不一样。毛泽东在读苏联《政治经济学教科书》的谈话中强调的是"以苏为鉴"，要从中国的实际出发。邓小平对科罗舍茨讲的是强调中国受苏联模型的长期影响和自身"左"的问题，需要通过改革予以解决。其侧重点是强调改革的必要性。所以，对改革开放之前的经济发展的得失成败，我们需要结合当时的实际情况进行分析。那么是不是前七年或前八年就是完全照抄苏联，而后十年甚至二十年就不受苏联影响，完全走自己的路呢？这需要结合史实进行具体分析。笔者认为，毛泽东讲前七年基本照抄苏联，不满意、不舒畅，是从缺乏社会主义建设经验的角度讲的。毛泽东在《论十大关系》中讲走自己的道路，包括在《关于正确处理人民内部矛盾的问题》以及在读苏联《政治经济学教科书》时的谈话中所强调的中国实际，都是从初步总结中国的建设经验、对照苏联的角度讲的，并不完全是苏共二十大和中苏关系破裂之后态度的变化。说前七年照抄苏联并不完全符合实情，实际上新民主主义经济形态具有独创性，社会主义改造的路径和方法有很多创新，工业化思路也兼顾到了农业，计划也有指令性计划、间接计划和指导性计划三种形式，政府控制国计民生和调节市场的机制和方法也有符合中国当时实际的有效探索。说《论十大关系》后就是"走自己的道路"也需要做具体分析。一方面，我们对中国特色社会主义经济发展道路确实进行了积极探索，既有实践成果，又有理论成果，这些都为后来的改革开放奠定了基础。但是在探索中也发生了"左"和极左的严重错误，搞了"大跃进"和"文化大革命"（邓小平讲这不是照搬苏联的问题）。另一方面，虽然体制改革和改变中注意了地方和企业的积

---

[1]《邓小平文选》第3卷，人民出版社1993年版，第237页。

极性,但高度集中的计划经济体制是在这一时期形成的,这主要是照搬苏联。

九、从思想方法上分析产生"左"的错误的原因

邓小平认为,这二十年的主要错误是"左","文化大革命"是极左。邓小平还认为,"左"是习惯势力。笔者认为这或许表现为两个方面:一是在党的历史上发生的错误主要是"左";二是"左"总是以马克思列宁主义为旗号,对马克思列宁主义采取教条主义的态度。那么,对二十年"左"的错误产生的原因,我们有必要从思想方法的视角进行分析。笔者认为有以下三个矛盾:

一是强调联系中国具体的实际,但往往在实践中偏离中国国情。比如,与基本国情相联系的中国经济形态过渡,是从半殖民地半封建的经济形态,经过新民主主义革命过渡到新民主主义经济形态,然后经过社会主义革命过渡到社会主义初级阶段的经济形态,在此基础上向发达的社会主义过渡,最终实现共产主义。但后来强调从资本主义向社会主义甚至共产主义过渡,这就离开了中国当时的具体实际,忽略了时空条件,只强调马克思主义原理所讲的一般,由此带来重大的理论和实践问题。

党的八届三中全会(1957年9月20日至10月9日)对整风运动和反右派斗争进行总结时,毛泽东说:"无产阶级与资产阶级、社会主义道路与资本主义道路的矛盾是主要矛盾。"[1] "现在是社会主义革命,革命的锋芒是对着资产阶级,同时变更小生产制度即实现合作化,主要矛盾就是社会主义和资本主义,集体主义和个人主义,概括地说,就是社会主义和资本主义两条道路的矛盾。"[2] 这里强调"现在是社会

---

[1] 中共中央文献研究室编:《建国以来重要文献选编》第10册,中央文献出版社1994年版,第593—594页。
[2] 当代中国研究所:《中华人民共和国史稿》第2卷,人民出版社、当代中国出版社2012年版,第57页。

主义革命"，也就是说社会主义改造基本完成之后仍然处在社会主义革命阶段（党的八大是以社会主义改造基本完成为前提，分析国内阶级关系和主要矛盾变化的）；"无产阶级与资产阶级、社会主义和资本主义的矛盾是主要矛盾"的概括，意味着"中共八大关于中国社会主要矛盾的正确论断开始被改变"[1]。这个判断不仅是对党的八大的改变，而且也是对这一年稍早时具有代表性的重要讲话的改变。这一年的2月27日，毛泽东在最高国务会议第十一次会上所作的《如何处理人民内部的矛盾》（6月19日以《关于正确处理人民内部矛盾的问题》为题，在《人民日报》上发表）的讲话中说："这件事（指私营工商业改造成公私合营企业，1956年完成。——引者注）所以做得这样迅速和顺利，是跟我们把工人阶级同民族资产阶级之间的矛盾当做人民内部矛盾来处理，密切相关的。""一方面，资产阶级分子已经成为公私合营企业中的管理人员，正处在由剥削者变为自食其力的劳动者的转变过程中；另一方面，他们现在还在公私合营的企业中拿定息，这就是说，他们的剥削根子还没有脱离。他们同工人阶级的思想感情、生活习惯还有一个不小的距离。""工商业者的彻底改造必须是在工作中间，他们应当在企业内同职工一起劳动，把企业作为自我改造的基地。"[2]

到1962年9月24日至27日召开的中共八届十次全会，关于阶级斗争和社会主要矛盾的理论就走得更远了，作为前提的过渡时间更长了。会议认为："在无产阶级革命和无产阶级专政的整个历史时期，在由资本主义过渡到共产主义的整个历史时期（这个时期需要几十年，甚至更多的时间）存在着无产阶级和资产阶级之间的阶级斗争，存在着社会主义和资本主义这两条道路的斗争。……社会上还存在着资产阶级的影响和旧社会的习惯势力，存在着一部分小生产者的自发的资本主

---

(1) 当代中国研究所：《中华人民共和国史稿》第2卷，人民出版社、当代中国出版社2012年版，第57页。
(2) 《毛泽东文集》第7卷，人民出版社1999年版，第223、224页。

义倾向。"[1]

之所以发生改变,根本原因在于社会过渡的起点以及终点发生了变化。既然从资本主义过渡到社会主义甚至共产主义,1956年之后还处在这种过渡的社会主义革命之中,甚至指无产阶级革命和无产阶级专政的整个历史时期,那当然所面临的是资本主义和社会主义两条道路的矛盾,也自然而然地面临无产阶级与资产阶级的阶级斗争。虽然从资本主义过渡到社会主义甚至共产主义,是马克思主义基本原理的一般,但忽略了中国的基本国情和当时的具体实际。事实上,如果把1949年新中国成立作为过渡的起点,那么我们是从半殖民地半封建经济形态经过新民主主义经济形态过渡到社会主义经济形态;如果把1953年开始进行社会主义改造作为起点,则是从新民主主义经济形态过渡到社会主义经济形态,而且到社会主义改造基本完成后,这个过渡也就完成了。从这个基本事实出发,自然而然地需要坚持党的八大的基本结论了。

二是强调遵循社会矛盾运动规律,但在实践中往往夸大生产关系和上层建筑的反作用。毛泽东认为,社会主义仍然存在生产力与生产关系、经济基础与上层建筑的矛盾运动,甚至认为这样的矛盾运动是社会进步的动力。这充分体现了马克思主义的唯物史观,但是在实践中往往过分夸大生产关系和上层建筑对生产力的反作用,似乎认为社会主义生产关系和上层建筑的建立,可以迅速改变生产力的落后面貌,使中国经济达到发达水平。所以在社会主义改造中及之后,强调让个体私营经济和私人资本主义经济"绝种",认为公有制越纯越好,所有制范围越大越优越,只有这样生产力才可以在短时间内通过"跃进",赶上甚至超越资本主义的发达水平。

三是注重调动建设社会主义的积极性,但过分看重人的主观能动性。改变旧中国留下的落后面貌,实现民族复兴,是近代中国的民族

---

[1] 中共中央文献研究室编:《建国以来重要文献选编》第15册,中央文献出版社1997年版,第653—654页。

情结，也是以毛泽东为代表的中国共产党人的初心与使命。但在实践中却过分看重主观能动性的作用，认为依靠人的积极性可以达到客观条件不具备的高远目标，比如组织群众大办钢铁、发动群众办人民公社、跑步进入共产主义、组织农民移山填湖造田等。

十、为什么"文化大革命"中经济还有一定程度的发展

"文化大革命"出现了全局性的严重错误，不是也不可能是任何意义上的革命和进步。为什么在这样的背景下，中国的经济还能够得到一定程度的发展，而且科技以及国防工业还有新的突破呢？笔者认为原因有以下几点：一是社会主义制度还在。在公有制和按劳分配的基本经济制度背景下，尽管出现了部分停工停产的状况，但社会经济仍然能够保持基本稳定；同时，"举国体制"在科技领域和国防工业中，甚至在工业农业生产中还在发挥作用。二是"文化大革命"中受到冲击最大的是领导干部和部分知识分子，工厂停产的面不大，农业生产秩序基本没有受到影响。虽然水平不高但惠及全民的公共服务体系仍然在发挥作用，比如城镇职工的公费医疗、农村农民的合作医疗，义务教育和高中、大学的低学费等。三是统一的国家没有变。前面已经讲过，中国是最早进行民族统一国家建设的，保持国家统一、防止民族分裂是全社会的高度共识。"文化大革命"中出现混乱甚至出现打砸抢，但是没有出现分裂国家的口号或者说分裂国家的问题。四是在特殊的国际环境中，中国虽然高度重视国家安全，也在不断地发展必要的国防工业，但是没有被拖入与美西方国家的军备竞赛。五是中国共产党的基本队伍还是忠诚于马克思主义和社会主义的，尽管"四人帮"倒行逆施，但他们不是西方的代理人。

第七章

改革开放时期的经济发展与理论思考

改革开放解放了生产力,解放了思想,哲学和经济学也获得了解放。

我们这一代人,是改革的亲历者,也是改革的受益者,对改革很有感情,对于改革的必要性和重要性,具有刻骨铭心的认同。改革开放以来,是我国当代经济发展最快最好的时期。2018年,中央对改革开放40周年进行了系统总结。2021年按照中办《关于在全社会开展党史、新中国史、改革开放史、社会主义发展史宣传教育的通知》的要求,人民出版社、中国社会科学出版社出版了《改革开放简史》一书,介绍了40多年来改革开放的历程。系统总结中国当代经济发展实践,构建中国当代经济发展学,梳理改革开放以来的经济发展和理论成果具有重要意义。

一、40多年来改革开放的历程与经济发展战略的形成

1. 以"三中全会"为线索看与经济发展相联系的改革开放历程

通常我们都会把1978年召开的党的十一届三中全会作为改革的起点。以此为传统,此后每届中央三中全会都以全局性的经济体制改革

或重点改革作为主题。这里笔者仅就十一届三中全会后的四个"三中全会"为线索，对改革开放历程进行简要回顾。四个"三中全会"都出台了关系改革和发展全局的经济体制改革决定，例如，十二届三中全会通过了《关于经济体制改革的决定》，十四届三中全会通过了《关于建立社会主义市场经济体制若干问题的决定》，十六届三中全会通过了《关于完善社会主义市场经济体制若干问题的决定》，十八届三中全会通过了《关于全面深化改革若干重大问题的决定》。

从党的十一届三中全会到党的十二届三中全会的6年时间里，在拨乱反正的基础上改革开放得以全面启动。在十一届三中全会之前召开的中央工作会议，与会人员一致同意从1979年1月起，把全党工作的着重点转移到社会主义现代化建设上来。这期间，除了拨乱反正、纠正冤假错案外，农村家庭联产承包制的改革取得重大突破，连续三年贯彻"调整、改革、整顿、提高"的八字方针，经济得到了恢复，重大比例关系的调整取得成效。党的十一届六中全会通过了《关于建国以来党的若干历史问题的决议》。邓小平在党的十二大上郑重提出了"走自己的路，建设有中国特色的社会主义"的重大命题，创办经济特区、外贸体制改革、利用外资取得成效。在企业扩大自主权、实行生产责任制的基础上，推动了以城市为重点的经济体制改革。个体私营经济的发展开始破冰前行。党的十二届三中全会通过的《关于经济体制改革的决定》，标志着以城市为重点的经济体制改革全面展开。邓小平高度评价这个《决定》，认为其"写出了一个政治经济学的初稿，是马克思主义基本原理和中国社会主义实践相结合的政治经济学"，"这是真正坚持社会主义"。[1]

从十二届三中全会到十四届三中全会的9年时间里，改革开放开创了新的局面。十二届三中全会提出"有计划的商品经济"，是一个重大突破。党的十四大把建立社会主义市场经济体制作为改革目标，体

---

(1)《邓小平文选》第3卷，人民出版社1993年版，第83、91页。

现了思想解放的新境界。十四届三中全会就建立社会主义市场经济体制，专门作出了决定。为了解决价格"双轨制"问题，1988年启动了"价格闯关"，但是遭遇挫折，不得不进行整顿。1992年邓小平南方谈话"是在国际国内政治风波严峻考验的重大历史关头，坚持十一届三中全会以来的理论和路线，深刻回答长期束缚人们思想的许多重大认识问题，把改革开放和现代化建设推进到新阶段的又一个解放思想、实事求是的宣言书"[1]。

从十四届三中全会到十六届三中全会的10年时间里，以建立社会主义市场经济体制为目标的改革取得新进展。党的十五大在国企改革理论方面有重大突破，对国企改革脱困工作提出了改革、改组、改造的战略思路。1999年9月，党的十五届四中全会通过了《关于国有企业改革和发展的指导方针和发展若干重大问题的决定》，提出从战略上调整国有经济布局和改组国有企业。"到2000年底，国有企业改革与脱困目标基本实现；国有及国有控股工业企业实现利润2392亿元，是1997年的2.9倍；大多数行业实现了整体扭亏或继续增盈，14个重点行业中有12个行业利润继续增长或扭亏为盈，1997年亏损的6599家国有大中型企业中，有4391家实现了扭亏为盈。"[2]"国务院和各地确定建立现代企业制度试点的2700家企业绝大部分实行了公司制改革，作为国家重点企业的514家国有及国有控股企业中有430家进行了公司制改革，基本实现了投资主体多元化。"[3]对外开放形成新态势，经过长达15年的艰苦谈判，中国于2001年底正式加入了世贸组织。实施西部大开发战略。西部大开发范围主要包括12个省级地域和3个地市级行政区[4]，涉及国土面积685万平方公里。党的十六届三中全会通过的《关于完善社会主义市场经济体制若干问题的决定》，首次在党的正式文件

---

[1]《中国共产党第十五次全国代表大会文件汇编》，人民出版社1997年版，第11页。
[2]《改革开放简史》，人民出版社、中国社会科学出版社2021年版，第101页。
[3]《改革开放简史》，人民出版社、中国社会科学出版社2021年版，第101—102页。
[4] 包括重庆、四川、贵州、云南、西藏、陕西、甘肃、青海、宁夏、新疆、内蒙古、广西、吉林延边、湖北恩施、湖南湘西。

中完整提出科学发展观。科学发展观强调坚持以人为本，树立全面、协调、可持续的发展观，是深化经济体制改革的重要指导思想。

从十六届三中全会到十八届三中全会的10年里，完善社会主义市场经济体制各项配套改革均取得明显进展。党中央在人民生活总体上达到小康水平的基础上，确立了全面建设小康社会的奋斗目标。这个目标是中国特色社会主义经济、政治、文化全面发展的目标，是与加快推进现代化相统一的目标。党的十七大强调，实现未来经济发展目标，关键要在加快转变经济发展方式、完善社会主义市场经济体制方面取得重大进展。到2005年底，在中国有2600多年历史的农业税正式退出历史舞台。统筹区域协调发展的战略进一步完善。在继续推进西部大开发战略的同时，先后作出了振兴东北老工业基地、促进中部地区崛起、鼓励东部地区率先发展等重大决策部署。应对国际金融危机冲击取得重大成果，在全球率先实现经济企稳回升。成功地应对了2003年"非典"疫情，推动建设公共卫生和疾病防控体系。党的十六届六中全会通过了《关于构建社会主义和谐社会若干重大问题的决定》。构建社会主义和谐社会战略目标的提出，使中国特色社会主义事业形成了经济建设、政治建设、文化建设、社会建设的"四位一体"的总体布局，社会建设取得新进展。党的十八届三中全会通过的《关于全面深化改革若干重大问题的决定》，对全面深化改革作出了顶层设计和总体规划，"开启了全面深化改革、系统整体设计推进改革的新时代"[1]。这个《决定》在重大理论和战略问题上取得一系列新突破，比如强调"使市场在资源配置中起决定性作用和更好发挥政府作用"。

党的十八届三中全会前后，进入新时代的改革开放取得了历史性成就。党的十八大是在我国进入全面建成小康社会决定性阶段召开的一次重要的大会。大会强调，建设中国特色社会主义，总依据是社会主义初级阶段，总布局是经济建设、政治建设、文化建设、社会建

---

(1)《习近平谈治国理政》第3卷，外文出版社2020年版，第111页。

设、生态建设,总任务是实现社会主义现代化和中华民族伟大复兴。这个总体布局是"五位一体"的统筹推进,它在原来"四位一体"的基础上,增加了生态建设。2015年又首次提出了"四个全面"的战略布局,即全面建成小康社会、全面深化改革、全面依法治国、全面从严治党。党的十九大作出了中国特色社会主义进入新时代的重大政治判断,提出我国社会主要矛盾已经转化为人民日益增长的美好生活需要和不平衡不充分的发展之间的矛盾,并对改革开放40周年进行了系统总结。党的十九届四中全会通过了《中共中央关于坚持和完善中国特色社会主义制度 推进国家治理体系和治理能力现代化若干重大问题的决定》,明确社会主义市场经济体制是社会主义基本经济制度的重要组成部分。脱贫攻坚取得全面胜利,现行标准下9899万农村贫困人口全部脱贫,832个贫困县全部摘帽,12.8万个贫困村全部出列,区域性整体贫困得到解决,完成了消除绝对贫困的艰巨任务。以供给侧结构性改革为主线,推进高质量发展。立足经济发展新常态,贯彻经济发展新理念,构建经济发展新格局。从六个方面系统推进区域协调发展:一是京津冀协同发展,二是长江经济带建设,三是粤港澳大湾区建设,四是推进长三角一体化发展,五是推动黄河流域生态保护和高质量发展,六是加大力度支持革命老区、民族地区、边疆地区、贫困地区加快发展。生态文明建设取得突破性进展。在世界单边主义、保护主义抬头的背景下,健全更高水平的对外开放体系,推动形成全方位对外开放新格局。2015年5月,党中央、国务院出台《关于构建开放型经济新体制的若干意见》,提出建设开放型强国。《区域全面经济伙伴关系协定》(RCEP)签署,中欧投资协定谈判完成。"一带一路"倡议的开放合作契合沿线国家的发展需求。2019年4月第二届"一带一路"国际合作高峰论坛在北京举办,有38个国家的元首和政府首脑等领导人以及联合国秘书长和国际货币基金组织总裁共40位领导人出席圆桌峰会,来自150个国家、92个国际组织的6000余名嘉宾参加了论坛。

2. 改革开放以来发展战略的不断拓展

改革开放以来的发展战略的变化线索由"两步走"到"三步走"再到"新三步走"。

从"两步走"到"三步走"。"两步走"战略涉及改革开放之初到20世纪末的20年。邓小平1979年12月提出到20世纪末实现中国式的现代化，在改革开放前提出的"四个现代化"的基础上，后来又调整为中国式现代化就是达到小康水平。党的十二大正式确定了"两步走"战略，即20世纪80年代的10年主要是打好基础的阶段，要实现工农业总产值翻一番的目标，基本上解决人民的温饱问题；20世纪90年代的10年为起飞阶段，工农业总产值再翻一番，人民生活达到小康水平。党的十二大后，邓小平进一步思考"小康"实现后如何发展的问题。1986年9月，邓小平提出到21世纪中叶达到中等发达国家水平。1987年4月，邓小平会见西班牙外宾时首先提出中国现代化建设分"三步走"的构想，翻番指标用人均国民生产总值代替了工农业总产值，即：第一步，以1980年为基数，当时国民生产总值人均只有250美元，翻一番，达到500美元；第二步是20世纪末再翻一番，人均达到1000美元；第三步，在21世纪用30年到50年再翻两番，大体上达到人均4000美元。"三步走"构想正式写入党的十三大报告。

新"三步走"战略。党的十五大在"三步走"战略第二步目标即将实现之际，放眼21世纪中叶，对如何实现第三步战略目标作出了进一步规划，提出了"新三步走"战略，即：21世纪第一个10年实现国民生产总值比2000年翻一番，使人民的小康生活更加宽裕，形成比较完善的社会主义市场经济体制；再经过10年的努力，到建党一百年时，使国民经济更加发展，各项制度更加完善；到21世纪中叶新中国成立一百年时，基本实现现代化，建成富强民主文明的社会主义国家。

前20年后30年战略。党的十六大对21世纪头20年以及到21世纪中叶的后30年进行了战略谋划，提出要在21世纪头20年，集中力量全面建设惠及十几亿人口的更高水平的小康社会，使经济更加发展、民主更加健全、科教更加进步、文化更加繁荣、社会更加和谐、人民生活更加殷实。这是实现现代化建设第三步战略目标必经的承上启下的发展阶段，也是完善社会主义市场经济体制和扩大对外开放的关键阶段。经过这个阶段的建设，再继续奋斗几十年（30年），到21世纪中叶基本实现现代化，把我国建设成富强民主文明的社会主义国家。

"两个一百年"奋斗目标。党的十五大、十六大在提出"新三步走"战略和21世纪前20年后30年构想时，都从时间节点上涉及建党100周年和新中国成立100周年，党的十八大在此基础上，将到21世纪中叶的近40年的战略安排，鲜明地放在"两个一百年"的战略框架中，并且与实现中华民族的伟大复兴联系在一起。党的十八大提出，在中国共产党成立100周年时全面建成小康社会，在新中国成立100周年时建成富强民主文明和谐的社会主义现代化国家。党的十九大把2020年到21世纪中叶的30年分为两个阶段来安排，即：从2020年到2035年，在全面建成小康社会的基础上，再奋斗15年基本实现社会主义现代化；从2035年到21世纪中叶，在基本实现现代化的基础上，再奋斗15年，把我国建成富强民主文明和谐美丽的社会主义现代化强国。

二、从基本数据看改革开放40年的巨大变化

改革开放40年来，经济快速发展。国内生产总值（GDP）1978年为3678.7亿元，2018年为90万亿元（2019年为99.0865万亿、2020年为101.3567万亿、2021年为114.37万亿），年均增长9.4%（2019年增长6.1%、2020年增长2.3%、2021年增长8.1%）。人均GDP1978年为385元，2018年达到了64644元，即1.03万美元（2020年72447元，1.13万美元）。全国居民人均可支配收入1978年为171元，2018年为28228元，年均增长8.4%。其中，城镇居民人均可支配收入，1978年为343元，2018年为39251元，年均增长7.2%；农村居民人均可支配

收入，1978年为134元，2018年为有14617元，年均增长7.7%。2018年世界GDP总量达84.8万亿美元，其中中国GDP规模为90万亿人民币，相当于13.6万亿美元，美国GDP规模为20.5万亿美元，中国和美国占全球GDP比重分别为16.1%和24.1%。中国从2010年开始成为全球第二大经济体。1978年中国GDP总量为3678.7亿元，占全球GDP的比重为1.8%，全球排名第十位。从新增GDP来看，中国是当之无愧的领头羊，2018年中国GDP增量是1.4万亿美元，相当于澳大利亚2017年的经济总量。国际货币基金组织曾经预测，2018年全球GDP总量增长4.78万亿美元，中国对全球经济增长的贡献率约为30%，高于美国的贡献率（21.5%）。2018年中国GDP实际增速为6.6%，远高于美国的增速（2.9%）。

改革开放40多年来，经济发展也有过波动，但波动幅度比改革开放之前小，GDP增长幅度最高的年份是1984年，增长15.2%，最低年份是1990年，增长3.9%（由于新冠肺炎疫情的原因，2020年增长2.3%）。经济发展出现波动的原因主要还是先投资过热，然后进行调整整顿，其中，既有1988年"价格闯关"对1989年和1990年的经济增长产生的负面影响，也有"价格闯关"搁浅带来的消极影响。总之，中国改革与经济增长的关系，从总体上看是正相关的，没有出现典型意义的"泪谷"。

1978年第一、二、三产业增加值比重分别为27.7%、47.7%、24.6%，2018年第一、二、三产业增加值比重分别为7.2%、40.7%、52.2%；1978年第一、二、三产业就业比重分别为70.5%、17.3%、12.2%，2018年第一、二、三产业就业比重分别为26.1%、27.6%、46.3%。

1978年初级产品占出口总额比重高达53.5%，工业制成品占46.5%；2018年出口总额中初级产品比重下降到5.4%，工业制成品比重上升到94.6%。

1978年城镇常住人口1.7亿人，城镇化率只有17.92%；2018年城镇常住人口增加到8.3亿人，城镇化率提升到59.58%。

1978年末农村贫困发生率约为97.5%，农村贫困人口规模达7.7亿人；2018年末农村贫困发生率降至1.7%，贫困人口降至1660万人。2021年2月25日召开的全国脱贫攻坚总结表彰大会，宣布中国从整体上消灭了绝对贫困。

1978年城乡居民恩格尔系数分别为57.5%和67.7%，2018年城乡居民恩格尔系数分别下降至27.7%和30.1%。

三、改革开放以来五年计划的执行情况

改革开放40多年，包括前后关联，总共涉及10个五年计划。

"五五"时期是"文化大革命"后期与改革开放初期的交接时期。1975年1月，第四届全国人大一次会议后，邓小平主持中共中央、国务院的日常工作，全国经济形势开始好转，这个时候开始着手研究编制《1976—1985年发展国民经济十年规划纲要（草案）》，其中包含了"五五""六五"两个五年计划的设想。但是由于开展了"批邓、反击右倾翻案风"运动，该《规划纲要（草案）》实际未能执行。粉碎"四人帮"之后，1977年12月1日中共中央国务院批准并下达了国家计委《1976—1985年国民经济发展十年规划纲要（修订草案）》。其中"五五"计划的主要任务是：把农业搞上去，把燃料、动力、原材料工业搞上去，到1980年要基本实现农业机械化。"五五"时期，经济年增长速度为6.5%。其间，经济增长速度起伏较大，1976年由于"文革"的影响，增长率为－1.6%；1978年，由于"洋跃进"的影响，增长速度又冲高到11.7%；1979、1980年对国民经济进行调整，增长速度分别为7.6%、7.8%。"五五"计划总的执行情况比较好，粮食产量完成了99%，棉花产量完成了91%，钢产量完成了93%，煤炭产量完成了110%，发电量完成了100%。

"六五"计划的全称是《中华人民共和国国民经济和社会发展第六个五年计划》，起止时间为1981年至1985年，第一次将社会发

展纳入其中。"六五"计划是继"一五"计划之后的一个比较完备的计划,其基本任务是继续贯彻执行"调整、改革、整顿、提高"的方针,实现财政经济状况根本好转,为"七五"计划奠定基础、创造条件,主要经济指标年均增长4%左右。"六五"计划基本完成率达到了97%,GDP年均增长幅度分别为5.1%、9.0%、10.8%、15.2%、13.4%。

"七五"规划的起止时间是1986年至1990年,是第一次在五年计划起步之初就出台的计划,第一次将"计划"改为"规划"。"七五"规划的特点是1986年至1988年9月,经济发展持续过热,不稳定因素增加,1988年9月至1990年对经济进行治理整顿。"七五"规划要求,1990年的工农业总产值和国民生产总值比1980年翻一番或者更多一些,城乡居民的人均实际消费水平每年递增4%—5%,人民的生活质量、生活环境和居住条件都有进一步的改善。实际执行结果是,按1980年不变价,1990年国内生产总值为11148.3亿元,比1980年的4587.6亿元翻了一番多,居民人均可支配收入5年增长了30.6%。

从"八五"规划到"十二五"规划这25年,中国经济持续保持中高速发展,没有出现大起大落。其间有10个年份GDP增长幅度在10%以上,其中最高的是1992年和2007年,增长14.2%(仅次于1984年的15.2%),最低的是2015年,增长6.9%。

"十三五"规划的起止时间是2016年至2020年,是在十八大以来国内国际经济形势发生深刻变化的条件下编制的五年计划。这个五年计划要衔接建党100周年经济发展要达到的目标,其主要内容包括:经济保持中高速增长;在提高发展平衡性包容性可持续性的基础上,到2020年GDP和城乡居民人均收入比2010年翻一番;产业迈向中高端水平;消费对经济增长贡献明显加大;户籍人口城镇化率加快提高;人民生活水平和质量普遍提高;我国现行标准下的农村贫困人口实现脱贫;全面建成小康社会。

"十三五"规划目标任务完成较好。李克强总理在2021年的《政府工作报告》中指出：过去五年（指"十三五"期间），我国经济社会发展取得新的历史性成就。GDP从不到70万亿元增加到超过100万亿元。5575万农村贫困人口实现脱贫，960多万建档立卡贫困人口通过易地扶贫搬迁摆脱了"一方水土难养一方人"的困境。1亿农业转移人口和其他常住人口在城镇落户目标顺利实现，城镇新增就业超过6000万人，建成世界上规模最大的社会保障体系。"十三五"前四年经济运行保持在合理区间，GDP年均增速达到6.6%，2020年受新冠肺炎疫情影响，但仍增长2.3%，成为全球唯一实现正增长的主要经济体。经济总量跨越百万亿元大关，达到101.6万亿元，GDP比2010年翻一番的目标完成度达到96.8%，人均GDP连续两年超过1万美元。

"十四五"规划和2035年远景目标纲要于2021年3月发布，目前处在执行的过程之中。"十四五"时期经济社会发展的主要指标包括：GDP年均增长保持在合理区间，各年度视情况提出；全员劳动率年增长高于GDP增长；常住人口城镇化率达到65%；全社会研发经费投入高于"十三五"水平；居民人均可支配收入增长与GDP增长基本同步；基本养老保险参保率达到95%；单位GDP能源消耗降低13.5%；单位GDP二氧化碳排放降低18%；等等。

四、现代化工业化进程加快

改革开放40多年处在实现第一代、第二代领导人现代化构想，向着21世纪中叶建成社会主义现代化强国的目标奋进的关键时期，改革开放大大加快了中国现代化的进程。

邓小平根据改革开放之初中国发展实际，对20世纪末实现"四个现代化"的目标，做了实事求是的调整和新的设计。1979年，邓小平说，"我们开了大口，本世纪末实现四个现代化。后来改了个口，叫中国式的现代化，就是把标准放低一点"[1]。前面提到过，这年12月，日本首相大平正芳率领庞大代表团访问中国，他就中国发展的长远规划问题向邓小平发问，邓小平给出了回答："我们要实现的四个现代化，是中国式的四个现代化。我们的四个现代化的概念，不是像你们那样的现代化的概念，而是'小康之家'。到本世纪末，中国的四个现代化即使达到了某种目标，我们的国民生产总值人均水平也还是很低的。要达到第三世界中比较富裕一点的国家的水平，比如国民生产总值人均一千美元，也还得付出很大的努力。就算达到那样的水平，同西方来比，也还是落后的。"[2]党的十六大宣布，20世纪末人民生活水平总体上达到了小康，实现了邓小平提出的"三步走"战略目标的第二步；同时提出了全面建设小康社会的战略目标。党的十八大提出"两个一百年"奋斗目标，即到建党一百周年时全面建成小康社会，到新中国成立一百周年时建成富强民主文明和谐美丽的社会主义现代化国家。党的十九大提出，到2020年，全面建成小康社会实现第一个百年战略目标之后，全面开启现代化强国建设的新征程，实现第二个百年奋斗目标，并且把2020年之后的30年分为两个阶段：第一阶段即前15年基本实现现代化，第二阶段即后15年建成社会主义现代化强国。中国的现代化目标，从四个重点领域的现代化开始，到达到小康水平、建成小康社会，到经济社会全领域的现代化，再到包含"五位一体"全部内容的现代化；从基本实现现代化到建成社会主义现代化强国，到实现中华民族的伟大复兴。应该说改革开放40多年来，中国的现代化建设取得了巨大成就，也进一步展示了光明前景。

改革开放40多年来，工业特别是其中的制造业发展很快。2010年，中国工业生产能力从总体上超过了美国，成为全球第一制造大国。2013年底，在世界500种主要工业品中，中国有220种产品产量位居全

---

[1] 转引自李捷：《邓小平对中国特色社会主义作出的历史贡献》，《中国社会科学报》2014年8月8日。
[2] 《邓小平文选》第2卷，人民出版社1994年版，第237页。

球第一，其中生铁产量占全球总产量的59%，煤炭产量占全球总产量的一半，粗钢产量占全球产量的46.3%，造船占世界总造船量的41%，水泥产量占世界总产量的60%以上，电解铝产量占世界总产量的65%以上，化肥产量占世界总产量的35%，化纤产量占世界总产量的70%，平板玻璃产量超过世界总产量的50%，工程机械销售占世界总量的43%，汽车产量占世界总产量的25%，彩电产量占全球出货量的比重达到48.8%，手机产量占全球出货量的比重达到了70.6%，集成电路产品产量占全球出货量的比重达到了90.6%。2013年中国进出口贸易总额高达3.87万亿美元，超过了美国的3.82万亿美元，首次成为世界第一大进出口贸易国。中国科技人力资源5100万人，位居世界第一，互联网用户、空调产量、摩托车产量都位居世界第一。2015年，国务院发布的《中国制造2025》是中国实施制造强国战略的第一个十年行动纲领。

2002年，党的十六大首次提出中国要走新型工业化道路。2007年党的十七大提出坚持走中国特色新型工业化道路，加快转变经济发展方式，推动产业结构优化升级。2012年党的十八大提出坚持走中国特色新型工业化、信息化、城镇化、农业现代化的道路，推动信息化和工业化深度融合、工业化和城镇化良性互动、城镇化和农业现代化同步发展。2017年党的十九大提出，坚持新发展理念，继续推动新型工业化、信息化、城镇化、农业现代化同步发展。十九大还提出，要加快建设制造强国，加快发展先进制造业，促进我国产业迈向全球价值链中高端，培养若干世界级先进制造业集群。

五、对改革开放的认识仍然需要深入思考

对40多年改革的特点、路径和方法，学界有很多的视角，有些理论成果值得珍视，同时有一些观点也需要深入思考。

比如，有人用改革开放以来的成就否定改革开放前30年，也有人

用前30年的视角看改革开放中的问题。其实前30年不仅为改革开放提供了重要的政治前提，也为改革开放创造了重要的经济基础。例如工业化，前面说到的，1979年，叶剑英代表中央在庆祝中华人民共和国成立30周年大会上的讲话中宣布，建立独立的比较完整的工业体系的历史任务已经完成。前30年的工业化进程，首先是进行工业基础项目建设，然后是根据需要发展工业行业，发展社队企业和"五小"工业，开展"三线建设"，使工业布局有了拓展。例如交通运输业的发展，国防工业的发展，以及农田水利基本建设，都达到了相当的成就。从一定意义上讲，前30年依靠计划经济体制集中力量办大事的优势，在基础设施建设方面和提供公共服务产品方面，发挥得比较充分。而且前30年中出现的挫折与失误反过来也是改革的动力。当然，如果用前30年计划经济的思维甚至一度出现的"左"和极左的观点，用西方对我封锁背景下的战备思维，来看待改革开放，自然会得出不一样的结论。

比如，有人认为，改革就是新民主主义经济形态的回归，是"退够"。这个问题在前面分析过。显然，这种认识不仅不符合事实，而且也不利于理解改革的开拓性和创造性，对新民主主义经济实践中形成的思想理论成果，也难以正确认识和积极运用。

比如，有一种观点把改革开放前期的经济高速增长，看成是地方政府与经济增速相联系的政绩观的驱动。确实，在改革开放的整个过程之中，速度和效益的关系问题一直是讨论的热点，在实践中也确实存在片面追求高增长而粗放型发展的问题，对此，我们也在不断地进行总结和纠正。但是关于经济发展速度问题，我们需要做更深入、更客观的思考。第一，改革开放以来，中国经济中高速持续发展，特别是头30年的高速发展，创造了世界经济发展奇迹。第二，注重高速度发展，是后发型、追赶型经济的一个共同特点，只有发展速度高于发达国家经济发展速度，才能实现追赶。这也是我们在经济发展中，有时会出现急躁冒进问题的根源，这在改革开放头30年中的某些时期表现得更加充分。第三，中国是个人口大国，又处在发展过程中，保持一定的经济发展速度,是保持稳定、保障就业、保障财政收入和居民收入的刚性要求。第四,不能把速度和效益绝对地对立起来,低速度高效益当然是一种理想状态,但这只有可能在两种情况下发生:一种情况是垄断资源而且资源价格上涨;另一种情况是完全依靠技术进步,同时又没有就业增长的压力。在中国改革开放的初中期,我们不具备这些条件,只能作出次优选择。进一步说,速度是效益提高和结构优化的载体。第五,在改革开放的整个过程中,政府发挥了非常重要的作用,包括中央政府,也包括地方政府,这一点与西方发达国家的政府有很大的区别。中国政府包括地方政府,首要任务是推动经济发展,不仅要服务市场主体、营造发展环境,而且还要催生市场、建立和维护市场秩序、弥补市场缺失,此外还要进行交通等公共服务的一些基础建设。在改革开放时期经济高速发展的过程中,民间的力量和地方政府的作为也发挥了很重要的作用。

比如,有人仅仅从改革方式上看中苏改革的差别。相对于苏联解体后,俄罗斯一度执行的"休克疗法",中国的改革是渐进式改革,这是中外学者把中国的改革与苏联改革做比较得出的结论。显然,仅仅从改革的方式和方法上来比较中苏的改革是不够的。从根本上讲,苏联的改革是改变社会主义制度,中国的改革是社会主义制度的自我完善。即从改革的方式方法上讲,渐进式改革除改革强度之外,还有其他特点,例如先改增量后改存量,存量支撑增量改革,增量带动存量改革;又如先试点后在面上推广,这种改革方式和方法不仅有利于循序渐进,比较稳妥,而且还有利于统一认识,避免羁绊,使改革一开始就有明显进展和成效,也能有效地避免颠覆性的失误。

比如,有一种观点认为,中国改革开放的基本经验就是放开,成功的奥秘就是不管。这样下结论显然过于简单武断。邓小平讲,鼓励试,允许看,不争论,并不是完全放任自流,完全没有宏观上的指导和引导;改革中的多数试点都有方案、有条件、有目标,是在指导下进行的;政府及有关部门,包括研究机构和学者以及民间力量,都在发现试点、关注试点、跟踪总结试点。例如联产承包，邓小平讲，是基层和农民的创造，我们拿来总结提高作为全国的指导；有些试点，如综合改革试点城市、经济特区、沿海开放城市、经济开发区、自由贸易区，都是政府明确了改革内容和具体要求的前提下，有组织地进行试点的。

比如，有人认为中国改革的成就主要得益于市场的"洪荒"之力。其实在改革开放过程中，市场配置资源的作用是逐渐体现出来的。转轨过程中的政府作用、民间力量与市场的推动是交织在一起的，客观上使供给与需求两头发力，加上消费品短缺，为工业化现代化提供了巨大发展空间，又处在人口红利的窗口期，使高速发展成为可能。

比如，有学者认为中国改革开放40多年，没有自己的经济学理论，前期起作用的是亚当·斯密的"看不见的手"理论，后期比较重视凯恩斯的"投资乘数理论"。确实我们非常重视在西方资本主义市场经济实践中形成的经济学理论，也根据我们的需要有针对性地予以研究和运用，但指导我们经济发展的基本指导思想，推动经济发展的体制和政策设计，都是从中国实际出发的，都是中国人自己独立思考出来的。这里确实有一个"何为理论"的问题，绝不是有了教科书就有了理论，美国、德国、日本在加速工业化的过程中，都没有教科书，也没有简单地接受亚当·斯密的《国富论》。其实从自身实际出发形成的规律性认识，它的形态可能是领导人的讲话，也可能是体制政策设计的理念，抑或是人们的共识，但一样是管用的理论。相反，即令是教科书，如果不切合实际，也不是管用的理论。西方不少学者认为，典型的新自由主义经济学，根本就没有在西方国家中应用过。它是面向发展中国家的，结果有的拉美国家运用了，发现上当了。20世纪90年代学习《邓小平文选》三卷时，也有人提出邓小平警句式的话语是不是理论的问题，其实它们是被实践证明管用的理论。

六、改革开放与三个解放

习近平总书记在庆祝改革开放40周年大会上的重要讲话中，围绕对改革开放的评价，讲了"四个伟大"，即党的伟大觉醒和伟大创造，中国人民和中华民族的伟大革命，中国特色社会主义事业的伟大飞跃；讲了"没有可以奉为金科玉律的教科书，也没有可以对中国人民颐指气使的教师爷"[1]，并引用了鲁迅先生关于"什么是路"的名言；还讲了必须坚持辩证唯物主义和历史唯物主义的世界观和方法论。这些重要结论值得我们认真领会和深入思考。

在梳理改革开放以来的经济发展和思想理论成果时，笔者有很多感慨。这里想就改革开放与解放生产力、解放思想以及与解放哲学、经济学，作一些理论思考。

1. 改革开放与解放生产力

从理论上讲，邓小平关于改革也是解放生产力的论断，与毛泽东关于社会主义社会矛盾运动学说是一脉相承的。前者是基本结论，后者是理论依据。

关于革命是解放生产力，在马克思经典著作中已有结论。毛泽东把社会主义改造也看成是革命，1956年1月，他说："社会主义革命的目的是为了解放生产力。农业和手工业由个体的所有制变为社会主义的集体所有制，私营工商业由资本主义所有制变为社会主义所有制，必然使生产力大大地获得解放。这样就为大大地发展工业和农业的生产创造了社会条件。"尽管"我们进行社会主义革命所用的方法是和平的方法"[2]。同年9月，党的八大强调在社会主义改造已经基本完成的情况下，国家的主要任务已经由解放生产力变为在新的生产关系下保护和发展生产力。邓小平讲，革命是解放生产力，改革也是解放生产力，他讲社会主义本质，开宗明义就讲解放和发展社会生产力。他还

---

(1) 《十九大以来重要文献选编》（上），中央文献出版社2019年版，第732页。
(2) 《毛泽东文集》第7卷，人民出版社1999年版，第1页。

说，过去我们只讲在社会主义条件下发展生产力，不讲解放生产力，不完全。笔者以为，这是遵循社会主义矛盾运动规律的彻底性，这也是改革开放甚至是中国当代经济发展的哲学基础。

毛泽东在1957年2月的最高国务会议第十一次（扩大）会议上发表了《关于正确处理人民内部矛盾的问题》的重要讲话，他指出："在社会主义社会中，基本的矛盾仍然是生产关系和生产力之间的矛盾，上层建筑和经济基础之间的矛盾。"[1]并且认为矛盾仍然是社会主义社会发展的动力。他在读苏联《政治经济学教科书》时说："教科书在这里承认社会主义社会中生产关系和生产力的矛盾的存在，也讲要克服这个矛盾，但是不承认矛盾是动力。"[2]他还说："我们要以生产力和生产关系的平衡和不平衡、生产关系和上层建筑的平衡和不平衡，作为纲，来研究社会主义社会的经济问题。"[3]他还就社会主义社会基本矛盾的性质进行了分析，指出："社会主义社会的矛盾是另一回事……它不是对抗性的矛盾，它可以经过社会主义制度本身，不断地得到解决。"[4]

邓小平关于革命是解放生产力，改革也是解放生产力的判断，是对毛泽东社会主义社会矛盾运动仍然是动力的坚持和发展。历史已经证明，通过武装斗争进行的革命是解放生产力，用和平的方法进行社会主义革命是解放生产力，在社会主义制度确立后，通过改革实现社会主义制度的自我完善也是解放生产力。只是革命与改革所对应的矛盾的性质不一样，也包括新民主主义革命与社会主义革命的特点不一样而已。

社会矛盾运动规律，是马克思主义唯物史观的核心内容。认为社会主义制度建立以后，不存在生产力与生产关系、经济基础与上层建

---

(1)《毛泽东文集》第7卷，人民出版社1999年版，第214页。
(2)《毛泽东文集》第8卷，人民出版社1999年版，第133页。
(3) 中共中央文献研究室编：《毛泽东年谱（1949—1976）》第4卷，中央文献出版社2013年版，第282页。
(4)《毛泽东文集》第7卷，人民出版社1999年版，第213—214页。

筑的矛盾，或者承认矛盾的存在，但不承认矛盾是动力，就不具有坚持马克思主义唯物史观的彻底性。

在社会主义条件下，仍然需要解放生产力，因为还存在生产力与生产关系、经济基础与上层建筑的矛盾，或者存在着不平衡。比如说，中国并不是马克思主义经典作家所设想的在资本主义高度发达的基础上建设社会主义的，需要寻求既符合科学社会主义基本原理又符合自身实际的路子，生产关系和上层建筑需要适应中国的生产力水平；比如说，实现中国式的现代化，是广泛而深刻的革命，要根据生产力发展的需要，不断地调整生产关系和上层建筑等。

从实践上看，"贫穷不是社会主义"，"我们要赶上时代，这是改革要达到的目的"。(1)

习近平总书记在纪念改革开放40周年的重要讲话中，讲了我们党作出改革开放重大决策之初的国际国内形势，他指出："当时，世界经济快速发展，科技进步日新月异，而'文化大革命'十年内乱导致我国经济濒临崩溃的边缘，人民温饱都成问题，国家建设百业待兴。"然后引用了邓小平的一句话："如果现在再不实行改革，我们的现代化事业和社会主义事业就会被葬送。"(2)邓小平对于改革的必要性和紧迫性有一个形象的说法：1978年10月，也就是党的十一届三中全会召开前夕，邓小平出访日本，他在乘坐新干线的途中告诉记者："快，真快！就像后边有鞭子赶着似的！这就是现在我们需要的速度。""我们现在很需要跑。"(3)

社会主义条件下解放生产力的基本途径就是改革。党的十一届三中全会深刻指出了改革的内在逻辑：要大幅度地提高生产力，必须多方面改变与生产力不相适应的生产关系和上层建筑，改变管理方式、生活方式和思想方式。1978年，在党的十一届三中全会召开之前，国

---

(1)《邓小平文选》第3卷，人民出版社1993年版，第225、242页。
(2) 习近平：《在庆祝改革开放40周年大会上的讲话》，《人民日报》2018年12月19日。
(3) 吕立勤、原洋：《长风破浪会有时——我国对外开放由发轫走向纵深》，《经济日报》2022年2月12日。

务院务虚会和全国计划会议就有类似的表述。这两次会议还对此前的改革有一个基本判断，那就是"在收了放、放了收的老套中循环"。国务院务虚会还指出，实现四个现代化，这场革命规模的巨大，变化的广泛、激烈、深刻，任务的繁重、紧迫，意义的深远，都不下于我们党过去领导的任何革命。这两次会议是对改革开放的酝酿和准备。1978年上半年，两个代表团赴日欧考察，考察时间都在一个月左右。先是上海市革委会副主任林乎加率领的中国经济代表团访问日本，然后是谷牧副总理率领的中国政府代表团访问欧洲五国。代表团考察回国后，中央政治局分别听取了汇报，其中谷牧的汇报长达七个小时。务虚会前后开了两个多月，计划会开了一个半月。两次会议围绕总结近三十年社会主义建设的经验，聚焦一个主题，即加速实现四个现代化。通过日欧考察形成了三个方面的认识：一是战后日欧经济和科技发展很快；二是欧洲发达国家资本过剩，急于寻找市场；三是国外管理经验和国际通行规则值得研究和运用。最后形成了基本结论，下定决心搞改革开放。这两次会议实际上有一个潜台词，即社会主义的优越性要通过解放生产力来体现。[1]

2. 改革开放与解放思想

要打开改革开放的新局面，必须从思想解放入手。如果思想不解放，仍然被旧的、过时的思想所束缚，墨守成规，那么手脚就被捆住了，步子就迈不开，也容易把新事物看成异端。

什么是解放思想，其实就是理论联系实际，认识符合实际。然而用什么理论来联系实际，所联系的又是什么实际，这是改革开放之初亟待解决的大问题。不解决这个问题，就不能说明"两个凡是"的危害性，就不能面向社会实践，着眼于社会生产力的发展。

关于用什么理论来联系实际，邓小平从1977年就开始强调用准确

---

[1] 参见黄黎：1978年国务院务虚会，华国锋提出"四个一点"，为改革开放做准备，《党史探索》（微信公众号：dangshibocai）2018年12月17日；于光远：《三中全会和国务院务虚会》，《上海综合经济》1998年第11期。

的、完整的毛泽东思想来指导,他说:"我们也有一些同志天天讲毛泽东思想,却往往忘记、抛弃甚至反对毛泽东同志的实事求是、一切从实际出发、理论与实践相结合的这样一个马克思主义的根本观点,根本方法。不但如此,有的人还认为谁要是坚持实事求是,从实际出发,理论和实践相结合,谁就是犯了弥天大罪。他们的观点,实质上是主张只要照抄马克思、列宁、毛泽东同志的原话,照抄照转照搬就行了。"[1]

关于联系什么实际,邓小平说:"要分析研究实际情况,解决实际问题。"[2]笔者认为,理论联系实际就是一个直面和应对各种重大现实问题和严峻考验的实践过程。马克思说:"问题是时代的格言,是表现时代自己内心状态的最实际的呼声。"[3]当时党和人民面临的突出问题就是"我国经济濒临崩溃的边缘,人民温饱都成问题,国家建设百业待兴"[4],就是要大幅度地提高生产力。正因为如此,邓小平等老一辈革命家明确支持和高度评价"真理标准问题的讨论"。邓小平后来还提出了"三个有利于"的标准,即:"应该主要看是否有利于发展社会主义社会的生产力,是否有利于增强社会主义国家的综合国力,是否有利于提高人民的生活水平。"[5]

当然,解放思想也不是随心所欲的胡思乱想,实事求是是解放思想的出发点和落脚点。只有实事求是才能有底气总结历史经验教训,才能真正直面现实、回应时代问题,才能有针对性地采取措施,打开改革开放的新局面;也只有坚持实事求是,才能避免无休止的争论,在思想方法和原则问题上形成共识。

看是否符合实际,比议论"左"与"右"、保守与改革更有意义。说到这里,笔者想起了前几年舆论关注民营企业发展的问题。有的同志借助案例分析,得出了民营企业比较困难的判断,引起了中央到地

---

(1)《邓小平文选》第2卷,人民出版社1994年版,第114页。
(2)《邓小平文选》第2卷,人民出版社1994年版,第114页。
(3)《马克思恩格斯全集》第1卷,人民出版社1995年版,第203页。
(4)《十九大以来重要文献选编》(上),中央文献出版社2019年版,第720页。
(5)《邓小平文选》第3卷,人民出版社1993年版,第372页。

方的高度重视。但与此同时，也出现了两种相互对立的观点。一种观点认为民营企业已经完成了历史使命，应该退出历史舞台；另一种观点则认为，国有企业还要进一步退出市场，还需要围绕姓"社"姓"资"的问题进行讨论，再来一次思想大解放。显然，这两种观点都不符合实际。首先，公有制为主体，包括民营经济在内的多种所有制经济共同发展，是社会主义初级阶段的基本经济制度。其次，从总体上看，现在各级政府以及全社会对民营经济的发展，基本不存在所有制及其政策和舆论的歧视；再次，一些民营企业发展遇到困难的案例，要放在经济下行压力加大的大背景下分析，经济下行可能引起企业组织结构的变动，民营企业中中小型企业多一些，受到的影响可能大一些。因此，从政策上考虑，需要研究经济下行过程中的中小企业发展问题，需要研究去产能过程中的社保和再就业问题。最后，国有企业和民营企业都需要改革，有的民营企业反映出来的问题，也有改革不到位的原因。从当前的情况看，需要解放思想的重点应该是由粗放型增长向高质量发展转变的问题。

我们党历来高度重视坚持理论联系实际的思想路线和思想方法，陈云同志多次讲毛泽东同志在延安三次给他强调，人犯错误主要"不是经验少，而是思想方法不对头"[1]。

我们党从不同时期的历史任务和自身实际出发，多次开展集中教育活动，不断加强政治建设、思想建设、组织建设和作风建设。历次集中教育活动，都会有主题、有重点，通常比较集中的是"两个路线"的教育，即思想路线教育和群众路线教育；主要致力于防止"两个脱离"，即防止脱离实际、脱离群众。思想路线和群众路线是党自身建设中生死攸关的重大问题。正如邓小平指出的："毛泽东同志倡导的作风，群众路线和实事求是这两条是最根本的东西。""对我们党的现状来说，我个人觉得，群众路线和实事求是特别重要。"[2]

---

[1]《陈云文选》第1卷，人民出版社1984年版，第343页。
[2]《邓小平文选》第2卷，人民出版社1994年版，第45页。

3. 改革开放与哲学、经济学的解放

从学术理论的视角看,通过改革开放解放生产力是与哲学、经济学的解放相联系的,哲学解放和经济学解放是思想解放的重要内容,为改革开放提供了精神动力和学理支撑。

(1)哲学解放提振了民族精神

毛泽东多次强调,要使哲学从哲学家的书斋里和课堂上解放出来,他在延安以及社会主义建设时期,曾两次组织学哲学用哲学。黑格尔有一句名言,"教给哲学说德语"。德国的伟大诗人海涅说:"德国被康德引入了哲学的道路,因此哲学变成一件民族的事业。"笔者认为围绕改革开放,哲学在以下三个方面的解放给人们留下深刻印象。

一是围绕真理标准讨论的哲学解放。本来毛泽东多次讲过检验真理的标准是社会实践,这也是马克思主义哲学的基本原理甚至常识。为什么真理标准讨论在党内和全社会引起强烈反响呢?主要是因为要从本本主义、从"两个凡是"中解放出来。毛泽东在《矛盾论》中根据当时党内的思想状况指出:"我们现在的哲学研究工作,应当以扫除教条主义思想为主要的目标。"[1]真理标准问题的讨论,是马克思主义实践观在全党和全国人民中进一步普及和强化,使注重实践升华为新时期的民族精神。

二是围绕发展动力的哲学解放。邓小平讲,"鼓励试""允许看""不争论"[2],着眼于激发基层和人民群众的首创精神。习近平总书记从唯物史观的视角深刻指出:"人民是历史的创造者,是决定党和国家前途命运的根本力量。"[3]在改革开放实践中,放权、松绑,鼓励大胆地试、大胆地闯,这样一些概念和说法出现的频率很高,在党员干部中有广泛的共识;基层和人民群众的创业、创新热情受到鼓励,成为时代时尚,人们的精神面貌发生了巨大变化。

---

(1)《毛泽东选集》第1卷,人民出版社1991年版,第299页。
(2)《邓小平文选》第3卷,人民出版社1993年版,第374页。
(3) 习近平:《决胜全面建成小康社会 夺取新时代中国特色社会主义伟大胜利——在中国共产党第十九次全国代表大会上的报告》,《人民日报》2017年10月28日。

这里我们看一个体现基层和群众创造性的案例：1978年2月，山西省闻喜县南郭村19名社员，冒着极大的风险悄悄签署了一份包产到户的合同，每一份按了大红手印的合同上，都写下了这4个字："不准泄密"。起草这份秘密合同的人叫张炳新（《山西日报》报道为孙炳新。——引者注），是南郭村第三生产队队长。他悄悄找了村里19个胆子大的社员，以生产队队委会的名义与他们签下了一份约定超产部分归自己所有的合同。到了秋天，19户社员承包的棉田总产8000多斤，比上年翻了一番还多。这是中国农村改革真正的第一村，早于安徽肥西县小井庄的包产到户约9个月，早于安徽凤阳县小岗村的包产到户约10个月。但地处"农业学大寨"的发源地山西，这个"第一村"并没有成气候，支持此事的闻喜县县委书记张世贤还受到了批评。当时还有一种观点，主张在农村继续推广大寨经验，尽快由生产队过渡到大队核算。[1]

改革开放前，个人和基层的创新创造，受到很大的抑制，那个时候的理论依据是"一大二公"。通常按指令性计划安排，由企业和集体组织生产的便是社会主义的，大家在一起，由上至下有组织地生产劳动，才能有效率，才能有创造，平均分配才是最公平的。企业和生产队没有自主权，个人的劳动和工作岗位确定后，也没有通过竞争再选择的机会。在计划外开辟新的生产门路，或者搞多种经营，就是搞资本主义，不允许个人经商办企业。

三是围绕内因与外因对立统一关系的哲学解放。毛泽东在《矛盾论》中说："唯物辩证法认为外因是变化的条件，内因是变化的根据，外因通过内因而起作用。"[2]他还介绍和分析了苏联哲学界对德波林学派的批判。德波林学派认为事物一开始只有差异，发展到一定程度才有矛盾，矛盾发生前，推动事物发展的动力是外因。毛泽东批判了德波林学派的唯心论，论述了矛盾的普遍性，并指出党内的教条主义受到了这一学派的影响。笔者认为，注重内因与外因的对立统一，是我

---

[1] 参见赵一苇：《1978：改革之发轫》，《中国新闻周刊》，第905期，2019年7月1日。
[2] 《毛泽东选集》第1卷，人民出版社1991年版，第302页。

们党的一个传统，但在对外开放的实践中，一开始思想认识也不是完全统一的。一种观点主张开放就要全盘照搬，不讲以我为主；另一种观点则认为对外开放是资本主义化，民族产业也得不到保护和发展。对此，40多年来的对外开放所取得的巨大成就，作出了有力的回答。从内因方面讲，我们坚持独立自主，坚持中国特色社会主义道路，坚持引进消化吸收再创新，坚持互利双赢多赢；从外因的角度讲，我们充分利用战略机遇期，充分利用发达国家的经济技术成果和管理经验，包括与发展中国家开展互利性合作，同时积极参与全球化，为构建人类命运共同体作贡献。一个具有悠久文明的民族，积极主动地学习运用人类文明的最新成果，并为世界作出新的贡献，这是生机与活力的彰显，是智慧与力量的表达。

（2）经济学解放推动了中国原创性经济发展理论的成长

改革开放之初，影响我们的经济学理论主要是苏联《政治经济学教科书》和《西方经济学》。经济学解放的主题是从中国当代经济发展的实际实践出发，在学习借鉴的基础上生长出自己的理论。笔者认为改革开放以来，经济学的解放在三个方面有重大突破。

一是计划与市场都是调节手段。

把计划与市场从经济制度属性中剥离出来，将社会主义市场经济作为经济体制改革的取向，发挥市场在资源配置中的决定性作用，更好发挥政府作用。这涉及两个层次的问题。第一个层次是计划与市场多一点少一点，不涉及姓"社"姓"资"的问题，检验的标准是"三个有利于"。不仅过去我们认为计划经济是社会主义经济制度的重要特征，西方学者也认为市场经济是资本主义制度所独有的，要搞市场经济就必须实行资本主义制度。计划与市场都是调节手段的认识，也是对20世纪以来世界范围内交替出现的"计划情结"与"市场偏好"的认知超越。第二个层次是政府作用与市场作用的关系。西方经济学家认为信息是分散的、不断变化的，计划是主观的，必须借助市场来处理。20世纪30年代发生过奥地利学派代表人物哈耶克与波兰经济学家兰格（Oskar Ryszard Lange）的争论。[1]中国既要充分发挥市场配置资源的决定性作用，又要更好地发挥政府的作用，而且中央政府和地方政府都发挥作用。这与国家建设的历史、国家结构、经济发展所处的阶段、市场的局限性、信息的结构特征等具有相关性。

二是公平与效率能够有效地结合起来。

西方经济学认为"利己主义"是发展的动力；而且"私利"有利于"公德"，也就是说个人为了私利而生产商品、改进技术，加在一起就可以增加社会财富，推动经济发展和技术进步，这就是所谓的"激励相容"，因此市场化必须与私有化结合在一起。显然，这首先是将资源配置方式与私有制绑架在一起，实际上公有制、私有制以及混合所有制，通过一定的实现形式，都可以实现同质化。至于"私利"有利于"公德"，笔者认为只不过是自发的伦理愿望，是不切实际的幻想。中国在社会主义市场经济体制构建中，在改革开放的实践中，从指导思想到制度设计，再到政策举措，都体现了公平与效率的结合。邓小平讲："社会主义最大的优越性就是共同富裕，这是体现社会主义本质的一个东西。"[2] "如果导致两极分化，改革就算失败了。"[3]在党的文件文献中，最先有效率优先、兼顾公平的提法，接着有在国民收入初次分配中注重效率、在国民收入再分配中注重公平的提法，后来还有在国民收入初次分配和再分配中都要注重公平的提法。党的十九大报告指出："必须坚持以人民为中心的发展思想，不断促进人的全面发展、全体人民共同富裕。"[4]以公有制为主体、多种所有制经济共同发展的基本经济制度，以按劳分配为主体、多种分配方式并存的分配格局，有利于保障公平与效率的有效结合。在政策举措上，打好"精

---

(1) 参见朱成全、刘帅帅：《德奥经济学方法论论战的历史澄清及当代启示》，《经济学家》2017年第7期；陶永谊：《旷日持久的论战——经济学的方法论之争》，陕西人民教育出版社1992年版；陶大镛主编：《外国经济思想史新编》，江苏人民出版社1990年版。
(2)《邓小平文选》第3卷，人民出版社1993年版，第364页。
(3)《邓小平文选》第3卷，人民出版社1993年版，第139页。
(4) 习近平：《决胜全面建成小康社会　夺取新时代中国特色社会主义伟大胜利——在中国共产党第十九次全国代表大会上的报告》，《人民日报》2017年10月28日。

准扶贫"的攻坚战,在民生问题上坚持底线思维,扩大中等收入群体,调节高收入,增加低收入群体的收入等都有利于避免两极分化,促进共同富裕。而且实现共同富裕还有时间要求,即"从二〇三五年到本世纪中叶","全体人民共同富裕基本实现"。[1]然而采取这些举措是否影响发展的效率呢?没有。改革开放40年,中国GDP年均增长9.4%,持续如此长时间的高速增长,堪称世界奇迹。公平与效率的有效结合,是真正的主动的"激励兼容"。

三是在解决"短缺"之后需要致力于超越"过剩"。

20世纪80年代初,在分析社会主义条件下高度集中的计划经济弊端时,我国经济理论界接受了匈牙利经济学家科尔奈(János Kornai)的"短缺经济学"观点。科尔奈认为计划是主观的,相对于需求而言是被动的、滞后的,国家与国营企业是父子关系,存在着预算的软约束,短缺是高度集中的计划经济条件下的普遍现象。笔者认为,其所以短缺,还应该有工业化处于起步阶段和重工业优先发展的原因。改革开放以来,我国在较短的时间内,从总体上解决了凭票证供应的"短缺"问题,生产促进和适应了排浪式消费,这应该是我们对"短缺经济"的超越。现在的情况不同了,我们已经有相当多的行业出现了生产能力过剩。摆在我们面前的新矛盾是,既要发挥市场配置资源的决定性作用,又要避免市场盲目性引发的经济和金融危机,超越资本主义市场经济无法避免的"过剩"。中央所作出的供给侧结构性改革的重大决策,采取"三去一降一补"的重大举措,以及打好防范化解重大风险的攻坚战,加上我们长期执行的战略规划、产业政策、区域政策、财政货币政策,就是要致力于防范避免经济和金融风险,超越"过剩"。

以上我们分析了哲学和经济学解放的主要内容,那么引起哲学、经济学解放的原因是什么呢?当然是社会实践,哲学、经济学解放带来的理论创新成果也会服务于社会实践。笔者认为德国可以作为一个

---

[1] 习近平:《决胜全面建成小康社会 夺取新时代中国特色社会主义伟大胜利——在中国共产党第十九次全国代表大会上的报告》,《人民日报》2017年10月28日。

案例，帮助我们理解哲学、经济学的解放与社会实践的关系。

马克思、恩格斯把18世纪后期到19世纪40年代的德国哲学称为德国古典哲学。德国经济学历史学派发挥作用的时间是19世纪中期到20世纪初。古典哲学与经济学的历史学派产生影响的时间相连，前后100多年。德国古典哲学兴盛在德国崛起之前，德国经济学的历史学派形成发展的过程，正是德国由封建割据到统一、由欠发达国家进入发达国家行列的过程。德国古典哲学在系统总结欧洲哲学的基础上，使传统哲学达到了顶峰，代表和反映了德国民族精神和启蒙时代精神的精华。德国经济学历史学派总结了当时欧洲发达国家和美国经济发展的经验，从德国所处的经济发展阶段出发，对当时西方主流的古典经济学和新古典经济学中的奥地利学派进行了批判，认为经济学要研究生产力理论，主张国家干预；认为影响生产力发展的因素不仅仅是分工，而且还有伦理、道德方面的因素，要重视研究精神资本（有学者认为应理解为现在所说的人力资本）；此外还非常鲜明地强调，经济学研究要运用历史的方法，反对演绎、抽象、静态的分析方法。经济学历史学派在当时的德国具有正统地位。新历史学派的代表人物施穆勒，拥有德国社会科学教授的审批权力，他不允许运用演绎方法的经济学者在大学教书。虽然马克思恩格斯批判了德国古典哲学，但也继承了其中的科学成分；马克思也批判了德国经济学历史学派最早的代表人物李斯特，但也有学者认为这是马克思唯物史观形成的起点。

综上所述，德国古典哲学和德国经济学历史学派给我们以深刻启示：一是后发国家可以通过总结，实现认识上的历史超越；二是哲学经济学的理论创新要体现民族精神，要反映发展实际；三是哲学和经济学的解放需要实践和时代条件，哲学和经济学的解放又会积极地影响社会实践。

第八章

新时代经济发展的新前景

新时代要通过攻坚克难实现经济发展的新超越。

以党的十八大召开为标志,中国特色社会主义进入了新时代,这是我国发展新的历史方位。从中国当代经济发展的视角看,新时代是决胜全面建成小康社会、进而全面建成社会主义现代化强国的时代,是全国各族人民团结奋斗、不断创造美好生活、逐步实现全体人民共同富裕的时代。中国特色社会主义进入新时代,我国社会主要矛盾已经转化为人民日益增长的美好生活需要和不平衡不充分的发展之间的矛盾。当然,我们也必须清醒地看到,我国社会主要矛盾虽然发生了变化,但并没有改变对我国社会主义所处的历史阶段的判断,我国仍处于并将长期处于社会主义初级阶段的基本国情没有变,我国是世界上最大发展中国家的国际地位没有变。

新时代,经济发展面临新的美好前景,我们对21世纪中叶全面建成社会主义现代化强国充满信心。与此同时,我们也要清醒地认识到,发展中也会面临一些新的挑战。以习近平总书记为核心的党中央深刻把握新的历史方位,直面经济发展所面临的矛盾与问题,克难前行,勇于担当。笔者认为,按照党和国家的战略安排,一定能够解决好发展中所面临三大突出问题,即农业农村的现代化，发展动能的转换，以及在共建共享基础上实现全体人民的共同富裕。

一、新时代新理念新担当

（一）新阶段新战略新理念

1. 新时代经济发展进入新阶段

党的十九大报告指出："我国经济已由高速增长阶段转向高质量发展阶段，正处在转变发展方式、优化经济结构、转换增长动力的攻关期，建设现代化经济体系是跨越关口的迫切要求和我国发展的战略目标。"[1]发展阶段的转变，不是周期性的变化，而是经济发展进入了新常态。从消费的角度看，多样化、个性化、高品质和选择性的消费需求，取代了短缺背景下井喷式的消费需求；从供给的角度看，原有的供给结构也难以适应高投入、高消耗支撑下的高增长了；从党和政府对经济发展的战略引领角度看，必须在保持中速增长的过程中转变发展方式、转换发展动能，实现高质量发展。

2. 新时代新战略的主题仍然是工业化和现代化

新时代要求实现新型工业化，建成现代化的经济体系，与原来建立独立完整的工业体系和国民经济体系的要求是接续的、递进的。在全面建成小康社会的基础上，到21世纪中叶，建成富强民主文明和谐美丽的社会主义现代化强国，与原来提出的实现四个现代化和建设现代化国家的战略也是接续的、递进的。因此，新时代经济发展的主题仍然是工业化和现代化。加快构建以国内大循环为主体、国内国际双循环相互促进的新发展格局，是在开放的环境中对当代经济发展主线的坚持。以人民为中心，是新时代经济发展的鲜明的价值取向。从党的十八大召开

---

[1] 习近平：《决胜全面建成小康社会　夺取新时代中国特色社会主义伟大胜利——在中国共产党第十九次全国代表大会上的报告》，《人民日报》2017年10月28日。

的2012年到2020年是全面建成小康社会的决胜期。前面我们说过，党的十九大将2020年到21世纪中叶的30年，划分为两个发展阶段：从2020年到2035年是第一个阶段，在全面建成小康社会的基础上，再奋斗15年，基本实现社会主义现代化；从2035年到21世纪中叶是第二个阶段，在基本实现现代化的基础上，再奋斗15年，把我国建成富强民主文明和谐美丽的社会主义现代化强国。在第一个阶段，全体人民共同富裕迈出坚实步伐，到第二个阶段，全体人民共同富裕基本实现。党的十九届五中全会通过的《中共中央关于制定国民经济和社会发展第十四个五年规划和二〇三五年远景目标的建议》中关于共同富裕的表述比十九大报告更加积极，即展望2035年，人民生活更加美好，人的全面发展、全体人民共同富裕，取得更为明显的实质性进展。

3. 新时代对社会矛盾运动规律的认识达到了新的高度

党的十八大以来，以习近平为核心的党中央，把全面深化改革作为"四个全面"的重要战略布局之一，摆到了重要的议事日程。在改革开放较长的一段时间，经常会有一种说法，认为经济体制改革进展比较快，政治体制改革滞后。持这种看法的人对不同领域的改革，可能会有不同看法，但说到底是对改革开放的必要性尤其是推动改革开放的哲学基础，还需要深刻认识。

按照马克思主义原理，当一种社会制度难以容纳生产力发展要求时，要通过革命，用一种新的社会制度取而代之，从而解放社会生产力。中国共产党领导中国人民取得了新民主主义革命的胜利，建立了先进的社会主义制度，实现了有史以来最深刻、最广泛的社会变革。但社会主义制度建立之后，仍然需要通过改革开放，把社会主义制度的优越性充分释放出来。我们党早在1978年召开的十一届三中全会，包括之前召开的中央工作会议，甚至包括这一年早些时候国务院召开的务虚会议和全国计划会议上，就提出了要解决"三个不适应"的问题，即改革生产关系不适应生产力、上层建筑不适应经济基础、企业管理方式不适应企业发展的问题。这实际上触及了社会矛盾运动规律。前面我们讲过,邓小平说:"革命是解放生产力,改革也是解放生产力。"党的十九大报告指出:"只有社会主义才能救中国,只有改革开放才能发展中国、发展社会主义、发展马克思主义。必须坚持和完善中国特色社会主义制度,不断推进国家治理体系和治理能力现代化,坚决破除一切不合时宜的思想观念和体制机制弊端,突破利益固化的藩篱,吸收人类文明有益成果,构建系统完备、科学规范、运行有效的制度体系,充分发挥我国社会主义制度优越性。"[1]这些基本结论,是中国共产党人对马克思主义关于社会矛盾运动基本原理的运用和发展。党的十八大以来,党和政府推动全面深化改革,并且把改革的总目标定位为发展和完善中国特色社会主义制度,推进国家治理体系和治理能力现代化。这个总目标高度概括了改革开放以来的成功经验,也高度概括了全面深化改革的内容和内涵,同时也明确了全面深化改革的总原则和总方向。这标志着我们党对社会主义矛盾运动规律的认识达到了新的高度。

改革开放在不同时期,肯定有重点、有步骤、有秩序,先改什么,后改什么,再改什么,都需要综合考虑,也会顾及改革开放的关联效应。从顶层设计出发,全面深化改革也从总体上回应了改革谁先谁后的疑问和担忧。

4. 从哲学思维层次深刻领悟新时代的新发展理念

新时代经济发展的重要指导思想是,立足经济发展新常态,贯彻新发展理念,加快构建以国内大循环为主体、国内国际双循环相互促进的新发展格局。关于上述"三新",笔者在这里重点讲一点对新发展理念的认识。创新、协调、绿色、开放、共享的新发展理念,是习近平总书记在党的十八届五中全会上系统提出的。新发展理念是在我国经济发展进入新常态,在世界经济复苏乏力的背景下,总结改革开放30多年经济发展实践,针对我国经济发展面临的问题和挑战而提

---

[1] 习近平:《决胜全面建成小康社会 夺取新时代中国特色社会主义伟大胜利——在中国共产党第十九次全国代表大会上的报告》,《人民日报》2017年10月28日。

出的,是"十三五"以及今后更长时期我国经济发展的总思路、大方向和主要着力点,是"指挥棒""红绿灯"。创新发展注重的是解决发展动力问题;协调发展注重的是解决发展不平衡问题;绿色发展注重的是解决人与自然和谐问题;开放发展注重的是解决内外联动的问题;共享发展注重的是解决社会公平正义问题。

邓小平所讲的"不争论",只能从哲学和战略思维视角去理解,才能深刻认识其政治大智慧。同样,我们需要从哲学思维和战略思维层次理解新发展理念。笔者认为思维是分层次的,相对于逻辑思维,哲学思维是更高层次的思维;相对于战术思维,战略思维更具有整体性和前瞻性。创新涉及破与立,协调涉及重点与一般,绿色涉及发展与保护,开放涉及内因与外因,共享涉及效率与公平,它们都涉及经济发展的整体与长远。因此,从哲学思维和战略思维的视角看问题,有利于加深我们对新发展理念的理解。近些年,经济理论界很活跃,开了不少研讨会,也有不少学者就热点问题发声,其中有些问题备受关注。比如:是坚定不移地推进供给侧结构性改革,还是"放水"刺激需求;贷款难究竟是所有制歧视还是企业组织结构问题;是国有企业自身改革的问题,还是政府要进一步退出的问题;赶上时代是总量重要,还是技术水平重要。分析和解决这些问题,需要逻辑思维、工程思维、战术思维,但从总体上把握这些问题,需要哲学思维和战略思维。我们党有学哲学、用哲学的传统,需要具有哲学思维和战略思维的新发展理念引领,不能仅限于就事论事,"头疼医头、脚疼医脚",更不能急功近利。

(二)新时代攻坚克难的新担当

党的十八大以来,以习近平总书记为核心的党中央,准确把握经济发展新阶段,准确把握新的发展方位,迎难而上,直面矛盾,以巨大的勇气和魄力,以时不我待的责任与担当,推动经济发展方式和发展动能的转变和转换。

1. 理性面对经济增长速度的变化

前面专门讲到，较长时间以来的多数年份，中国经济增长都处在高速增长区间。高速增长有利于减轻就业压力，有利于形成规模效益，还有利于反映政绩。过去速度下来了，我们往往会采取相应的刺激措施，让速度再上去。现在党和政府下决心正视经济增长速度的回落，并将此作为转变发展方式、转换发展动能的契机，确实体现了勇气和担当。在劳动人口增长压力不大、科技创新在经济发展中发挥重要作用的背景下，低速高效（投入少消耗小）增长，当然是一种理想状态。问题是现在增长速度回落了，并不是马上效益就上去了。尽管如此，经济增长速度的回落，正在实实在在地、强有力地倒逼经济发展方式的转变和发展动能的转换。

2. 真刀真枪地调控房地产

长期以来，地方政府特别是城市政府对房地产的发展，思想上是矛盾的。一方面，房价持续上涨，老百姓有意见；另一方面，土地财政又是基础设施和城市建设的重要资金来源。往往房地产调而难控，风险累积滚存。如果对房地产不调不控，那么"明斯基时刻"就会不约而至；如果对房地产只调不控，那么在部分产能过剩、结构调整的当下，银行为了防风险对大量生产性企业特别是其中的中小企业惜贷拒贷，银行资金最好的出路便是贷给政府融资平台了。政府依托投资平台，继续对土地进行"招拍挂"，就可以继续大规模地拆旧城、建新城。这样，房价势必继续上涨，风险将进一步累积滚存。所以，确有必要真刀真枪地调控房地产，真刀真枪地调控房地产，也确实会深层触动现有的利益格局。

3. 在经济增速回落的背景下推进供给侧结构性改革

过去在维持较高增长速度的背景下，经常有一个说法，即在经济高速增长的过程中，比较容易调整经济结构。有人曾经打过一个比方：船舶在快速行驶的过程中，要对方向做相应的调整，只要轻轻地拨动舵把就可以，而在行进速度比较慢的情况下要调整方向，可能要用很大的力气。现在看来，当时在高速增长的过程中，调整结构的外在压力并不大，因为有排浪式的消费需求在拉动，企业也没有结构调整的内在冲动。而进入经济发展新常态以后，经济增长速度回落了，过剩产能也显现出来了，技术水平低、粗放经营的问题才被认识和正视，调整结构的紧迫性得以凸显。这个时候企业想调整和重组，往往会显得力不从心，急需配套政策予以支持。如果政府组织调整，第一需要资源，第二有可能经济增长速度还会进一步回落。而且，过去政府组织的治理整顿，通常针对的是投资过热，往往通过控制基建、控制新开工项目就可以很快见效。而现在，在经济增长速度回落的背景下，启动供给侧结构性改革，要解决的是供给需求结构性错位的深层次问题。一方面，过剩产能也成为制约中国经济转型的一大包袱；另一方面，中国的供给体系总体上是中低端产品过剩、高端产品供给不足。因此强调供给侧结构性改革，就是要从生产端、供给侧入手，调整供给结构，为真正启动内需、实现高质量的经济发展寻求新途径。因此供给侧结构性改革，是着眼长远、触及深层次、具有挑战性的战略选择。

4. 对内对外主动地承担起生态环境建设的责任

党的十八大把生态文明建设列入"五位一体"的总体布局，习近平总书记把生态环境需要作为社会主义生产目的的新内涵。他指出："从政治经济学的角度看，供给侧结构性改革的根本，是使我国供给能力更好满足广大人民日益增长、不断升级和个性化的物质文化和生态环境需要，从而实现社会主义生产目的。"[1]在"日益增长"之后，增加了"不断升级"，增加了"个性化"，在"物质文化"之后增加了"生态环境"。这当然是积极适应人民对美好生活需要的新变化，同时也是以高度的责任感正视人与自然的关系。中国是一个人口超大型的发展中国家，在加速实现工业化和现代化的过程中，始终面临生态环境容量的巨大压力。我们不能以破坏生态环境为代价实现眼前的增长，不能以

---

[1]《习近平在省部级主要领导干部学习贯彻党的十八届五中全会精神专题研讨班上的讲话》，《人民日报》2016年5月10日。

明天的灾难为代价支撑今天的"繁荣"。

西方发达国家都曾面临过中国今天的问题，它们当年更多的是用殖民扩张和向发展中国家转嫁的方式，解决环境压力问题。中国是社会主义国家，坚持走和平发展的道路，致力于构建"人类命运共同体"，不仅要适应我国人民对生态环境质量的要求，而且要为全球气候治理作出国家自主贡献。2020年12月12日，习近平总书记在气候雄心峰会上通过视频发表题为《继往开来，开启全球应对气候变化新征程》的重要讲话，宣布中国国家自主贡献一系列新举措。"我国力争2030年前二氧化碳排放达到峰值，努力争取2060年前实现碳中和。""到2030年，中国单位国内生产总值二氧化碳排放将比2005年下降65%以上，非化石能源占一次能源消费比重将达到25%左右，森林蓄积量将比2005年增加60亿立方米，风电、太阳能发电总装机容量将达到12亿千瓦以上。"[1]

5. 把共同富裕作为可以实现的中长期发展规划目标

毫无疑问，共同富裕是社会主义的本质要求。通常人们的想法是，我国仍处在社会主义初级阶段，处在发展的过程中，会把共同富裕作为一种价值取向、一种愿景。进入新时代，在脱贫攻坚取得决定性胜利、全面建成小康社会的背景下，以习近平总书记为核心的党中央开始把促进人的全面发展、实现全体人民的共同富裕作为中长期发展规划的战略目标。党的十九大提出，到21世纪中叶，全体人民共同富裕基本实现。党的十九届五中全会通过的《中共中央关于制定国民经济和社会发展第十四个五年规划和二〇三五年远景目标的建议》提出，到2035年，"人民生活更加美好，人的全面发展、全体人民共同富裕取得更为明显的实质性进展"[2]。共同富裕肯定不是少数人富裕，也不是一部分人富裕，而是全体人民共同富裕。在目前经济发展"不平衡、

---

[1] 习近平：《论把握新发展阶段、贯彻新发展理念、构建新发展格局》，中央文献出版社2021年版，第453页。
[2] 《中共中央关于制定国民经济和社会发展第十四个五年规划和二〇三五年远景目标的建议》，人民出版社2020年版，第5页。

不充分"的背景下,在较大的收入差距客观存在的背景下,实现全体人民共同富裕,显然是具有挑战性的使命担当。

下面就新时代正在攻坚克难的三个突出问题,分别以"二""三""四"的序列展开分析。

二、农业农村的现代化

(一)农业农村问题在中国现代化建设中具有举足轻重的地位

党的十九大对乡村振兴作了部署,强调农业、农村、农民问题是关系国计民生的根本性问题,强调构建现代农业产业体系、生产体系、经营体系,健全农业社会化服务体系。党的二十大强调,全面建设社会主义现代化国家,最艰巨最繁重的任务依旧在农村。

中国是一个农业大国,拥有世界上最多的农村人口,目前中国农村人口总数仍然有5亿多。农村成就了中国新民主主义革命的胜利,农业的积累支持了新中国成立之初的工业化,并用世界10%的耕地和6%左右的淡水资源养活了世界20%以上的人口,农民工为改革开放作出了巨大贡献。农业、农村和农民的"三农"问题始终是中国革命、建设和改革全局的根本问题,当然也是中国现代化建设的根本问题,关系到中国经济发展的基础、中国社会稳定的基石、中国现代化建设的进程。新中国成立以来,党和政府高度重视农业农村工作。70多年来,特别是改革开放以来,农业农村面貌发生了深刻变化。改革开放之初的家庭联产承包责任制,极大地激发了农民的生产经营积极性,解决了邓小平所提出的三步走的战略的第一步——温饱问题。在改革开放和工业化现代化的推动下,农业的机械化和市场化有了长足的进步,脱贫攻坚取得实质性进展,现代农业也有一定程度的发展。但是我们还必须清醒地看到,"城乡发展不平衡不协调,是我国经济社会发展存在的突出矛盾,是全面建成小康社会、加快推进社会主义现代化必须解决的重大问题。改革开放以来,我国农村面貌发生了翻天覆地的变化。但是,城乡二元结构没有根本改变,城乡发展差距不断拉大趋势没有根本扭转。根本解决这些问题,必须推进城乡发展一体化"[1]。

(二)小农制生产方式是阻碍中国农业农村现代化的基础性因素

笔者认为,仅仅从落后的农业大国的视角,来思考中国的农业农村问题是不够的,还需要从中国历史上长期形成的小农制生产方式、从市场经济条件下的农业和农民角色来分析思考。

前面专门讲过,近代以来,中国的历史学家,特别是其中的经济史学家,一直在思考和探讨一个问题,即为什么中国封建社会的历史这么长?为什么资本主义萌芽在中国没有生长出资本主义生产关系?傅筑夫认为,在于中国封建社会独特的地主制经济形态,以及小农制经济生产方式。这里不妨将前面引用的傅筑夫的分析再复述一遍。

> 土地兼并本是土地的集中过程,通过土地兼并,把分散在许多人手里的小块土地合并成为大地产。但是土地所有权的集中,不等于土地经营规模的扩大,在中国,两者是一种相反的过程,即随着土地的不断集中,经营规模则是在不断缩小,这与圈地运动以后的英国情况是完全相反的。英国的圈地运动在性质上也是一种土地集中过程,是将分散的小地产合并成为大地产。随着这种合并而产生的是租地经营的农业资本家的出现,他们用货币资本来向地主承租大块土地,以经营城市工业的方式来经营农业……它一方面通过对直接生产者的生产资料(土地)的剥夺,使之转化为雇佣劳动者;另一方面它把非机能资本转化为在生产

---

[1] 习近平:《关于〈中共中央关于全面深化改革若干重大问题的决定〉的说明》,《人民日报》2013年11月16日。

上发挥机能的产业资本，故整个过程就成为资本主义产生的基本条件。中国的土地兼并根本没有这样的作用，它的出现，既不是资本主义发展的结果，又不是资本主义赖以产生的前提条件，它所发挥的只是消极作用，小农制经济就是这种消极作用的集中表现。正由于这种经济结构是以一定的土地制度为基础的，所以小农制经济的形成，又进而成为影响整个社会经济的一个决定性因素。由于这种经济结构的长期不变，结果就成了社会经济长期迟滞不能发展的一个总根源。[1]

所以，地主制经济形态和由此产生的小农制经济生产方式长期存在，使东周就出现了的资本主义因素、明代中期与西方同时出现的资本主义萌芽，始终处在缓慢发育的过程中，始终生长不出资本主义的生产关系。新中国成立以后，通过土改废除了延续两千多年的封建生产关系，使耕者有其田。但农民仍然是分散的、小块土地的自耕农，通过农业的社会主义改造，土地变为集体所有，改变了个体农民的小农制生产方式。但所有的生产经营活动集中管理，又忽视了农业生产自身的规律和农民的积极性创造性，加上"左"的思想指导，搞人民公社化，刮"共产风"，即使移山造地、围湖造田，也难以稳定地解决温饱问题。因此，改革开放首先从农村改起，实行家庭联产承包责任制，农村面貌很快就发生了变化。家庭联产承包责任制最初的设计，是"统分"结合，土地仍然归集体所有，家庭是经营主体。改革开放40多年来，在一家一户想做做不到需要"统"的方面，应该是做了很多努力，比如农机服务、农技服务方面，比改革开放以前有很大变化。但是也有不尽如人意的地方，比如农田水利设施，基本上还在吃人民公社的老本。

---

[1] 傅筑夫：《中国古代经济史概论》，中国社会科学出版社1981年版，第87—88页。

（三）农民仍然是弱小的商品生产者，农业仍然是弱质产业，小生产与大市场仍然有不小的距离

在面向市场的过程中，在小农制经济生产方式没有得到根本改变的条件下，无论是从空间距离还是从思想距离看，农民仍然是离市场最远的商品生产者，由于农村经济文化落后，与城市市场又有空间距离，农民难以主动、从容、符合要求地适应市场需求。农业的再生产过程是由劳动过程和自然生长过程相结合而形成的。由于生产过程的特殊性，又受小农制经济生产方式的影响，农业是市场经济条件下的弱质产业，既要被动接受来自城市价格不断上涨的农业生产资料，又要被动承受自然灾害和农产品价格回落。从事农业很辛苦、有风险、不赚钱。小生产与大市场对接，有距离有困难。青年农民以农民工的身份进城务工经商，其内在原因是农业生产效率提高了，有了剩余劳动力；其外在原因是，城市的改革开放使工业和服务业得到了新的发展，有针对农民工的新岗位需求；而从农民工自身而言，主要是希望改变生存方式，是对弱小的商品者身份、对曾经从事的弱质农业的抛弃和逃离。从长远看，这个变化仍然是单向的。农业农村没有城市资本的进入，农业生产仍然没有纳入社会化大生产的体系。城乡二元结构不仅没有得到根本解决，而且还会出现新的极化方式，即城市越来越繁荣，农村将不断地走向衰败。

从经济学的角度深入分析，实现农业现代化和乡村振兴，需要解决深层次的重点难点问题。

（四）对小农制经济生产方式进行现代化改造

改造小农制生产方式，走合作化集体化的道路，这是农业社会主义改造的重要指导思想，也是农业的发展方向。1953年，毛泽东在主持制定中央关于开展农业合作化决议时指出："使农业能够由落后的小

规模生产的个体经济变为先进的大规模生产的合作经济,以便逐步克服工业和农业这两个经济部门发展不相适应的矛盾。"[1]1980年5月31日,针对有人担心实行包产到户会影响集体经济,邓小平在和有关负责同志谈话中指出:"我看这种担心是不必要的。我们总的方向是发展集体经济。……可以肯定,只要生产发展了,农村的社会分工和商品经济发展了,低水平的集体化就会发展到高水平的集体化,集体经济不巩固的也会巩固起来。关键是发展生产力,要在这方面为集体化的进一步发展创造条件。"[2]1990年3月3日,邓小平在与中央负责同志的谈话中说:"中国社会主义农业的改革和发展,从长远的观点看,要有两个飞跃。第一个飞跃,是废除人民公社,实行家庭联产承包为主的责任制。这是一个很大的进步,要长期坚持不变。第二个飞跃,是适应科学种田和生产社会化的需要,发展适度规模经营,发展集体经济。这是又一个很大的前进,当然这是很长的过程。"[3]1992年7月,邓小平在审阅中共十四大报告时指出:"社会主义经济以公有制为主体,农业也一样,最终要以公有制为主体,公有制不仅有国有企业那样的全民所有制,农村集体所有制也属于公有制范畴。现在公有制在农村第一产业方面也占优势,乡镇企业就是集体所有制。农业经济最终还是要实现集体化和集约化。"[4]

在家庭联产承包责任制长期稳定的情况下,如何用现代化改造小农制经济生产方式,是深化农村改革面临的重大课题,是最难的难题。小农制经济生产方式不改变,或者不与大生产、大市场有效地对接,那么农业、农村甚至农民的现代化,都难以真正实现。靠农村现有的力量,包括常住人口,其中的劳动力,尤其是资金资本,经营人才,来实现农业规模经营甚至实现现代化是很难做到的。现在多数农村特

---

(1)《毛泽东文集》第6卷,人民出版社1999年版,第442页。
(2)《邓小平文选》第2卷,人民出版社1994年版,第315页。
(3)《邓小平文选》第3卷,人民出版社1993年版,第355页。
(4) 中共中央文献研究室编:《邓小平思想年编(1975—1997)》,中央文献出版社2011年版,第711页。

别是中西部的广大农村,青壮年基本上外出打工了,留守的主要是老人、妇女、儿童。

前几年,房地产企业碧桂园在其顺德总部宣布,正式进军现代农业,成立了碧桂园农业控股有限公司。该企业的创始人、董事局主席杨国强对自己投身现代农业的解释是,有梦、有心、有力,40年前种田,40年后还是回去种田。碧桂园参与现代农业的打算是:在项目当地党委和政府的指导下,引导零星农户迁移,推动城乡融合。在连片耕地整合后,发展规模化种植、养殖及食品加工业。同时,以科技创新引领现代农业,加快布局农产品育种、生产、加工、物流、销售于一体的农业全产业链,运用新技术,探索新模式,建设新业态,与农民共享现代农业发展的成果,引领中国现代科技农业发展。农户以土地入股的方式参与农业现代化的建设。为此,杨国强还专门率团到以色列、荷兰进行农业考察,还与农业科研院所签订了战略合作协定。

当前,迫切需要在城市工作并有成就、有积累而且有志于参与农业现代化的农民工回乡创业,需要像碧桂园这样的企业下乡创业。据有关部门统计,2018年,全国回乡下乡创业的人员有750万人。当然,回乡下乡主要不应该是过去那种组织动员的支农,而是资本和经营人才对农业现代化的参与,是用社会化大生产的方式,对小农制经济生产方式进行改造。这也要求农村三权分置改革进一步深化,在坚持土地集体所有的前提下,把承包权、经营权搞活。

(五)按照经济规律重建"双层经营"机制

在人民公社体制下,像兴修水利这样的事,受到了高度重视,并且很有成效。实行家庭联产承包制,主观愿望是想把家庭和集体两个积极性和优势都发挥出来,而实际效果是家庭的积极性调动起来了,而村组没有手段也没有能力做需要"统"的那些事,"统"的作用并没有真正发挥出来。要把一家一户想做而又做不了的事真正做起来,需要重构"双层经营"机制。像碧桂园这样的企业，真正建立起以农户为股东的公司，在公司层面发展专业化服务组织和业务，才有可能使另一个层面的统一经营开展起来。这样公司及专业服务组织与农户的关系，也不同于村组与农户的关系，不是原来设想的那种村组"一事一议"、投资投劳的方式，当然也不同于过去的人民公社，而是建立在利益联系基础上的新机制。

（六）以家庭经营为基础的小农现代化是中国式现代化的重要内容

前面我们说到的以家庭为单位的农业的小农制生产方式，主要是指生产力水平低下的传统的生产模式。中国农业大学人文与发展学院，把以家庭为单位的农业生产称为小农经济，并对小农经济进行了跟踪研究。该院潘璐教授认为，现代世界经济中，小规模家庭农业生产者的绝对数量在上升，占到世界人口的40%。大部分发展中国家，尤其是在"小农圈"的亚洲地区，以农民家庭为单位从事的小规模农业依然是农业经济中的主体，亚洲和太平洋地区容纳了全球60%的人口，同时也拥有占全球74%的家庭农业。亚太地区的小规模家庭农场生产这一地区的80%的食物，为粮食安全作出了巨大贡献。在欧洲仍然有占全球小农场数量4%的数百万小农，还有许多大农场正在重新回到小农经营的模式，进行着"再小农化"的实践。从全球角度看，小农农业养活了世界70%的人口，是单位面积最有效率的生产模式。目前我国小农户数量占农业经营户的98%，小农户从业人员占农业从业人员的90%，小农户经营耕地面积占总耕地面积的比重超过70%，小农户仍然是中国农业现代化中的基础和出发点。

在潘璐团队看来，像碧桂园这样的资本下乡，可能有利有弊。农民以及小农农业直接或间接地隶属于资本，为资本提供土地和劳动力，或为资本承担其不愿意承担的生产环节的高风险，小农农业自身的发展空间受到严重影响和挤压。

自2010年起,中国农业大学人文与发展学院在河北省易县坡仓乡开展一项"巢状市场小农扶贫"的行动实践。他们以小农的生计资源为出发点,以农民的地方性农业生产为产业,以城市普通消费者对健康食物的需求为对接出口,构建由小农户和城市人口共同参与的"巢状市场"。自2012年开始,村民已经独立完成生产、组织到配送的全过程,在北京有八个固定配送点,20—30天配送一次,从未间断。十余年的实践证明,"巢状市场"实现了小农户的城乡对接,在带动贫困小农户脱贫增收、改善村庄生态环境和促进农村可持续发展等方面具有重要功能。[1]

他们所说的"巢状市场",是用蜂巢做比方,密密麻麻的小农户与城市里密密麻麻的消费者就像是六边形的蜂窝密密麻麻地连在一起,形成一个直销市场。这样的探索,一方面是乡村领导和农大的学者们共同发挥了重要的组织、联络、引导作用,另一方面,农户是基础,除了按消费者的需求组织生产外,在长达十余年的时间里,农户也持续具体地参与对接和配送。这个探索给我们两个方面的启示:一是小农制生产方式的改造,可以是适度规模经营,也可以在家庭经营规模不变的情况下实现,甚至适度规模经营也可以家庭经营为基础。二是为小农制生产方式的现代化改造提供了第三种路径。第一种路径是在统分结合的双层经营体制中,加强和发展"统"的层面。第二种路径是城市资本下乡、对传统农业进行改造、适度规模经营。中国农大提供的案例是第三种路径,其推广价值或者普适性,可能还是要在生产农户的基础上,发展出新的组织形式即产品协会,形成专门负责运输和销售等新的分工,或者把城市里运输和销售的专业职能延伸到农村。而且城市消费者也应该有消费者协会这样的组织来对接。如果这个路子真正走通了,在农村千千万万个农户和城市千千万万个消费家庭之

---

[1] 周怀宗:《小农现代化将是中国贡献给世界的重要经验》,《新京报》2020年10月18日。

间能够建立稳定的"量子纠缠"式的产销关系,那么小农经济的现代化就真正实现了。中国如此多的小农户和如此多的城市家庭相连的"巢状市场",当然也具有世界意义。

(七)坚定不移地发展小城镇群

要转变小农制经济生产方式,形成集中连片规模经营,农民分散居住的结构也要发生变化。在碧桂园发展现代农业的思路中,首先就有"农户迁移"。前几年一些农村也在探索"迁村腾地",精准扶贫中也有一项整体搬迁的措施。20世纪80年代初,著名社会学家费孝通先生提出了"小城镇大问题"的发展命题,并组织了深入的调查研究。改革开放以来,中央文件中也一直强调要发展小城镇,积极倡导股份制的厉以宁教授,晚年也在调研小城镇。笔者认为对发展小城镇的重要性还需要提高认识,中国农业和农村现代化,还是要走大力发展小城镇群的路子。现在有一种观点认为,中国的城市化还是要效仿西方,发展大城市群。现在大中城市的进一步扩张势头仍然很强劲,而20世纪80年代广大农村小城镇发展的良好势头并没有长期保持,由于农村劳动力进城务工经商,中西部农村中一些小城镇的发展还出现了停滞,甚至呈衰落之势。这个局面必须改变,至少在大中城市进一步发展的同时,农村小城镇群也要快速发展。事实上像中国这样的城乡结构,农村人口多,居住分散,完全靠大城市群集聚是不可能的,也不经济。因此,城市资本参与农业现代化,在改造小农制经济生产方式的同时,还必须大力发展小城镇群落,这本身也是农业农村现代化的一个内容。即便是"农大模式",农协、专业化运销等专业化分工的形成和深化,也需要小城镇依托。

(八)要提高农业的比较效益

下乡和回乡种地,仅仅靠组织动员和社会责任感是不够的,也难以持久，还必须使农业成为能赚钱、有奔头的产业。一是靠转变小农制经济生产方式，实行规模经营，或者在此基础上发展社会化大生产的专业服务，把封闭式的小农业纳入到社会化大生产的轨道，以降低农产品的单位成本；二是要用工业化的方式经营农业，通过多次加工增加附加价值；三是一、二、三次产业协调发展，提高全要素生产率；四是发展科技和生态农业，通过提高品质增加收入；五是要进一步给予政策扶持，包括按国际惯例对农业进行政策性补贴，按保护价收购粮食和其他农产品等。

三、发展动能的转换

（一）高投入高增长的发展方式难以为继

有的学者（如林毅夫、周天勇）认为，中国经济发展中的城乡差别仍然很大，相对落后的农村经济发展需求潜力仍很大，经济发展不充分不平衡的问题，从另外一个视角看，应该是未来经济增长的余地和空间。他们认为未来中国经济保持中高速增长的窗口期，还有15年到30年。笔者认为这样分析和看问题确实有一定的道理。但是我们现在综合考虑各方面的条件，要在发展动能转换方面下功夫，也就是说即使在今后经济高速增长的过程当中，质量效益也要有很大的提高；在中速发展的过程当中，要更加注重全要素生产力的提高；在低速增长的过程当中，要在质量效益提高的基础上转换盈利模式。

发展动能的转换，不仅是中国经济进入新常态的现实选择，而且也是中国经济现代化的题中应有之义。近几年来，围绕经济发展的新常态，习近平总书记发表了一系列重要讲话，讲得很充分，很到位，很深刻。对新常态的三个特点，我们需要深刻认识。

1. 由高速增长转入中高速增长

这个变化是最直观、最容易度量的变化。这个变化不是周期性的变化，即过一段时间高速增长还会回来，像过去高速—中速—高速的循环，而是趋势式变化。这几年经济增速回落到了6%左右（由于新冠肺炎疫情的原因，2020年只增长2.3%），有学者（如林毅夫）认为，这已经触碰到经济发展的政策底线。

2. 经济结构不断优化升级，第三产业、消费需求进一步成为主体，城乡区域发展差距逐步缩小，居民收入占比上升

这实际上涉及经济发展的动力结构、地区结构、收入结构，虽然有政策引导的原因，但也是经济发展内在的演进规律。如果经济增长速度回落，结构不能优化，低成本优势没有了，技术优势又没有形成，那就会落入"中等收入陷阱"。

3. 由主要靠要素驱动、投资驱动转向更多地依靠创新驱动

前面我们说过，改革开放以来，中国经济学界接受了短缺经济这个概念。实际上短缺有计划经济体制的原因，还有工业化初期供应不足和生产资料优先发展的结构性原因。在短缺经济背景下，改革开放解放了社会生产力，加上当时世界经济处于增长的黄金期，只要形成生产能力就有销路，就能赚钱。由此，全方位产能井喷式扩张。前些年为了应对国际金融危机的冲击，刺激经济的措施又使一些产能有所扩大。但近几年来，资源承载压力加大，世界经济复苏乏力，保护主义和单边主义抬头，要素红利、低成本红利、景气红利在消减，简单地靠要素和投资维系高速增长已经难以为继了（过去有一段时间是"三高"，即高投资、高储蓄、高增长）。有的同志说，中国基建投资的空间余地还很大，现在在依托"大基建"增加投资，还可以推动经济高速增长，但基建投资难以形成支撑经济高质量发展的新动能。因为投资必须以收入作为支撑，基建规模的扩充，势必更多地依赖信贷杠杆，而在增长速度回落的背景下，过度杠杆化必然导致滞胀，这就是西方20世纪30年代大萧条之后，凯恩斯经济学受重视，而到了六七十年代出现滞胀后，则又抛弃凯恩斯经济学的原因之所在。有人做过比较分析，认为中国与发达国家在相同发展阶段时，中国基建投资的比重大

于发达国家。1982年至2018年，全社会固定资产投资年均增长20.4%。改革开放40多年来，中国GDP年均增长9.4%，固定资产投资年均增幅是GDP年均增幅的2倍多。而从2015年开始，固定资产投资增幅已经连续4年低于10%，而且逐年回落，分别为9.8%、7.9%、7.0%、5.9%。其中，2018年固定资产投资增幅仅为5.9%，甚至低于GDP 6.6%的增长幅度。有的同志可能会说，做土地的文章，经营城市，还有比较大的增长空间，但是如果过度依赖房地产来维系经济增长，也会积累不良后果。第一，无论是新地拍卖还是旧城改造，都会推动房价上涨；第二，房价上涨将进一步提高家庭的杠杆率；第三，资金资源向房地产集聚不利于结构优化；第四，房地产对相关产业的带动和技术进步的因素不多，关联度也不大。

因此，从总体上看，人口红利的窗口期已过，环境承载空间已经十分有限，固定资产投资的增长幅度已经连续几年低于GDP的增长幅度，中国经济发展已经别无选择，必须转变发展方式，转换发展动能，这也是中国实现工业化和现代化必经的一个痛苦过程。

（二）通过供给侧结构性改革寻求理性发展方式

供给侧结构性改革，是基于经济发展新常态判断、体现新发展理念的战略性抉择，其核心是转变发展方式。我们可以从以下几个视角来思考。

1. 有效增长与告别速度情结

改革开放以来，经济持续高速增长，使我们充满自豪感和成就感，也使我们形成了惯性思维和速度情结。现在增长速度放缓，往往从情感上接受不了，有人还认为现有的就业和分配格局是在高增长的背景下形成的，已经形成了速度刚性，因此主张继续扩大总需求，使增长速度继续维持在较高水平。这种观点具有一定的代表性，但是忽略了马克思主义政治经济学的一个基本原理。马克思认为，商品包括使用价值和价值，个别劳动创造商品的使用价值，社会必要劳动时间决定商品的价值，商品的价值要通过交换才能实现。如果你生产的商品卖不出去，虽然耗费的活劳动和物化劳动也反映了经济的增长，但凝结在卖不出去的商品上的劳动就是无效劳动。因此，经济增长应该是有效的增长，无效的增长毫无意义，甚至有害。由此可见，中央横下一条心进行供给侧结构性改革，而不是单纯地刺激总需求，符合马克思主义政治经济学的基本原理。

2. 全要素意识与系统思维

习近平总书记在阐述供给侧结构性改革时，把落脚点放在"提高全要素生产率"上。总书记强调的"全要素生产率"，具有政治经济学的学理性。可以从几个方面加以理解：①投入的所有要素的价值总量与产出的价值总量之比；②强调全社会及整体的要素之和的生产效率；③全要素运用的可持续效率；④在要素构成中体现"全"，不仅包括劳动、生产资料、资金资源等要素，还包括技术、组织管理、专业化水平、生产或商业模式等要素；⑤各要素的合理结构和有效配置。可见，全要素生产率就是总体发展的效率，全要素思维就是理性、科学发展的系统思维。这不是放任市场自发调节，以社会资源的巨大浪费为代价，实现暂时的均衡，而是通过改革和其他措施，以最小的社会代价，实现积极的动态平衡。

3. 科技创新与赶上时代

习近平总书记多次从历史的纵深谈到技术革命的极端重要性，并且从我国的历史经验教训出发，强调要抓住机遇、推进科技创新，赶上和引领时代。在肯定我国的一些企业推进供给侧结构性改革成功经验时，也列举了手机和显示器等自主创新的案例。他还强调指出："当今时代，社会化大生产的突出特点，就是供给侧一旦实现了成功的颠覆性创新，市场就会以波澜壮阔的交易生成进行回应。"[1]这体现了我

---

[1]《习近平在省部级主要领导干部学习贯彻党的十八届五中全会精神专题研讨班上的讲话》，《人民日报》2016年5月10日。

们党对社会化大生产规律的认识达到了新高度。我们党是先进生产力的代表，科技是第一生产力，这些都是中国特色社会主义政治经济学以及中国当代经济发展学的重要思想资源。

4. 人的创造性与发展动能

马克思主义政治经济学注重既见物又见人，探究物与物背后的人与人的关系，注重人的解放和全面发展。马克思写《资本论》，从商品切入，分析商品交换背后的人与人的关系，揭示资本主义不可调和的矛盾，进而揭示人类社会发展的规律。中国特色社会主义政治经济学的内涵首先是坚持以人民为中心的发展思想。在政治经济学视野中，第一是作为生产目的的人。习近平总书记强调，供给侧结构性改革的根本是更好地实现社会主义生产目的。第二，作为生产要素中最活跃因素的人。第三，作为创新主体的人。创新创业都取决于人的主观能动性和创造性。第四，作为消费者的人。第五，作为人力资源的人。科技进步会带来资本有机构成的提高，在此背景下，还要观照就业和劳动力优势的合理运用。

5. 结构改革与历史担当

相对于刺激总需求，从供给侧结构性改革入手，难度要大得多。改革开放以来较长一段时间，我们所进行的改革多是增量改革，而供给侧结构性改革需要更多地触动存量，涉及利益格局的调整，涉及复杂的社会问题，因此更富有挑战性。前面说过，这体现了党和政府的历史担当。

6. 供给侧结构性改革与宏观经济治理创新

供给侧结构性改革是当前全面深化改革的重点和难点，如前所述，它与过去宏观调控政策出台的不同在于：主要靠改革的办法推进结构调整、转变发展方式，实现由低水平供需平衡向高水平供需平衡跃升。它不仅仅是财政、税收或金融等单一政策的运用，也不仅仅是资金和项目的引导，而是综合改革、综合施策，是体制机制创新，是标本兼治。这相对于仅仅从需求总量入手思考财政、金融松紧搭配的宏观管理分析思路，应该是新的突破，是宏观经济治理实践与理论的创新。

从实际操作层面讲，供给侧结构性改革的现实针对性在于解决供给结构错配的问题。涉及消化过剩产能，包括开展国际产能合作；涉及发展新兴产业和现代服务业；涉及增加公共产品和服务供应；涉及科技、工艺和商业模式的创新；等等。当前的重点是"去产能、去库存、去杠杆、降成本、补短板"，但这些都不仅仅是临时应急性措施，着力点在于体制机制创新。

比如，通过供给侧结构性改革，建立起产能饱和动态预警机制，低端产能市场退出机制，过剩产能淘汰机制，新技术、新产业、新业态扶持机制，科技创新、工艺革新、技术发明激励机制，行业供给能力评估发布机制，需求变动趋势分析预测机制，全要素生产率统计评估机制，等等。

供给侧结构性改革及其体制机制创新，既具有中国特色社会主义政治经济学的价值追求，又具有宏观经济管理的可治理性，我们要跟踪实践，深化规律性认识，形成学理性支撑。

西方经济学在20世纪30年代大萧条之前，只有微观经济学，后来实施凯恩斯主义后才有了宏观经济学，但很快出现了滞胀，凯恩斯主义又开始式微，而且还发生了世界金融危机。市场经济条件下的宏观管理是一个世界级的大难题。社会主义市场经济需要有效地应对而且完全有条件应对这个大难题，供给侧结构性改革引起的体制机制创新，必将有力地推动中国特色社会主义宏观经济治理理论的创新。

（三）发展动能的转换必须以企业盈利模式的转变为支撑

1. 发展动能转换的主体和基础是企业

有机构做过分析，中国经济由增长10%回落到增长5%，40%的企业将出现亏损。美国年均增长2%—3%，日本年均增长1%—2%，欧洲几乎是零增长，但大多数企业仍然保持盈利水平，它们靠什么，就是靠创新。前面说到，张培刚先生认为影响现代化的因素有五个，即人口、资源、制度、生产技术、企业家精神，他认为人口和资源是现代化的制约因素，生产技术和企业家精神是发动因素，制度既是发动因素，又是制约因素。

2. 企业盈利模式必须转变

企业原来靠扩大生产规模，使产品单位成本下降，从而达到盈利的目的。现在生产规模只能维持或者很小幅度地扩大，那么产品单位成本就会相对地上升，盈利空间就会压缩甚至出现亏损，那么要维持盈利或者增加盈利，就只能通过改变产品的品质，卖个好价钱来实现。

企业转换盈利模式，注重技术研发，实施科技创新驱动，有实际需要，也有发展空间。2018年《人民日报》发布了百家企业的调查报告[1]，强调转换发展动能，关键在激活微观。这篇报道通过采访反映了我国产品品质存在的问题。比如：汽车产业的规模已经很大了，但自动变速箱的生产实力还比较弱，一些核心部件还不能生产；海运冷藏集装箱中的冷机价格占50%，大功率压缩机运行的稳定性要求非常高，青岛中集潜心研发了八年，仍未攻克关键技术；曲轴是船舶柴油机的核心部件，虽然通过进口锻件材料和加工设备能够自行生产，但质量和价格相较于一些制造业先进国家仍有差距；同样型号的齿轮钢、轴承钢，就算是国内顶尖厂商生产的，品质与国外也有差距；等等。

（四）要在制造业领域开展广泛深刻的品质革命

1. 总量重要质量更重要

对我国经济发展的质量水平问题要有清醒认识。习近平总书记指出，中国近代落后挨打，不是输在规模上，而是输在技术水平落后上。不久前网上热炒的一位经济学家说按购买力平价计算，我国的生产规

---

[1] 参见田俊荣、刘志强等：《打牢中国工业的基石——对三省六市100家企业的调查之一》，《人民日报》2018年9月10日。

模已经超过了美国。网上对这个判断,基本上是负面评价,为什么?是中国人不自信吗?笔者认为,且不说用购买力平价来比较是否合适或准确,在普通消费者心目中,是很难直观地感觉到经济发展总量的,但他们往往对产品的质量很敏感,他们认为中国经济与美国经济有差距,更多是从产品质量和技术方面说的。

2. 品质革命需要突破传统思维

为什么中国企业的产品品质与国际先进水平有差距,有的甚至有很大的差距?北京大学教授周其仁说,库卡(KUKA)的老总到中国演讲,他说,美国有IT巨头,欧洲有工业4.0,中国有什么?中国有雄心壮志。周其仁在佛山演讲,发出了"难道中国只有雄心壮志吗?"之问。周其仁长期关注佛山的制造业发展问题,又去做了三个月的调查。他认为中国企业不太注重产品品质问题,有三个原因:一是长期的农业文明。农产品中有贡品,而工业产品没有贡品。其实农耕文明不太重视产品品质还有深层次原因,那就是生产的小规模,自给自足,没有市场竞争。二是贫穷。他说贫穷容易产生"差不多"的思想,尽管现在富起来了,但"差不多"思想仍然有滞后影响。进一步分析,在贫穷的背景下,人们对商品的选择会把价格低放在第一位,甚至更愿意买次品。三是市场大。即使是质量差的产品,也会"东方不亮西方亮",可以销出去。其实这是一种虹吸效应[1]。

因此,中国要转换发展动能,实现高质量发展,需要进行"品质革命"。首先要保持清醒头脑,看到自身存在的差距,而且还要与传统观念和思维模式作斗争。

(五)用市场的办法解决科研与应用"两张皮"的问题

我们可以通过一个案例来理解。2009年,武汉纺织大学与山东济

---

[1] 抽取液体时用虹吸管,当原容器液面高于待装容器液面时,开始仅需人工挤压吸气,至液体充满管体后再无须外力,液体即可在虹吸作用下自动流向待装容器。

宁如意集团联合开发的嵌入式纺织技术，获得国家最高奖——科技进步一等奖。嵌入式纺织技术不仅解决了原料充分利用的问题，还攻克了轻薄高档面料生产的技术难关。如意集团开发运用嵌入式纺织技术得心应手，把其称为"如意纺"。企业在技术开发中不断地发展壮大，已经成为中国最具竞争能力的纺织服装企业之一。嵌入式纺织技术的研发，也由原料充分利用到高档毛纺面料名牌服装的开发，再到嵌入保健医疗功能，不断地在深化。

主持这项研究的是武汉纺织大学教授徐卫林，但这个项目需要得到具有技术进步渴望的企业的参与和合作。武汉纺织大学是湖北的省属高校，湖北是纺织工业大省，也有一批大规模的纺织企业，但武汉纺织大学没有就近与湖北的纺织企业合作，而选择了山东济宁如意集团。如果没有别的原因，那么只能说，山东济宁如意集团有更强的技术进步意愿，更注重与高校、科研院所合作，更愿意为技术研发而投资。

这个案例告诉我们很多道理。

1. 着眼于市场运用的技术研发，企业是主体、是关键。企业在生产实践中反映出技术研发的实际需求，或者叫出题目，科研院所、科研人员有针对性地开展技术研究，甚至与企业一道搞研发，就可以解决当前一定程度存在的科研应用"两张皮"问题，解决科技成果转化难的问题。

2. 要充分发挥企业家的创新职能，培植创新动能和创新生态。美籍奥地利经济学家熊彼特（Joseph Alois Schumpeter），最重要的贡献就是创新理论的提出。他认为创新是生产体系的内生现象，是企业家的职能，企业家将创新的多因素组合起来，植入生产体系之中，作为生产函数影响经济发展，创新周期影响资本主义经济的发展周期。改革开放以来，特别是近些年，我们在放活科研单位和科研人员方面做了大量工作，这是必要的，也是有效的，但是我们还应该在激发企业科技创新内在动力上着力。

3. 科技优势要靠企业技术进步的内在需求来支撑。一个地方是不是具有科技优势、研发优势,固然要看有多少高校,有多少科研院所,有多少院士,有多少科研人员,还要看这个地方的企业对技术研发是不是具有内在需求。在市场开放的环境中,如果所在地的企业技术需求不足,那么这个地方的技术研发优势就有可能与别的地方的技术需求优势相结合,这个地方的科研力量,就成了别的地方的技术优势了。

(六)科技创新驱动必须积极主动地应对来自外部的挑战

中国进行品质革命,实现高质量发展,还要应对来自外部的挑战。美欧出于意识形态偏见,坚持霸权主义和技术垄断,对中国经济的技术进步很敏感。截至目前,美欧采取了三条制约措施:一是以侵犯知识产权为由找麻烦。前几年美国驻华领事馆专门设有知识产权参赞。二是一方面抱怨贸易不平衡,另一方面又严格限制高技术产品对中国的出口。三是通过打贸易战,遏制中国技术进步的进程。美欧一些国家至今不承认中国的市场经济地位。这本来是中国为了尽快加入世贸组织接受的一个过渡性条件,过渡期为15年,到2016年过渡期结束,贸易伙伴应该自动承认中国的市场经济地位,但美国、欧盟和日本至今仍坚持应该由他们来认定,仍然不承认中国的市场经济地位。中国从自身经济发展需要出发,顺应世界新一轮工业革命或者说技术革命的趋势,制定《中国制造2025》,却成为美欧实施贸易保护、单边主义、打贸易战的借口。美国301调查报告严重歪曲事实,拟征税清单所列领域与《中国制造2025》确定的重点领域基本重合。他们认为,《中国制造2025》完全是由中国政府为主导,通过对国外企业实施强制性技术转让为条件的市场准入,从而获取甚至窃取他们的核心技术。因此我们在转换发展动能的进程中,必须积极有效地应对来自外部的挑战。既要坚定不移地实行对外开放，又要积极参与国际经济新秩序的重建，争取主动权。

（七）要坚定不移地发挥市场的引领作用

欧洲国家一些小镇上的企业，通常都是面向国际市场的企业，这既有经济发展程度的原因，也有国家小、国内市场空间有限的原因。过去我们说的比较多的是国内、国际两个市场，两种资源，这或许是由于我们刚刚参与全球化，或许是从最终产品的角度讲的。现在供应链、产业链都国际化了，国际贸易和投资主要发生在跨国公司内部。国际市场既在国外又在身边，我们现在强调市场引领，更多地表现为国际化的引领、标准化的引领、专业化的引领。作为后发国家，国际化、标准化、专业化就是先进性，就是现代化，就是迈向产业链的中高端。

（八）进一步完善和严格执行知识产权法规

重视知识产权，绝不仅仅是为了应对国际贸易纷争，而是转换发展动能、建立创新型国家的内在要求，是核心竞争力的重要体现，也是经济和人的现代化的重要标志。国家制定和执行知识产权制度的决心和态度，表明了我们这个民族对知识的尊重程度和对创新的重视程度。要强化知识产权的独占性和排他性，要充分体现知识产权的价值。保护知识产权要从娃娃抓起，要形成社会共识。要充分发挥知识产权价值的激励作用，同时还要充分发挥知识产权纠纷案件处置的惩戒作用。要抓住一些典型案例，进行知识产权的法治宣传教育。

（九）重视高质量发展的保障机制建设

一些政策法规需要围绕促进发展动能转换，进一步完善。这里有一个"华为悖论"的案例。我们通常会讲，企业在证券市场上市，通过资本集中，有利于企业发展，也有利于企业的技术进步。但华为至今没有上市，仍然取得了技术研发方面的成功。华为的成功令华为人乃至中国人感到自豪，现在不少人在研究华为成功的奥秘。笔者认为华为的成功肯定得益于国家改革开放的大背景，得益于政府的支持。与此同时，华为自身具备了世界上成功企业所具备的一切条件。对华为成功的经验，可以从各个方面加以总结。笔者所关注的是，作为科技创新型企业，暂时不进入股票市场，或许是成功的原因之一。笔者的这个看法，华为的一位领导讲过。去华为参观时，笔者曾提出，华为如此成功为什么不上市？对方的回答是，技术开发的投资存在风险，上市公司的股东关注分红，即使若干年后可能有巨额回报，股东们也难以接受几年没有回报的技术开发投资。此外，企业不上市，还可以用比较合理的价格收购那些因为上市而放弃的企业技术研发项目。

证券市场是现代市场体系中的重要组成部分，我们说发挥市场配置资源的决定性作用，当然包括发挥证券市场的作用。市场配置资源起作用的是竞争机制，上市公司放弃研发项目，是市场竞争造成的吗？表面上看似乎不是，是股东因为收益预期的不确定性而放弃，是短期行为。问题是，为什么企业决策层要迁就这种短期行为呢？原因很简单，企业为了研发投入而减少分红，股东不高兴，就可能卖掉这支股票而去购买分红多的股票，那么这家上市公司的股价就会下跌，企业的形象和信誉就会受到影响。由此可见，上市公司放弃研发项目，也是市场竞争使然，是股东竞争的结果。为什么企业决策层不考虑技术竞争的结果，而顾及股东的竞争呢？因为经济学原本就是选择的科学，前者是未来的，后者是当前的。

目前，"创业板"、"风投"、科技银行，难以完全解决"华为悖论"，需要从制度供给入手，在公司形式、股权结构、分配方式等方面进行新的探索。

四、共建共享与共同富裕

（一）共建共享共富的基本内涵

为了人民，依靠人民，促进人的全面发展，实现全体人民的共同富裕，是中国式工业化和现代化的特色、内涵和逻辑。在中国当代经济发展的实践中，围绕着共建、共享和共富，我们已经有一系列的制度安排，在全面建设现代化强国的新的征程中，要实现全体人民共同富裕的宏伟目标，还需要进一步推动体制机制的创新。

1. 共建是共享的前提，共享是共富的基础和条件

习近平总书记指出，共享是社会主义的本质要求，是社会主义优越性的集中体现，必须坚持发展为了人民、发展依靠人民、发展成果由人民共享。共建是共享的前提，共享是共富的基础和条件。共享是全民共享、全面小康一个都不能少；共享是全面共享，包括经济、政治、文化、社会方方面面的共享；共享是渐进式共享，随着经济社会发展进程不断丰富共享内容，要把共享作为发展的出发点和落脚点，体现在发展的过程之中，把全体人民推动发展的积极性、主动性、创造性充分调动起来，让人民有更多获得感、幸福感、安全感。习近平总书记还指出，落实共享发展是一门大学问，要做好从顶层设计到"最后一公里"落地的工作，在实践中不断取得新成效。[1]

2. 共建共享与共同富裕，必须兼顾效率与公平

改革开放以来，我们党一直高度重视效率与公平的关系。党的十三大提出，在促进效率提高的前提下体现公平；十四大提出兼顾效率与公平；十五大提出初次分配注重效率，再分配注重公平；十七大提出"初次分配和再分配都要处理好效率和公平的关系，再分配更加

---

[1]《习近平著作选读》第1卷，人民出版社2023年版，第441页。

注重公平"；十八大提出着力解决收入分配差距较大的问题。

3. 共同富裕是中国共产党人的语言

习近平总书记指出，必须坚持以人民为中心的发展思想，不断促进人的全面发展、全体人民的共同富裕。马克思恩格斯讲未来社会"生产将以所有人的富裕为目的"[1]，"所有人共同享受大家创造出来的福利"[2]。马克思在《哥达纲领批判》中说到的"各尽所能，按需分配"[3]，以集体财富极大丰富为前提。这些都包含着共同富裕的内容，并且与人的全面发展联系在一起。共同富裕是中国共产党人的语言，共同富裕最早出现在党的文献中的时间是1953年，毛泽东主持起草的《中国共产党中央委员会关于发展农业生产合作社的决议》强调："就是要善于用明白易懂而为农民所能够接受的道理和办法去教育和促进农民群众逐步联合组织起来，逐步实行农业的社会主义改造，使农业能够由落后的小规模生产的个体经济变为先进的大规模生产的合作经济，以便逐步克服工业和农业这两个经济部门发展不相适应的矛盾，并使农民能够逐步完全摆脱贫困的状况而取得共同富裕和普遍繁荣的生活。"[4] 1992年，邓小平在南方谈话中将共同富裕作为社会主义本质的落脚点。邓小平思考社会主义本质的逻辑顺序是：先从社会主义优越性开始，指出贫穷不是社会主义，应该更快地发展生产力；然后思考如何解放生产力，他认为革命是解放生产力，改革也是解放生产力，要改革就不能搞平均主义，要鼓励一部分人先富起来；最后强调发展起来不能两极分化，最终要实现共同富裕。党的十九大报告提出，到21世纪中叶，全体人民共同富裕基本实现。共同富裕思想是习近平新时代中国特色社会主义思想的重要内容。

---

[1]《马克思恩格斯全集》第46卷（下），人民出版社1980年版，第222页。
[2]《马克思恩格斯文集》第1卷，人民出版社2009年版，第689页。
[3]《马克思恩格斯文集》第3卷，人民出版社2009年版，第436页。
[4] 中共中央文献研究室编：《建国以来重要文献选编》第4册，中央文献出版社1993年版，第661—662页。

（二）对共同富裕的六点认识

关于共同富裕的理论和战略，社会上也产生了一些认识问题，需要理论工作者通过基本理论的研究阐释，从社会主义本质要求的视角，给予积极回应。

1. 共同富裕是科学社会主义的理论基石

一段时间以来，社会舆论高度关注共同富裕这一话题，网上出现了关于德国共同富裕、日本共同富裕、北欧国家共同富裕的一些文章。虽然对于西方发达资本主义国家调节收入分配的政策工具，我们可以研究借鉴，但是把共同富裕看成是没有道路分野和主义之辨的通用分配政策，显然与马克思主义基本原理相悖，需要辨析和澄清。

习近平总书记阐述共同富裕理论是与促进人的全面发展相联系的，这是对马克思主义基本原理和科学社会主义理论的坚持和丰富。共同富裕和人的全面发展是科学社会主义理论的基石，代表了人类社会发展的正确方向。

马克思在《资本论》之前的经济学手稿和《资本论》中，深刻揭示了相互联系的剩余价值理论和人的发展三阶段理论。通过剩余价值的发现，揭示了资本主义私人占有与生产社会化之间对抗性的社会矛盾，从而对未来社会的走向，作出了符合人类社会发展规律的分析和预测。虽然马克思恩格斯没有直接使用共同富裕的概念，我们也没有用共同富裕的表述翻译马克思恩格斯经典著作中的有关内容，但是正如前面所述，马克思恩格斯讲未来社会特征时都包含共同富裕的思想内容。

马克思在《1857—1858年经济学手稿》中，创造性地将人类的发展划分为三个历史阶段。即"人的依赖性"阶段，"以物的依赖性为基础的人的独立性阶段"，"自由个性"阶段。[1]与剩余价值相对应

---

[1]《马克思恩格斯全集》第46卷（上），人民出版社1979年版，第104页。

的是人对物的依赖,即商品拜物教,以及收入分配上的两极分化。而在超越资本主义的未来社会中,消灭剥削制度,"生产将以所有人富裕为目的",是具备人的自由全面发展的阶段。关于人的全面发展思想,在马克思主义理论体系中占有极其重要的位置,马克思恩格斯在他们的一系列经典著作中,都直接或间接地涉及人的全面发展。他们认为,人的全面发展是历史活动,是生产力发展的过程和结果。人的全面发展需要"联合体"的制度条件。"代替那存在着阶级和阶级对立的资产阶级旧社会的,将是这样一个联合体,那里,每个人的自由发展是一切人的自由发展的条件。"[1] "社会化的人,联合起来的生产者,将合理地调节他们和自然之间的物质变换。"[2] 在人与自然物质变换上由被动转变为主动。"不让它作为盲目的力量来统治自己……在最无愧于和最适合于他们的人类本性的条件下来进行这种物质变换。"[3] 个性得到自由发展的条件是直接缩减社会必要劳动。"由于给所有的人腾出了时间和创造了手段,个人会在艺术、科学等方面得到发展。"[4]

虽然西方发达的资本主义国家在20世纪30年代大萧条和第二次世界大战之后,为了缓和阶级矛盾,不得不在收入分配上进行调节,有的甚至实行了福利主义,但是剥削制度没有变,两极分化的现实也没有根本转变。只有在社会主义条件下,才能实现全体人民的共同富裕,才能不断促进人的全面发展。

习近平总书记指出,促进共同富裕与促进人的全面发展是高度统一的。[5] 共同富裕既包括物质生活的共同富裕,也包括精神生活的共同富裕。实现共同富裕的过程,也是促进人的全面发展的过程。贯彻

---

(1) 《马克思恩格斯文集》第2卷,人民出版社2009年版,第53页。
(2) 《马克思恩格斯文集》第7卷,人民出版社2009年版,第928—929页。
(3) 《马克思恩格斯文集》第7卷,人民出版社2009年版,第928—929页。
(4) 《马克思恩格斯文集》第8卷,人民出版社2009年版,第197页。
(5) 关于"共同富裕"所引的习近平总书记的讲话,除注明之外,其他均引自《求是》杂志2021年第20期发表的《扎实推进共同富裕》一文。

新发展理念和实现高质量发展,既有利于促进共同富裕,又有利于人与自然物质变换上由被动转变为主动,促进人的全面发展。

2. 共同富裕既是价值理念也是奋斗目标

有人认为共同富裕是可望难及的精神追求,对作为战略目标的共同富裕缺乏思想准备。这显然是对共同富裕的片面理解,同时也反映出对实现共同富裕的畏难情绪。

习近平总书记指出,共同富裕是社会主义的本质要求,是中国式现代化的重要特征。共同富裕不仅仅是中国共产党人的价值理念,而且是党领导人民孜孜以求的奋斗目标。

既然是社会主义的本质要求,那就要在社会主义建设的指导思想、过程、结果中鲜明地得到反映。早在社会主义改造时期,我们党就把共同富裕作为奋斗目标鲜明地提出来了。前面说到,共同富裕最早出现在党的文献中的时间是1953年。1955年10月,在对社会主义改造前景进行展望的时候,毛泽东强调:"这种共同富裕,是有把握的,不是什么今天不晓得明天的事。"(1)

贫穷不是社会主义,整齐划一的平均主义不是社会主义,这是改革开放以来党和人民形成的共识,是改革开放的重要思想基础。

党的十八大以来,脱贫攻坚和全面建成小康社会,为推进全体人民共同富裕打下了坚实的基础。邓小平曾指出:"共同富裕,我们从改革一开始就讲,将来总有一天要成为中心课题。"(2)2021年2月,习近平总书记在全国脱贫攻坚总结表彰大会上指出:"在全面建设社会主义现代化国家新征程中,我们必须把促进全体人民共同富裕摆在更加重要的位置。"(3)也就是说,共同富裕已经成为我们面临的中心课题了。"十四五"规划、2035年远景规划和到21世纪中叶的战略安排,就实现全体人民的共同富裕,确定了分阶段必须实

---

(1) 《毛泽东文集》第6卷,人民出版社1999年版,第496页。
(2) 《邓小平文选》第3卷,人民出版社1993年版,第364页。
(3) 习近平:《在全国脱贫攻坚总结表彰大会上的讲话》,《人民日报》2021年2月26日。

现的目标。

3. 共同富裕是总体的概念，是共富基础上有差别的富裕

对共同富裕的内涵不能作单一的、简单的理解。

共同富裕是个总体的概念，是全体人民的共同富裕。共同富裕的内涵，也是一个总体的概念，要结合社会主要矛盾的变化、结合人民需求的变化全面理解。

实现共同富裕，也是一个总体的战略安排。"十四五"末，全体人民共同富裕迈出坚实步伐，到2035年，全体人民共同富裕取得更为明显的实质性进展，到本世纪中叶，全体人民共同富裕基本实现。基本实现共同富裕，是一个长期的过程。笔者认为，即令到本世纪中叶，也只能从总体上形成共富的基础，人与人、地区与地区之间仍然存在富裕程度的差别，只是这个差别要控制在合理范围之内。

因此，推进共同富裕必须从两个方面着力：一是从总体上形成共富的基础，这一条是关键。首先，还是要推动高质量发展，把蛋糕做大做优；其次，要出台非排他性的激励措施，切实壮大中等收入群体；再次，要综合发挥初次分配、再分配和第三次分配的作用；然后，要真正实现公共服务均等化；最后，经济建设要与社会建设、文化建设、法治建设、生态建设协调推进，满足全体人民对美好生活不断增长的多样化需求。二是在共富基础形成过程中，创造性地运用政策工具，使富裕程度的差别控制在合理范围之内。

4. 一部分人先富起来有利于最终达到共同富裕

不能把一部分人先富起来与全体人民实现共同富裕对立起来。现在强调共同富裕，并不意味着改革开放之初强调允许一部分人先富起来有问题，甚至要对先富起来的人进行清算。

改革开放之初，邓小平提出，一部分地区、一部分人可以先富起来，带动和帮助其他地区、其他人，逐步达到共同富裕。1986年8月，邓小平视察天津时指出："让一部分人，一部分地区先富起来，大原则是共同富裕。一部分地区发展快一点，带动大部分地区。这是加速发

展、达到共同富裕的捷径。"[1]

改革开放之初,我们强调允许一部分人先富起来。一是要打破平均主义,打开改革开放和经济快速发展的新局面。二是这符合生产力发展不平衡、发展条件有差异的客观实际,有利于统一思想,支持有条件的地区和有条件的人通过发展先富起来。三是这也符合认识规律,一部分人先富,有很强的示范引领作用,有利于形成加速发展、劳动致富的社会舆论氛围。四是支持沿海率先开放,建设出口加工区,走引进消化吸收再创新的路子,与当时我国的生产力水平和产业结构的状况相适应,与全球贸易复苏、产业转移相适应。而且产业关联度强、带动面大。五是先富起来的地区和先富起来的人,可以带动和帮助其他地区和其他人致富。这一点无论是在对口支援、在精准扶贫中,还是在中央财政的转移支付中,都得到了充分体现。

当前,在推进共同富裕的实践中,进度也不可能整齐划一,仍然要发挥好先富起来的地方、先富起来的人的作用,先富帮后富,大家一起富。

5. 在社会主义基本经济制度条件下能够实现共同富裕

现在重视共同富裕,有人担心政策要变;还有一种议论认为,民营经济的历史使命已经完成了。西方有的媒体也做了歪曲性的报道,说什么要"优待国企、歧视私企"。实际上这些都是误解。坚持社会主义的基本经济制度,有利于实现全体人民共同富裕。

习近平总书记强调扎实推进共同富裕,要立足社会主义初级阶段,坚持社会主义基本经济制度,这实际上涉及三个坚持。一是坚持公有制为主体、多种所有制经济共同发展,也就是坚持"两个毫不动摇";二是坚持按劳分配为主体、多种分配方式并存;三是坚持社会主义市场经济体制。党的十九届四中全会决议指出,社会主义基本经济制度既体现了社会主义制度优越性,又同我国社会主义初级阶段社会生产

---

[1]《邓小平文选》第3卷,人民出版社1993年版,第166页。

力发展水平相适应，是党和人民的伟大创造。毫无疑问，要更好地发挥公有制和按劳分配在推进共同富裕过程中的重要作用，同时也要发挥好市场在资源配置中的决定性作用。

习近平总书记2021年3月6日在政协联组会上专门讲了五个有利条件。坚持社会主义基本经济制度，在社会主义市场经济体制下，能够实现两个超越：一是改变生产力落后状况，超越"短缺"，消除贫困；二是超越资本主义经济所特有的"过剩"，避免经济发展的周期性危机，避免两极分化，实现全体人民的共同富裕。

通过改革，国有产权和集体产权都选择了适应市场的实现形式。现在公有资本和非公有资本，往往以出资者所有权的形式通过产权链的延伸反映在竞争性的企业之中，真正的民营独资企业为数很少。在社会主义市场经济体制条件下，资本是中性的。一方面，公有资本和非公有资本都是生产要素；另一方面，资本也要保值增值，必然会有扩张的内在冲动。资本在扩张中也会涉及局部利益与全局利益、眼前利益与长远利益，解决好这些问题，主要靠政策引领和加强监管。

当然，在市场经济条件下，由于需求拉动，资本会向获利高的行业转移。往往投资者抓住机遇，就能获得好的回报。一些行业的头部企业或个人出现盈利或收入的超常规增长，甚至在较短的时间里暴富，这其中固然有他们特别的优势，但往往与监管缺失和利用公共资源有直接或间接的联系。这种行业造富，并不是社会主义市场经济的必然结果，完全可以通过完善法规、加强监管加以解决。

6. 在更加注重效率和公平的过程中实现共同富裕

有人认为，要加快发展，提高效率，就必须拉开分配差距；要注重公平，实现共同富裕，就可能会牺牲效率。这种把效率和公平简单地对立起来的认识，也是不正确的。

中国具有体现公平的社会制度基础。强调在发展中注重公平，主要体现在三个方面，即条件的公平、过程的公平、结果的公平。条件和过程的公平，不仅不影响效率，而且有利于提高效率；结果中的国民待遇与同等税负，也与效率没有矛盾，而且有利于效率的真实体现。对于能力条件有限而劳动收入和资产收入偏低、达不到共富底线的群体，通过再分配、第三次分配给予补助，这是满足美好生活需要的公平，是带有社会公正意义的公平，也没有直接影响到效率。

当然我们在推进共同富裕的过程中，还要更加注重效率和公平，要解决改革和发展过程中影响效率和公平的突出问题。比如进城农民工以及体制外、编制外的从业人员，付出同等甚至更多的劳动而得不到同等报酬，这些人又是社会上的低收入群体。必须下决心改革城乡户籍制度，改革人事制度、人力资源管理制度。要加强对资本无序扩张的监管，强化对垄断的公共管制。

资本主义国家也讲效率和公平，但它们没有公平的制度基础，也不讲结果的公平。它们宣扬的是"涓滴理论"，即通过所谓的理性主义，使资本不断扩张，然后解决就业，使雇员有收入，从而惠及普通民众。前面说到，美国政治人物也批评用"涓滴理论"解决社会问题，因为这样只会导致贫富差距越来越大。

（三）促进共同富裕的一个重要政策选项

促进全体人民共同富裕，尤其需要在实践中积极探索。笔者在这里提出一个建议，即推行企业全员入股和居民持股，普遍增加城乡居民的财产收入。

1. 普遍持股有利于普遍增加财产性收入

提高人民的生活水平，实现共同富裕，首先想到的是增加工资性收入，然后想到的是增加财产性收入。城市居民除了工资性收入以外，财产性收入通常会有房产出售出租收入、投资收入、银行存款利息收入。农村居民除了经营性收入、外出打工的工资性收入、政策补贴方面的转移性收入外，也还有财产性收入，包括土地承包权的转让收入、土地被征用的收入、投资收入、财产租赁收入。股权收入也是财产收入中的一种类型。股权收益具有明显的特点：一是股权持有可以涵盖很大的范围，比如一个企业的所有职工，或者一个区域的所有居民。二是员工或者居民持股，可以不受劳动能力差别的限制，均衡持股也可以不因财富多少而有所区别。三是公司或者投资项目单位，可以在一定范围内对员工或者居民安排相同数量的股份，使股权持有数量和收益相同。四是股权投资是对公司和项目管理的参与，股权收益又与公司和项目的经营效益联系在一起，能够体现共建共享。

笔者认为，通过员工持股甚至城乡居民持股的方式，可以比较普遍地增加财产性收入，实现共建共享和共富。

2. 员工持股和居民持股在理论上是有依据的

马克思在《资本论》中对股份制给予了高度评价。他说："那种本身建立在社会的生产方式的基础上并以生产资料和劳动力的社会集中为前提的资本，在这里直接取得了社会资本……的形式。而与私人资本相对立。并且它的企业也表现为社会企业，与私人企业相对立，这是作为私人财产的资本在资本主义生产方式本身范围内的扬弃。"马克思还说："在股份公司内，职能已经和资本主义所有权分离，劳动也已经完全和生产资料所有权和剩余劳动的所有权相分离。资本主义生产极度发展的这个结果，是资本在转化为生产者的财产所必须的过渡点，不过这种财产不再是各个互相分离的生产者的私人财产，而是联合起来的生产者的财产，即直接的社会财产。"[1]

马克思把股份制看成是对资本主义私人占有方式的扬弃，是向新社会过渡的形式和过渡点。股份公司作为社会化大生产的企业组织形式，我们接受并运用它，从理论到实践是没有什么问题的。目前中国股份制企业有三类：股份有限公司，有限责任公司，股份合作制。这三类企业组织形式，基本涵盖了规模以上的各类企业。但在股份制企

---

(1)《马克思恩格斯选集》第2卷，人民出版社1995年版，第516、517页。

业内部，员工持股还不普遍，甚至要不要持股都几经反复。

西方资本主义国家为了缓解劳资矛盾，从20世纪60年代经济学家路易斯·凯尔索（Louis Ketso）提出员工持股计划之后，开始在资本主义企业中推行员工持股。据《财富》杂志对美国500强公司的统计，90%以上的公司对高级管理人员实行了股权激励计划。据美国NCEO（国家业主雇员中心）估计，美国实行员工持股计划的企业，大约有15000家，涉及约1350万名员工，相当于美国职工总数的12%。澳大利亚ESODU（业主雇员共享发展组织）所做的调查表明，澳大利亚的员工持股公司中，占56%的公司只提供针对管理层的持股计划。44%的公司提供覆盖全员的持股计划。日本由于企业伦理方面的原因，员工持股比例更高，上市公司中90%的公司实行全员持股。资本主义国家的股份制企业尚且如此，我们更应该这样做。

3. 早期企业上市是国企员工持股的重要动力

改革开放初期，员工持股带有明显的福利性质。1993年，《股票发行和交易管理暂行条例》和《公司法》颁布后，一些拟上市国有企业在改制和公开发行股票的过程中，发行了员工股。企业上市后，员工获得较高的回报。但由于员工持股缺乏规范和管理，激励作用有限，还对二级市场造成了一定的冲击。1998年中国证监会通知停止发行员工股，之后一些国企员工持股采取了持股会和工会代持的形式，以规避限制。2000年，证监会以职工持股会不具备法人资格、工会持股与工会宗旨相悖为由，停止审批职工持股会及工会作为发起人或股东的发行申请。2005年修改后的《证券法》和《公司法》又将拟上市公司股东人数限制在200人之内，一些实行全员持股的拟上市企业必须清退大量内部员工持股才能上市。由此带有福利性质的拟上市公司员工持股，尤其是全员持股受到了严格的限制。

4. 员工持股形成利益共同体

党的十八届三中全会《决定》明确提出："允许混合所有制经济实

行企业员工持股,形成资本所有者和劳动者利益共同体。"[1]中国证监会制定并发布了《关于上市公司实施员工持股计划试点的指导意见》,在上市公司中开展员工持股计划试点。这里所说的混合所有制经济,是指国有企业改革的一项新举措。其实在民营经济基础上发展起来的股份公司,也有员工持股的做法,其中一些公司至今还未上市,比如华为。该公司19万多名员工中,从事技术研发的人员达到10万多人。据说华为的员工,特别是从事技术研发的人员,都持有该公司的股份。华为每年用于员工收入和福利的总支出已经超过千亿元,其中也包括员工的股权收益。

在改革开放实践中,也有面向公众通过股权筹资的方式,进行基础设施建设的。比如在改革开放之初,浙江某县水厂扩建、管网改造就采取了股权融资的方式,政府向县城所在地公众出售股权,每股价格是2元人民币。自来水是公共产品,由政府定价,水厂股权收益比较稳定,股权收益高于银行存款利率。实际上,对已经建成并正常运营且收入稳定的公共基础项目,是可以实行居民持股的。

从总体上看,中国证监会发布《指导意见》后,现行政策为国企员工持股放开了一定的管理空间,但空间仍然有限,无法适应国企改革的要求。一方面,现行政策将国企员工持股限定在上市公司、辅业改制企业和科技型企业,而且附加了许多限制条件;另一方面,国资管理部门对员工持股方案实行事前审批,常常因担心承担国资流失责任而放慢审批速度或者减少审批数量。

把员工持股仅仅看成为福利或者作为激励的一种方式,而管理和规范又跟不上来,是之前员工持股和居民持股没有广泛地发展起来的重要原因。如果我们把员工持股或者城乡居民持股,真正作为形成利益共同体的重大举措、作为共建共享基础上实现共同富裕的重大举措来推动,那么管理和规范就会投入更多的资源,就会适应这个需要。

---

[1] 《中共中央关于全面深化改革若干重大问题的决定》,人民出版社2013年版,第9页。

当然，员工持股和城乡居民持股必须在顶层设计和规范管理上下功夫，力求做到健康发展、有序管理、安全可控。

5. 利用员工或者城乡居民持股，改变社会资产结构，提高全要素生产率

员工或者城乡居民持股，可以在一定程度上将储蓄存款转化为投资；可以优化企业和项目的资产结构；可以降低杠杆率，减少利息支出；可以降低成本；可以增强整个经济体系的生机与活力，提高全要素生产率。由此也可以通过国民收入初次分配和再分配，增加城乡居民的收入。

6. 改革投融资体制，增加面向城乡居民股权投资的产品供应

前面提到改革开放之初，浙江某县水厂扩建、管网改造，采取了面向民众股权融资的方式。今天我们谈论这个案例，至少有三点启示。一是吸引民间投资，需要投资产品的设计与创新。这几年我们注意到，各个方面呼吁为民间资本和民间资金开放投资领域，也不断地出台相关政策与措施，但是民间资本要进入新的领域，特别是进入基础设施、公共事业建设领域，民间闲散资金、包括储蓄存款要转化为投资，需要有投资产品这个载体。针对经济建设的需要，设计新的投资产品，面向城乡居民进行股权融资，既有利于解决资金来源问题、改善资产结构问题，又有利于城乡居民共建共享和共富。二是地方政府运用市场，不应该产生和放大风险。发挥市场在资源配置中的决定性作用，自然包括地方政府有效地运用市场。但是地方政府负有防范和化解风险的责任，不能在运用市场时产生和放大风险。毫无疑问，政府控股和主导的投资平台，在地方经济发展中发挥了很大作用。首先我们要肯定政府运用投资平台建设基础设施，相对于过去政府直接用指令性计划方式调拨资源，是一个进步，但是投资平台将未来的财政收入或者政府收储的土地做抵押，向银行申请巨额贷款，有的还以政府管理的国有资产，甚至以政府信用举债，一定程度上潜伏着赤字和流动性风险。三是体现了政府运用市场方式的创新。如果政府更多地运用投

资平台以外的市场主体，特别是运用新的投资产品、资本资金，则可以收到一举多得的效果：使有利于向民间资本开放投资领域的政策真正落到实处；为老百姓提供了安全理财平台，使储蓄存款、闲散资金转化为投资成为可能；既有利于解决政府主导的基础设施、公益事业建设的资金来源问题，又有利于降低地方政府的杠杆率，防范区域性的经济金融风险；是政府运用市场方式的创新。

7. 投资产品的创新，需要顶层设计与基层探索相结合

投资产品是广义金融的延伸产品，而股权投资产品又与公司形式和产权结构相联系，需要精心设计、严格规范，同时需要加强监管，必须坚持顶层设计。同时，也要按照安全可控的原则，在一定范围内允许基层进行积极探索，使创新更具有针对性和可操作性。

8. 员工持股或者城乡居民持股与证券市场上买卖股票不是一回事

在证券市场上买卖股票，如果长期持有，着眼于长远利益，就是投资行为；如果短期持有，考虑眼前的利益，视股票价格涨落快买快卖，那么就是投机行为。以股份制企业为依托，员工持股或者城乡居民持股，是一种长期投资。员工和城乡居民关注企业和项目的长期效益，与企业和项目的利益紧紧地联系在一起，因此这种持股不同于证券市场上的股票买卖。20世纪90年代企业上市之初，把员工持股作为一种福利，股票内部发行价格很低，上市后股票大幅升值，员工变现后，获得巨额回报。但是，这实际上背离了员工持股长期投资的本来意义。

专题研究篇

第九章

经济增长特点与生产资料优先增长规律

像中国这样的发展中大国,在加速工业化和现代化的过程中,生产资料优先增长规律是起作用的。

新中国成立70多年来,经济从总体上实现了持续的中高速增长,同时也实现了社会的长期稳定。这两个方面成就或者叫两大奇迹的取得,肯定有多方面的原因,有一个思想体系或者理论体系、知识体系在起作用,其中生产资料优先增长规律,在经济持续中高速增长中发挥着重要作用。

一、70年来多数年份的经济是中高速增长的

中国改革开放40多年,GDP年均增长9.4%(2019年增长6%,2020年由于新冠肺炎疫情的原因增长2.3%,2021年增长8.1%)。即令是改革开放前,以1952年为基数,1953年至1978年26年间,年均GDP增长也有6.1%(1950年至1952年统计为社会总产值,年均增幅在20%以上)。在1949至2019年的70年中,只有5个年份出现了负增长,即1961年负增长16.2%,1962年负增长5.7%,1967年负增长5.0%,1968年负增长2.8%,1976年负增长1.7%;另有4个年份增长低于6%,

即1954年增长4.3%，1957年增长3.9%，1972年增长3.9%，1974年增长2.6%。因此，从70年来总体发展过程看，中国是实现了长期的中高速增长的。有学者认为，中国的中高速增长没有什么特别之处。在一国还处于人均GDP低于世界平均水平的情况下，如果能够利用国际上已有的技术和生产方式，是可以实现持续高增长的。[1]但是，并不是所有的落后国家都可以这样，有的落入"低收入陷阱"，经济长期低速徘徊；有的陷入"中等收入陷阱"，出现长期滞胀；有的掉入高速增长陷阱，社会长期动荡。中国出现了经济长期中高速增长和社会长期稳定的两大奇迹，这是世所罕见的。

二、对发展经济学资本形成理论的分析

在一个经济落后的农业国，要实现工业化和现代化，首先需要一定的初始资本。在极其困难的条件下，中国如何形成初始资本或者不断地产生资本供给？20世纪50年代至60年代，发展经济学中有六个理论具有代表性。

一是哈罗德-多马模型（Harrod-Domar Model）。该模型认为在资本投入/产出稳定不变的前提下，资本积累率（储蓄率）是决定经济增长的唯一因素。

二是美国经济学家罗格纳·纳克斯（Ragnar Nurkse）提出的"资本形成理论"和"贫困恶性循环理论"。他认为，资本不足无论是从需求方面，还是从供给方面，都是经济发展的障碍因素。因此，要打破这个循环，就必须大量增加储蓄，全面地、大规模地在国民经济各个部门进行投资，加速促进资本形成。

三是纳尔逊（Richard R. Nelson）的"低水平均衡陷阱"理论。该理论认为克服资本稀缺是经济发展的关键所在，只有进行大规模的资本投资，使投资和产出的增长超过人口的增长，才能跨越"陷阱"。

---

(1) 钱颖一：《现代经济学与中国经济》，中信出版集团2017年版，第68页。

四是罗森斯丹－罗丹（P. N. Rosenstein-Rodan）的"大推进"理论。该理论主张发展中国家要实现工业化，就必须全面地、大规模地、同比率地在各工业部门（尤其是基础设施建设领域）投入资本。

五是刘易斯（W. A. Lewis）的经济增长理论。该理论的中心问题是要理解一个社会从5%的储蓄率变为12%的储蓄率的过程，以及伴随这种转变的制度和技术等方面的一切变化。

六是罗斯托的"经济起飞"理论。在"经济起飞"理论中，罗斯托把生产性投资与国民收入的比例提高到10%以上，看成实现经济起飞的三个先决条件之一。(1)

上述理论多数是一种单因素、静态分析方法，把资本供给看成决定性因素，同时又将资本形成与储蓄联系在一起。实际上，影响储蓄率的因素不仅仅是收入和消费结构，也未必储蓄就等于资本，也不是储蓄率达到什么水平，经济就一定起飞。

与此同时或之后，发展经济学的有关学者对上述理论进行了修正和补充。索洛等人在修正哈罗德－多马模型的基础上，提出了"新古典增长模型"，将劳动和技术进步与资本一起并列为决定经济增长的三大要素。舒尔茨（Theodore W. Schultz）、贝克尔（Gary S. Becker）进一步提出了"人力资本理论"。20世纪80年代，罗默（Paul M. Romer）、卢卡斯（Robert E. Lucas）等人又提出"新增长理论"，进一步将技术进步作为经济体系的内生变量，并认为个人和企业的知识积累是经济增长的主要因素。张培刚主编的《新发展经济学》认为，这些修正和补充是有益的，但同时认为，不能坚持"唯资本论"，但并非资本形成不重要。《新发展经济学》进一步拓展了资本形成的来源，分析了资本形成的方式。(2)

中国是发展中大国，历史条件、基本国情、社会制度、国际环境、动力基础、战略选择等都有自己的特点，经济发展中的投资动力、投

---

(1) 参见张培刚主编：《新发展经济学》，河南人民出版社1999年版，第182页。
(2) 参见张培刚主编：《新发展经济学》，河南人民出版社1999年版，第186—215页。

资来源、投资强度、投向选择，都很难仅仅用发展经济学的资本形成理论来解释。

三、生产资料优先增长是支撑经济中高速增长的直接原因

我们可以分层次来理解中高速增长的支撑条件。

第一个层次，支撑经济增长的直接原因是生产资料优先增长。

投资与中国当代经济增长有明显的正相关。新中国成立70多年来，多数年份固定资产投资的增幅明显高于GDP的增幅。以改革开放40年为例，年均固定资产投资的增长超过了20%，而GDP年均增长为9.4%。只是近几年来，固定资产投资的年均增幅才降到10%以下，并且有的年份固定资产投资的增幅低于GDP的增幅。

按照"事实浸泡"的方法，投资直接推动经济增长是基本事实，从新中国成立70多年来经济发展的实践看，投资直接推动经济增长也符合内在逻辑。列宁早期有一篇很重要的著作《论所谓市场问题》，对马克思在《资本论》第二卷中所阐述的再生产理论，进行了深入的分析，同时对马克思两大部类的再生产公式也进行了推演。他将资本有机构成不断提高的因素纳入马克思的再生产公式，首次阐明了随着技术进步引起有机构成提高的原理，他说："增长最快的是制造生产资料的生产资料，其次是制造消费资料的生产资料，最慢的是消费资料的生产。"[1]他认为，由于资本有机构成的不断提高，可变资本在资本总额中的比值下降，也就是技术进步，会造成消费资料的生产赶不上生产资料的生产，出现结构不平衡。列宁的这篇文章，以及后来的《俄国资本主义的发展》，原本是针对民粹派认为资本主义在俄国发展不起来的观点讲的，但是所揭示的是社会化大生产的一般规律。这个一般规律告诉我们，要实现工业化，生产资料必须优先发展，也就是必须

---

(1)《列宁全集》第1卷，人民出版社2013年版，第66页。

优先投资资本密集型（当然也包括技术密集型）产业，然后由于资本有机构成的变化，带来生产资料产业与消费资料产业的不平衡，又必须对消费资料行业进行投资。这样，在其他条件不变的情况下，依靠投资全面推进工业化进程就不言而喻了。

以毛泽东为代表的第一代中国共产党人，在国际环境严峻的背景下，从中国近代的屈辱历史和生产力极端落后的大国现实出发，高度认同列宁所论证的马克思生产资料优先增长的规律。他们认为，从落后的农业国转变为先进的工业国，重工业优先发展是必要的，同时又要注重农、轻、重的协调和互动，那么持续并关联的高强度投资，自然便是经济中高速增长的直接推动力了。

在列宁之后，一些经济学家也基于生产资料优先增长的理论建立了FMD（Feldman-Mahalanobis-Domar）模型。1928年苏联经济学家费尔德曼（Grigorii A. Feldman）在苏联《计划经济》杂志上发表了一篇题为《国民收入增长原理》的论文，建立了费尔德曼模型。1953年，印度经济学家马哈拉诺比斯（P. C. Mahalanobis）在《印度经济杂志》发表了一篇题为《论国民收入增长过程》的论文，建立了马哈拉诺比斯模型。由于这两个模型不谋而合，加上费尔德曼模型之所以为世人所知，很大程度上得益于美国经济学家多马（Evsey David Domar）的介绍，所以西方经济学界把他们并称为费尔德曼-马哈拉诺比斯-多马模型，简称FMD模型。这个模型推演的A列，生产资料的年增长速度为10%，而国民收入和消费品生产的增长速度分别为3.56%和2.79%，但是随着时间的推移，国民收入和消费品的增长速度逐年提高，经过70年的时间达到9.98%，基本等同于生产资料的增长速度。这个模型的B列，生产资料年增长速度为20%，经过45年后，国民收入和消费水平的年增长速度便接近20%。FMD模型的基本结论有两条：一是消费品的增长速度一般来说低于生产资料的增长速度，但是随着时间的推移，消费品的增长速度将越来越接近生产资料的增长速度；二是从长期的观点来看，要想使消费品的增长速度和整个经济的增长速度达

到尽可能高的水平,就必须尽可能提高投入到第一部类的生产资料在全部用于扩大再生产的生产资料中所占的比重。(1)

据余永定介绍,世界银行将FMD模型与哈罗德—多马模型等看作经典的宏观总量经济增长模型,并推荐给发展中国家作为制定经济发展战略的参考。

在前面介绍的资本形成理论中,哈马德-多马模型也在一定程度上是强调投资规模的。关于哈罗德-多马模型,张培刚在《新发展经济学》中着重介绍了其所强调的储蓄率。实际上这个模型受凯恩斯主义的影响,英国经济学家哈罗德(Roy F. Harrod)是凯恩斯的门生,和美国的凯恩斯主义者多马,差不多在同一时间,根据凯恩斯的收入决定论或者投资决定论的思想,推演出这种经济增长模型。其中心点是,资本的不断形成,是经济持续增长的决定性因素。哈罗德-多马模型认为,为了维持某个时期的充分就业,必须以投资规模的扩大来提高有效需求,不仅要维持这个时期的充分就业,而且要维持下一个时期的充分就业,因此投资必须年复一年地扩大,产出年复一年地增长。哈罗德-多马模型,在早期受到了发展经济学家的普遍重视,不少人认为,这个模型与其说适合于发达的资本主义国家,不如说更适合于发展中国家。(2)

关于资本形成,尽管中国有高储蓄率的传统,但这不意味着在工业化启动甚至其后就具有充足的资本供给。首先,中国高储蓄率是历史传统,也有贫穷的原因;其次,一直到现在,我们还在研究储蓄转化为投资的途径;第三,通过金融产品的创新,可以将储蓄和游资聚合用于投资,但中国需要同时考虑金融和个人投资的两种风险。在工业化初期,也不具备今天所谈论的金融创新的条件。当然,高储蓄率确实能为政府宏观调控预备腾挪空间。

---

(1) 参见余永定:《从FMD模型到社会主义经济增长模型》,《世界经济》1982年第12期。
(2) 参见谭崇台主编:《西方经济发展思想史(修订本)》,武汉大学出版社1995年版,第12—13页。

所以，中国推动工业化和支撑经济中高速增长的直接原因是生产资料优先增长规律。生产资料优先增长，投资门槛高，同时注重农、轻、重协调发展，会带动相关投资的增长，因此，初始资本形成的难度大，具有挑战性。中国工业化启动阶段的资本形成，包括政府投资，与苏联援建156个项目相关的外债，着眼于整体和长远利益的农业剩余，还有着眼于整体利益、根本利益、长远利益的总的分配格局等综合因素，绝不仅仅是储蓄。毛泽东在读苏联《政治经济学教科书》时说：关于产品分配，苏联教科书写的最不好。要强调艰苦奋斗，强调扩大再生产，要强调共产主义的前途、远景，要进行共产主义的理想教育。强调个人利益服从集体利益，局部利益服从整体利益，眼前利益服从长远利益。要讲兼顾国家、集体和个人，要把国家利益、集体利益放在第一位，不能把个人利益放在第一位。(1)改革开放之前，虽然经济保持了中高速增长，但城乡居民收入水平普遍较低。那么靠什么来维系社会稳定和激发人民参加建设的积极性呢？主要是两条：一是没有明显的收益差距；二是基础教育和医疗得到了保障。但是，这种由社会制度决定的资本形成机制，不在发展经济学的分析和研究视野之中。改革开放以来，外资、企业自身积累以及民间资本在经济发展的资本形成中发挥了重要作用。

第二个层次是政府的作用，包括赶超愿望、政绩呈现、民生的需求刚性。

"为人民谋幸福，为民族谋复兴"，是中国共产党人的初心和使命。其基本逻辑是：实现民族独立，改变落后面貌，由落后的农业国转变为先进的工业国，由解决温饱问题到全面建成小康社会，再到实现全体人民的共同富裕，全面建成现代化国家，实现中华民族的伟大复兴，使中国走在世界前列。

以毛泽东为代表的党的第一代领导人，具有强烈的赶超意识，最初提出的是"超英赶美"，然后提出了实现"四个现代化"，走在世界

---

(1)《毛泽东文集》第8卷，人民出版社1999年版，第136页。

前列。1987年,邓小平讲:"我们要赶上时代,这是改革要达到的目的。"(1)赶上时代是改革开放之后,共产党人又一次提出并面对的重大命题。2012年12月,党的十八大刚闭幕,习近平总书记就到改革开放前沿广东视察,他说:"改革开放是当代中国发展进步的活力之源,是我们党和人民大踏步赶上时代前进步伐的重要法宝。"(2)2013年11月12日,习近平总书记在党的十八届三中全会第二次全体会议上,专门讲了抓住机遇、赶上时代的极端重要性。他回顾了近代以来的前两个一百年丧失发展机遇和没有发展条件的历史,也讲了20世纪闹"文革"所错失的良机,高度评价了改革开放以来国家和民族"大踏步赶了上来",并提出:"我们不仅要赶上时代,而且要勇于引领时代潮流,走在时代前列。"(3)

"民生优先"是党的执政理念,贯穿于党治国理政全过程。从信任和依靠的角度讲,人民群众把党和政府视为一体,在普通群众那里,甚至把司法部门、群团组织、基层自治组织同政府部门一样,都看成是人民政府,因此,在人们心目中,客观上存在一个"广义人民政府"的概念。从总体上讲,党和各级组织都以人民根本利益为最高标准,都坚持以人民为中心的发展思想,都以理想信念宗旨为根基,为人民群众办实事。

因此,党和政府以及提供公共服务的各级各类组织,围绕着"赶上时代"而推动发展,围绕改善民生办实事,既是使命使然,也是政绩呈现。

第三个层次推动经济增长的基础动力,是社会主义改造和改革开放。

社会主义改造推动经济增长,不仅在"一五"计划执行中鲜明地体现出来,而且是中国当代经济中高速增长的制度前提和基础。即令是在三年困难时期社会还能保持稳定,在十年"文化大革命"期间经

---

(1)《邓小平文选》第3卷,人民出版社1993年版,第242页。
(2) 中共中央党史和文献研究院编:《习近平新时代中国特色社会主义思想学习论丛》第一辑,中央文献出版社2020年版,第35页。
(3) 中共中央党史和文献研究院编:《习近平新时代中国特色社会主义思想学习论丛》第二辑,中央文献出版社2020年版,第63页。

济还能有所增长，并且能够在此基础上进行改革开放，这些都得益于社会主义改造奠定的制度前提和基础。

一是社会主义改造时间提前，发动了经济的高速增长。由于国内外条件的变化，毛泽东和党中央决定尽快实施以工业化为主体、以社会主义改造为主要内容的过渡时期的总路线。这实际上是对中国当代工业化有组织的发动。

二是对农业、手工业和资本主义工商业的社会主义改造，很快形成了规模经济和扩大再生产的发展态势。

三是重工业投资门槛高，加上担心比例失调，党中央强调农业、轻工业、重工业并重，还有"大跃进"时期的头脑发热，所以经济增长一直呈现高速态势。[1]

改革开放40多年来的实践毫无疑问地证明，改革开放是推动经济发展的基础动力。

一是改革极大地解放了生产力，为经济增长提供了持续能量。

二是改革开放通过利用外资和技术引进放大了资本供给，使经济规模迅速扩充，生产效率大幅度提高。

三是改革开放的前期和中期，外贸出口的比较优势明显，世界经济稳健，也促进了经济增长。

四是改革开放之前，市场供应从总体上是短缺的，在需求的拉动下，多数行业生产规模快速扩充。

五是中国国内市场空间和潜力很大，使经济长期中高速增长成为可能。

四、生产资料优先增长推动多数年份的经济高速增长

在新中国70多年的经济发展中，有43年GDP年增长率在8%以

---

[1] 参见赵凌云等：《为了人民的利益——中国共产党经济工作100年》，北京大学出版社2021年版，第209—210页。

上。为什么多数年份经济能够高速增长？这是因为在生产资料优先增长规律的作用下，在其他综合因素的影响下，高速增长成为一种常态。在经济发展进入新常态之前，中低速增长甚至负增长，通常是在重大比例关系严重失调背景下形成的，从严格意义上讲，是一种非常态。

为什么说高速增长是常态，笔者认为有以下几条：

一是追赶型经济看重速度。毛泽东在《读苏联〈政治经济学教科书〉的谈话》中说："现在我国工业化的速度也是一个尖锐的问题。原来的工业越落后，速度问题也越尖锐，不但国与国之间比较起来是这样，就是一个国家内部，这个地区与那个地区比较起来也是这样。"[1]

二是中国是落后大国又加上战争创伤，需要优先投资交通等基础设施。

三是新中国初期以及后来较长时间的国际环境，迫使中国不得不重视维护国家安全的国防工业和重工业。

四是大国工业化需要着眼于独立的完整的工业体系。

五是吸取苏联教训，在优先发展重工业的同时，也重视农业和轻工业的发展。

毛泽东在《读苏联〈政治经济学教科书〉的谈话》中说："一九二五年到一九五七年苏联的生产资料生产增长了九十三倍，消费资料增长了十七点五倍，问题是，九十三同十七点五的比例，是否对发展重工业有利。"[2]

有人会说，过去较长一段时间，高投资高增长可能是高消耗，但未必是高效益。为什么要追求未必是高效益的高增长呢？这需要对生产力基础和环境条件进行分析。笔者在30年前写过一篇文章，能够一定程度地说明当时或之前较长时期经济高速增长的内在原因。参见专栏二。

---

(1)《毛泽东文集》第8卷，人民出版社1999年版，第124页。
(2)《毛泽东文集》第8卷，人民出版社1999年版，第125页。

专栏二　中国的经济增长只能作次优选择[1]

经济增长尤其是工业经济增长的速度问题，在中国经济理论界和实业界讨论已久，时下这个老论题又引起了人们的新关注。主张高速增长和担心高速增长的人，均宣称出自追求最佳效益的相同目的，其所以愿望一致而结论迥异，恐怕与时空条件的视角差不无关系。我认为，人们现在需要回答的问题是：中国目前是否具备"低速高效"增长的时空条件？或者说从中国目前的实际出发，为了获取最佳效益，需要一个什么样的发展速度？

由于边际速度受资源供给的约束，而边际效益具有较大的弹性，从经济增长的持续过程看，"低速度、高效益"是经济增长的最理想后果，然而这种理想的增长局面只在两种特殊的背景下才具有现实的可能性。一是个别国家与地区凭借对某类稀缺资源的独占，可以通过限产抬价的途径实现"低速高效"的经济增长；二是在为技术进步投入大量资金之后，有一个集中发挥效益的时间段落，在这个特殊的时段中，会出现"低速高效"的经济增长格局，中国目前并不具备这两种特殊条件中的任何一种。

中国是个资源大国，更是一个人口大国，人均资源占有量低于多数发达国家和发展中国家水平，更没有如同中东国家那样，只需控制和开发某种资源就足以维系一国发展的资源禀赋，不仅现在而且永远都不可能通过"限产抬价"的方式来实现"低速高效"的经济增长。建国以来尤其是改革开放以来，我们投入了大量资金，形成了巨额资产存量。但是这些主要是用于工业体系的形成，产业门类的增加以及产业链条的延伸，对经济生活的影响集中地表现为规模的扩充。用于技术改造的投资所占份额极小，而且这种改造也主要不是在现有生产体系的关键部位注入新技术，而是性能稍好的设备数量的增加或替换。

---

[1] 本文原发表在1992年9月的上海《社会科学报》，后被《西南财贸报》转载。这里所用的是《西南财贸报》转载的文章。

因此，我们现在所处的经济发展阶段，并没有投入大量技术进步资金这个已有基础，因此也就看不到效益潜能集中释放这个现实或前景。

看来，中国目前的增长只能做次优选择，而且由于中国经济发展所处的特殊阶段，也由于中国具有特殊的国情和资源结构，当前经济增长的格局更多地表现为"高速度、低效益"。中国经济增长格局的变动轨迹有可能是：由"高速度、低效益"，逐步过渡到"高速度、高效益"，进而缓慢地趋近"低速度、高效益"。支持这一判断的理由至少有以下几个方面：(1)我国目前仍处在工业化进程初期（广义工业化是包容在现代化之中的一个概念，工业化是现代化在经济领域的表现），工业自身的开发空间仍然十分广阔，工业对农业的大规模装备和改造尚未开始，城市工业的发展虽然开始由动员农业剩余向自我积累转变，但是农业积累，尤其是农业食物余量的积累，仍然是农村工业发展的重要源泉。第三产业的发展严重不足，在工业行业群落中，传统产业仍居主体地位，高新技术产业仍很稚嫩，远未成为支柱产业，难以担当装备和改造传统工业以至整个国民经济的大任，在整个经济增长中，技术投入并没有发挥决定性作用。(2)我国目前还处在经济体制转换的过程之中，体制改革有两个直接后果对经济增长格局产生着极其重要的影响。第一是投资主体的多元化以及经济主体投资热情的大激发，第二是基础产业和上游产品价格的调整与放开。投资热情激发必然引致生产规模的扩充，而生产要素的价格的上扬势必加大成本的列支（当然在这个变动中，最终产品即令是日用工业品，其价格也会有不同程度的上涨，但是由于历史上严重地存在基础产业和上游产品价格偏低或者国家对其价格的控制偏紧等问题，价格松动和调整之后，包括日用工业品在内的最终产品的价格上扬赶不上生产要素价格上扬的幅度）。(3)从封闭走向开放，本可借助国外的高新技术产业对国内的传统工业进行集中的改造，然而从总体上看，我国现在不仅缺乏吸收消化世界一流技术的生产力基础，也不具备主动移入国外高新技术产业的经济实力，此外，发达国家主动向外转移的产业，也多是被高新技术产业取代或淘汰的中等技术水平的产业，外商来华独资、合资和合作的项目，虽在机制示范和国际国内市场连通方面发挥着重要作用，但在技术进步尤其是在改造传统产业方面所发挥的作用至今仍不十分明显。（4）中国人口众多，为了体现社会主义的性质，为了维护社会稳定，充分就业既是经济发展的重要目标，又是经济正常运行的基本条件。人力资源过剩与就业岗位短缺是当前经济生活中的一个突出矛盾，为了充分就业，必须扩充规模，而在扩充规模的同时，充分就业又在一定程度上放慢了技术进步的速度。就业刚性及至工资刚性，从某种意义上派生出了经济增长速度的刚性。也就是说，在全社会活劳动投入总量基本不变的前提下，经济增长速度过缓、生产规模太小，单位商品的活劳动成本构成就会大幅度上升，企业效益、工业效益乃至整个国民经济的效益也就自然会相应的大幅度下降。

只有当比价关系完全理顺、市场体系基本形成和市场功能发育健全之后，只有当工业这种生产方式能够大规模的改造农业和其他产业的时候，中国的经济增长才有可能实现由"高速度、低效益"向"高速度、高效益"转变；而只有当整个经济规模大到足以容纳全部社会劳动力的时候，只有当高新技术产业成为支柱产业，并具有全面装备和改造传统产业的能力的时候，中国的经济增长才可能步入"低速度、高效益"的理想轨道。

担心高速度的人常常这样告诫说，公开承认经济增长需要一个较高的速度，在实践中会产生推波助澜的负作用。我认为这个担心完全没有必要：（1）既然中国经济处在"高速度、低效益"的发展区间，那么指出这种增长格局的客观性就是必要和重要的。（2）我们不应该运用世界银行和西方发达国家现在使用的速度标准（这些标准是与西方发达国家现在所处的发展阶段相适应的）来评判经济增长的实绩，而应从中国自身的时空条件出发，来看待中国经济增长速度的得失，什么样的速度才是超高速，是高速度好，还是低速度好，必须重新审视和评估。（3）过去那种依靠预算拨款促成本地区经济高速度增长的条件已经发生了很大变化，在其他条件不具备的前提下，靠行政首长喊速度压指标已经不那么灵了。与此相反，通过抽紧银根，人为地控制经济增长速度倒十分灵验。指出中国经济增长的内在规律，恰恰有助于我们把握好宏观调控的时机和力度。

我们从总体上说，中国经济需要一个较高的增长速度，这并不意味着不同地区的速度分布会绝对地均衡，同样由于不同的时空条件，不同地区会有不同的速度，或者相同的增长速度，其中的效益存在着差别。一般地说，新兴工业区的发展速度高于老工业区的发展速度，技术密集的大城市或者新技术产业相对集中的开发新区，经济增长速度中的效益含量要大一些，而农村工业以及其他劳动密集型产业相对集中的区域，经济增长速度中的效益含量会相应地小一些。用同一速度标准来评判不同地区的增长成就，或者在经济增长中，苛求一律的效益含量，都是不妥当的。在经济发展的不同阶段，不同产业和行业的地位和作用也会有差别，要求任何产业和行业都保持同样的增长速度，既办不到也不应该。不同行业和产业选择不同的发展速度，正是产业结构调整和优化所必需的。由于中国现阶段经济增长速度的刚性，那种希望用人为压低经济增长速度来推动结构变动的想法和做法是不切实际的。结构的改善与效益的优化，只能贯穿于经济高速增长的动态过程之中。在高速增长动态过程中，结构转换的动力来自市场以及通过市场发挥作用的产业政策。

五、中国经济周期性波动的特点和成因

总体而言，中国当代经济是长期持续中高速增长的，没有出现西方国家那样的经济危机。20世纪70年代的石油危机以及1997年的亚洲金融风暴，中国未受到波及；此外，2008年的世界金融危机对中国的冲击和影响也比较小。但是由于经济发展自身的原因以及政府指导方面的原因，中国经济发展过程中也有波动，也带有周期性特点。

如果把经济的周期性波动定义为，经济扩张与经济收缩、最高增速与最低增速或最大负增长交替出现，那么中国当代经济发展也有周期性波动。

从新中国成立到2018年，中国当代经济增长出现过11个周期。1949年至1956年出现过2个周期，1956年至1978年出现过6个周期，1978年到2018年出现过3个周期。2019年中国经济增长6%；2020年受疫情影响，仅增长2.3%；2021年恢复性增长8.1%。由于新冠肺炎疫情的特殊原因，我们不好把2007年一直延续到2021年作为1个周期，也不好将2018年至2021年作为改革开放以来的第4个周期。

我们可以侧重分析一下改革开放前后的经济增长周期波动情况。

1956年至1978年，这个阶段包括1956—1958年、1958—1966年、1966—1970年、1970—1973年、1973—1975年、1975—1978年6个周期。其中有3个周期出现过负增长，即1958—1966年、1966—1970年、1975—1978年。新中国成立以后，经济增长最高的年份、最低的年份、负增长年份都出现在这个阶段。1960年、1961年、1962年、1967年、1968年、1976年等六年均属负增长。[1]这个阶段包括全面建设社会主义的十年和"文化大革命"时期。

改革开放以来，1978—1992年、1992—2007年、2007—2018年分别为1个周期。1978—1992年，经济增长速度最高的年份是1992年，达到14.2%，最低的年份是1990年，增长3.9%。1992—2007年，增长速度最高的年份是1992年和2007年，都为14.2%，最低年份是1999年，增长7.7%。2007—2018年，经济增速缓慢地回落，由14.2%回落到9%以上，再回落到7%以上，最后回落到6%以上。这样的走势既不是V型，也不是U型，而是L型，因此按照经济周期波动的定义，它不同于前面的周期。如果延续到2021年，经济增长带有恢复性，增幅虽然达到了8.1%，但2020年仅增长2.3%，两年平均增幅只有5.2%。

---

[1] 参见赵德馨：《中国近现代经济史（1949—1991）》，厦门大学出版社2017年版，第397页。

由于新冠肺炎疫情具有特殊性，而且这期间处在高速增长向中速增长转换的过程之中，因此需要较长时间的观察，也可能今后的波动周期时间长一些，波动幅度小一些。

中国经济增长的周期性波动特点是：改革开放之前，周期比较短，波动幅度比较大，甚至出现过大起大落；改革开放以来，周期比较长，波动幅度也相对小一些。其中，1949年至1956年，平均每个周期是3.5年；1956年至1978年，平均每个周期是3.7年；1978年以来的前两个周期分别为15年、16年。

中国当代经济发展的周期性波动，与西方资本主义世界的周期性经济危机有很大的不同。资本主义经济危机主要是在商品过剩的背景下，政府为了刺激需求，增加财政赤字，从而引发通货膨胀造成的。此外2008年美国金融危机的爆发，还由于在滞胀的背景下，金融对经济深度介入，衍生产品泛滥，导致银行破产，资产大量缩水。说到底，西方资本主义经济所出现的周期性经济危机，根源于市场经济的自发性和盲目性，以及财政货币政策对这种自发性和盲目性的迁就与适应。因此，西方资本主义经济从根本上讲，无法摆脱这种周期性的循环，无法摆脱周期性的经济危机。中国当代经济发展周期主要是在加速工业化和现代化的进程中，由固定资产投资的变化引起的，是生产资料优先增长规律所产生的影响，随着经济规模的扩大和发展动能的转换，周期波动的时间会延长，波动的幅度会减小。当然前期的波动还有经济运行以外的原因，比如政府在组织经济发展过程中急于求成，引起经济发展中的比例失调等等。这些往往比较快地通过整顿调整，使经济增长又回到较高的稳定增长轨道上来了，而且通过总结经验，还使经济发展比例关系和结构进一步优化，使宏观调控水平得以进一步提高。

六、中国当代经济增长态势的新变化

从2011年开始到2019年，中国经济增长速度呈现出持续回落的态势，2011年增长9.6%，2012年增长7.9%，2013年增长7.8%，2014年增长7.3%，2015年增长6.9%，2016年增长6.7%，2017年增长6.8%，2018年增长6.6%，2019年增长6%。这9年增长速度都在10%以下；增幅逐年回落，只有2017年比2016年高0.1%；2020—2022年，受新冠肺炎疫情的影响，经济增长速度不能完全说明问题，但目前还看不出以前经济周期中那种重新回到10%的增长平台上的反弹趋势。也就是说，2021年虽然经济反弹达到了8.1%，但这种增速也难以持久。由此可见，中国经济增长已经进入了一种新常态。

前面分析过，经济发展新常态当然首先表现为由高速增长转入中高速增长甚至中速增长。这个变化是最直观、最容易度量的变化。这个变化不是周期性的变化，而是趋势式变化。经济增长态势的新变化，也给经济增长质量的提高创造了新的有利条件。

七、生产资料优先增长规律还会继续发挥作用

前面我们分析过，中国当代经济发展所形成的中高速增长，生产资料优先增长规律在其中发挥着重要作用。但是经济发展进入新常态之后，生产资料优先增长规律是不是仍然会发挥重要作用？有人会说，中国经济由高速增长转变为高质量发展的阶段，其特点或支撑因素，可能主要是科技创新驱动。有人甚至把生产资料优先增长与粗放型的高速增长简单地画等号。

生产资料优先增长规律所涉及的问题是，生产部类之间的优先顺序。实际上，资本有机构成的提高，不变资本的占比上升和可变资本的占比下降，本身就体现了科技进步的因素。

马克思和恩格斯在相关著作中讲再生产理论以及生产资料优先增长理论时，早就考虑到了科学作为生产力的重要因素了。在《政治经济学批判（1857—1858年手稿）》中，马克思明确指出科学是生产力，强调"生产过程成了科学的应用，而科学反过来成了生产过程

的因素即所谓职能"[1]。恩格斯认为，马克思"把科学首先看成是历史的有力杠杆，看成是最高意义上的革命力量"[2]。在《资本论》第一卷中，马克思指出："机器生产的原则是把生产过程分解为各个组成阶段，并且应用力学、化学等等，总之就是应用自然科学来解决由此产生的问题。"[3]整个生产过程不再是"从属于工人的直接技巧，而是表现为科学在工艺上的应用的时候，资本才获得了充分的发展"[4]。马克思在《机械。自然力和科学的应用》中指出："火药把骑士阶层炸得粉碎，指南针打开了世界市场并建立了殖民地，而印刷术则变成了新教的工具，总的来说，变成科学复兴的手段，变成对精神发展创造必要前提的最强大的杠杆。"[5]他还进一步指出："手工磨产生的是封建主为首的社会，蒸汽磨产生的是工业资本家为首的社会。"[6]因此，马克思在《资本论》第二卷中所揭示的生产资料优先增长规律，是充分考虑到了科学应用的重要性的。列宁在《论所谓市场问题》一文中，推演生产资料优先增长规律的时候，已经把技术进步作为重要因素，纳入资本有机构成提高之中。

有人或许会说，在建立独立的完整的工业体系和国民经济体系的初期和中期，生产资料优先增长规律起作用，而到了后期，生产资料优先增长规律就不一定起很大作用了。笔者认为，这种观点缺乏理论和实践的支持，理由如下：

一是科技创新驱动，应该是装备制造业先行，装备制造业的技术水平提高了，就可以装备其他产业，在此基础上才能带动整个经济的高质量发展。

二是中国是个发展中大国，必须建立独立的完整的工业体系和国

---

[1]《马克思恩格斯全集》第47卷，人民出版社1972年版，第570页。
[2]《马克思恩格斯全集》第19卷，人民出版社1972年版，第372页。
[3]《马克思恩格斯全集》第23卷，人民出版社1972年版，第505页。
[4]《马克思恩格斯全集》第46卷（下），人民出版社1972年版，第211页。
[5]《马克思恩格斯全集》第47卷，人民出版社1972年版，第427页。
[6]《马克思恩格斯全集》第4卷，人民出版社1958年版，第144页。

民经济体系，要支撑工业体系和国民经济体系，推进工业体系和国民经济体系的现代化，必须把生产资料产业的发展和技术进步放在优先和基础的位置。

三是中国实行社会主义市场经济体制，中长期经济发展具有顶层的战略设计，有必要也有可能遵循生产资料优先增长规律。从实践看，党和政府高度重视实体经济的发展，在实体经济中又高度重视先进制造业的发展，仅"十四五"规划，新基建（比如5G基建、特高压、城际高速铁路和城际轨道交通、新能源汽车充电桩、大数据中心、人工智能和工业互联网）的投资规模就达到15万亿。有人做过统计，各省的"十四五"规划加总，新基建的投资规模达到40万亿。《中国制造2025》重点投资建设的十大领域，也体现了生产资料优先增长的重要指导思想。习近平总书记在党的二十大报告中指出，建设现代化产业体系，坚持把发展经济着力点放在实体经济上，推进新型工业化，加快建设制造强国、质量强国、航天强国、交通强国、网络强国、数字中国。这也体现了生产资料优先增长的规律。在党的二十大召开期间，国家发展改革委副主任赵辰昕说，当前政策性开发性金融工具有力有效地支撑了重点领域基础设施建设，经济社会薄弱领域设备更新改造支持力度也在加大，我国能源装备、石化装备、矿山机械、工程机械、数控机床、工业机器人等重点设备订单都在大幅增长。这也反映了生产资料优先增长的基本态势。

至于将来经济规模足够大，进入高度发达的阶段，基本上依靠已有规模内的技术改造和升级就能维系经济发展，或者已有规模内的创新投入超过扩充规模的技术进步投入，并且形成了节约资源的"低速度、高效益"的理想格局，那时生产资料优先增长规律是否仍然起作用，笔者以为，需要依据那时的实践作判断。

第十章

市场背景下的政府角色与交易费用递减理论

在中国,政府与企业相互依赖,政府的协调服务使企业交易费用节省或递减。

在西方经济学看来,政府只是守夜人,或者是裁判员。守夜人的职责是维护安全,裁判员的职责是维护规则。也就是说,市场通过自由竞争,有足够的力量推动资源有效配置,推动经济发展,不需要政府介入和干预。而在中国当代经济发展中,中国政府的作用远远超出了守夜人和裁判员的职责范围,而是扮演着从整体和长远利益出发,服务经济发展,推动经济发展的重要角色。有的学者认为,中国政府对于中国的经济发展是"积极干预者",不同于西方经济学中所讲的很时髦的"积极不干预"。在中国,政府与企业家具有良好的合作关系。由政府与企业的性质所决定,双方在计划价值的认同上有共识,都有依赖对方的内在需求。从总体上看,中国政府的作用或服务,是自身使命和责任之所在,是企业所需要的,有利于企业交易费用的节省甚至递减。

一、广义人民政府与人民政府的性质

中国政府的概念与西方资本主义国家政府的概念有重大区别,政府的性质更具有根本的不同。

1. 中国实际上存在着广义人民政府

笔者在前面说过，在中国，从信任和依赖的角度讲，人民群众把共产党的组织和政府机构视为一体，在普通老百姓那里，甚至把司法部门、群团组织、基层自治组织，同政府部门一样，都看成是人民政府。因此，在人们心目中，存在着一个"广义人民政府"的概念。从总体上看，老百姓对广义人民政府是信任的，也是依赖的。

要理解中国的广义人民政府，要从新型政党政治入手。政党政治是现代国家普遍的治理方式。世界上除了少数君主制国家和政教合一的国家之外，绝大多数国家都有政党，而且政党在国家政治生活中发挥着关键作用。政党是在推翻封建专制之后，为凝聚新兴阶级力量所出现的政治组织。最早的政党是资产阶级政党。中国共产党是在马克思主义理论的指导下，按照列宁的建党原则建立起来的新型无产阶级政党。笔者认为，相对于资产阶级政党政治而言，在中国，中国共产党的领导是新型政党政治。

中国共产党在性质上根本不同于资产阶级政党，其初心和使命是为人民谋幸福，为民族谋复兴，其合法性在于人心向背。中国共产党与资产阶级政党产生的背景完全不一样。中国共产党是在中国近代民族危亡的背景下诞生的，党的领导是历史和人民的选择。中国共产党领导中国人民推翻了三座大山，实现了民族独立和人民解放，并且取得了社会主义建设和改革开放的巨大成就。资产阶级政党是在资产阶级革命取得胜利之后，在议会政治框架内，为竞选所形成的政治派别。

根本性质和政治基础上的不同，决定了政党在国家政治生活中的政治地位和领导方式具有明显的差别。不同于资产阶级政党通过竞选取得席位和职位，实施政治和政策主张，中国共产党是无产阶级的先锋队，也是中国人民和中华民族的先锋队，在我国政治生活中居于领导地位，在社会主义民主政治体系中居于最高领导层次。党必须领导一切，必须总揽全局。党的领导是中国特色社会主义的本质特征。

因此，中国共产党的各级组织，党领导下的国家机构和政府及其部门，还包括社会组织、基层自治组织，是一个整体。这个整体构成了人民群众心目中的广义人民政府。

2. 党的性质决定了人民政府的性质

党的各级组织都以人民的根本利益为最高标准，都坚持为人民服务，坚持以人民为中心的发展思想，都以理想信念宗旨为根基，都致力于为人民群众办实事。党的性质决定了人民政府的性质。

为人民服务，以人民为中心，与西方资本主义国家所宣传的为纳税人服务，内涵和范围很不一样。所谓为纳税人服务，实际上是为资本服务。至于老百姓的利益，他们所说的逻辑就是"涓滴理论"，即富人开工厂办企业，穷人可以就业拿工资，也就是富人的资本可以惠及穷人。

在中国，无论是党组织，还是组织形态上的政府机构，都是以为人民服务、为人民谋福利作为根本宗旨的，这不仅仅是根本理念和根本的工作要求，而且真实地体现在生动的社会实践之中，体现在党和政府的工作过程之中，体现在国家政策法律体系之中。比如中国建成了世界上规模最大的社会保障体系，基本医疗保险覆盖超过13亿人。中国的医疗保险早在改革开放之前就覆盖了全社会。美国从1912年罗斯福总统开始倡导全民医保开始，经过民主党当选的9位总统的不懈努力，到2010年，前后用了98年的时间，美国国会才通过奥巴马提出的医疗改革法案。然而，这个法案仅仅运行了不到7年的时间，特朗普上台后，就被搁置了。

3. 政府治理在国家治理体系中的地位

党的十八届三中全会提出了完善和发展中国特色社会主义制度、推进国家治理体系和治理能力现代化的总目标，十九届四中全会又专门作出了《中共中央关于坚持和完善中国特色社会主义制度 推进国家治理体系和治理能力现代化若干重大问题的决定》。《决定》第五部分集中讲了"坚持和完善中国特色社会主义行政体制，构建职责明确、依法行政的政府治理体系"[1]，明确了政府的主要职能是：经济调节、市场监管、社会管理、公共服务、生态环境保护。讲到政府治理的职能体系时，突出强调了厘清政府和市场、政府与社会的关系，主要阐述了六个方面的内容[2]：

一是健全以国家发展规划为战略导向，以财政政策和货币政策为主要手段，就业、产业、投资、消费、区域等政策协同发力的宏观调控制度体系。

二是完善国家重大发展战略和中长期经济社会发展规划制度。

三是完善标准科学、规范透明、约束有力的预算制度。

四是建立现代中央银行制度，完善基础货币投放机制，健全基准利率和市场化利率体系。

五是严格市场监管、质量监管、安全监管，加强违法惩戒。

六是完善公共服务体系，推进基本公共服务均等化、可及性。

上述六个方面涉及政府在经济社会发展中的职能定位。而且政府治理也是一个多层级的系统，中央政府与地方政府在经济治理中分工会有所不同，在地方政府中城市政府与其他政府经济治理的特点也会不一样。

二、基本国情、建国历史和后发特点影响中国政府的角色

我们说中国政府与西方政府有很大的不同，并非刻意求异，除了上述根本性质的区别之外，基本国情、建国历史和后发环境的不同，也是重要原因。

1. 由基本国情所决定的中国政府特性

西方有些学者主张小政府，不仅与他们的市场崇拜有关系，还与

---

(1)《中共中央关于坚持和完善中国特色社会主义制度 推进国家治理体系和治理能力现代化若干重大问题的决定》,《人民日报》2019年11月6日。
(2) 参见《中共中央关于坚持和完善中国特色社会主义制度 推进国家治理体系和治理能力现代化若干重大问题的决定》,《人民日报》2019年11月6日。

他们的国家结构有关系。

中国是单一制的国家,国家本身是一个统一的整体,需要集中统一,包括统一法制,统一市场。地方行使的权力来源于中央授权。中央政府与地方各级政府在本质上也是一个整体。这与西方很多国家的复合制有明显的区别。前面说过,在西方知识分子心目中,古希腊是他们的精神家园。雅典是西方最早的城邦国家,是村社共同体。几个部落通过协商,形成一个松散的联合体,联合体的权力是每个部落权力中让渡出来的一部分。在联合体中,如果某一个部落或后来的某个民族不愿意,也可以公决的方式退出联合体。由于雅典城邦的影响,西方后来建成的现代国家,较多地采取了联邦制或者邦联制。在这类复合制国家结构中,中央政府和联合体各组成部分的政府,都是独立的或者相对独立的政治实体。中央政府的权力是各成员政治实体权力中让渡出来的一部分。从某种意义上讲,对中央政府的权力是有限制的。

2. 家国相连的历史传统,使中国社会对政府有更多的依赖

前面讲中国当代经济发展的历史条件时专门讲过,中国是世界上最早进行国家建设的。美国的政治学者弗朗西斯·福山在《政治秩序的起源》中说:"我们所理解的现代国家元素,在公元前三世纪的中国业已到位,其在欧洲的浮现,则晚了整整1800年。"[1]

中国多民族统一国家是封建社会早期经历了短暂的领主制经济之后,向地主制经济过渡时形成的,氏族社会的历史遗存还有一定影响。同时在中国地主制经济形态和小农制生产方式的背景下,家庭成为最基本的社会单元,社会组织发育不充分,老百姓的耕读传家和知识分子的家国情怀,成为价值追求。家国相连的历史传统,决定了老百姓对政府的依赖和政府对家庭和民生的关注。这种历史传统还要求在高度重视法治、契约的同时,仍然要坚持必要的伦理原则。

---

[1] [美]弗朗西斯·福山:《政治秩序的起源:从前人类时代到法国大革命》,毛俊杰译,广西师范大学出版社2012年版,第19页。

3. 近代以来重视政府作用的呼声具有社会基础

中国近现代以来，需要发挥政府在经济发展中的作用，都是同工业化和现代化联系在一起的。从中国真正的工业化、现代化的思想萌动开始，发挥政府作用的声音就不绝于耳。前面我们说过，孙中山先生的《实业计划》，应该是中国最早的工业化和现代化的十年规划。孙中山先生想利用第一次世界大战之后西方国家为战争服务的闲置生产能力，来发展中国实业。所以他不仅强调中国政府的作用，而且还强调外国政府的作用，希望外国政府能组织经营团来中国开发实业。前面提到的1933年上海《申报月刊》组织的关于中国现代化问题的大讨论中，多数学者认为，中国的现代化，要采取社会主义的方式或者非资本主义的方式，都主张发挥政府的作用。甚至连蒋介石在1941年发表的《中国经济学说》中，也主张实行计划经济制度。

这说明，在20世纪初之后的一段较长时期内，西方资本主义市场经济的自发性和盲目性充分显露出来，因此中国的知识界和决策层有一个共识，也就是在中国这样的落后大国中，要实现工业化和现代化，不能简单地移植自由放任的市场经济，需要借助政府的力量。只是当时反帝反封建的任务没有完成，民族没有独立，而当时的中国政府连把中国的政局稳定下来都做不到，不可能实质性地推动中国的工业化和现代化。历史证明，当时资产阶级革命派难有作为，蒋介石所代表的大地主、大资产阶级更是无从谈起。

只有中国共产党人领导中国人民，实现民族独立，建立新中国，党领导的人民政府才有可能在推动工业化和现代化的建设中发挥重要作用。

三、在中国当代经济发展中政府发挥着重要作用

新中国成立以来，政府在推动经济发展和服务经济发展中，始终发挥着重要作用。

1. 改革开放之前，政府在经济发展中所发挥的作用

这主要涉及三个阶段。

三年经济恢复时期。一是没收官僚资本，进行土地改革；二是打击投机资本，进行了"银元之战""米棉之战"，同时收紧银根，稳定物价，统一财政；三是调整工商业的公私关系和劳资关系；四是全面恢复国民经济。

社会主义改造时期。一是组织实施社会主义改造；二是编制和实施"一五"计划；三是组织实施了156个苏联援建项目和相关项目建设；四是在建立社会主义基本经济制度和计划经济体制的同时，对社会主义建设规律进行了积极探索。

社会主义经济建设艰难探索的20年。一是组织编制和实施了第二到第四个五年计划；二是组成了大规模的"三线建设"、社办工业建设和"五小"工业建设；三是组织实施了"四三"方案以及之后的设备和技术引进；四是在计划经济体制作用下，组织了国营工商业的生产经营，组织了农业生产和农田水利基本建设。

2. 改革开放以来，政府在经济发展中所发挥的作用

在党的领导下，政府首先是改革开放的领导者、组织者，包括提出改革方案，组织指导改革试点，设立特区、开发区、自贸区等。如果把政府与市场联系起来，那么政府至少发挥了以下几个方面的作用。

一是培育催生市场。改革开放以来，我们处在由计划经济向市场经济转轨的过程中，这个过程是渐进的。开始是保持计划经济体制不做大的变动的情况下，让出一定的空间让市场调节。先从集贸市场开始，然后是消费品市场，再然后是生产资料市场、要素市场，此外还有逐渐发展起来的产权市场、资金拆借市场、证券市场。培育市场很好的一个案例，就是义乌小商品市场的发展。从20世纪80年代党的十二大召开时起步，义乌小商品市场现在已经成为销售范围最广、销售规模最大的国际性的专业批发市场，被称为世界超市。

二是积极运用市场，制定中长期发展规划，引导经济和社会发展。在五年、十年发展计划或者规划当中，确实有一些具体的项目。因此有学者认为中长期发展计划或规划是"看得见的手"，市场是"看不见的手"，在市场经济条件下，运用发展规划引导经济社会发展是计划与市场的结合。笔者认为仅仅这样理解还不够。在笔者看来，政府制定中长期发展计划或规划，是对市场的有效运用。也就是收集整理市场信息，通过系统集成，形成有利于整体和长远的战略目标和实现路径。

三是制定产业政策，推动新兴产业发展。这应该是对市场的一种补充。前些年，林毅夫和张维迎就是否需要产业政策，进行过长时间的争论。实际上所有国家的政府，在经济发展的不同阶段，都有自己培育的目标产业。为目标产业培育制定措施和创造条件，实际上就是产业政策。

四是承担具有全局意义的重大项目的资本支出。比如铁路、电网、重大水电设施以及重大技术攻关等。

五是国有资本所有权的管理。目前比较普遍的做法是借助政府特设机构——国有资产监督管理委员会，以及所组建的投资公司或者资本运营平台来实施。

六是对市场的监管。市场监管的原则是维护公平竞争，维护消费者权益，保障安全生产和食品药品安全。

七是服务市场主体。为企业进入市场提供便捷服务。从增加就业和鼓励创新的角度扶持中小企业和民营企业。

八是通过反垄断法规和生态环境保护法规，对特殊行业和重点企业直接进行监管。

九是在特殊情况下，直接介入市场和企业，拯救特殊行业和重点企业。在中国，政府要不要对微观进行干预，何时干预，干预到什么程度，这不仅仅是一个理论问题，也是一个生动的实践问题。

四、需要澄清市场条件下政府作用的若干认识误区

西方主流经济学是不看重市场经济条件下的政府作用的,主张政府对市场积极不干预,有的甚至把市场配置资源与政府发挥作用对立起来。例如,奥地利学派认为,爆发资本主义经济危机时,通过市场出清的办法就可以解决问题,就能够重新回到均衡状态。我们也有一些学者,基于对西方经济学的理解,把市场与政府定位在板块式的资源配置分工上,主张"大市场、小政府"。笔者认为,这些未必是西方资本主义国家市场经济实践的经验,也难以适应后发国家向市场经济转轨的实际。因此,我们需要澄清相关认识。

1. 在资本主义国家的市场经济中,政府并不是无所作为的

英国是具有代表性的老牌资本主义国家,常常被有些学者看成是自由放任市场经济的样本。实际上,在英国早期经济发展过程中,政府曾发挥过积极的推动作用,如通过《航海条例》发展海运,制定并实施殖民政策和通商贸易政策,实行对外侵略与扩张,推行旨在保护国内农业的谷物政策,以及推行关税保护政策,等等。即使是西方主流经济学所描述的19世纪初到20世纪初大约100年间的自由竞争时代,英国政府仍然在发挥作用;而且在圈地运动的中后期,主要是英国政府在发挥作用。在资本积累上,法国和英国等发达资本主义国家,都有过不光彩的经历,通过对外侵略、殖民掠夺获取资本,是推动其早期现代化的重要手段之一。法国在推进工业化的过程中,不断采取国家干预措施,比如保护农业等。美国、德国、日本在工业化初期对亚当·斯密自由放任的市场经济理论是持批判和保留态度的,它们都执行了贸易保护政策,一直到今天,这种贸易保护依然存在。英、法、美、德、日对垄断企业的管制政策,也带有明显的保护本国企业的倾向。谭崇台先生认为,发达国家早期都有过产业政策。法国的产业政策主要体现在大力发展资本主义工厂手工业上。德国的产业政策经历过两个时期,一个是1871年统一之前鼓励产业发展的时期,另一个是

统一以后卡特尔得到广泛发展的时期。日本早期实行了"殖产兴业"的政策。[1]一直到现在,日本的产业政策仍然在发挥作用。

2. 发展中国家在运用市场配置资源的实践中,需要政府发挥重要作用

对于发展中国家在工业化和现代化的进程中,政府发挥了重要作用这个基本事实,应该是没有人会怀疑的。谭崇台先生在其主编的《发达国家发展初期与当今发展中国家经济发展比较研究》一书中,将英、法、美、德、日五国作为发达国家的代表,将韩国、印度以及拉丁美洲整体作为发展中国家的代表进行考察,发现发展中国家和地区的金融政策、贸易政策、产业政策以及社会保障政策,充分体现了政府所发挥的重要作用。实际上,也有发展中国家简单地听信西方的宣传,在推进市场化、民主化的过程中,忽视政府的作用,出现经济秩序混乱和社会动荡,工业化和现代化进程非常缓慢。

3. 市场配置资源的决定性作用与更好发挥政府作用,不是同一层次的板块式划分

有人认为,无论是原来所说的市场在资源配置中发挥基础性作用,还是党的十八届三中全会所强调的起决定性作用,都是政府与市场配置资源比重或者说领域板块的重新划分。显然不能简单地这样看。就"基础"一词而言,它是工程用语,本义是指建筑底部与地基接触的承重构件。我们常说"基础不牢,地动山摇",一栋房子的基础不扎实,房子可能会倒,或者会倾斜,成为危房。但是一栋房子光有基脚是不够的,还要有支柱,有房梁,有墙体,有屋顶。如果说建一栋房子,基脚的材料和工程是市场配置的,其他如柱子、横梁、墙体、屋顶都是由政府计划配置的,那么市场在其中就只起了部分作用,其配置资源的效益和效率就没有充分发挥出来。同样用这个比方来看市场在资源配置中起决定性作用。建设一栋房子的决定性作用,应该既体现在

---

(1) 参见谭崇台主编:《发达国家发展初期与当今发展中国家经济发展比较研究》,武汉大学出版社2008年版,第15章第2、4节。

基脚，又体现在支柱、横梁、墙体和屋顶上。不能反过来说，建了基脚或者建起了支柱就起了决定性作用。市场在建设这个房子中起决定性作用，就不存在把建房子的某一个部分某一道工序仍然留给政府去配置了。那么政府干什么？政府主要管建房的规划，管标准，管建这个房子可能给毗邻居民带来的影响。有人说建商品房由市场配置，建公共服务设施就由政府配置了。实际上也不能简单地这样看。政府提供公共产品与服务，必须体现公平，但政府在公共服务设施的建设中，仍然要运用市场，比如代建制，比如招投标等。就是从事公共服务的机构和单位，内部也要进行改革，也要引入市场机制。此外，政府还要购买服务。

由此看来，市场在资源配置中的作用从基础性作用到决定性作用，确实有政府对资源的配置大幅度减少的意思，但不是简单的政府与市场配置资源比例上的重新划分，即简单的同一层次的板块划分。有人可能会说"起决定性作用"的表述有利于西方大国承认中国的市场经济国家地位，似乎说我们是搞形式、作姿态，这显然是不正确的。确实，正如前面所说，中国加入世贸组织是以非市场经济国家的身份加入的，过渡期为15年，截至目前，已有81个国家承认中国的市场经济地位。西方某些国家不承认中国的市场经济地位，利用反倾销打压中国，这些国家不会因为你提法变化而改变立场。严格意义上讲，到2016年，过渡期满，中国的市场经济国家地位应该会自然而然地被确立起来。因此，中国强调市场在配置资源中起决定性作用，是真实的、认真的。

强调市场在资源配置中起决定性作用和更好发挥政府作用，是政府与市场关系新定位的完整表述。不能简单地将这个新定位理解为"大市场、小政府"或者"强市场、弱政府"。[1]更好发挥政府作用，也是真实的、认真的。

---

(1) 参见尹汉宁：《深刻认识政府与市场关系的新定位》，《中国经济时报》2013年12月26日。

4. 更好发挥政府作用有利于起决定性作用的市场有效有序

"更好发挥政府作用"要求非常高,而且有丰富的、新的内涵,包括"科学的宏观调控,有效的政府治理",包括政府职责与作用的新要求等。把政府与市场联系起来看,政府既要解决"越位"和"错位"的问题,又要解决"缺位"和"补位"的问题。比如《中共中央关于全面深化改革若干重大问题的决定》指出:"必须积极稳妥地从广度和深度上推进市场化改革,大幅度减少政府对资源的直接配置,推动资源配置依据市场规则、市场价格、市场竞争实现效益最大化和效率最优化。"[1] 解决"越位"和"错位"的问题是当务之急,任务也很艰巨,必须冲破思想观念的障碍,突破利益固化的藩篱。但是解决这类问题,通常会自上而下,主要取决于决心和勇气,在技术层面上难度不是很大;而解决"缺位"和"补位"的问题,可能是我们面临的严峻挑战。必须在转变职能和工作方式上下功夫,政府工作人员必须在思想观念的转变和知识结构的优化上下功夫。必须增强宏观意识和战略思维,必须熟练地掌握现代经济知识、现代市场知识、现代信息技术以及法律等其他知识。

《决定》强调政府的职责和作用包括:"保持宏观经济稳定,加强和优化公共服务,保障公平竞争,加强市场监管,维护市场秩序,推动可持续发展,促进共同富裕,弥补市场失灵。"[2] 总共八句话,每一句话要做到都很难,就拿最后一句话即"弥补市场失灵"来讲,难度就相当大。从中国目前市场化进程看,市场失灵可能会有三种情况:一是源生性市场失灵,包括盲目性、外部性、垄断等问题。二是条件性市场失灵。我们处在市场化改革的进程中,市场规则不统一,导致市场秩序不规范、市场信号被扭曲。三是特殊性市场失灵。我们处在开放的环境之中,跨国公司拥有全球80%以上的贸易及国际流动资本,其生产链条的不同环节分布在不同国家和地区,这些公司自身的结构

---

(1)《中共中央关于全面深化改革若干重大问题的决定》,《人民日报》2013年11月16日。
(2)《中共中央关于全面深化改革若干重大问题的决定》,《人民日报》2013年11月16日。

变动也可能会引起市场的波动。此外还有跨国金融资本的运作，对市场的影响就更大了。因此，如何弥补市场失灵，如何避免经济的大起大落，如何运用逆周期调节，规避经济和社会风险，都是政府需要主动应对的严峻考验。由此可见，政府与市场关系的新定位，要求市场配置资源的决定性作用要充分发挥好，政府科学的宏观调控，有效的政府治理的作用也要充分发挥好，市场要强起来，政府也要强起来。

政府与市场关系的"新定位"，要求我们在改革的实践中两头着力，既要在市场特别是要素市场的发育上下功夫，在市场秩序、规则、公平竞争环境上下功夫，同时也要在政府职能转变和治理能力建设上下功夫。这两方面的改革可能会涉及政府、市场、企业、社会和个人，涉及体制、机制、法规、政策等。政府处在改革的关键部位，既是改革的组织者、推动者，又是改革的对象，必须发挥主动性，要把该交给市场的交给市场，把该交给社会的交给社会，把自身该做的事情真正做起来，做到位。特别是要敢于突破思想观念的障碍，突破利益固化的藩篱。[1]

由此可见，发挥市场配置资源的决定性作用和更好发挥政府作用可以相辅相成。

五、政府与企业家的良性互动

这里，我们还可以从政府与企业家的关系来进行分析。

1. 企业家群体形成与政府的关系

改革开放以来，我国形成了相当规模的企业家群体。改革开放初期的企业家被称为"85派"（即1985年前后出现的企业家），他们中一部分来源于草根，一部分来源于改革中的国营企业的管理层。后来出

---

[1] 参见尹汉宁：《深刻认识政府与市场关系的新定位》，《中国经济时报》2013年12月26日。

现了"92派",指1992年邓小平发表南方谈话后,政府鼓励机关和科研单位办企业,一大批原来在党政机关、科研院所的干部和科研人员主动"下海"创业。此时,也有一批学历背景很好的年轻人进入资本市场。再后来出现了"99派",指1999年前后从海外学习归来的杰出青年(当然也有没有留学背景的)进入到互联网等行业。近些年又出现了"15派",也就是与2015年移动互联网崛起相联系的一批企业家。除了这样按年代归纳的企业家群体之外,一些国有企业通过改革重组,以及在外商投资企业中,也有一批企业家在锻炼中成长起来了。笔者认为,改革开放40多年来企业家群体的形成与政府的关系有三个特点:一是由政府推动的改革开放有"三个培育"的任务——培育市场、培育市场主体、培育企业家。这与苏联解体后要迅速培养一个资产阶级不一样,中国需要培育企业家群体。二是从企业家来源看,来自体制内或与体制有某种联系的占有一定比例。三是政府总体上是看重企业家和支持理解企业家的。

2. 由企业性质所决定,企业家在计划价值方面有一定认同感

《企业的性质》是西方经济学中新制度经济学的创始人科斯青年时期发表的论文,也是最终让其于1991年获得诺贝尔经济学奖的两篇论文之一。《企业的性质》回答了两个问题:一是企业为什么会存在?二是企业的规模由什么因素决定?科斯认为,市场的运行是有成本的,通过一个组织,并允许某个权威(一个企业家)来支配资源,就能节约某些市场运行成本。当存在企业时,某一生产要素(或它的所有者)与企业内部同它合作的其他一些生产要素签订一系列的契约的数目大大减少了,一系列的契约被一个契约替代了。科斯认为,企业内部没有价格信号,规模的扩大靠企业家的感觉、经验和判断,规模不断扩大,企业家主观判断就会出现失误,这样,企业内部的协调成本就超出了通过市场交易的成本。于是企业的规模就有边界了。[1]这个意思

---

(1) 参见[美]罗纳德·H.科斯:《企业、市场与法律》,盛洪、陈郁译校,格致出版社、上海人民出版社2014年版,第28—42页。

是说，企业内部的协调是靠计划，企业是对价格机制的替代，企业规模的边界是企业内部协调成本等于市场交易成本。当然，对企业为什么存在，企业规模的扩大由什么因素所决定，还可以从分工协作和规模效益等方面理解，社会化大生产是靠分工和协作来体现的。马克思在《资本论》中讲过个体力和集体力的差别。有些事情是个体无法完成的，有的个体可以完成某个生产环节，但靠个体之间的空间协作，生产成本会提高。集中形成一定的生产规模，可以节省生产成本。这可能会涉及谈判、签约等交易费用，但主要是生产环节的耗费。尽管如此，科斯所定义的企业内部的协调不是价格机制而是计划属性在起作用，是符合事实的，有意义的。从这个意义上讲，企业家对计划的价值是有认知的，而且政府在发挥作用的过程中有运用计划和规划引领的成分，因此，中国的企业家与政府在计划理念的认知上有共识。

3. 政府与企业家相互依赖

前面我们说到，中国共产党是使命型政党，党领导下的人民政府是责任型政府，其初心和使命是为人民谋福利。充分发挥市场在资源配置中的决定性作用，就是要加快工业化现代化建设步伐，实现全体人民的共同富裕。由于企业家在市场中所具有的关键作用，政府是高度重视企业家群体培育的，也高度重视企业家的意见和建议，还不断地在为企业家排忧解难。在中国，企业家对政府有更多的信赖和依赖。而且在经济改革调整中，在企业家自身成长的过程中，企业家更是离不开政府。

4. 外商投资企业也认同中国的企业文化

为了协调好企业的员工队伍，调动企业员工的积极性，一大批来华或来内地投资兴业的外商投资企业，都主动要求在企业建立中国共产党的组织和工会组织，企业领导人与所在地政府有良好的合作关系。

六、政府在救助困境企业中的作用

在改革开放中，中国政府对于困境企业并不是不闻不问的，不像奥地利学派所主张的那样，完全被动地依靠市场出清来解决问题。企业在面临困难时，政府会提供救助方面的协调服务；企业在破产清算的时候，政府也会提供善后的相关服务，特别是涉及职工下岗再就业的问题时，或者是牵涉到群众切身利益问题时。国有工商企业兼并重组和破产清算，都是优先解决职工工资拖欠和欠缴社保基金的问题。20世纪90年代先后发生了广东信托投资公司和湖北信托投资公司的重大风险，然后湖北还发生了城市信用社的挤兑风波，最后都是政府财政兜底来保障储户利益的。

在资本主义市场经济国家，也有政府出手救助困境企业的。这里介绍一个比较成功的案例，即印度政府救助萨蒂扬公司。萨蒂扬公司是印度国内第四大、全球领先的信息技术外包软件公司，在纽约证券交易所和孟买证券交易所两地上市，拥有员工大约5万人，客户遍及66个国家。2009年1月，印度政府发现这家公司的创始人兼董事长马林加·拉贾多年操纵公司账目，资产负债表上的欺诈金额高达14.7亿美元。政府迅速采取行动，任命新的董事会成员，同时由政府提名的董事会任命了一位退休的最高法院法官来监督交易，由他们协调指挥公司的股权出售以及账目重审，并保证充足的营运资金。国有金融企业为这家公司提供了融资支持。这一系列措施成功地避免了萨蒂扬的破产。丑闻曝光仅仅100天，萨蒂扬就成功地被另一家公司收购。政府的介入挽救了萨蒂扬的业务运营，并恢复了印度证券市场的信心。时任印度财政部部长普拉纳布·慕克吉说，政府的目的不是要拯救哪一个个人，政府也无意保护任何不法行为，政府在萨蒂扬中的利益是该公司在这个行业中的重要地位，它有大量的国际客户，它有优秀的专业人士。[1]

陈惠华在《变革：市场中的政府角色》一书中，还把印度政府对这家公司的救助与美国安然公司的破产进行了比较。美国安然公司曾

---

[1] ［新加坡］陈惠华：《变革：市场中的政府角色》，刘阿钢译，北京大学出版社2014年版，第203—205页。

经是世界上最大的能源、商品和服务公司之一，名列《财富》杂志美国500强的第7名。由于首席财务官安德鲁·法斯特做假账，安然公司虚报盈利近6亿美元。2001年12月2日，安然正式向法院申请破产保护，破产清单中所列资产高达498亿美元，成为美国历史上最大的破产企业。安然破产导致美国资本市场混乱，众多雇员失去工作，造成了大规模的失业问题。

将上述两个案例进行比较，我们可以得出这样的结论，即对影响巨大的困境企业，政府不是该不该救助的问题，而是用什么方式救助的问题。印度政府对萨蒂扬的救助，并没有采取补贴或财政兜底的方式，而是运用法律手段和市场的办法，政府是以监管者的角色出现的。前面说到了，由中国的基本国情和人民政府的性质所决定，中国政府对处于困境中的企业的服务显得更加必要和重要。

七、政府服务有利于企业交易费用的节省甚至递减

这里，我们引入交易费用理论进行分析。交易费用理论是前面提到的新制度经济学的创始人科斯提出来的。1937年，科斯在《企业的性质》中提出交易费用和交易成本理论。他认为交易费用是利用价格机制的费用或利用市场交换手段进行交易的费用，包括提供价格的费用、讨价还价的费用、订立和执行合同的费用等。他把交易成本解释为企业存在的原因和企业规模选择的原因。[1]几乎在同一时间，张培刚大学毕业以后，在当时的中央研究院社会科学研究所做农村调查，1937年和1938年分别写出了《浙江省食粮之运销》和《广西粮食问题》两本小册子，也鲜明地将运销费用和交易费用分开分析。

笔者认为，交易费用是指在完成一笔交易时，交易双方在买卖前

---

(1) 参见［美］罗纳德·H.科斯：《企业、市场与法律》，盛洪、陈郁译校，格致出版社、上海人民出版社2014年版，第28—42页。

后所产生的各种与此交易相关的费用。如果把这个概念扩展开来，还应该包括新建一个企业，除了企业建设成本、按法规应该缴纳的税费之外的费用；企业进入新的行业和领域，除了应该缴纳的税费和开发及生产成本之外的费用；企业生产产品，除正常的生产经营成本之外的费用等。

按照这个定义，政府为企业所提供的直接或间接的服务，肯定会涉及交易费用的变化——交易费用一般会递减。前面我们说到政府在市场经济条件下的作用方式，可能会涉及很多方面，就大的类别而言，第一类是与市场相关的，比如培育市场、维护市场秩序、弥补市场等；第二类是战略引领，比如中长期经济社会发展规划；第三类是政策体系，十九届四中全会《决定》讲宏观调控制度体系时讲了七大政策，即财政政策、货币政策、就业政策、产业政策、投资政策、消费政策、区域政策；第四类是政府直接为企业提供综合协调服务。这些都会直接或间接地影响到企业，使正常合规经营的企业的交易费用降低。这里我们仅从政府直接为企业提供协调服务看，比如政府支持在当地办企业，那么创办新企业的交易费用就会降低；比如地方政府在开发区和新区招商中引进的企业，对当地经济发展具有很强的带动性，那么政府通常会召开协调会，简化工作程序，提高办事效率，解决企业入驻、建设、开工中的一些具体问题，其中很多都是政府应该提供的条件和创造的环境。通过召开协调会的方式，本来需要较长时间才能解决的问题，可以在很短的时间内就得到解决，而且可以同时解决企业新建、开工中的许多问题，而不至于企业一个一个地提出诉求，一个一个地去寻求解决的途径。

由政府领导出面召开协调会时，通常政府有关部门的负责人都会参加，企业会后再与政府部门协调并争取支持的可能性加大，同时由于政府综合协调而获得信用，在与其他企业合作时容易给合作方信心，包括金融信贷支持。所以政府协调服务，企业的交易费用会递减。也就是企业直接感受到办事效率提高，交易费用降低。

政府为企业提供协调服务，企业交易费用递减的逻辑链条是：企业由于政府领导主持召开协调会──→开发区管理机构服务效率提高──→政府部门服务更加主动，服务进度加快──→金融机构增强信贷支持的信心，提供更多针对性服务等──→企业建设进度加快，或生产效率提高，或者缓解经营困难等──→加快发展时间或破解难题延滞等问题──→交易费用递减──→企业利润递增或亏损递减。

在实践中企业对政府的情感也是复杂的。它们对政府会有很多抱怨，但是也很依赖政府，不仅在经济低迷的情况下希望政府提供服务，就是在经济繁荣的时候也希望政府提供服务。政府在为企业提供服务的过程中，也处于两难境地。一方面政府希望通过服务能够帮助到企业，另一方面又要使政府的服务不至于造成对企业的干预，或者对其他企业的不公平。

当然，政府不能提供类似于特许或补贴的服务，不能提供支持形成垄断利益的服务以及不公平竞争的服务，特别是在商事改革和普遍国民待遇的背景下更应该如此。政府对企业的服务往往是分类进行的，比如，改革开放以来，政府直接为外商投资企业、民营企业提供协调服务比较多，而且对国有企业实施改革及其配套政策也一直没有间断过。从这个意义上讲，政府对各类企业的服务总体上是均衡的。

新制度经济学或者叫现代产权理论认为，西方主流经济学假定交易费用为零，这在现实中是不存在的。他们认为，任何一种体制、组织制度在其运行过程中都要产生交易费用，交易费用的高低是衡量各种体制优劣的尺度。中国政府在各个层面为企业提供服务，使企业交易费用递减，充分体现了社会主义市场经济体制的比较优势。

这里有三个案例，可以一定程度地说明政府服务有利于企业交易费用递减。

一是重庆引进富士康。在重庆引进富士康之前，富士康已经在深圳有很好的发展，而且富士康也在向内地进军，分别在太原、郑州、武汉设点办厂。重庆致力于把富士康的配套厂一并引进重庆，后来居上。所以重庆政府根据富士康做台式电脑加工贸易的特点，先从惠普拿到上千万台台式电脑加工的订单，然后再跟富士康谈，希望富士康把80%以上的配套企业一并迁至重庆。富士康觉得很划算，很快富士康在重庆就有很大的发展。

二是本田CRV车型生产落户武汉。日本本田汽车公司到武汉之前在广州建厂生产，考虑到人工成本和配套成本，有意到中部地区发展。本田公司先跟位于武汉开发区的一家名为万通的车企谈合作。万通是做改装车的，当时正处在国家整顿改装车市场的过程中。而汽车项目需要国家发改委给牌照，合资企业也需要国家商务部批准设立。对这两件事，当地政府给本田公司作出了承诺，后来也得到了落实，所以很快这个合作框架就形成了。本田公司觉得当地政府很诚恳，项目也能很快地投入生产，客观上也为它们节省了大量交易费用。

三是马斯克逃离加州，选择得州。上述案例不光是在中国有，美国也有。美国企业在美国各州也要比较政府服务，作出降低交易费用的选择。

2021年，硅谷老牌IT公司甲骨文和特斯拉CEO埃隆·马斯克宣布，将公司总部从加州红木市迁至得州首府奥斯汀。马斯克把加州比作一支连胜的运动队，哀叹加州已经对创新者变得自满。他说：加州确实变得有点沾沾自喜，有点自以为是，加州已经赢了很长一段时间了，我认为他们有点将此视为理所当然。得州联邦参议员克鲁兹（Ted Cruz）在推特上隔空回应马斯克，他说：得州热爱就业机会，我们很高兴你成为得州人。马斯克的企业是在加州发展起来的，加州也应该是全美IT产业集中和创新企业集中的地方，为什么要把总部迁到得州呢？肯定是基于政府服务和发展环境方面的比较，也就是交易费用的比较。此外，马斯克想在德国办一个超级工厂，前两年曾秘密访问德国。他痛批德国当局在其提出建厂申请后16个月一直未予以批准，希望德国当局能加快审批进程，赋予投资者更大的透明度。这里说的也是政府服务和交易费用的关系问题。

第十一章

微观改革与产权链理论

产权链是对微观改革的学理总结,是对社会化大生产和市场一般规律的新认识。

在40多年的改革开放实践中,无论是农村还是城市,微观改革总是最生动最受关注的。总结微观改革,可以有多个路径和视角,笔者想提出产权链的概念,从产权链的形成和延伸的视角来看微观改革。笔者认为,产权链理论可以较好地解释中国的微观改革,是对西方现代产权理论的拓展、创新与超越,或者是具有中国特色的现代产权理论。

一、微观改革与产权链概念

改革开放以来,改革领域主要涉及三个方面:一是微观改革,主要是指微观基础能够真正成为市场主体;二是市场形成,包括市场体系的建设;三是基于市场的宏观经济治理。在这三个方面中,微观改革是基础,是中心,是关键。

在40多年的改革中,微观改革一直被放在优先的位置上。微观改革主要涉及两个大的方面:一是微观改革先从农村开始,实行家庭联产承包责任制，农户要成为市场主体。农村微观改革从"三级所有，队为基础"到家庭联产承包责任制为基础的双层经营体制，再到所有权、承包权、经营权的三权分置。二是国有工商企业的改革，从放权让利到建立现代企业制度，再到混合所有制改革。国企改革先后出现过松绑、生产责任制、经营承包、股份制改造、建立现代企业制度、混改和重组等。国企改革的目的也是要成为市场主体。而民营或私营企业是在向市场经济转轨的过程中发展起来的，必须成为市场主体，才有可能生存和发展。

过去，我们说得比较多的是国有企业改革的"两权分离"，而农村改革的说法是"双层经营责任制"，其实质也是所有权和经营权的分离。如果我们引入"产权"的概念分析，就会发现产权链的延伸，可能是中国微观改革的重要内涵和基本路径。产权原本是所有权的法律表现形式，在市场经济条件下，产权形态与组合是动态的。农村集体所有权延伸为农民的承包权，然后派生出占有权、收益权、抵押权、转包权、出资权。国有产权派生出管理权和经营权、出资者所有权和法人财产权。在国有投资和出资的股份公司中，运用法人财产权再投资或者参股，又出现出资者所有权和法人财产权的分离。如此延续下去，没有止境。

二、农村改革的核心是集体产权制度改革

通常我们在讲农村改革的时候，讲得比较多的是家庭联产承包责任制，以及与其相关的配套改革。实际上农村改革的核心是集体产权制度的改革，改革的内涵是集体产权的分解和产权链的延伸。

1. 通过土地改革、合作化运动和人民公社的建立形成集体所有制

新中国成立后，通过土地改革，亿万农民拥有了自己的土地。从1951年开始，中央指导各地农民通过走合作化的道路，用土地入股的方式实现规模经营，发展农业生产。1956年6月第一届全国人大第三

次会议通过的《高级农业生产合作社示范章程》规定："入社的农民必须把私有的土地和耕畜、大型农具等主要生产资料转为合作社集体所有……社员土地上附属的私有的塘、井等水利设施,随着土地转为合作社集体所有……农业生产合作社应该抽出一定数量的土地分给社员种植蔬菜……社员原有的坟地和房屋地基不必入社。"[1]1958年8月,中共中央政治局审议通过《中共中央关于在农村建立人民公社问题的决议》,明确要求"把规模较小的农业生产合作社合并和改变成为规模较大的、工农商学兵合一的、乡社合一的、集体化程度更高的人民公社"[2]。1960年11月中共中央发出《中共中央关于农村人民公社当前政策问题的紧急指示信》,明确"三级所有,队为基础,是现阶段人民公社的根本制度"和"加强生产队的基本所有制"。1962年2月,中共中央发布《中共中央关于改变农村人民公社基本核算单位问题的指示》,提出"在全国各地农村绝大多数的人民公社都宜于以生产队为基本核算单位"[3]。同年9月,党的八届十中全会正式通过《农村人民公社工作条例(修正草案)》(简称"人民公社60条"),正式确立了"三级所有,队为基础"的人民公社体制。

2. 在包产到户的改革背景下改变人民公社体制

1978年冬,安徽省凤阳县梨园公社小岗村的18户农民以"托孤"的方式,冒着巨大风险,在大包干协议上摁下了鲜红的手印,由此拉开了农村改革的序幕。到1985年底,全国绝大多数的农村农户实行了大包干,家庭联产承包责任制在我国农村全面确立。1983年1月,中共中央印发《当前农村经济政策的若干问题》,决定改革人民公社体制,实行政社分设。同年10月,中共中央、国务院发出《关于实行政社分开,建立乡政府的通知》,要求把政社分开,以原人民公社的管辖范围为基础,建立乡政府。相应地,各地在原生产大队、生产队范围

---

(1) 《高级农业生产合作社示范章程》,《江西政报》1956年第13期。
(2) 《中共中央关于在农村建立人民公社问题的决议》,《法学研究》1958年第5期。
(3) 中央档案馆、中共中央文献研究室编:《中共中央文件选集(1949年10月—1966年5月)》第39册,人民出版社2013年版,第64页。

内,分别建立村民委员会、村民小组。1984年1月,中共中央发出《关于1984年农村工作的通知》,对政社分开以后农村经济组织设置提出明确的指导方针,要求"为了完善统一经营和分散经营相结合的体制,一般应设置以土地公有为基础的地区性合作经济组织。这种组织可以叫农业合作社、经济联合社和群众选定的其他名称;可以以村(大队或联队)为范围设置,也可以以生产队为单位设置;可以同村民委员会分立,也可以一套班子两块牌子"[1]。

3. 从产权改革的视角看农村改革的不断深化

《中华人民共和国物权法》(2021年作为"物权编"并入《民法典》)规定,所有权包括占有、使用、收益、处分4项权能,其中每项权能又可以进一步细分为更具体的权能。因此农村产权制度改革不是要改变集体所有制的性质,而是从集体所有权中根据需要,不断地分解延伸出相关的权能。到2018年底,全国农村集体账面资产总额为4.24万亿元,集体所有的土地资源为66.9亿亩。改革开放之初的农村改革主要是农户对集体所有的土地进行承包经营,也就是在所有权中延伸出承包经营权。2008年10月12日,中共十七届三中全会通过《关于推进农村改革发展若干重大问题的决定》,要求健全严格规范的农村土地管理制度,搞好农村土地确权、登记、颁证工作。2014年11月6日,中共中央办公厅、国务院办公厅印发《关于引导农村土地经营权有序流转发展农业适度规模经营的意见》,提出把农民土地承包经营权分为承包权和经营权,实现承包权和经营权分置并行。同年12月31日,中共中央办公厅、国务院办公厅印发《关于农村土地征收、集体经营性建设用地入市、宅基地制度改革试点工作的意见》。2016年10月22日,中共中央办公厅、国务院办公厅印发《关于完善农村土地所有权承包权经营权分置办法的意见》。同年12月26日,中共中央国务院《关于稳步推进农村集体产权制度改革的意见》正式发布,按照这

---

[1]《中共中央国务院关于"三农"工作的十个一号文件(1982—2008年)》,人民出版社2008年版,第43页。

个文件确定的中央试点单位,随后扩展到了15个省、89个地市、442个县,加上地方自主确定的省级试点单位,已经覆盖全国80%左右的县。这项改革使拥有承包经营权的农户,同时拥有集体经济的股权。全国已有超过15万个村完成了股份合作制改革,确认集体经济组织成员3亿多人。农村改革的不断深化,实际上有一条主线就是农村集体产权制度改革的不断深化。从土地集体所有权中分离出承包权,再从承包权中分离出经营权,在经营权的基础上,可以根据需要分离出更多的具体权利。

对农村改革理论和政策形成有突出贡献的杜润生同志,1999年1月13日在中国长期而有保障的农村土地使用权国际研讨会上的讲话中说:"有人说,残缺的所有制可交易性是很低的。那么,什么是残缺?现在的承包制是不是残缺的所有制?假如有一点残缺能否完善呢?任何一种所有制都有残缺的可能。一种好的制度:一是要有明晰的产权界定,二是要有法律的保障,有这两者就可以避免残缺,否则都难免残缺。私有制在中国存在了两千多年,但历来都是残缺的,这是因为有一个强大的东方专制主义政府侵犯它。家庭承包制必须明确所有者和使用者的权利、义务,界定其边界,给其必要的法律保障。我们现在的承包制度是两权分立,现代公司制就是两权分离,而且可以有很多种权利分离出去,独立出来,被不同经济主体分别行使。金融制度产生许多衍生工具,如期货可买卖期权。土地家庭承包这个期权要长得多。"他还说:"在开始搞承包时,我提出过永佃权,多数同志不赞成,但都赞成承包,赞成时间可长一点。承包制是参照自留地而来的,集体化时期的自留地是集体土地家庭经营,自留地产量比集体的高出几倍。"[1]

新中国成立以来70多年的农村改革和发展,使农业综合生产能力得到了根本提升。粮食总产量从1949年的11318万吨,增加到

---

[1] 杜润生:《杜润生自述:中国农村体制变革重大决策纪实》,人民出版社2005年版,第202—203页。

2018年的65789万吨，增长4.81倍，年均增长2.58%，高于同期世界粮食平均增速。在人口增长了1.57倍的情况下，人均粮食占有量从1949年的209公斤增长到2018年的472公斤，增长1.26倍。肉、蛋、菜、果、鱼等重要农产品产量稳居世界第一。2018年畜产品人均占有量61公斤，超过世界平均水平；禽、蛋人均占有量22.4公斤，超过发达国家水平。中国农业已彻底告别了长期短缺的历史，用占世界9%的耕地解决了世界近20%人口的吃饭问题，这是个了不起的成就。[1]

三、国有企业改革的核心也是产权制度改革

新中国的国有企业是在特殊的历史、文化、制度背景下，在生产力水平相当落后的基础上，改造与发展起来的。国有企业之所以必须进行制度创新，有其深刻的历史和社会背景。在社会主义市场经济条件下，国有企业必须担当起新的历史使命。

在改革开放之前，党和政府对国有企业也进行过改革。这个时候的改革，是在计划经济管理体制条件下的改革，主要有以下几个方面的内容：一是改革国有企业或者国营企业的管理体制（有人把它归纳成"放了收，收了放"的循环），即将一部分中央部委管理的企业，下放给地方管理，也有把地方企业上收到中央部委来管理的。二是按照专业协作的要求组建全国性的行业托拉斯。三是优化企业组织结构，鼓励创办"五小"工业、社队企业，在大型国营企业内部办大集体企业。四是优化企业内部的民主管理，没有简单地照搬苏联的"马钢宪法"，而是总结和实施了中国自己的"鞍钢宪法"。

改革开放前期，国有企业改革经历了三个"四"，即四次思想大解放、四次"两权分离"和四种改革实现形式。第一次思想解放发生在

---

[1] 韩俊、宋洪远：《新中国70年农村发展与制度变迁》，人民出版社2019年版，第1—2页。

十一届三中全会前后，主要是关于真理标准的大讨论，使我们党重新确立了一切从实际出发，实事求是的思想路线。在此背景下，出现了第一次"两权分离"，即把完整的企业经营权分离成两个部分，重要部分仍由国家直接行使，同时将另一部分权利下放给企业，其实现形式主要是利润留成和奖金制度。第二次思想解放是1984年关于商品经济的大讨论，强调商品经济是生产力发展不可逾越的阶段，人们对企业作为商品生产者地位有了认识，由此形成了所有权与经营权可以适当分离的思想，其实现形式是承包制或者叫生产经营责任制。第三次思想解放是对市场经济属性的大讨论，以邓小平发表南方谈话以及随后召开的十四大、十四届三中全会为标志，提出了第三次"两权分离"，即出资者所有权与法人财产权的分离，其实现形式是股份制。第四次思想解放是关于不同所有制经济及其从业人员的社会地位问题的讨论，涉及非公有制经济从业人员的政治地位，合法拥有的私有财产、合法拥有的非劳动收入的法律地位等问题。以江泽民2001年"七一"讲话、党的十六大为标志，提出了第四次"两权分离"，即政府管理国有资产和国有资产营运相分离，其实现形式是国有投资公司、国有控股公司。这实际上是在着手解决市场经济条件下不同所有制的产权实现形式的同质化问题。

在前三个阶段，单个企业改革的特点比较明显，党的十五大、十六大关于国有企业改革的部署，则主要是对国有企业进行战略性重组，从整体上搞活国有经济。从着眼于搞活单个国有企业到着眼于搞活整体国有经济，是思想认识的深化和改革思路的创新。新中国的国有经济经过50多年的发展变化，面对市场经济的新形势，行业布局、产业结构、企业组织结构等，确实存在着很多不适应，不同国有企业的经营状况、生存环境等千差万别，完全不需要、不应该，也根本不可能一个一个地把它们都搞活。市场经济要求优胜劣汰，企业必然有生有死，该死的死不了，能活的就搞不活，国有经济就很难摆脱困境并发展壮大，就很难在新的历史条件下更好地发挥其应有的重要作用。[1]

改革开放后期,党的十六届三中全会,党的十七大,特别是党的十八大和十八届三中全会,党的十九大以及十九届三中、四中全会,习近平总书记和党中央都对国有企业全面改革进行了新的部署。2015年,中共中央、国务院还印发了《关于深化国有企业改革的指导意见》。这是继十五届三中全会专门就国有企业改革作出决定之后,党中央、国务院对全面深化国有企业改革进行的新的总体部署,涉及国有企业党的建设、国有企业的分类改革、发展混合所有制经济、完善国资监管体制、完善法人治理结构等多方面的内容。

国有企业主要集中在工商业领域,国有企业改革对工商业的发展产生巨大影响。2010年中国已成为世界产出第一的制造大国,中国制造业产出的增加值占世界的比重接近1/4,世界230多个国家和地区都能见到"中国制造"的身影,2013年底,世界500种主要工业品中,中国有220种产量位居全球第一。2019年,中国企业进入世界500强的已经有129家,第一次超过美国(121家)。当然我们也要清醒地认识到,我国的129家比美国的121家利润要少3000亿美元。[2]目前我国的商品消费在世界上排名第二。2013年,我国货物进出口总额为4.16万亿美元,超过了美国,这是100多年来发展中国家首次成为世界货物贸易冠军,也是继中国成为全球第二大经济体、第一大外汇储备国和第一大出口国之后的又一突破。

四、用产权链理论概括微观改革是学理总结的一个尝试

产权链理论是笔者观察中国微观改革实践而形成的一个新概念,是对改革实践进行学理总结的一个新尝试。笔者认为,用产权链的延

---

(1) 尹汉宁:《中国国有企业的制度创新》,《国有资产管理》2003年第3期。
(2) 王赟、张玉岩等:《企业改革:无论国企民企,不改都将成历史》,《齐鲁晚报》2019年11月3日。

伸来解释微观改革的基本路径符合实际。

关于微观改革的基本思路，通常会有几种说法，比如"两权分离"说，"国退民进"说，分田单干说，建立现代企业制度说，构建双层经营体制说，等等。笔者以为，经济理论的功能在于解释经济现象，在于对新的经济实践有所启示，因此有些概念范畴可以进一步进行学理转换。基于此，用产权链理论概括微观改革的基本思路，既能反映微观改革的关键和要害，也能体现微观改革的路径和特点。

前面我们说到，国有企业的改革在不同时期有不同的重点，是逐步深入的。其间虽然有对国有经济布局的战略性调整，但从总体上说，改革的重点不是要改变所有制性质。所以改革主要不是针对所有权的，而是针对所有权在市场中的运用。而产权运用的变化和路径表现为产权链条的延伸。所以，产权链的延伸及规范，能够体现迄今为止国有企业改革的主轴和红线。首先是经营权的分离，也就是从经营权中分离出承包权，或者是生产经营责任制的权利；然后是所有权与经营权的分离，给企业以充分的经营自主权；再然后是随着公司制度的建立，出资者所有权和法人财产权的分离；再接下来，拥有法人财产权的公司，对外投资或者参股，又出现出资者所有权与法人财产权的分离，并且由此不断延续下去。这样，在出资者所有权与法人财产权之间就形成了不断延伸的多环多节点的产权链。

农村改革也是这样，分田到户的大包干，双层经营体制，所有权、承包权、经营权分置改革，这些都是农村改革的内容。同样地，如果用一条红线来串联农村改革的历程，产权链的延伸和规范，无疑是最贴切的。首先土地是集体所有的，联产承包责任制是集体所有权与农户承包经营权的分离；然后再将农户所拥有的承包经营权进行承包权和经营权的分离；再然后，在保持承包权不变的前提下将经营权放活。这样所有权、承包权、经营权就构成了一个产权链，而且经营权的拓展和延伸还会使这个产权链进一步延长。

前面引用了杜润生的讲话，他所说的两权分离，能够分离出很多具体的、独立的权利,为不同的经济主体分别行使,实际上就是笔者所定义的产权链的延伸。他还说到了金融衍生工具和期权的买卖,这说明现代金融本身有条件进行产权链的制度安排。一方面市场主体发展有需要,另一方面,现代经济、现代金融又具备条件,产权链的延伸是社会化大生产和市场发展的内在要求。他所说到的解决所有权残缺的问题,主要靠明晰产权界定和提供法律保障,有这两个前提的产权制度安排,终极所有权是集体所有还是私有,并不重要。

产权链包括纵向产权链、横向产权链、网状产权链。就国有企业而言,通过所有权与占有、使用权的分离,通过出资,参与企业法人财产权重组,再出资,再重组,包括混改、混有、混组。

通过产权链的制度安排能够解决改革和发展中的一系列问题。

一是通过产权链的制度安排,解决国有产权软约束和垄断问题,实现国有产权与其他产权的市场化、同质化。

二是通过产权链的制度安排,国有独资、国有投资和国有持股的企业,具有无差别的市场主体地位。

三是通过产权链的制度安排,有利于现代企业制度的建立和法人财产权的治理。

四是通过产权链的制度安排,还有利于国有经济布局的战略性调整,有利于发挥国有经济在整个国民经济全局中的积极作用。

就农村集体所有权而言,通过产权链的制度安排,使农户成为独立的商品生产者,农户依托承包权以及由此派生出来的其他权能,可以自主地进行投资和经营。由此,在保持农业稳定的前提下,农村集体产权还能进行优化配置。

前些年北京大学的周其仁教授与武汉大学的贺雪峰教授围绕着土地权益的问题有过一场争论。首先是贺雪峰写了一本书叫《地权的逻辑——中国农村土地制度向何处去》,提出了给农民土地权利越多,反而越不利于农民利益的一个悖论。在这本书中,贺雪峰对周其仁1987

年在贵州湄潭县调研的基础上提出的"增人不增地,减人不减地"的说法进行了批评,也认为周其仁所推荐的成都模式具有局限性。随后,周其仁在《经济观察报》上发表了近8000字的长文,对贺雪峰的观点进行了反驳。此后,贺雪峰又以更长的文字对周其仁进行了回应。周其仁认为,当农民有了充分的土地权限,并且法律又没有限制的时候,通过运作和流转,就能够获得大额的货币财富。比如成都市郊附近的都江堰的农民把宅基地通过变性交由城市进行建设用地开发,后来城乡建设用地增减挂钩,农民都能受益。贺雪峰则认为,成都市郊没有代表性,土地变性和增减挂钩这两种方式使农民土地增值,是由政府推动的。他认为,在农民所拥有的土地权利还不够大的时候,村组集体可以协调,有利于土地的连片经营,也有利于一家一户办不到又想办的事情能够办成。[1]贺周之争涉及农民土地权利的多与少。实际上从法律的角度看,农民并没有土地的终极所有权,如果从产权链的角度思考,农民所拥有的承包权相对于集体所有权而言,具有较大的弹性,承包权可以派生出经营权、抵押权、投资权、转让权。需要考虑的是,政府在保障公共利益和长远利益的前提下,怎样保障农民拥有这些权利?而且在第三方参与的背景下,作为弱小的商品生产者的农民,在运用这些权利的时候怎样实现自身利益的最大化?当然还要有多种经济主体参与其中,促进承包权派生出多种具体权利,在产权链延伸中增加农民的承包权收益。

五、民营企业也需要产权链延伸式改革

全国工商联原副主席李兆前认为,现在一说到企业改革,似乎就是国有企业的课题,民营企业更多需要考虑如何迈向高质量发展。实

---

[1] 贺雪峰:《周其仁真不懂中国农村土地问题——就地权的逻辑答周其仁教授》,2014年9月9日,见http://theory.rmlt.com.cn/2014/0909/316620.shtml。

际上，不管是国企还是民企，不改革都将成为历史。[1]认为民营企业不需要改革，其理由通常是认为民营企业就是在市场环境中生长起来的。其实就产权链的延伸而言，所有权和经营权由私营业主同时持有时，通常是个体户和小规模私营企业发展阶段，私营企业到了一定规模，势必会形成所有权与经营权或者出资者所有权和法人财产权的分离。这是社会化大生产和企业发展的内在规律。

下面我们以都是处在实体经济领域的具有代表性的两家民营企业即福耀玻璃和华为为例，说明这个问题。我们先看方正证券公开披露的福耀玻璃的股权结构：

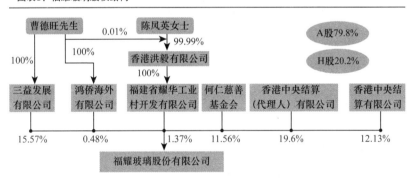

图11-1　福耀玻璃股权结构图

如上图所示，福耀玻璃既是最早的A股上市公司，也是H股上市公司。虽然企业的实际控制人是曹德旺（他直接控制的企业出资、他夫人控制的企业出资、他捐赠成立的慈善机构的出资加在一起，占到

---

(1) 王赟、张玉岩等：《企业改革：无论国企民企，不改都将成为历史》，《齐鲁晚报》2019年11月3日。

了28.5%，处于控股地位），但企业的股权结构是多元的，因为福耀玻璃是A股和H股上市公司，小股东很多，而且随着股市交易，其持股股东还会不断变化。曹德旺作为控股股东（28.5%）的出资，包括其他股东的出资，形成企业的法人财产权。这显然是包括曹德旺在内的多个出资者所有权延伸出的该企业的整体法人财产权。福耀玻璃再投资到别的企业，福耀玻璃的整体法人财产权又延伸出了出资者所有权，并再延伸出一个新企业的整体法人财产权。如此类推，产权链条不断延伸，包括纵向的延伸和横向的延伸。

我们再看华为的股权结构和企业治理结构。首先我们看看华为的股权结构：

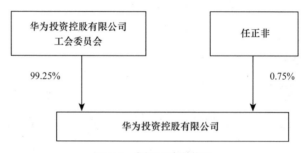

图11-2　发行人股权结构图

华为至今还不是上市公司，至于为什么不上市，前面已经做过分析。上图所示的股权结构表面上看比较简单，华为投资控股有限公司只有两个股东，一个大股东是该企业的工会，一个小股东是创始人任正非。但该企业的创始人和实际控制人是任正非。工会作为大股东是代理员工持有股权的，其中每个员工所占的股权份额多少，与对企业所作的贡献相联系。如果将员工持股不集中为工会持有，而是用员工直接持有来表现，那么华为控股更像一个全员持股的合作制企业。从股权结构上看，华为是民营企业中的一个特例，任正非也是民营企业家中的一个特例。

随着华为规模的扩大以及所具有的更高追求，华为在公司治理方面实行了集体领导体制和轮值董事长制。2001年10月，华为召开了一次大规模的干部会议。创始人任正非在讲话中检讨了自己的决策失误，提出改进对策。讲话在内部发文，叫《十大管理要点》。此后，任正非主动下放权力。经咨询合益咨询公司（1943年在美国费城成立，是一家全球性管理咨询公司），2004年，华为开始建立起集体领导机制：EMT（Executive Management Team）轮值主席机制。任正非认为，这种集体领导机制，能避免华为陷入混乱和迷茫，使决策更加有效。

华为把公司的最高权力放在集体领导、规则遵循、行为约束的笼子里。当值期间的轮值董事长要受常务董事会集体领导的辅佐与制约，常务董事会的决策需经董事会的授权、制衡与表决，董事会的决策需按董事会议事规则表决确定。轮值董事长、常务董事会及董事会领导行权都要受持股员工代表会批准的规则约束。这说明华为的法人治理结构是符合现代企业制度要求的。同时也说明，华为较早地改变了实际控制人直接经营企业的格局。

尽管公司高管都是该公司的股权持有者，但就华为内部治理结构而言，是由出资者所有权派生出了法人财产权，形成了产权链的第一个节点。华为控股以工会和任正非的全部出资形成法人财产权，然后投资设立了四大投资公司，即哈勃科技创业投资有限公司、深圳哈勃科技投资合伙企业（有限合伙）、哈勃创新投资有限公司、华为技术有限公司。这是华为控股以其法人财产权为背景，通过投资派生出了出资者所有权，这是产权链的第二个节点。在这四大投资公司中，单一的出资者所有权（独资）或者与其他出资者所有权组合形成投资公司的法人财产权，这是产权链的第三个节点。据说这些投资公司已经直接投资了86个项目，包括思瑞浦、长光华芯、天岳先进、炬光科技、东微半导、思特威、唯捷创芯、东芯股份、灿勤科技等9家上市公司，中科飞测、矽电股份、裕太微、集创北方、源杰科技、华海诚科、杰华特、美芯晟、华丰科技等9家待上市公司，电科思仪、富烯科技、锐石创芯、海创光电、昱升光电、锦艺新材等6家公司正在上市辅导，等等。投资公司依托法人财产权，投资这86个项目，法人财产权又派生出了出资者所有权,这是产权链的第四个节点。那么这86个项目又有可能依托法人财产权再投资到关联项目中去,又形成了新的出资者所有权。如此延伸下去,就会出现产权链的第五个节点、第六个节点……产权链不断延长。

由此可见,在市场经济条件下发展得比较好的民营企业也在不断地深化改革,民营企业改革往往与国有企业改革相互借鉴、相互促进。这也进一步说明,产权链的延伸是市场经济条件下企业发展的内在规律。

六、产权链的延伸推动了中国式产权制度的建设

产权链的形成和延伸,会带来一系列相关问题,比如用益物权受到重视后,所有者权益保护问题、产权链的多环多节点法律支撑问题、投资或股权结构问题、内部人控制问题、职业经理人问题等等,这些都对形成完备的中国式产权制度和建立中国现代企业制度提出了要求。

1. 适应产权链的延伸,中国已经建立起了产权制度体系

前面说到,40多年来的改革过程,实际上是以微观改革为中心的改革过程。在这个过程中,中国式产权制度逐渐形成和不断完善,中国现代企业制度也在建立和完善的过程之中。中国改革的特点是渐进式的,是坚持鼓励基层试点与顶层设计指导相结合的,通常也是先探索后规范。改革的过程往往是先试点,后总结,然后再在面上推广;先确定原则思路,接着明确政策原则,在条件基本成熟的前提下,再立法、修订完善。截至目前,中国产权制度体系包括《公司法》《农村土地承包法》《物权法》《商标法》《专利法》《著作权法》等。

国有企业改革从1979年企业松绑开始,1984年前后,所有权与经营权适当分离已经有相当的共识。20世纪90年代初,上海证券交易所和深圳证券交易所开始交易。在这种形势下,对企业进行股份制改造,已成为企业改革的重要选择。在此基础上,1993年《公司法》颁布实

施。这是改革开放以来涉及产权和企业制度最早的法律。《公司法》对出资者所有权和法人财产权有明确的界定。

关于家庭联产承包责任制。到1978年底,《农村人民公社工作条例(试行草案)》还在起作用,整个面上政策上是不允许包产到户的,但基层有突破。前面提到了1978年2月,山西省闻喜县南郭村生产队队长与19名社员,以生产队队委会与社员的名义签下了一份约定超产部分归自己所有的合同(包产到户)。安徽省凤阳县小岗村的18户农民于10个月后(1978年12月)签订了"大包干"的生死合同。1979年3月到1980年2月,原国家农委党组有一个座谈会纪要,提出了一种例外的情况,即深山、偏僻地区的独门独户实行包产到户,也应当许可。1980年3月到1981年11月,在特定的小范围内允许包产到户甚至包干到户。1982年初,中央批转的《全国农村工作会议纪要》,将包括包产到户、包干到户在内的农村基层探索,定性为"集体经济的生产责任制","是建立在土地公有基础上的,是社会主义农业经济的组成部分"。[1]于是家庭联产承包责任制开始在全国推开。这标志着农村土地集体所有权延伸出了承包权。在这之后的20年间,主要是依靠中央一号文件加以总结和规范。到了2002年《农村土地承包法》颁布实施,后来又进行过几次修改和完善。对农地产权权能及其延伸形态进行了规范,赋予承包农户承包权占有、使用、收益和流转的权利,赋予流入土地经营者抵押权和担保权,形成了以农地产权(承包权)链的延伸为基本内容的中国特有的农村产权制度。

2007年颁布的《物权法》,是继《公司法》和《农村土地承包法》之后的保障中国产权制度的重要法律。《物权法》规定,国家、集体、私人的物权和其他权利人的物权受法律保护,明确界定了国家所有权、集体所有权、私人所有权、共有所有权、营利法人财产权。特别用较长的篇幅规范了用益物权,并且明确土地承包经营权是用益物权的一

---

[1]《中共中央国务院关于"三农"工作的一号文件汇编(1982—2014)》,人民出版社2014年版,第3、15页。

种类型。笔者认为，营利法人的财产权（在出资者所有权适当分离的条件下）也是用益物权的一种类型。

中国虽然没有知识产权法典，但有单行法，如《商标法》（1982年颁布，现行2001年修订版）、《专利法》（1984年颁布，现行2001年修订版）、《著作权法》（1990年颁布，现行2001年修订版）。

从目前的情况看，中国产权制度法律体系能够适应产权的多形式运用和产权链延伸的需要。

2. 中国式产权制度既体现了共同特征，又具有中国特色

科斯虽然被西方认定为现代产权理论的代表人物，但是他本人并没有就产权和现代产权下过完整的定义，科斯定理也是别人［斯蒂格勒（George J. Stigler）］概括的，倒是同属新制度经济学派的阿尔钦（Armen A. Alchian）在《新帕尔格雷夫经济学大辞典》中对产权有一个定义，即"产权是一种通过社会强制而实现的对某种经济物品的多种用途进行选择的权利"[1]。而另一位美国经济学家德姆塞茨（Harold Demsetz）对产权的定义则涵盖了科斯提出的外部性交易，他说："产权包括一个人或其他人受益或受损的权利"，"产权是界定人们如何受益及如何受损，因而谁必须向谁提供补偿以使他修正人们所采取的行动"[2]。

中国式的产权理论具有反映社会化大生产和市场一般规律的共同特征，笔者认为主要有三条：一是产权是市场条件下所有权的运用；二是产权必须明确界定；三是各种产权形式都能受到法律保护。中国式产权理论的鲜明特色体现为：一是与中国现行基本经济制度相适应，公有产权与非公有产权都受到法律保护；二是在保护所有者权益的前提下，高度重视用益物权实现形式的创新，比如农村土地承包权派生出经营权、投资权、抵押权、流转权等，《民法典物权编》规定，营利

---

(1) ［英］约翰·伊特韦尔、［美］默里·米尔盖特等编：《新帕尔格雷夫经济学大辞典》，经济科学出版社1996年版，第1046页。
(2) ［美］罗纳德·H. 科斯等著：《财产权利与制度变迁——产权学派与新制度学派译文集》，刘守英等译。格致出版社、上海三联书店、上海人民出版社2014年版，第71页。

法人对其不动产和动产依照法律、行政法规以及章程享有占有、使用、收益和处分的权利；三是各种所有者的产权通过实现形式的创新，都可以适应市场，在市场运行中同质化。

七、产权链理论是对社会化大生产和市场的一般规律的新认识

中国改革实践中形成的产权链理论，既反映了社会化大生产和市场的一般规律，又符合中国实际，体现了中国特色，是对以私有化为前提的产权理论认知的超越。

1. 产权链理论是对西方经济学理论中"私有化前提"的超越

西方经济学的建构起点和前提是资本主义私有制，西方经济学学者认为，私有制是市场经济条件下最有效率的产权制度，只有私有制才能解决激励问题。他们向发展中国家推销发展模式时，常常强调只有私有化才能适应市场化。

科斯，是迄今为止活得最久的诺贝尔奖得主（102岁），被认为是西方法经济学、产权经济学（现代产权理论）以及新制度经济学的代表人物。他一直没有实现中国之行，但中国的一些经济学家和民营企业家对他的理论很推崇，有的甚至认为中国的实践运用了科斯的理论，也验证了科斯的理论（笔者认为这样的判断比较武断，并不符合实际）。科斯在《企业的性质》（1937年）一文中说，企业是对价格调节的替代，是用一个契约代替多个契约。他引入了交易成本的概念，并将交易成本不为零作为分析的基础，强调企业必须注重初始权利的界定。他在《社会成本问题》（1960年）一文中，重点研究企业的外部性问题，即"对他人产生有害影响的工商企业的行为"[1]。他不赞成庇古（Arthur C. Pigou）在《福利经济学》中所说的三种处理方式，即"要求工厂主对烟尘所引起的损害负责赔偿，或者根据工厂排出烟尘的

---

(1)［美］罗纳德·H.科斯：《企业、市场与法律》，盛洪、陈郁译校，格致出版社、上海三联书店、上海人民出版社2009年版，第78页。

不同容量及其所损害的相应金额标准对工厂主征税，或者最终责令该厂迁出居民区"。[1]他在该文中同样运用了交易成本的概念，并与法律制度相联系。他认为应该把生产要素视为权利，"做产生有害效果的事的权利（如排放烟尘、噪音、气味等）也是生产要素"，行使一种权利（使用一种生产要素）的成本，正是该权利的行使使别人所蒙受的损失"。[2]我们今天所进行的碳排放交易应该与这种类型的理论观点有联系。科斯的这两篇文章被认为是"交易费用理论"和"现代产权理论"的代表作。当然，科斯也与其他西方经济学者一样，是以私有产权作为分析基础和前提的，他所强调的产权界定清晰是产权交易的前提，也是以私有产权为前提的。但他强调使用生产要素（如排放）的权利，以及需要付出的成本，包括企业在得与失中权衡并作出选择，这些从技术层面上讲，可以给我们以产权用途多样化、产权实现形式不断延伸的启示。张五常也是产权学派、新制度学派的重要成员之一。他认为，当私人占用权同时拥有收益权和转让权后，私人所有权就变得不重要了。私人所有权本身并不能增加生产和收入，只是便于鉴别。他还认为，私有产权可以没有私人所有权。他还举了他在加州大学洛杉矶分校读书时贷款买车的例子。钱来自银行，车的所有者应该是银行，但他本人可以自由使用这台车。他还认为，通过合约链，理论上企业规模可以无限大，大到覆盖全社会。这当然不同于计划经济条件下全社会是个大工厂。[3]张五常还举过一个例子。他说："在一个会议上，有人说大地主的农产品售价会是垄断的市价，缺乏市场竞争，对社会是有浪费的。我冲口而出：'怎么可能呢？假如全世界可以种麦的地都属我所有，我就一定要将地分开租给不同的农民耕种；麦收成后农民

---

(1) [美] 罗纳德·H. 科斯：《企业、市场与法律》，盛洪、陈郁译校，格致出版社、上海三联书店、上海人民出版社2009年版，第104—117页。
(2) [美] 罗纳德·H. 科斯：《企业、市场与法律》，盛洪、陈郁译校，格致出版社、上海三联书店、上海人民出版社2009年版，第118页。
(3) 参见卢栎仁：《张五常、华人第一产权理论家》，《产权导刊》2010年第3期。

就会在市场上竞争发售,那么麦价是竞争下的市价。'"[1]张五常还说,科斯对他的观点三次予以肯定。张五常是比较有资格阐发科斯产权理论的。笔者认为,他的这些观点有三层意思:一是在市场经济条件下,所有权派生出来的在经济生活中实际运转的权利显得更重要;二是企业规模依靠合约链支持,可以无限大,他在这里没有讲科斯所讲的企业内部的协调成本等于社会交易成本是企业规模的边界,而是突出支持企业形成的合约链,我想他所说的重点不是雇主与雇员的合约,而应该是与财产所有权相联系的合约,实际上是产权链合约;三是即使所有权是垄断的,只要经营权是分开和分散的,同样不妨碍市场竞争。这样的分析说明,即令是以私有产权为基础的资本主义国家,在社会大生产的实践中,产权形式也在不断地演化出新的形态。

中国的微观改革,在不改变国有和集体所有权的前提下,作出了不断延伸和拓展产权链的制度安排,既解决了产权界定的问题,又解决了产权所有、占有、使用、经营、转让、处分、收益过程中的激励问题,使延伸后的国有产权、集体产权与其他产权同质化,无论是采取独资的形式还是通过各个出资主体组合,都可以形成真正的市场主体。因此,中国微观改革中实际形成的产权链,是对西方经济学市场化必须以私有化为前提的历史超越。

2. 产权链的延伸是社会化大生产和市场的一般规律

笔者认为,把基于所有权(无论是公有还是私有)基础上的产权用途多样化或者延伸,从社会制度性质的属性中剥离出来,与社会化大生产、与市场的发展及深化、与企业自身的发展规律联系起来,也可以称为理论上的重大突破。这完全可以用包括西方在内的发展实践所证实。

180多年前发生的"经理革命",标志着西方资本主义生产中所有权和经营权的分离。1841年,美国马萨诸塞州通往纽约的西部铁路上

---

[1] 张五常:《吾意独怜才——五常谈教育》,中信出版社2010年版,第47—48页。

行驶的两列火车相撞，导致20人伤亡。事件发生后，舆论对铁路公司老板管理能力进行了猛烈抨击。在马萨诸塞州议会的推动下，该铁路公司不得不进行管理改革，老板交出了企业管理权，只拿红利，公司专门聘请有管理能力的人来担任企业的领导。这是企业所有权和管理权分离的一个具有代表性的案例，由此引发了管理革命，或者叫经理革命。其意义在于：一是独立的管理职能和专业的管理人员正式得到承认，管理不仅是一种活动，还是一种职业；二是随着所有权和管理权的分离，横向的管理分工开始出现，这不仅提高了管理效率，也为企业组织形式的进一步发展奠定了基础；三是具有管理才能的人员掌握了管理权，直接为科学管理理论的产生创造了条件，为管理学的创立和发展准备了前提。

马克思在他所处的那个时代，就深刻分析了私人资本与社会资本的分离（相当于我们现在所说的出资者所有权与法人财产权的分离），所有权与经营权的分离。马克思在《资本论》第3卷第27章"信用在资本主义生产中的作用"中，对股份公司进行过深刻的分析。一是认为股份公司是资本主义生产方式本身范围内的扬弃，是通向一种新的生产形式的单纯的过渡点；二是认为以生产资料和劳动力的社会集中为前提的资本，在这里取得了社会资本的形式，而与私人资本相对立；三是实际执行职能的资本家转化为单纯的经理，即别人资本的管理人，而资本所有者则转化为单纯的所有者，即单纯的货币资本家。[1]

西方经济学界认为私有制在市场经济条件下才有效率的说法，除了有意识形态的因素外，还拘泥于资本主义初期的实践。哈耶克认为私有制能体现相对自由平等。实际上这是与中世纪比较，与封建专制比较。西方现代产权理论或者新制度学派，对产权理论的思维路向当然有对市场有效性条件的认识，但也有对市场不足的弥补，比如外部性的价值补偿问题。中国微观改革中的产权配置，首先是解决适应市

---

(1) 马克思：《资本论》第3卷，人民出版社2004年版，第494—497页。

场的问题，当然也涉及激励和市场效率问题。前面提到罗伯特·艾伦在《近代英国工业革命揭秘》一书中谈到工业革命，提出一个问题：为什么首先在英国发生？不完全是1688年光荣革命的原因，也不完全是得益于私有产权的确立。可能是在当时过度依靠煤炭能源的背景下，英国有煤炭质量好、价格低的相对优势。他说：有人说法国恰恰是因为私有产权观念牢不可破而深受其害，例如普罗旺斯地区，如果能早日修建一套水利灌溉工程的话，将会获益无穷，但是这样一套造福民生的工程却迟迟不能开工。而在英国，如果私人不同意国家征用他们的私有圈地，或者不同意建设中的运河、隧道等工程穿越他们的私有圈地，英国议会为保障工程顺利推进，可以依照相关私有权法案剥夺私人的特定权利的所有权。[1]

陈春花讲大数据背景下连接比拥有更重要，这实际上是讲占有权或使用权。占有权与使用权也是可以分离的，使用权具有相对独立性。意思是说，一个企业在生产经营过程中需要运用很多的手段，但没有必要购买或长期占有与这些手段相关联的所有设备和设施，往往通过与大数据平台进行连接，根据需要使用别人拥有的设备设施和手段，更经济、更划算。

新加坡淡马锡的治理结构，也能够说明国有资本通过产权链延伸，可以具有而且能够具有更好的市场竞争能力。新加坡航空公司（简称"新航"）是淡马锡控股的企业，是世界上最好的航空公司之一，管理水平和盈利能力非常强。新航的票价要高出同行30%以上。新航有一句宣传语，即"新加坡航空不能为你做到的，别的航空公司也不能"。淡马锡对新航的运作和管理几乎不做干涉，也不会提供保护或津贴补助，对航空业的经营采取开放的态度，允许外资航空公司进入，鼓励公平市场竞争。新航董事会由9位成员组成，其中7位（包括董事长）都是非执行的独立董事，也就是说这些独立董事都是来自外部商界的

---

(1) [英] 罗伯特·艾伦：《近代英国工业革命揭秘：放眼全球的深度透视》，毛立坤译，浙江大学出版社2012年版，第201—235页。

领袖和专家。其余2位分别是公司的CEO以及来自淡马锡的代表。其中，来自淡马锡的代表具有公务员背景，负责审核和监督，不能从新航领取额外的报酬。新航实施董事会领导下的总经理负责制，在全球招聘顶尖的专业管理人才进行专业管理。CEO要来自企业管理层，没有公务员背景，代表管理层向董事会负责。董事会向股东负责。[1] 也就是说新加坡淡马锡控股或投资的企业，具有国资背景，但通过产权链的制度安排，都能成为真正的市场主体，甚至还具有市场竞争优势。

---

[1] 单仁行:《淡马锡的治理结构，才是中国企业应该学的地方》，2022年8月21日，见 https://t.qianzhan.com/daka/detail/220822-e6f0dbb2.html。

第十二章

五年规划与信息结构理论

用信息结构理论解释五年规划具有学理意义。

通常人们会将五年规划与政府作用、计划调节或者目标治理联系起来进行分析,笔者在此提出一个"信息结构理论"的新命题,并把五年规划与信息结构理论结合起来分析,当然也会联系到政府作用和计划调节。笔者认为,这个视角具有学理意义。

本章的逻辑顺序是先分析计划与市场争论的历史与缘由,揭示争论的学理基础,然后提出信息结构的新命题,最后用信息结构理论解释五年规划的必要性。

一、20世纪的计划情结及其争论

在资本主义经济危机周期性爆发的背景下,人们开始对计划投射希冀的目光。在经济学界,坚持市场偏好的与具有计划情结的两派展开了旷日持久的争论。

1. 20世纪的计划情结

早在19世纪,资本主义经济危机就开始周期性地爆发。1825年7月,英国爆发了普遍生产过剩的经济危机。到1826年,英国有70多家银行破产。1825年10月至1826年10月，英国破产的工商企业达到了3500多家。机器制造业、建筑业以及其他行业都遭到了危机的沉重打击，整个社会经济处于极度的恐慌和混乱之中。1825年后，西方资本主义国家每隔10年左右就要发生一次程度不同的经济危机，比如1837年、1847年、1857年和1866年。也就是那个年代，马克思在《资本论》中深刻分析了资本主义经济危机产生的内在原因。西方知识界也有不少人分析了资本主义经济发展的局限性或者市场经济的盲目性。

在资本主义周期性经济危机爆发的背景下，知识界和其中的经济理论界的一部分人，寄希望于通过计划来解决市场的盲目性，甚至形成了一种计划情结。

马克思和恩格斯对未来社会提出了"有计划的社会生产"的思想。他们在论述时提到了未来社会自觉的、有计划的、有组织的进行社会资源配置和社会化生产等设想，有时还表述为"有计划的分工"，或者"有计划的调节"，或者"劳动时间有计划的分配"。[1]恩格斯在《反杜林论》中指出："资本主义的生产形式和交换形式日益成为生产本身所无法忍受的桎梏；……在资本主义生产方式内部所造成的、它自己不再能驾驭的大量的生产力，正在等待为有计划的合作而组织起来的社会去占有，以便保证，并且在越来越大的程度上保证社会全体成员享有生存和自由发展其才能的资料。"[2]马克思和恩格斯阐述上述观点的时间，大概在19世纪六七十年代，《反杜林论》写作时间是1876年9月至1878年6月。现在不少学者认为，马克思和恩格斯关于未来社会设想当中提到的有计划的社会生产，与后来的计划经济不能简单地画等号。并从这个意义上讲，最早提出计划经济概念的是列宁。他在1906年写的《土地问题和争取自由的斗争》一文中说："只有建立起大规模的社会化的计划经济，一切土地、工厂、工具都转归工人阶

---

[1] 《马克思恩格斯选集》第3卷，人民出版社2012年版，第657、667、671页。
[2] 《马克思恩格斯选集》第3卷，人民出版社1995年版，第492—493页。

级所有，才可能消灭一切剥削。"[1]非马克思主义史学家爱德华·霍列特·卡尔（Edward H. Carr）认为，从历史角度看，先于马克思，弗里德里希·李斯特才是计划理论之父。李斯特在其名著《政治经济学的国民体系》（1841年）中有一段话，间接地说明了政府计划的重要性。他说："固然经验告诉我们，风力会把种子从这个地方带到那个地方，因此荒芜原野会变成稠密森林，但是要培植森林，因此就静等着风力作用，让他在若干世纪的过程中来完成这样的转变，世上岂有这样愚蠢的办法？如果一个植林者选择树秧，主动栽培，在几十年内达到了同样的目的，这倒不算是一个可取的办法吗？历史告诉我们，有许多国家，就是由于采取了那个植林者的办法，顺利实现了它们的目的。"[2]另一位德国人瓦尔特·拉特瑙（Walther Rathenau）提出了他自己的计划经济理论，在一战期间便在德国组织了史上第一个现代计划经济。列宁对苏俄计划问题的处理方式，参照的正是德国的先例。[3]一战之后，特别是20世纪30年代大萧条之后，西方一些国家的领导人和经济学者都试图避免市场经济的盲目性。二战期间英美与德国针锋相对，但也在一定程度上效仿德国的战时计划经济。20世纪40、50年代，由于苏联计划经济所取得的成效，人们的计划情结更加彰显。英国经济学家阿瑟·刘易斯在1949年出版的《经济计划原理》一书中说："除非近乎精神失常的人，已没有人再信奉放任自由主义了……事实是现在我们都是计划主义者了。"[4]英国前首相撒切尔夫人在美国做过一个演讲（1991年11月，美国休斯敦石油学会会议），从反面证实了计划经济的强大威力。她说，苏联是一个对西方世界构成严重威胁的国家，她指的不是军事威胁，而是经济上的威胁。借助计划政策，加上独特的精神上和物质上的刺激手段相结合，苏联的经济发展指标很高。其国民

---

(1)《列宁全集》第13卷，人民出版社1987年版，第124页。
(2)［德］李斯特：《政治经济学的国民体系》，商务印书馆1961年版，第100—101页。
(3) 王绍光、鄢一龙：《大智兴邦：中国如何制定五年规划》，中国人民大学出版社2015年版，第14页。
(4)［英］阿瑟·刘易斯：《经济计划原理》，丁忱译，商务印书馆1965年版，第14页。

生产总值增长率过去比英国高出一倍,再考虑到苏联丰厚的自然资源,如果加以合理地运营,那么苏联完全有可能将英国挤出世界市场。[1]

在中国,孙中山最早认为,近代经济之趋势,是经济集中取代自由竞争。从一战到二战及之后的一段时间里,中国的知识界和当时的领导人,对西方资本主义、对中国走资本主义道路的看法,也发生了一些变化。前面提到,1933年7月《申报月刊》组织了关于中国现代化问题的讨论,能够一定程度地说明问题。

2. 几乎一个世纪的计划与市场之争

关于计划与市场的争论,影响比较大的是20世纪30年代兰格与哈耶克的争论,实际上这种争论从20世纪初就开始了,整整持续了一个世纪。

江春泽在《猜想与求证——社会主义社会资源配置方式的世纪探索》一书中说,最早关于计划与市场的争论发生在1902年,那个时候还没有真正实行计划经济的国家(这里指的是苏联,没有将德国的计划实践考虑进来。——引者注)。最早对计划机制有效性进行论证的是意大利人帕累托(Vilfredo Pareto),他提出的比较有名的理论是"帕累托最优"。此外还有美国经济学家泰勒(John Briann Taylor),他在担任美国经济学会主席时所做的演讲中,专门讲到计划机制可能是有效率的。兰格在这些基础上做了进一步研究。持反对意见的代表人物有米塞斯(Ludwig von Mises)、罗宾斯(Lionel Charles Robbins),特别是后来的哈耶克。

兰格与哈耶克之争的背景是,20世纪30年代大萧条已经爆发,苏联已经有计划经济的实践。兰格认为,在市场经济中,由于外部性的普遍存在,市场激励的核心部分竞争和价格体系既不完整也不普遍,而且市场本身也具有极大的不平等性,市场的失灵、扭曲的市场经济原则,根本不可能像古典经济学者所说的那样引导资源实现自发的有

---

[1] 张树华:《英国前首相撒切尔夫人谈瓦解苏联》,《红旗文稿》2010年第11期。

效配置。由于竞争是不完全的，因此市场形成的经济激励和配置资源的价格信号本身也是不真实的，这就使得自由资本主义经济无药可救地深陷周期性"癫痫"——经济危机，无法逃脱繁荣、衰退、萧条、复苏的经济周期轮回。而哈耶克所代表的自由主义经济学家，根本不相信政府这个市场以外的组织能够掌握有效配置资源所必需的信息。政府怎么可能确切知道所有消费者准确的需求和生产者精确的生产能力呢？像那些处在价格旋涡中的16世纪西班牙经济学家们一样，哈耶克同意"价格的确定和形成是如此复杂，以至于只有上帝才知道"的观点。政府根本不可能找到任何一种足以使市场需求恰好等于供给的产品"出清"价格，更不要说是为整个社会生产创造一种不是由市场决定的"理想价格体系"了。(1)

在20世纪的争论中，后来哈耶克与凯恩斯的争论最具代表性。还有人把这两人之间的争论看成是20世纪经济学的决斗。哈耶克认为改变经济的自然平衡会导致严重的通货膨胀。凯恩斯则认为标志着一个周期结束的大规模失业和困难可以靠政府开支来缓和。终其余生，两人始终无法认同对方的观点，但他们彼此尊重，互相欣赏。哈耶克评价凯恩斯的《货币通论》时说，这本书对不同形式的货币进行了出色的描述和分类。凯恩斯认为哈耶克的《通向奴役之路》是一部伟大的著作，他读后感动不已。

二、计划与市场之争的学理基础是市场信息的处置方式

计划与市场之争的实质是不同信息处理方式的选择。

这里还是以哈耶克与兰格对市场信息提出的不同处理方式为例。

1945年，哈耶克发表了一篇非常有名的论文，题目叫作《知识在社会中的运用》，发表在《美国经济评论》上。有人认为这篇文章某种

---

(1) ［英］F. A. 冯·哈耶克：《个人主义与经济秩序》，邓正来译，生活·读书·新知三联书店2003年版，第125页。

程度上是对计划与市场争论的阶段性结论。哈耶克的理论基础是分散知识（信息）的有效使用。钱颖一认为，这是哈耶克的非常重要的发现。哈耶克认为："社会经济问题主要是一个迅速适应特定时空之情势的变化的问题，……必须有那些熟悉这些特定情势的人——亦即那些直接了解相关变化以及即刻可以被用来应对这些变化的资源的人——做出最终决策。我们根本就不能指望这个问题可以通过另外一个方式得到解决：先把所有这样的知识都传递给某个中央机构，并在这个中央机构整合了所有这类知识以后再发布命令。""就价格体系而言……涉及这个体系之中的个人，只需要知道很少的信息，便能够采取正确的行动。""令人极感震惊的是，在一种原材料短缺的情形中。虽说没有人发布命令，也甚少有人知道个中原因，但是无以计数的人他们的身份五花八门，即使用数个月的时间也无法调查清楚——却都能够用一种更为节约的方式去使用这种原材料或者用这种原材料制成的产品，这就是说他们会采取正确的行动。"[1] 在这里，哈耶克认为，不是要不要计划的问题，而是个人根据分散信息制订计划；个人不可能获得完整的信息，也不是专家，但根据特定情势的变化，根据价格信号，能够作出正确决定。哈耶克还认为，面对特定情势的变化，不是所有人都可以作出正确决定，其中有人作出正确决定、有所反应，就会传递到整个行业，传递到社会。这就是价格体系很自然地发挥作用。

兰格认为，得找一只"看得见的手"去从根本上解决那只"看不见的手"的不治之症，办法是让这只"看得见的手"装成"看不见的手"，用计划模拟市场。兰格相信，将来借助于更好的计算机，政府中的计划者是可以同时确定现代工业化社会中数百万种产品的需求状况和生产制造能力的，因此精确地计算出一年所需要的数百万种商品和劳务的价格，并及时向相关部门投入必要的资源以组织生产，对于掌

---

[1] ［英］F. A. 冯·哈耶克：《个人主义与经济秩序》，邓正来译，生活·读书·新知三联书店2003年版，第130页。

握了巨大经济资源，可以直接指挥企业绝大部分生产和销售的国家来说，是能够轻易完成的。

三、市场信息的结构性特征与突破性发展

如上所述，学界的争论重点是从信息处置主体和方式的角度比较市场与计划的优劣，却忽视了对信息本身的分析，尤其是缺乏对信息结构的分析。

1. 市场信息具有结构性特征

哈耶克与兰格争论的时候，谈到了市场信息的分散性，谈到了本地信息和公共信息，而没有从总体上进行结构性分析。实际上，市场信息有总量的问题，也有结构的问题，而且结构很复杂。

在哈耶克之后，西方不少学者研究信息经济学，并形成了专门的学科。后来的学者有一个很重要的发现，那就是信息不对称。笔者认为，市场信息具有结构性特征，体现在以下方面。

一是在市场经济活动中，不同个人、家庭、企业对有关信息的了解是有差异的。掌握信息比较充分的个人、家庭、企业，往往处在比较有利的地位，而信息缺乏的个人、家庭、企业，则处于比较不利的地位。信息不对称也是一个结构性问题。卖家掌握充分的信息，具有主动权；买家掌握的信息有限，比较被动。在不对称信息情况下，买家可能作出逆向选择。

二是就信息的真实程度来讲，具有结构性特征。信息真实程度至少包括三类：第一类是真实的、原始的信息；第二类是信息的内容基本真实，但是是经过包装或过度宣传的信息；第三类是虚假信息。当然，要保障信息的真实性，可以依靠法律，但是从动态过程看，不同真实程度的信息客观上是存在的，个人、家庭、企业必须鉴别这些信息，并且作出选择。

三是就信息的功能作用而言，具有结构性特征。有快信息，慢信

息；私信息，公信息；分散信息，整体信息；等等。

四是就信息的加工程度而言，具有结构性特征。有碎片化的信息，也有大数据信息；有原信息，也有经过加工处理的信息。

关于信息不对称会作出逆向选择，经常会有学者举二手车市场的例子。这里笔者也提供一个案例，参见专栏三，此为2019年《中国汽车报》官方账号登载的一个案例，以说明问题。

专栏三　雷启富状告鑫迪克公司

重庆车主雷启富状告成都鑫迪克二手车经营有限公司（以下简称"鑫迪克公司"）销售事故车，要求其"退一赔三"的官司终审判决。令雷启富没有想到的是，法院没有支持他的诉讼请求，自己还要缴纳案件受理费和鉴定费共计4万余元。这件由于二手车交易中信息不对称引发的消费纠纷虽然告一段落，但案件引发的影响持续发酵，让更多消费者对二手车交易望而却步。

2015年，雷启富在熟人介绍下，从四川成都鑫迪克公司购买了一辆奥迪Q7。雷启富回忆，因为和销售人员是朋友关系，价格又比较合适，所以就以56.8万元的价格买下了这辆车。同年6月15日，雷启富将车辆过户到了自己名下。乃至交易结束，卖方都没有告诉他这辆车曾经出过事故，进行过大修。

2017年12月，雷启富来到了重庆某4S店，准备用该车置换新车时，4S店的二手车评估师告诉他，这辆车发生过重大交通事故。经查询，维修清单显示：涉案车辆的铝合金轮毂、下控制臂、转向节、气压减震器、横摆臂、车轮轴承重等配件进行过维修，维修金额为92532元。中国人民财产保险股份有限公司遂宁市分公司出具的机动车保险车辆损失情况确认书上载明，该车的出险日期为2014年9月7日，定损金额为79896元，换件数为43件。

雷启富认为，二手车车商隐瞒了交易车辆是事故车的事实，形成了欺诈，所以向四川省成都市高新区人民法院提起诉讼，要求判决鑫迪克公司"退一赔三"。经审理，高新区人民法院于2018年9月28日作出判决，驳回雷启富的全部诉讼请求。雷启富不服提起上诉，成都市中级人民法院于2018年11月7日受理本案。同时，法院委托四川中典司法鉴定所对车辆进行了鉴定，鉴定结果为雷启富购买的车辆因交通事故受损后属于事故车。但即便如此，法院仍驳回了雷启富的上诉请求，维持原判。

在成都市中级人民法院编号为（2018）川01民终17088号的民事判决书中，成都市中级人民法院指出，本案中雷启富与鑫迪克公司发生买卖交易的是二手车，并非新车。在二手车交易中，并不排斥发生交通事故的车作为交易标的，也不要求出卖人证明交易车辆为非事故车。雷启富与鑫迪克公司在签订合同时，未对案涉车辆是否为非事故车进行约定，出卖人鑫迪克公司也未对案涉车辆为非事故车进行保证，故鑫迪克公司不存在故意告知雷启富虚假信息的情况。

本案争议的核心在于鑫迪克公司未主动告知雷启富案涉车辆发生过交通事故的事实，是否会导致雷启富陷入错误判断而作出购买的意思表示。法院表示，第一，二手车相比新车而言，可能存在隐性瑕疵，二手车买受人的注意义务应高于购买新车的注意义务，除了对二手车的现状进行审查外，还应对隐性瑕疵有更高的注意义务。雷启富作为完全民事行为能力人，在进行二手车交易时并未查询该车是否发生过交通事故，也未要求鑫迪克公司保证该车未发生过交通事故，说明雷启富在二手车交易时并未排除发生过交通事故的二手车。第二，鑫迪克公司提交的证据证明其收购该车和出卖该车获得的差价在合理范围内，雷启富在看车的当日即与鑫迪克公司签订协议、支付购车款并提车，由此可见雷启富认可案涉车辆的车况（现状）与交易价格相符。

综上，成都市中级人民法院认为："鑫迪克公司未告知案涉车辆发生过交通事故的事实不会导致雷启富陷入错误判断而作出购买的意思表示，不能因此认定鑫迪克公司在与雷启富建立买卖合同时存在欺诈行为，雷启富关于撤销与鑫迪克公司之间的《车辆销售协议》以及鑫迪克公司返还购车款568000元并赔偿三倍购车款的诉讼请求，缺乏事实和法律依据，本院不予支持。"

多位二手车行业从业人员表示，目前线下车商在销售二手车时，会明确标注车辆非事故车的为数不多。由于事故危害程度难以界定，车商出售的二手车又会进行整备翻新，弥补车辆本身的瑕疵，因此作为非专业人员的消费者要凭自己的认识水平辨别车况非常困难。

上述案件中奥迪Q7初次登记日期为2014年1月14日，行驶公里数2.4万公里，直至被当作二手车出售，车龄刚超过1年。公开资料显示，2014款奥迪Q7官方指导价为82.7万～111.2万元，即使是最低配新车价格也超过了80万元。2015年3月4日，鑫迪克公司以50万元的价格收购该车，随后在4月5日，将车以56.8万元的价格卖给了雷启富。

专家提醒，二手车一车一况，大部分是按照车辆上牌年限定价，同型号同年限车型顶配与低配车型之间差价很小，如果标的车辆相比同型号、同年限车辆价格低很多，消费者应该警惕，做好车况的确认。[1]

上述案例说明买家相对于卖家的信息不对称。买家以为车龄刚过一年，表面上看车的成色很新，一年前，同规格的新车国家指导价在82万—111万元之间，一年后能够以56.8万元的价格买到，以为讨到了便宜。卖家认为该车是以50万元收购的，加费用和合理的利润，以56.8万元卖出，没有很大的利润空间，加上买家没有询问该车是不是出过事故而大修的，所以卖家认为不存在商业欺诈行为。但是卖家知道该车出过事故并大修过，买家如果在购买前知道这个信息，很可能不会买这台车，至少会找行里的评估师进行评估分析后，再作出选择。

---

[1] 陈萌：《56万元买到事故二手车，打官司倒贴4万元，信息不对称难倒消费者！》，2019年6月5日，见https://m.toutiao.com/is/iNCBJm7a/。

所以，消费者有时获得的商品信息是不完整的。

2. 借助互联网，信息已有突破性发展

现在的信息规模及其结构比之20世纪40年代哈耶克所描述的信息分散、本地信息，有很大的不同。

一是信息海量，全球互联互通，信息的空间局限比较小了，本地信息可以同步传播到很远的地方。

二是借助搜索平台技术，信息能够及时地自动地进行梳理和分类。

三是信息（数字）经济已成为全球性的支柱产业。2020年规模达到了31.8万亿美元，占世界GDP总量的37.5%，同样是2020年，中国信息（数字）经济规模为39.2万亿人民币，占GDP比重为38.6%。

四是平台的信息供应具有投其所好的特点。桑斯坦（Cass R. Sunstein）是美国哈佛大学法学院教授，曾经是奥巴马竞选团队的法律事务顾问，并担任过白宫信息管理事务办公室主任。他分别在《网络共和国》和《信息乌托邦》中，先提出了"信息窄化""信息偏执"的概念，后提出了"信息茧房"的概念。个人对海量信息的选择是基于"偏好"，平台的信息供应是"投其所好"，久而久之，个人就被困在"信息茧房"之中了。桑斯坦讲得比较多的是社会信息，他所讲的"个人日报"有点像我们今天说的在互联网面前人人都有麦克风。实际上，市场信息或许也具有同样的特点。你对互联网上哪个方面的信息感兴趣，搜索引擎就会投其所好，为你不断地提供相关方面的信息，并且给你的印象是客观的，不是人为操纵的，所以很容易建立起信任和依赖，不知不觉被信息所绑架。这样就形成了一个信息悖论：一方面信息海量，另一方面接受信息的人又容易出现"信息窄化""信息偏执"，并受困于"信息茧房"。这是新的条件下的信息不对称。

五是在大规模信息供给的背景下，被动地接受信息，有可能作出正确的选择，也有可能作出错误的选择。

六是在海量信息背景下，结构性特点更明显，人们更应该从结构上去分析市场信息，以便有效和精准地运用信息。

四、客观上政府在市场信息处理中始终在发挥作用

哈耶克所代表的奥地利学派认为政府在市场之外，且政府的作用只有坏处没有好处。但实际上政府在市场信息处理中始终在发挥作用。

1. 在市场信息处理的问题上，政府与企业不是对立的关系

在社会化大生产条件下，市场是资源配置最有效的机制，这应该是具有广泛共识的一个结论。但是，市场与政府的关系不是零和博弈的关系。不能因为20世纪上半叶知识界和经济理论界有计划情结，就完全否定市场在资源配置中的作用；也不能因为在20世纪末新自由主义抬头，市场回归，就认为计划和政府一无是处；更不能因二战后社会主义阵营与资本主义阵营的对立，社会主义国家搞计划经济，资本主义国家搞市场经济，就把计划与市场看成是根本对立的，这是在用意识形态偏见和冷战思维来看待资源配置方式。邓小平讲过，资本主义有计划，社会主义有市场，计划和市场都是调节手段。事实上，从工场手工业向社会化大生产方式转变以来，没有一个国家（包括英国在内）完全依靠市场出清的办法放任危机淘汰，达到新的均衡；没有一个国家的政府完全在市场之外，对市场不施加任何影响；也没有一个国家在市场经济条件下，宏观调控或计划调节不利用市场信息。政府对公共产品的采购，对弱小产业的保护，对战略产业的扶持，出于国家利益和安全方面的选择等，都会涉及市场信息的处理。重商主义时期，西方一些国家把贸易顺差看成是财富的增加，亚当·斯密"看不见的手"理论，李嘉图的比较成本理论，都是在英国工业革命背景下提出来的，既有理想化的因素，又有英国处于贸易制高点的自信。美国、德国、日本崛起时，都强调政府对贸易的保护，那个时候在英国也有受德国历史学派影响的英国历史学派。

如果只有企业对市场信息进行处理的话，那么通常会对即时市场信息作出积极反应，由此取得较多的收益。但可能由于这样的即时反应所形成的生产能力、生产工艺及技术线路不利于中长期发展，那么

企业在此之后的发展中就会付出调整的成本，降低未来的收益，这样的结果对企业、对全社会都不好。如果是这样，市场隔一段时间就会出现波动并导致危机，整个经济就不可能长期稳定增长，甚至还会不断地造成社会资源的浪费。

2. 中国作为后起的发展中大国，在市场信息处理方面更加有所作为

中国是一个发展中的大国，在工业化初期就必须考虑建设独立的完整的工业体系和国民经济体系；加上新中国成立以后的较长时间内，西方资本主义国家对中国实行经济封锁和军事对抗，所以中国政府在经济建设中肯定要考虑国家安全问题；中国是社会主义国家，在经济建设中高度重视解决民生问题；中国有辉煌灿烂的历史，到了近代落后了，沦为落后挨打的地位，中国政府顺应民意，急于要改变中国的落后面貌，追赶发达国家。这些因素叠加在一起，使得中国政府在处理市场信息推动经济发展方面，一直处于积极进取的状态。

五、五年规划与信息结构理论

结合五年规划来分析信息结构理论，或者是用信息结构理论来解释五年规划的必要性，重点是要回答市场信息结构中涉及整体利益、长远利益的信息梳理和发布，有没有必要？怎样进行这样一种信息梳理和发布？

1. 五年规划的基本情况

包括正在实施的"十四五"规划，新中国成立以来制定了14个五年规划。除了新中国成立之初的三年恢复时期（1949年10月到1952年底）、60年代初的调整整顿时期（1963—1965年）外，其他时间都在五年规划的涵盖范围内。第一个五年计划是1953—1957年，第二个五年计划是1958—1962年，第三个五年计划是1966—1970年，第四个五年计划是1971—1975年，第五个五年计划是1976—1980年，第

六个五年计划是1981—1985年（第五、六个五年计划期间进行过调整，实际上是按照10年计划来执行的，即1976—1985年），第七个五年计划是1986—1990年，第八个五年计划是1991—1995年，第九个五年计划是1996—2000年，第十个五年计划是2001—2005年，第十一个五年规划是2006—2010年，第十二个五年规划是2011—2015年，第十三个五年规划是2016—2020年，第十四个五年规划是2021—2025年。从"十一五"起，国家将五年计划改为五年规划。从1981年开始的"六五"计划，首次将社会发展纳入其中，名称由"国民经济五年计划"变更为"国民经济和社会发展五年计划"。1995年召开的党的十四届五中全会，审议通过了《中共中央关于制定国民经济和社会发展"九五"计划和2010年远景目标的建议》，从这届五中全会开始，此后党的每届五中全会都讨论五年规（计）划或者十年远景目标的建议，然后由次年的全国人民代表大会审议通过五年规划纲要，在此基础上全面实施五年规划。

这里需要特别指出的是，中国的中长期规划，其功能作用主要是战略导向，即令是改革开放之前的五年计划，会涉及产业发展或者重大项目的计划安排，但并没有像苏联当年那样，直接涉及产品的调拨。兰格指出："中国是一个例外，它并没有像其他社会主义国家一样制定事无巨细的计划。"[1]原国家计委主任陈锦华讲过一个故事：

> 上个世纪70年代初，基辛格首次秘密访华，美国人不知道是听了哪位"中国通"的建议，还是心血来潮，在离开北京前夕要买中国黄酒（绍兴酒），可偏偏当时北京各大商场短缺，翻遍各家仓库才找到4坛（每坛5斤装）。这个突发情况最终报到了国务院李先念副总理那里，在研究应对预案时提出要未雨绸缪，早做准备，多备黄酒。命令下达到轻工部，曹鲁副部长主持召开会议专

---

[1] ［波兰］奥斯卡·兰格：《社会主义经济理论》，王宏昌译，中国社会出版社1981年版，第72页。

门研究部署，决定要绍兴酒厂准备增产供应3000坛。绍兴酒厂提出，他们可以增产供应，但没有盛酒的坛子，配套供应的是山东淄博陶瓷厂。于是我们又找到淄博陶瓷厂，厂里说可以生产，但能力不够，需要改造扩建，提出要投资200万元。我们心里明白，改造扩建生产车间根本来不及。这明明是借机要价，乘国家急需"咬一口"，但鉴于政治任务紧迫，只好同意。后来尼克松正式访华，随行的庞大队伍，确是采购了不少中国商品，但却一坛黄酒也没有买。……我则认为这是典型的"计划赶不上变化"。[1]

这个故事中的绍兴酒，原本连纳入轻工部产品计划安排都没有，只是因为重要的外事活动，领导才要求轻工部和国家计委做相应的应急安排。

2. 中国五年规划的地位与作用

五年规划几乎贯穿了中国当代经济发展70多年的全过程。三年恢复时期是使经济尽快地稳定下来，能够有序地发展，为五年规划的制定和实施创造前提条件；20世纪60年代的三年调整时期，本身就是计划或者规划的调整。中国政府不仅在计划经济体制时期高度重视五年规划的编制与实施，改革开放以来，特别是十八届三中全会明确市场在资源配置中发挥决定性作用之后，仍然高度重视五年规划的编制与实施。

五年规划的编制和实施是国家经济治理的重要方式。党的十九届四中全会就五年规划有"两个制度"的提法。

一是在宏观调控制度体系中，把五年规划作为第一个层次，作为前提，即："健全以国家发展规划为战略导向，以财政政策和货币政策为主要手段，就业、产业、投资、消费、区域等政策协同发力的宏观调控制度体系。"在这个表述当中，宏观调控制度体系有三个层次：第

---

[1] 参见陈锦华：《国事续述》，中国人民大学出版社2012年版，第158—159页。

一个层次是国家发展规划，它的功能是"战略导向"；第二个层次是财政政策和货币政策，其功能是"主要手段"；第三个层次是就业、产业、投资、消费、区域五大政策，其功能是"协同发力"。可见五年规划是放在第一位的，是管总的，是战略性的。

二是单独强调了"完善国家重大发展战略和中长期经济社会发展规划制度"。国家的重大发展战略往往在五年规划当中集中体现，中长期经济社会发展规划，所指的就是五年规划或者十年远景目标。这里所说的完善制度，笔者认为有两层意思，第一层意思是把五年规划的制定和实施作为一项制度长期坚持，第二层意思是对编制和实施五年规划的实践也要不断地总结、提高和完善。中外学者在研究中国之治的"密码"时，提得比较多的是五年规划和民主集中制。

五年规划的编制与实施是超越"短缺"和超越"过剩"的重要举措。前面提到匈牙利经济学家科尔奈对高度集中的计划经济体制做过分析判断，认为其特征是"短缺经济"。笔者在前面也做了分析，中国在高度集中的计划经济条件下出现短缺，有生产资料优先增长、工业化初期难以完全避免的结构性问题等原因。实行改革开放30年后，中国经济发展中的短缺问题得到了很好的解决。在这之后，中国生产能力过剩的结构性问题开始显现出来，我们开始进行供给侧结构性改革。五年规划的功能说到底就是三个方面：一是从战略上选定发展目标；二是从战略上厘清发展路径；三是运用政策协同思路，从战略上解决经济发展的结构性问题，也就是从战略上解决短缺的问题、过剩的问题。进一步说，我们把社会主义市场经济作为改革的取向，并且把它作为社会主义基本经济制度的重要内容。一方面，是要充分利用市场配置资源的决定性作用，在工业化现代化方面，追赶、超越甚至引领先进水平，自然要解放生产力，解决短缺经济的问题；另一方面，要致力于超越资本主义市场经济的自由放任，超越过剩，超越资本主义周期性的经济危机。（科尔奈在2014年初出版的《活力、竞争与过剩经济》一书中也提到了过剩经济。）从经济运行的角度讲，是否编制和实施中长期经济发展规划,可能是社会主义市场经济与资本主义市场经济的区别之一。

远期有战略,中期有规划,年度有部署,三者联动,为经济持续稳定增长创造条件。特别是改革开放以来,每十年或者更长时间要确定战略思路和目标;每五年有经济社会发展规划;每年要召开经济工作会议(改革开放之前每年也要召开工作会议或者几级干部会议),进行安排部署。三者联动,谋定而后动;立足当前,着眼长远,前后衔接,步步为营。这是新中国成立70多年来,我们党领导人民创造了世所罕见的经济快速发展奇迹和社会长期稳定奇迹的重要原因。中国的中长期发展规划与年度经济工作部署,与资本主义国家的国情咨文有很大的不同。以美国为例,美国总统每年年初要到国会去做年度报告,该报告被称为"国情咨文"。1790年1月8日,美国首任总统乔治·华盛顿做的第一个关于联邦情况的报告,当时被称为"年度咨文",自1945年起该报告被称为"国情咨文"并沿用至今。国情咨文主要是阐明美国总统每年面临的国内外情况,以及政府将要采取的政策措施。从产生过程看,国情咨文是总统御用的小的咨询机构根据总统意图创作的;从实施效果看,很多主张要么在实施当中有很大的变化,要么很难实施。日本是有长期经济计划的国家,"日本的经济虽然也算是市场经济,但是其制度性基础中,包含着在战时计划、统治经济的基础上导入的要素"[1]。有日本学者干脆把本国经济体制称作"计划经济"[2]。但中国的中长期发展规划,无论是制定过程中的广泛性,还是实施过程中的有效性,都大大地超越了日本长期经济计划的范围。印度的五年计划从1951年开始编制,一直延续到现在,但印度的决策机构局限于行政系统内部,最高决策权集中于个人,咨询的范围比较小。2014年印度新一届政府上台后,正式宣布撤销已有65年历史的计划委员

---

(1) 冯玮:《总体战和现代日本经济体制三大特征的形成——近年日本经济史研究新动向》,《历史研究》2004年第5期。
(2) 参见[日]高桥龟吉:《战后日本经济跃进的根本原因》,宋绍英、伊文成等译,辽宁人民出版社1984年版,第10页。

会，并用"全国改革印度学会"取而代之，印度总理莫迪说，国家计委阻碍了印度的经济发展，新机构将以"亲民、积极、参与性强的发展规划"来取代之前的国家计委"一刀切"的做法。[1]

官方和民间都高度重视五年规划的制定与实施。从官方重视的角度看，从"一五"计划开始，中国的五年计划或规划都是在党中央、国务院直接领导下组织编制并实施的。"一五"计划的编制，五易其稿，历时四年半。此后，特别是改革开放以来的五年规划，往往是从上一个五年规划实施的中期评估开始酝酿下一个五年规划，编制过程通常需要3年左右的时间（美国的国情咨文编写时间一般是两个月）。五年规划的编制过程也是集思广益的过程，需要上上下下几个来回，党委和政府相当多的部门要直接参与。从中央到地方的省市县都要编制五年规划，都要采取多种形式，征求企业、专家、社会各界代表的意见。从民间重视的角度看，社会各界的代表人物对参与五年规划的编制和讨论都有很高的积极性和热情，他们都希望把自己对市场的分析和对发展前景的判断反映出来，都希望自己的发展意愿在五年规划中有所反映。五年规划《建议》和《纲要》正式发布之后，社会各界都会认真研究，都会联系自身实际去适应。

3. 五年规划的编制和实施，实际上是对市场信息进行综合处理的过程

五年规划是由党委政府组织编制的，当然有主观因素在起作用，比如设定的经济发展目标以及相关的指标体系，比如推动中长期经济发展的战略思路和政策举措，比如产业政策和地区政策，等等。但是五年规划的编制，首先是建立在对国情和发展的历史方位不断认识的基础之上的。这个不断认识的动态过程，是建立在对市场信息新的动态分析基础之上的，从学理上讲也是建立在信息结构理论之上的。往往在一定的时间范围内，对所能汇集到的市场信息包括市场信息中的

---

[1] 王绍光、鄢一龙：《大智兴邦：中国如何制定五年规划》，中国人民大学出版社2015年版，第173页。

大数据进行分析综合，对最有利于中长期发展的目标、战略思路以及政策体系作出选择。政府运用一切信息技术手段，尽可能多地汇集市场信息，对其中的及时信息，更多的是从它对企业的影响，以及对国家和地区中长期经济发展的影响出发考虑问题的。而对海量信息中直接关系到国家和地区经济社会长远发展的信息，会更加重视研究和运用。五年规划的制定和实施过程，是政府主导、全社会广泛参与的过程；全社会广泛参与，也是各个方面对市场信息的认知、分析、处理意见的汇总；政府进行系统集成，从全局和长远的角度提出思路和战略。

政府计划委员会或者计划与发展委员会，是最早建立信息中心这个机构的。在计划经济条件下，信息中心除了通过设立的各个方面的观察点来直接收集市场信息外，还通过政府机构的组织系统收集和综合信息。改革开放以来，发改委的信息中心已经建成为经济社会信息收集处理的综合平台。

党委和政府的咨询机构也在不断地收集和处理市场信息。比如，党委政府的政策研究室、发展研究中心、社科院等机构会不断地根据市场信息向党委政府提供咨询意见。除专门的咨询机构外，党委的统战部门以及工商联掌握大量的民营经济发展信息。另外，政府的经济主管部门和市场监管部门也会投入很多精力收集处理市场信息。

高校是社会科学研究的重镇，有一大批人文社会科学研究的专家学者，他们也在不断地收集和处理市场信息，发表论文专著，并向党委政府提出咨询意见。

所有机构面对市场即时信息时，首先要做判断，看哪些信息是对当前有影响的，哪些信息是对中长期有影响的，哪些信息是对个体、局部有影响的，哪些信息是对整体有影响的。即令对当前有影响的信息，或者对个体、局部产生影响的信息，也要从整体和长远出发，考虑应对措施。

政府对市场信息进行综合分析，不是要代替企业面对市场信息作出决策；政府从整体上并着眼于长远发展形成的五年规划，所发挥的战略导向作用，与企业对市场信息作出的及时反应，也是不同层次的问题。比如政府和企业都看到了某个行业发展的市场信息，这类信息涉及两个方面：一是近期利润丰厚；二是从中长期看，其生产能力可能会饱和甚至过剩。通常企业在接收到这类信息的时候，首先考虑的是抓紧生产营销，争取近期有较多的收益，虽然也会考虑未来生产过剩的风险，但往往会持观望的态度，或者会心存侥幸。而政府在面对这类信息的时候，更多的是考虑这个行业的持续健康发展，因此会及时提出预警，并会就这个行业的供给侧改革提出指导性意见。

改革开放之前，中国的经济运行实行计划体制，五年计划中确实有一些指令性计划项目，但五年计划本身不全是对资源进行直接配置，也有从整体和中长期视角进行战略导向的。改革开放以来，政府制定和实施的五年规划文本中，基本上没有指令性计划的内容。五年规划与市场配置资源作用的层次不一样，与发挥市场在资源配置中的决定性作用，总体上不是矛盾对立的，而是互补相容的。首先，五年规划是充分运用市场信息基础上作出的选择；其次，五年规划提出的战略目标和战略思路，是遵循市场规律的；再次，五年规划是战略导向性的，不直接对市场构成干预；最后，五年规划中提出的重大项目，其建设也受市场机制支配。

总之，从信息结构理论的学理出发，来理解五年规划，是一个新的视角，可以跳出在同一层次无谓地争论计划与市场的怪圈。

第十三章

市场的发育路径与渐进式改革理论

渐进式改革可以通过经验直觉观察,分析其内在决定因素具有学理意义。

中国改革是渐进式改革,渐进式改革是中国改革成功的一个重要因素,这个判断无论是在国内还是国际,都有广泛的共识。然而中国改革为什么是渐进式改革?我们仅仅从改革的现象去观察或者仅仅从改革方式上去理解是不够的,需要从学理上深入分析渐进式改革的内在决定因素。在这里,我们不妨主要结合市场发育的路径同时也联系经济体制改革的进程,就渐进式改革理论做一些学理分析。

一、中国市场发育路径体现了渐进式改革

这里所讲的主要是指改革开放以来市场发育的路径。新民主主义经济形态背景下,反映当时经济发展水平以及国际环境的市场体系是存在的,其特征是政府调控下的市场;高度集中的计划经济时期也应该有市场,其特征是计划经济对市场的运用;改革开放以来市场发育的路径,特征是渐进式的。下面我们可以结合工农业商品市场、证券市场、大宗商品交易市场和权益交易市场、网上交易市场以及要素市

场的发育路径进行分析。

1. 工农业商品市场的发育与价格闯关

前面已经讲过了，改革首先是从微观开始的。1978年在农村承包经营责任制改革启动的过程中，1979年在城市企业扩权的改革探索中，都碰到了一个绕不开的问题，即工业产品的价格与价值背离，工农业产品的比价以及工业产品内部的比价严重不合理。据国家物价总局测算，1977年农产品价格低于价值29.4%，工业品价格高于价值14.2%，工农业产品价格呈现明显的"剪刀差"。在工业产品中，下游加工产品的价格偏高，上游生产资料的价格偏低。1979年国营工业企业平均资金利润率为12.3%，但不同行业差异非常大。其中利润率较高的如手表61.1%，工业橡胶49.4%，针织品41.3%，自行车39.8%，燃料油气38.4%，石油37.7%，缝纫机33.1%，化学药品33.1%；而利润率较低的如煤炭只有2.1%，化肥1.4%，铁矿1.6%，化学矿3.2%，水泥4.4%，机械化农具3.1%，木材采选4.8%。[1] 由此可见，价格体系是扭曲的，造成社会资源的严重错配。价格不进行全面改革，市场难以真正形成，微观改革和其他经济体制改革也很难推进下去。

当时比价关系的调整，是基于对计划调节或者市场调节的认识。1979年6月，五届全国人大二次会议通过的《政府报告》中说："逐步建立计划调节和市场调节相结合的体制。以计划调节为主，同时充分重视市场调节的作用。"[2] 当时价格改革的基本思路是"调放"结合。计划内的调节叫"调"，即在原有的计划经济体制内，国家主动对不合理的价格进行调整；市场调节叫"放"，就是逐步将一些商品放到市场上流通，让市场给商品定价。从实际步骤看，1985年之前调放结合是以"调"为主，1985年以后则是以"放"为主。"调"的主要措施：一是大幅度提高农副产品收购价格，据统计，1980年农民增加的收入中，

---

(1)《改革历史上惨痛的挫折：88年物价闯关始末》，2022年9月6日，见https://www.360doc.cn/article/3611037_1046755951.html。

(2) 华国锋：《政府工作报告——一九七九年六月十八日在第五届全国人民代表大会第二次会议上》，《人民日报》1979年6月18日。

60%来自价格调放；二是提高原材料工业产品价格。这样，工农业产品的比价和工业产品当中生产资料和消费品的比价不合理的问题得到了缓解。但很快就产生了连锁反应：农副产品和工业原材料价格的提高，传导到工业消费品，就形成了价格倒挂。因此不得不调高消费品的价格。先提高农副产品和原材料工业品的价格，再提高消费工业产品的价格，这个循环过程结束以后，得到缓解的比价关系，基本上又回到了原来的起点。

1984年10月，中共十二届三中全会通过的《中共中央关于经济体制改革的决定》明确指出："价格体系的改革是整个经济体制改革成败的关键。"[1]为了尽快在价格体制改革上取得突破，从1985年开始，管理层对价格改革采取了以"放"为主的策略。当时的思路是，放开更多的产品主要是消费品进入市场，由市场定价，用市场价来拉动计划价，使两者趋于一致。这样做也带来了另外一个结果，就是价格的双轨制。原材料价格仍然是政府定价，计划内的价格和市场价格相差一倍到好几倍。于是就出现了严重的社会问题，即一些人用非法手段套取计划内的原材料，在市场上高价倒卖。双轨制也直接或间接地推动了物价的普遍上涨，1985年通货膨胀率达到了9.3%。要控制通货膨胀，就必须控制货币投放，但控制货币投放经济又承受不了。与此同时，通货膨胀直接影响到人民的生活。为了保障基本生活水平，财政必须提供价格补贴。1978年价格补贴支出91.1亿元，占财政收入的8.5%，到了1986年财政补贴资金达到了398.26亿元，占财政收入的20.04%。在这种背景下，中国的理论界包括管理层开始酝酿如何突破困局，当时比较一致的看法是，长痛不如短痛，必须采取一步到位的办法，实现价格的市场化改革，也就是后来所说的"价格闯关"。1987年8月，在北戴河召开的中央政治局会议讨论并原则通过了《关于价格、工资改革的初步方案》。会议认为，价格改革的总方向是，少数重要商品和

---

(1)《中共中央关于经济体制改革的决定》，人民出版社1984年版，第26页。

劳务价格由国家管理,绝大多数商品价格放开,由市场调节,以转换价格形成机制,逐步实现国家调控市场、市场引导企业的要求。由于那几年物价上涨很快,老百姓对物价上涨比较敏感,在中央作出决策以后,民间开始有一些焦虑情绪。1988年3月,"价格闯关"首先从上海开始。上海调整了280多个种类商品的零售价,这些商品大多属于小商品或日常生活必需品,涨价幅度在20%—30%之间。很快就出现了抢购风潮,而且还连带出现了挤兑银行储蓄存款的风潮。面对严峻的形势,8月30日,国务院召开会议,发布了《国务院关于做好当前物价工作和稳定市场的紧急通知》,对《关于价格、工资改革的初步方案》中,"少数重要商品和劳务价格由国家管理,绝大多数商品价格放开,由市场调节"做了新的解释:"指的是经过5年或更长时间的努力才能达到的长远目标,目前改革方案还在进一步修订和完善之中。"[1]

在这之后,确实是经历了比5年更长的时间,即通过四个阶段使商品价格的改革逐步到位。第一个阶段是从1987年开始的三年"整顿治理"与"硬着陆";第二个阶段是从1992年初至1993年,邓小平的南方谈话和价格改革重启;第三个阶段是1993年至1996年,国民经济再次过热和"软着陆",为价格改革创造条件;第四个阶段是从1997年到本世纪初,在通货紧缩和亚洲金融风暴双重压力下,价格改革进一步取得实质性进展。

2. 证券市场的形成过程

中国的证券市场是从债市起步的,然后发展股票市场。债市首先是国债市场。国债是国家以财政收入做担保,凭借国家信用发行的债券,是政府弥补财政赤字的工具,主要用于筹集国家建设资金和实施反周期宏观经济调控。新中国最早的国债是1950—1958年计划经济体制下发行的国债。当初发行了"人民胜利折实公债"和"国家经济建设公债"。由国有企事业单位购买,不流通。改革开放后,中国国债

---

[1]《国务院关于做好当前物价工作和稳定市场的紧急通知》,《人民日报》1988年8月30日。

市场开始恢复和逐步发育。1981—1987年，国债恢复发行，并引入了市场机制。此时仍然没有一级市场和二级市场，国债发行采取行政分配的方式，但提高了利率，缩短了国债期限，并开始面向个人发行。1988—1991年是国债场外交易或者柜台交易发展的时期，发行方式逐步由柜台销售、承购包销过渡到公开招标，一级、二级市场初步形成。1991年之后，有了上海和深圳证券交易所，场内国债市场得到了很好的发展。企业债券市场和投资基金、信托基金市场也逐步发展起来了。在这之后，银行间的债券市场和场外交易、柜台市场也进一步规范了。

20世纪80年代中期，国家在上海、深圳开始了企业股份制改革的试点。1984年11月，改革开放后国内第一只股票——上海飞跃音响诞生。1986年9月2日，新中国第一家代理和转让股票的证券公司——中国工商银行上海信托投资公司静安证券营业部开张营业。1988年，深圳特区尝试对5家企业进行股票发行上市的试点，由几家农信社改造而成的股份制企业——深圳发展银行就是其中之一。接下来，全国各地也开始效仿上海和深圳进行股份制改革试点，并相继设立证券公司和交易部进行柜台交易，提供证券交易服务。1990年，国务院批复上海浦东新区开发政策，同意在上海设立证券交易所，同年11月上海证券交易所经国务院授权人民银行批准，正式宣告成立。第二年即1991年4月，深圳证券交易所得到批准。对证券交易所的成立和股票上市交易，当时也有议论，但得到了邓小平的支持。邓小平在南方谈话中说："证券、股市，这些东西究竟好不好，有没有危险，是不是资本主义独有的东西，社会主义能不能用？允许看，但要坚决地试。看对了，搞一两年对了，放开；错了，纠正，关了就是了。"[1]中国的证券交易所和股票市场发展到今天，有主板、科创板、中小企业板、创业板和全国中小企业股份转让系统（新三板），初步形成了资本市场体系。

---

(1)《邓小平文选》第3卷，人民出版社1993年版，第373页。

3. 大宗商品交易市场与权益交易市场的形成

大宗商品交易市场包括现货和期货交易市场，其中现货交易市场又分为即期和中远期交易市场；权益交易市场包括证券、股权、国有资产产权、知识产权、碳排放权等交易市场。大宗商品交易市场与权益交易市场，是从20世纪90年代开始逐步发展起来的。截至2011年7月，全国共有各类交易所500多家。其中大宗商品交易所超过300家，交易品种众多，包括稀贵金属、化工、农副产品等；权益交易所有200余家，最近10多年来，权益交易市场又有新的发展，交易品种有股权、碳排放权、版权、专利、土地权益等。

4. 网上交易市场的发展

网上交易是指借助互联网进行交易的新的商业业态，也叫线上交易。其中比较有代表性的阿里巴巴集团，1999年在杭州成立。集团首个网站是英文版全球批发贸易市场阿里巴巴。同年，阿里集团推出专注于国内批发贸易的中国交易市场，后来称为1688。2003年5月10日，旗下的购物网站淘宝网正式创立，同年10月推出第三方支付工具"支付宝"，以"担保交易"模式，使消费者对淘宝网上的交易产生信任。淘宝网是亚太地区较大的网络零售平台和商圈。2020年双11淘宝天猫全球狂欢季，最终成交额达到了4982亿元。比2019年的双11增长85.6%。除了淘宝、天猫外，还有京东、拼多多、苏宁易购、国美在线、唯品会、网易严选等电商平台。国家统计局公布的数据显示，2020年全国网上零售额117601亿元，比上年增长10.9%，其中实物商品网上零售额97590亿元，增长14.8%，占社会消费品零售总额的比重为24.9%，比上年提高了4.2个百分点。

5. 要素市场的发展与完善

改革开放40多年来，我国商品和服务市场取得了长足的发展，目前97%的商品和服务已由市场定价，但要素市场发育明显滞后，要素市场化配置范围相对有限，要素流动存在体制机制障碍，要素价格形成机制不健全。比如土地、劳动力、资本等要素，尚未实现市场化机制全覆盖，仍不同程度地存在着双轨制。农村土地长期被排斥在土地市场之外，城市土地存在"招拍挂"和协议出让等不同价格。由于产权制度不完善，特别是体制内职务科技成果的产权界定不清晰，以及数据的产权界定规则尚未建立，我国的技术和数据等的要素市场发育迟缓。

为了适应市场主体发展的新要求，为高质量发展服务，2020年3月30日，中共中央、国务院发出《关于构建更加完善的要素市场化配置体制机制的意见》，专门就土地、劳动力、资本、技术、数据五大要素的市场化改革进行部署。改革的基本原则是：市场决定，有序流动，充分发挥市场配置资源的决定性作用，畅通要素流动渠道，保障不同市场主体平等获取生产要素，推动要素配置，依据市场规则、市场价格、市场竞争，实现效益最大化和效率最优化。改革的总体要求是：扩大要素市场化配置范围，健全要素市场体系，推进要素市场制度建设，实现要素价格市场决定，流动自主有序，配置高效公平，为建设高标准市场体系，推动高质量发展，建设现代化经济体系，打下坚实制度基础。

仅从以上五个方面可以看出：

一是市场发育是一个很长的过程，是渐进式的。市场发育多数情况下由微观改革推动。市场发育和价格改革走走停停，通常与经济发展的波动相联系，与通货膨胀率和社会承受能力相联系。

二是价格闯关之前的市场发育思路是渐进式的，但价格闯关时的指导思想是"长痛不如短痛"，想要一步到位，结果出现抢购风潮，引起社会稳定问题，不得不停下来，重新回到渐进式改革的轨道上来。

三是市场发育首先从商品市场开始，然后才有证券市场、大宗商品交易市场和权益交易市场、网上交易、要素市场。先有基础性的初级的市场体系，然后在此基础上建设高标准市场体系。

二、如同市场改革一样，整个经济体制改革都是渐进式的

学界讨论渐进式改革方式，是与整个经济体制改革相联系的。常

常与激进式改革方式相对应，主要指改革的不同强度。笔者认为，结合中国整个经济体制改革的实践看，首先，渐进式改革应该是逐步推进、循序渐进的改革，而不是轰轰烈烈、在短时间内大破大立的改革；其次，渐进式改革不是一次性、一阵风式的改革，而是连续的、不断的改革；最后，渐进式改革从总趋势看，不是一开始就从涉及面宽的难点改起，或者一开始就全面开花，而是按先易后难、先点后面的步骤推进改革的。

1. 中国改革思路的深化是渐进式的

40多年来中国改革的思路，先是有计划的商品经济的改革思路，然后逐步深化为社会主义市场经济的改革思路。

确立有计划的商品经济改革思路前后，政府与市场关系的定位经历了两个阶段：一是政府在资源配置中发挥主体作用，也就是"计划经济为主，市场调节为辅"。此时的改革是一种增量改革，即在计划经济体制不做大的变动的前提下，增量部分和集贸市场由市场调节。二是政府在资源配置中发挥主导作用，即"国家调节市场，市场引导企业"。这相对于"计划经济为主，市场调节为辅"，是改革理论的深化与突破。但是这种表述没有直接鲜明地触及资源配置方式，如果把市场引导企业看成是企业根据市场信号来配置资源，那么国家调控市场在前，仍然间接地发挥着主导作用。

社会主义市场经济改革方向的确立，相对于有计划的商品经济，是理论和实践上的重大突破。这以后，政府与市场关系的定位大体上也可以分两个阶段：一是政府宏观调控与市场发挥基础性作用。提法上首先是"使市场在宏观调控下对资源配置起基础性作用"，然后有"在更大程度上发挥""从制度上更好发挥""更大程度更大范围发挥"市场在资源配置中的基础性作用等表述。二是十八届三中全会《关于全面深化改革若干重大问题的决定》明确了新定位，即市场在资源配置中起决定性作用和更好发挥政府作用。党的十八届四中全会将社会主义市场经济体制纳入社会主义基本经济制度。

从政府发挥主体作用、间接地发挥主导作用到市场起基础性作用，再到起决定性作用，从政府宏观调控到"科学的宏观调控，有效的政府治理，更好发挥政府作用"，生动地体现了我们党推动改革理论创新的基本脉络。我国改革开放40多年来所取得的巨大成就以及进一步发展的光明前景，说明了渐进式改革方式的正确性。

2. 中国经济体制改革的步骤是渐进式的

前面分析了中国微观改革实质上是产权链的延伸，这本身就体现了渐进式改革的特点。农村改革先是大包干，接着构建双层经营体制，然后所有权、承包权、经营权三权分置。

改革开放之初，关于城市改革是先改价格还是先改企业，在理论界发生过比较激烈的争论。改革的实际是从企业改革开始的，或者说是以企业改革为中心的，然后根据农村改革和企业改革的需要，同时考虑到社会承受的程度，逐渐改革价格体系。价格改革也是先改消费品价格，再改生产资料价格以及其他生产要素价格。

3. 中国的开放也是渐进式的

首先是经济特区、出口加工区、开发区，然后是沿海开放城市、浦东开发区，再然后是沿海开放地区、长江三角洲地区、环渤海地区，再后来是包括中西部地区在内的全方位开放。

除常规性的外贸以外，中国完全打开国际市场，是从复关、入世开始的。复关是指恢复关贸总协定缔约国地位，即GATT；入市是指加入了世界贸易组织，即WTO。1995年，WTO取代GATT上线运作，复关就变成了入世。中国是1986年向GATT递交了恢复中国缔约国地位的申请。欧美缔约国只认市场经济和计划经济，不认可中国当时的提法"有计划的商品经济"。由此GATT工作组在审议中国申请时，提出了4万多个问题，仅围绕中国到底是不是市场经济，就讨论了6年。1992年邓小平发表南方谈话，以及之后的十四届三中全会通过《关于建立社会主义市场经济体制若干问题的决定》，才使这个问题得到解决。2001年中国正式加入世贸组织，约定15年的过渡期，按照承诺，过渡期有逐步改革的时间表和逐步开放的清单。这也从一定程度上说明中国的改革开放是渐进式的。

4. 由问题倒逼也体现了改革的渐进性

40多年来的改革实践表明，改革由问题倒逼而发生，又在不断解决问题中得以深化。旧的问题解决了，新的问题又会产生。从长过程看，改革只有进行时，没有完成时。改革开放初期面临的问题是平均主义、"大锅饭"，八亿农民种粮食还解决不了吃饭的问题；国有企业预算软约束，缺乏活力。因此很快地实行了家庭联产承包责任制，进行了国有企业的改革。改革开放中期，商品比价关系严重扭曲，双轨制带来一系列问题，在深入农村改革和企业改革的同时，有针对性地进行了价格体系的改革和市场体系的建设。

在新的历史起点上，必须直面重大问题，回应人民群众的呼声与期待，在重要领域和关键环节继续推进改革。党的十八届三中全会《关于全面深化改革若干重大问题的决定》，对当时经济体制运行中存在的突出问题有过五个方面的表述：一是市场秩序不规范，以不正当手段谋取经济利益的现象广泛存在；二是生产要素市场发展滞后，要素闲置和大量有效需求得不到满足并存；三是市场规则不统一，一定程度上存在行业垄断和地方保护主义；四是市场竞争不充分，阻碍优胜劣汰和结构调整；五是政府既有干预过多又有监管不到位的问题。针对这些问题，习近平总书记指出，应该作出"使市场在资源配置中起决定性作用"的定位，并认为，这样"有利于在全党全社会树立关于政府和市场关系的正确观点；有利于转变经济发展方式；有利于转变政府职能；有利于抑制消极腐败现象"[1]。

以问题为导向的改革，是有针对性的改革，不断地通过改革解决问题，也使改革呈现出渐进式的特点。

---

[1] 《习近平著作选读》第一卷，人民出版社2023年版，第164页。

三、渐进式改革的内在决定因素

渐进式改革不仅仅是改革方式中的二选一或者多选一，而是由内在因素决定的，是中国改革成功的必然选择。

1. 渐进式改革方式符合中国改革的性质

习近平总书记在十八大后新晋中委的培训班上的讲话中，专门讲了改革开放前后30年的关系，并就改革开放专门讲了三句话，即"我们党果断决定实行改革开放，并坚定不移推进改革开放，坚定不移把握改革开放的正确方向"[1]。从一开始就坚持改革开放的正确方向，可以从1978年十一届三中全会及以后召开的几次会议的内容来看。邓小平早在1979年3月的党的理论工作务虚会上就提出，在中国实现四个现代化，必须在思想政治上坚持四项基本原则，这是实现四个现代化的根本前提。这四项基本原则就是：必须坚持社会主义道路，必须坚持人民民主专政，必须坚持共产党的领导，必须坚持马克思列宁主义、毛泽东思想。

改革开放的正确方向就是社会主义制度的自我完善。从总体上看社会主义制度是有利于解放和发展社会生产力的，关键是要把社会主义的先进性和优越性充分地发挥出来。按照改革开放之初的判断，是要在坚持社会主义制度的前提下，通过改革解决"三个不适应的问题"，也就是1978年中央工作会议和十一届三中全会召开之前召开的国务院务虚会议以及全国计划会议所形成的基本结论，即解决生产关系不适应生产力、上层建筑不适应经济基础、企业（当时是指国有企业）管理方式不适应企业发展的问题。

苏联解体后，俄罗斯采用的"休克疗法"与中国的改革比较，绝不仅仅是改革方式的不同选择。当时的俄罗斯领导人叶利钦为什么主张"休克疗法"？虽然也有价格闯关的因素（1992年），但是从根本上

---

(1)《习近平著作选读》第一卷，人民出版社2023年版，第78页。

讲，是要迅速改变社会性质，要迅速实行私有化，要迅速培养出资产阶级。前面提到，1991年11月，英国前首相撒切尔夫人到美国参加在休斯敦召开的石油学会会议。她在演讲中既没有讲石油，也没有讲能源战略，而专门讲了他们是怎样搞垮苏联的。她认为，苏联发展得很快，加上有丰富的资源，担心会把英美挤出世界市场。她披露搞垮苏联主要是靠三条：一是找到了苏联宪法的漏洞，即加盟国用简单多数规则就可以决定退出苏联；二是把苏联拖入军备竞赛；三是找到了像戈尔巴乔夫和叶利钦这样的代理人。1991年12月，叶利钦分别与乌克兰和白俄罗斯领导人签署苏联解体协定之后，第一时间跟美国时任总统老布什通电话。老布什欣喜若狂，说他们赢得了冷战的胜利。[1]

2. 渐进式改革符合稳中求进的发展逻辑

稳中求进，是近些年来中央持续坚持强调的工作总基调。这是对我国70多年来经济建设正反两个方面历史经验的科学总结，是对新时代治国理政实践经验的高度概括。作为经济建设的方针和要求，长期以来，中央一直强调经济稳定发展。中央正式提出"稳中求进"是1996年。2011年中央经济工作会议正式把"稳中求进"作为经济工作的总基调。2016年，习近平总书记在中央政治局会议上首次明确提出，稳中求进工作总基调是治国理政的重要原则；在同月召开的中央经济工作会议上指出，稳中求进工作总基调是治国理政的重要原则，也是做好经济工作的方法论。

像中国这样的大国，又处在快速发展的过程中，治国理政需要稳中求进，经济发展需要稳中求进，改革同样也需要稳中求进。稳中求进与渐进式改革的内在逻辑是契合的。

稳中求进，包括"稳"和"进"两个方面，以及两个方面的相互作用。"稳"是基础、前提，如果经济大幅度波动、经济秩序混乱，经济向前发展就无从谈起，甚至还会倒退；"进"是方向、目标。在稳的

---

(1) 张树华：《英国前首相撒切尔夫人谈瓦解苏联》，《红旗文稿》2010年第11期。

基础上前进、进取，在前进、进取的动态过程中保持长期稳定。

在稳的基础上实现的发展，是可靠的发展，是实实在在的发展，是有利于长期稳定的发展。稳中求进，不仅把稳作为经济发展的社会条件，而且把稳和进都作为经济工作的内容。2018年，面对世界经济低迷和逆全球化思潮泛起，中央对经济工作提出"六稳"的要求，即稳就业、稳金融、稳外贸、稳外资、稳投资、稳预期。

中国是在生产力发展水平极其低下的基础上开始真正意义上的工业化和现代化建设的。毛泽东在读苏联《政治经济学教科书》时讲，经济发展落后，面临的突出问题是速度问题，因此各个方面都希望发展得快一点。邓小平指出："我们要赶上时代，这是改革要达到的目的。"[1]习近平总书记强调，抢抓历史机遇，赶上甚至引领时代潮流，是当代中国变革与发展的追求与姿态，是中国共产党人的使命与担当。回望近代以来的历史，我们在机遇面前有过深刻的经验与教训。18世纪中期到19世纪中期，是工业革命发轫和蓬勃发展的时期，当时的清朝统治者闭关锁国、夜郎自大，失去了工业革命带来的发展机遇，导致我国经济技术进步大大落后于世界发展步伐。第二次工业革命发生在19世纪中期到20世纪中期，当时，中国人民不得不为民族独立、人民解放而进行艰苦卓绝的斗争，难以运用工业革命的成果，也根本没有条件赶上时代前进步伐。20世纪六七十年代，我们在进行"文化大革命"，此时国际上兴起一场科技革命和产业变革浪潮，东亚一批国家和地区把握住这个机会发展上去了，我们错失了良机。党的十一届三中全会后的40多年来，我们推进改革，抓住了机遇，取得了巨大成就，大踏步追赶着时代潮流。[2]因此，在中国当代经济发展实践中，抢抓机遇、加快发展是广泛社会共识，是主基调、主潮流。

但是，像中国这样后起的追赶型经济，往往容易出现急于求成的问题，短时间里的高速增长确实令人兴奋和鼓舞，但很快就会出现

---

(1)《邓小平文选》第3卷，人民出版社1993年版，第242页。
(2) 参见《习近平在十八届三中全会第二次全体会议上讲话》，2013年11月12日。

重大比例关系的失衡，结果适得其反，需要进行调整整顿，速度不得不降下来，甚至出现负增长。所以，笔者认为，稳中求进是对中国70多年来经济发展历史经验的科学总结，是中国当代经济发展的内在逻辑。

邓小平在改革开放初期就强调稳定压倒一切。正确处理改革、发展和社会稳定的关系，是中国改革采取渐进式方式的很重要的原因。在推动改革的过程中，改革的力度和社会所承受的程度必须实现动态平衡。改革既要转换体制，要改变，又要保持社会秩序，保持社会稳定；稳定是改革的基础和前提，而改革有利于积极和长期的稳定。中国渐进式改革或者稳中求进的改革与发展，打破了西方学者对发展中国家所描绘的"稳定就停滞，转型就动荡"的魔咒。

3. 渐进式改革方式符合体制机制创新的认知路径

改革从本质上讲，是体制机制创新的活动及其过程。体制机制创新，涉及新秩序新规范对旧秩序旧规范的替代，涉及利益格局的调整，人们需要接受和适应。接受和适应的过程，也是人们对新事物的认知过程。因为改革关系到每个人的切身利益，而且并非多数时候都是对自己利好的安排，即令是，也需要与他人比较或者了解内容和原因。因此，对多数人而言，对改革新事物的认知不可能是佛学上的顿悟甚至很快就了悟，只能是渐悟或者通过调整自己逐步适应。心理学对认知的定义是，认知是指个体经由意识活动而对事物产生认识与理解的心理历程。也就是说，人脑接收外界输入的信息，经过头脑的加工处理，转换成内在的心理活动，进而支配人的行为，这个过程就是认知的过程。因此，认知过程需要时间，尤其是对改革新事物的认知，路径更长更曲折。

邓小平强调鼓励试，允许看，不争论，倡导"摸着石头过河"，是政治大智慧，完全符合体制机制创新的认知规律。

江泽民说：鼓励试，允许看，不争论。这是邓小平同志发明的好办法，是个高明的办法。一时看不准的事情，不要急于下结论，看一段再说。[1]鼓励试体现了对体制机制创新的积极态度，其基本路径是渐进的，是对创新认知规律的科学把握。邓小平说："证券、股市，这些东西究竟好不好，有没有危险，是不是资本主义独有的东西，社会主义能不能用？允许看，但要坚决地试。"[2]邓小平还说："农村搞家庭联产承包，这个发明权是农民的。农村改革中的好多东西，都是基层创造出来，我们把它拿来加工提高作为全国的指导。"[3]这个试，不同于西方所推崇的"推演"，推演往往是用模型，是虚拟的，而中国改革的试，是真实的社会活动。所谓试，是先在小范围内运行，然后跟踪观察、总结、评估，既是试错，也是试对，是用较小的代价试错，用较高的效率将试对的成果在面上全面铺开。允许看，不争论，是容忍创新的认知过程。在一个具体改革项目启动时，指望大家的认识都能很快地跟上来，是不现实的。要让大家观察、体验、感知，经过一个时间过程，才能形成共识。

这里要特别就创新认知过程中的不争论多说几句。笔者认为，邓小平所说的这个不争论，是从哲学层面讲的，绝不是不讲是非、不坚持原则。

邓小平在南方谈话中指出："对改革开放，一开始就有不同意见，这是正常的。不只是经济特区问题，更大的问题是农村改革，搞农村家庭联产承包，废除人民公社制度。开始的时候只有三分之一的省干起来，第二年超过三分之二，第三年才差不多全部跟上，这是就全国范围讲的。""不搞争论，是我的一个发明。不争论，是为了争取时间干。一争论就复杂了，把时间都争掉了，什么也干不成。不争论，大胆地试，大胆地闯。农村改革是如此，城市改革也应如此。"[4]

学者张中行写过《故事一则》，说《九章算术》推广之初，甲乙两人争论。甲说四七等于二十八，乙说四七等于二十七，争到县太爷那

---

(1)《江泽民文选》第2卷，人民出版社2006年版，第217页。
(2)《邓小平文选》年3卷，人民出版社1993年版，第373页。
(3)《邓小平文选》第3卷，人民出版社1993年版，第382页。
(4)《邓小平文选》第3卷，人民出版社1993年版，第374页。

里，县太爷打了甲三十大板。甲自然不服，县太爷回答，你既然知道四七等于二十八，为什么要与四七等于二十七的人争论呢？该打。[1]后来作家王蒙在此基础上又写了一则寓言，即《不争论的智慧》。两位分别借故事和寓言说事，具有深意。有利于帮助我们理解邓小平关于不争论的精神内涵。

摸着石头过河，是陈云从1950年开始讲的一句话，改革开放以来又多次讲，后来还讲过"'九溪十八涧'，总要摸着石头过"。中央文件中采用过这个提法。后来人们也把"摸着石头过河"看成是邓小平强调的改革方法，经常与他所讲的"鼓励试，允许看，不争论"一起运用。

有人或许会说，鼓励试，允许看，不争论，摸着石头过河，反映的是经验直觉，很难与学理联系起来。实际上，发展经济学中较早的内生增长理论的思想源头，是诺贝尔经济学奖得主、美国经济学家肯尼斯·约瑟夫·阿罗（Kenneth J. Arrow）的"干中学"理论，也就是他于1962年发表的《边干边学的经济含义》。[2]在笔者看来，鼓励试，允许看，不争论，摸着石头过河，正确处理改革、发展、稳定的关系，就是渐进式改革的思想，符合认识规律，具有深刻的学理意义。

鼓励试，允许看，不争论，摸着石头过河，在实践中有一个普遍的做法，就是先试点，然后总结推广。农村改革是这样，城市改革也是这样。企业改革，自由贸易区的改革等，都是先试点，后总结推广。农村搞家庭联产承包，是基层创造出来的，经过加工提高指导全国。企业改革从扩权的试点开始，然后是生产责任制的试点，后来是股份制改革的试点，再后来就是混改。基层试点与顶层设计是相辅相成的。顶层设计一直是有的，只是不同时期顶层设计的内容不一样。开始的顶层设计的线条要粗一些，后面的顶层设计细一些，更严谨一些。

---

(1) 参见张中行：《故事一则》，《读书》1993年第5期。
(2) K. J. Arrow, "The Economic Implications of Learning by Doing", *The Review of Economic Studies*, Vol. 29, No. 3, 1962, pp. 155–173.

20世纪90年代，特别是21世纪初以来，人们经常会提到以开放促改革、促发展的思路，通过开放倒逼改革或者主动为开放进行适应性改革，也体现了渐进式的改革的特点。

4. 渐进式改革符合中国特色社会主义的探索实践

新民主主义的理论和实践，是用革命的方式，用枪杆子打出来的。中国特色社会主义道路是在社会主义制度建立之后，在实践中通过改革逐步探索出来的。所以，领导人讲革命是解放生产力，改革也是解放生产力。从这个意义上讲，改革也是一场深刻的革命。中国特色社会主义道路的探索方式是渐进式的，改革是推动中国特色社会主义道路探索的动力。中国特色社会主义的探索实践过程，就是不断改革、渐进式改革的过程。

马克思和恩格斯当年所设想的新的社会制度是在资本主义充分发展的基础上，在世界范围或多国范围内实现。他们说："共产主义革命将不是仅仅一个国家的革命，而是将在一切文明国家里，至少在英国、美国、法国、德国同时发生的革命"[1]。他们在一系列经典著作中，所设想的未来社会不存在商品经济。马克思、恩格斯倡导并坚持了历史唯物主义的方法论，也对俄罗斯的"农村公社"寄予希望。1881年初，荷兰共产党人纽文胡斯致信马克思，请教取得政权后，先应该干什么。马克思批评其提得不正确，因为"在将来某个特定的时刻应该做些什么，应该马上做些什么，这当然完全取决于人们将不得不在其中活动的那个既定的历史环境"[2]。

列宁在研究一战爆发后欧洲各国形势的基础上认为："经济和政治发展的不平衡是资本主义的绝对规律。由此就应得出结论：社会主义可能首先在少数甚至在单独一个资本主义国家内获得胜利。"[3]十月革命胜利后，列宁对建设社会主义进行了积极探索，包括利用国家资本

---

(1)《马克思恩格斯文集》第1卷，人民出版社2009年版，第687页。
(2)《马克思恩格斯文集》第10卷，人民出版社2009年版，第458页。
(3)《列宁选集》第2卷，人民出版社1995年版，第554页。

主义过渡以及实行新经济政策。他在病重期间，对俄国革命的必然性及新经济政策的必要性进行了深入思考，认为"合作社的发展也就等于（只有上述一点小小的例外）社会主义的发展，与此同时我们不得不承认我们对社会主义的整个看法根本改变了"[1]。斯大林时期逐渐形成了以单一的公有制、高度集中的计划经济为特点的苏联模式，这种模式在国际环境严峻和国内社会剧烈变动中，促进了苏联经济社会的快速发展，赢得了反法西斯战争的胜利。但是，这个在特定条件下形成的模式后来被固化，被看成是社会主义制度的标准和标本，并向社会主义阵营推销。再后来戈尔巴乔夫的改革又将其连同社会主义制度一起予以葬送。

毛泽东领导的中国共产党人带领全国人民取得了中国革命的胜利，通过社会主义改造建立了社会主义制度，并对社会主义建设进行了富有成效的探索。苏共二十大以后，毛泽东说，独立自主，我们要进行第二次结合，找出在中国怎样建设社会主义的道路。他先后发表了《论十大关系》和《关于正确处理人民内部矛盾的问题》的重要讲话，带头研读苏联《政治经济学教科书》，把商品经济从社会制度中剥离出来，还首次提出社会主义发展阶段论。[2]邓小平确立了解放思想、实事求是的思想路线，提出了社会主义初级阶段的理论，社会主义本质的理论，发展是硬道理、改革也是解放生产力的理论，计划与市场都是调节手段的理论等，开启了改革开放的新时期。在提出实现小康、实现现代化的同时，邓小平于1992年提出"再有30年的时间，我们才会在各方面形成一整套更加成熟、更加定型的制度"[3]。从十四届三中全会确定社会主义市场经济的改革取向，到十九届四中全会把社会主义市场经济体制作为社会主义基本经济制度的内容，从建党100周年全面建成小康社会到建国100周年即21世纪中叶全面建成社会主义现

---

(1)《列宁论新经济政策》，人民出版社2014年版，第266页。
(2)《毛泽东文集》第8卷，人民出版社1999年版，第116页。
(3)《邓小平文选》第3卷，人民出版社1993年版，第372页。

代化强国，中国特色社会主义在不断探索中前进。

从最初预测没有商品经济到高度集中的计划经济实践；从商品货币、价值法则甚至国家资本主义的运用到计划与市场都是调节手段，再到坚持社会主义市场经济的改革取向，使市场在资源配置中起决定性作用和更好发挥政府的作用；从公有制、按劳分配、计划经济的社会主义经济制度到公有制为主体、多种所有制经济共同发展，按劳分配为主、多种分配形式并存，社会主义市场经济体制等社会主义基本经济制度，可以说，我们对建设中国特色社会主义的规律性认识达到了空前的高度，一整套制度更加成熟、更加定型。这在科学社会主义理论体系中、在社会主义经济学说史和改革思想史上，具有标志性意义。

由此可见，中国特色社会主义的探索是渐进式的，在这个过程中，实践的创新和理论的创新是渐进式的，其中对经验教训的科学总结和认识是渐进式的，甚至对教条主义、"左"的思想的深刻反思，也是渐进式的。

5. 渐进式改革符合社会矛盾运动规律

渐进式改革是社会主义条件下社会矛盾性质和社会矛盾运动规律决定的，这是渐进式改革的哲学基础。

中国改革和中国特色社会主义实践之所以取得举世瞩目的巨大成就，首先当然是坚持了马克思的科学社会主义的基本原理，同时也坚持了马克思主义辩证唯物主义和历史唯物主义的根本方法。在社会主义建设实践中，毛泽东的哲学思想是对马克思主义哲学的坚持和发展。比如，关于社会主义条件下社会矛盾运动的性质及运动规律的思想，社会主义条件下两类不同性质的矛盾的思想，实践论、矛盾论的思想等。前面提到，毛泽东认为，苏联《政治经济学教科书》承认社会主义制度条件下仍然存在着社会矛盾，但不承认其是社会发展的动力。笔者认为，后来苏联模式僵化了，不得不改革时，又连同社会主义一起葬送了，与缺乏社会矛盾运动规律的哲学基础密切相关。

党的十八大以来，我们对改革的提法是全面改革。现在看来，我们对改革开放的认识，确实有一个不断深化的过程。改革开放的针对性不仅仅是旧体制，不仅仅是加入世贸组织的承诺，不仅仅是与国际接轨，也不仅仅局限于某一个领域或某一个特定范围，而是生产关系适应生产力，上层建筑适应生产关系的主动作为，涉及方方面面。

按照马克思主义原理，当一种社会制度难以容纳生产力发展要求时，就要通过革命用一种新的社会制度取而代之，以解放和发展社会生产力。中国共产党领导中国人民取得了新民主主义革命的胜利，建立了社会主义制度，实现了有史以来最深刻最广泛的社会变革。但社会主义制度建立之后，仍然存在着生产力与生产关系、经济基础与上层建筑的矛盾，以此为内容的社会矛盾运动，仍然是推动经济发展和社会进步的动力，这个基本判断坚持了马克思主义唯物史观的彻底性。那么解决生产关系不适应生产力、上层建筑不适应经济基础的问题，主要方式和途径就是改革开放。通过改革开放，进一步解放和发展社会生产力，把社会主义制度的优越性充分释放出来。这是中国共产党人对马克思主义关于社会矛盾运动基本原理的运用和发展。党的十八大以来，习近平总书记提出了全面深化改革的思路和要求，也体现了对社会矛盾规律的深刻把握；对之前曾经有过的经济改革和政治改革超前、滞后的争论，也是自然而然的升华和超越。既然社会主义条件下社会矛盾运动的性质是非对抗性的，在这个背景下要解决生产关系不适应生产力、上层建筑不适应经济基础的问题，就只能用改革的方法，而且需要改什么，就改什么。社会矛盾的双方适应不适应，也是一个动态的持续的过程，所以改革自然也是一个渐进的持续的过程。

第十四章

价值共生与激励兼容理论

在价值共生基础上实现激励兼容，是中国当代经济发展的底层逻辑。

为什么中国从总体上能够保持经济长期中高速增长，同时保持社会长期稳定？其内在动力是什么？为什么社会主义市场经济不同于资本主义市场经济，其底层逻辑的区别在哪里？这应该是中外学者都试图作出探究并解答的问题。我们常说，推动经济高速增长和社会长期稳定的内在动力是改革开放和科技创新。然而进一步思考，推动改革开放和科技创新的内在动力和利益机制又是什么？笔者认为，这些需要从社会主义基本经济制度基础上的激励兼容与价值共生中寻求答案。

一、激励兼容与价值共生的概念来源

激励相容是西方经济学机制设计理论中的一个概念。机制设计理论最早的论文发表在20世纪60年代，产生和发展于计划和市场的世纪争论背景下。学者们已经看到了市场本身的局限性，怎么去解决这个局限性，自然成了需要思考的新命题。2007年，美国的三位经济学家赫维茨（Leonid Hurwicz）、马斯金（Eric S. Maskin）、迈尔森（Roger B. Myerson）因为机制设计理论获诺贝尔经济学奖。瑞典皇家科学院颁奖文告称：亚当·斯密曾用"看不见的手"来比喻市场如何在理想状态下，保证稀缺资源的有效分配，但是现实情况经常是不理想的。例如，竞争不是完全自由的，消费者没有得到全部信息，私人所要的生产和消费可能会导致社会开支和福利。此外许多生意是在公司之间进行的，个人或者利益集团在其他机构的安排下进行讨价还价。这些不同的机构或者分配机制是如何运作的？是否存在着最理想的机制来实现某些目标，例如社会福利或者个人收益？政府规则是否呼吁这样做，如果这样做的话，政府的规则如何进行最佳设计？……由赫维茨开创并由马斯金、迈尔森进一步发展的机制设计理论极大地加深了我们对在这种情况下优化分配机制属性、个人动机的解释、私人信息的理解。[1]

赫维茨认为，在市场经济中每个"理性经济人"都会有自利的一面，会按照自利规则行动，如果能有一种制度安排，使行为人追求个人利益的行为正好与企业实现集体价值最大化的目标相吻合，这一制度安排就是机制设计理论当中的激励相容。[2]赫维茨1917年生于莫斯科，在波兰取得法学硕士学位，第二次世界大战的时候去了美国，他对当时苏联和东欧的计划经济和集体价值取向应该是有感性认识的。笔者认为，他提出了一个在美国资本主义市场经济条件下难以实现的理论，也就是私利有利于公德。

激励相容靠机制设计是设计不出来的，它必须有制度基础。

价值共生是陈春花提出的基于大数据条件下的管理学概念。她认为，在互联网背景下，连接比拥有更重要。连接使利益相关，客观上要求价值共生。[3]显然，这是一种被动的价值共生。

---

(1) 朱琪、陈乐优：《资源优化配置的机制设计理论及其应用——2007年度诺贝尔经济学奖的评介》，《学术研究》2008年第3期。
(2) 陈旭东：《赫维茨的经济思想谱系及其方法论》，《财经研究》2020年第2期。
(3) 陈春花、朱丽、刘超等：《协同共生论：数字时代的新管理范式》，《外国经济与管理》2022年第1期。

微软首席执行官（CEO）萨提亚·纳德拉（Satya Nadella）讲到了这样一件事：某次竞争对手的年度销售会上，他当着大家的面，拿出了一部 iPhone，用来展示微软的应用。所有人都惊讶不已，因为从来没人见过微软的 CEO 公开展示苹果的手机，要知道，苹果是微软最强劲的竞争对手之一。纳德拉的目的是要微软的员工理解如何与强大的对手合作，也表明了微软与对手长期共存与竞争的意愿和能力。[1]这个案例说明，两大竞争对手之间，也存在着利益关联，也需要价值共生。

笔者把"激励相容"改了一个字，变成"激励兼容"，用以说明中国当代经济发展中利益协调的主动性；同时把价值共生运用到中国当代经济发展底层逻辑的分析框架中，与社会主义基本经济制度相联系。在公有制主体地位和功能作用的背景下，价值追求和利益追求具有广泛的社会关联性。利益共同体的制度基础决定了多元利益主体的价值共生，决定了激励兼容。从基础层面看，价值共生与激励兼容是内在要求，而不是企业的被动选择。

二、马克思共同体思想与股份制条件下资本的社会性理论

对于马克思围绕未来社会的价值目标所讲的自由人联合体，学界研究得比较多。习近平总书记提出构建人类命运共同体，学者们也联系马克思的共同体思想进行过不少探讨。马克思从历史进程的角度，深入研究了"自然共同体""虚幻共同体"和"自由人联合体"。马克思认为，自由人联合体才是"真正的共同体"。马克思所说的"自然形成的共同体"，是指资产阶级社会之前存在的共同体，包括原始部落（氏族）、小土地所有制和"东方公社"，这个时候人与人之间的联系是以血缘、地缘为基础的；马克思所讲的"虚幻的共同体"，是指典型的

---

[1]《〈价值共生〉：共生共赢，成为长期主义者》，2021年4月26日，见 https://m.douban.com/book/review/13505533/。

资产阶级社会，表面上的共同利益是虚幻的，背后真实存在的是特殊利益，人与人之间的联系是以社会分工为基础的；只有未来社会即共产主义社会形成的自由人联合体，"所有人享受大家创造的福利"，才是真正的共同体。[1]

对资产阶级社会，马克思也从唯物史观的视角，对企业组织形式的变化即对股份公司做过趋势性分析。在第八章中，笔者专门谈到马克思在《资本论》中对股份制给予了高度评价。他说："那种本身建立在社会的生产方式的基础上，并以生产资料和劳动力的社会集中为前提的资本，在这里直接取得了社会资本……的形式。而与私人资本相对立。并且它的企业也表现为社会企业，与私人企业相对立，这是作为私人财产的资本在资本主义生产方式本身范围内的扬弃。"[2]

马克思还说："在股份公司内，职能已经和资本主义所有权分离，劳动也已经完全和生产资料所有权和剩余劳动的所有权相分离。资本主义生产极度发展的这个结果，是资本再转化为生产者的财产所必需的过渡点，不过这种财产不再是各个互相分离的生产者的私人财产，而是联合起来的生产者的财产，即直接的社会财产。"[3]在这里，马克思实际上讲到了股份制向利益共同体转化的趋势。

三、公有制为主体是利益共同体的制度基础

社会主义基本经济制度既与中国现阶段生产力水平相适应，同时仍然体现了社会主义本质，使利益共同体能够建构在以公有制为主体的基础之上。

1. 所有制格局变化后公有制主体地位没有变

马克思所讲的真正的共同体即自由人联合体，是对人类社会发展

---

[1] 王公龙等：《构建人类命运共同体思想研究》，人民出版社2019年版，第101页。
[2] 《马克思恩格斯选集》第2卷，人民出版社1995年版，第516页。
[3] 《马克思恩格斯选集》第2卷，人民出版社1995年版，第517页。

规律的深刻揭示，是指未来社会即共产主义社会。在无产阶级革命和科学社会主义实践中，由于率先革命成功的是不发达的资本主义国家和半殖民地半封建国家，所以，从十月革命开始的科学社会主义实践，在客观上就将马克思所讲的未来社会分为两个阶段，即社会主义和共产主义，且社会主义发展的方向和目标是共产主义。中国是在半殖民地半封建社会的基础上，通过新民主主义革命建立社会主义制度的。中国又把社会主义分为初级阶段和高级阶段，无论是社会主义初级阶段还是高级阶段，其发展的方向和目标都是共产主义，在本质上带有真正共同体的特性。我们可以从现行的中国特色社会主义基本经济制度的属性来观察。

经过70多年的实践探索，中国的基本经济制度更加成熟定型了。2019年召开的党的十九届四中全会所形成的《中共中央关于坚持和完善中国特色社会主义制度、推进国家治理体系和治理能力现代化若干重大问题的决定》，有这样一段表述："公有制为主体、多种所有制经济共同发展，按劳分配为主体、多种分配方式并存，社会主义市场经济体制等社会主义基本经济制度，既体现了社会主义制度优越性，又同我国社会主义初级阶段社会生产力发展水平相适应，是党和人民的伟大创造。"[1]这与改革开放之前的相关表述比较，显然是有变化的。如果对改革开放之前，仍用社会主义基本经济制度的概念来概括的话，那么应该是公有制、按劳分配、计划经济。当然，当时的公有制也有两种主要形式：一种是全民所有制，采取国有国营的方式；另一种是集体所有制，主要体现在农村经济之中（还有农村社队企业，此外城市街道和大企业内部也有集体经济性质的大集体经济组织）。管理体制是"三级所有，队为基础"。当时是把计划经济作为社会主义基本经济制度的重要特征来看待的，但是并没有把计划经济与商品经济对立起来。毛泽东所讲的商品经济看与哪种社会制度相结合，实际上是把商

---

[1]《中共中央关于坚持和完善中国特色社会主义制度、推进国家治理体系和治理能力现代化若干重大问题的决定》，《人民日报》2019年11月5日。

品经济与生产力相联系。改革开放之前定位的社会主义基本经济制度内涵，是试图更充分地体现马克思的"真正的共同体"思想的；改革开放以来逐步形成的更加成熟、更加定型的社会主义基本经济制度属性，虽然考虑了生产力发展水平和不同层次，但仍然坚持了社会主义的方向，公有制为主体以及按劳分配为主体是利益共同体的基础；社会主义市场经济体制，强调市场配置资源的决定性作用，同时也强调更好发挥政府的作用。市场经济是与社会主义结合在一起的，所以也是利益共同体的重要支撑。其中公有制为主体具有决定性意义。因为，按照马克思主义基本原理，只有建立在公有制基础上的共同体，才是真正的共同体。

经过40多年来的改革开放，我国形成了公有制为主体、多种所有制经济共同发展的新格局，但公有制的主体地位没有变，国有经济仍然发挥着主导作用。公有制的分布主要包括四个方面：一是国有经济，包括国有独资企业和国有控股企业。二是集体所有制，包括农村经济的基础——土地仍然为集体所有，还包括股份合作制。三是一般股份公司中的国有或集体股权。四是国有资本、集体资本、非公有资本交叉持股相互融合的混合所有制企业。

2. 公有制经济新的功能定位

关于公有制经济的基本功能定位，在1997年召开的党的十五大和2013年召开的十八届三中全会文件中进行过系统的总结和谋划。

党的十五大报告专门讲到了全面认识公有制经济的含义。报告指出，公有制经济不仅包括国有经济和集体经济，还包括混合所有制经济中的国有成分和集体成分。关于公有制的主体地位，党的十五大报告指出：公有资产在社会总资产中占优势，国有经济控制国民经济命脉，对经济发展起主导作用。公有资产占优势要有量的优势，更要注重质的提高。国有经济起主导作用，主要体现在控制力上。要从战略上调整国有经济布局。对关系国民经济命脉的重要行业和关键领域，国有经济必须占支配地位，在其他领域可以通过资产重组和结构调整，以加强重点，提高国有资产的整体质量。集体所有制经济是公有制经济的重要组成部分。集体经济可以体现共同致富原则，要支持、鼓励和帮助城乡各种形式的集体经济的发展。这对发挥公有制经济的主体作用意义重大。公有制实现形式可以而且应当多样化。股份制是现代企业的一种资本组织形式。劳动者的劳动联合和劳动者的资本联合为主的集体经济，尤其要提倡和鼓励。(1) 这似乎是指股份合作制。

党的十八届三中全会通过的《中共中央关于全面深化改革若干重大问题的决定》指出："坚持公有制主体地位，发挥国有经济主导作用，不断增强国有经济活力、控制力、影响力。积极发展混合所有制经济。国有资本、集体资本、非公有资本等交叉持股，相互融合的混合所有制经济，是基本经济制度的重要实现形式，有利于国有资本放大功能、保值增值、提高竞争力。混合所有制经济实行企业员工持股，形成资本所有者和劳动者利益共同体。"(2)

党的十九届四中全会通过的《中共中央关于坚持和完善中国特色社会主义制度 推进国家治理体系和治理能力现代化若干重大问题的决定》指出："毫不动摇巩固和发展公有制经济……探索公有制多种实现形式，推进国有经济布局优化和结构调整，发展混合所有制经济，增强国有经济竞争力、创新力、控制力、影响力、抗风险能力，做强做优，做大国有资本。"(3)

从以上三个党的重要文献的表述看，公有经济功能作用是，公有经济在整个国民经济中发挥主体作用，公有资本在整个社会资本中占优势，国有经济通过控制力、影响力发挥主导作用。集体经济是公有经济的重要组成部分。公有经济通过多种实现形式，特别是与多种所有制经济联合形成混合所有制经济，公有资本直接间接地与整个社会

---

(1)《高举邓小平理论伟大旗帜，把建设有中国特色社会主义事业全面推向二十一世纪》，人民出版社1997年版，第23页。
(2)《中共中央关于全面深化改革若干重大问题的决定》，《人民日报》2013年11月12日。
(3)《中共中央关于坚持和完善中国特色社会主义制度 推进国家治理体系和治理能力现代化若干重大问题的决定》，《人民日报》2019年11月5日。

资本联结在一起,所以说公有经济是中国特色社会主义基本经济制度的基础。

3. 公有制的主体地位与功能作用是利益共同体的底盘

国有是全民所有,集体所有制是集体范围内的劳动者共同所有。因此,在国有企业和集体企业中,劳动者具有双重身份——既是所有者(尽管难以将"所有"量化成个人股权,但从法理上讲国有企业和集体企业的职工具有主人翁地位),又是员工,因此国有企业和集体企业本身就是利益共同体。当然在现实中,国有企业和集体企业的员工未必都意识到了自己的主人翁地位,或者有些国有企业和集体企业的机制和管理,还没有能够落实职工的主人翁地位,这是改革和工作上存在的问题,终究会往这个方向走。在国有资本、集体资本、非公有资本交叉持股的混合所有制企业中,国家倡导实行企业员工持股,如果得到了落实,那么在股份公司中,既有国有资本、集体资本等公有资本的基础,又有员工持股,同样可以形成利益共同体。员工既是劳动者又是股权所有者,同时体现整体利益和长远利益的国有资本、集体资本,加上非公有资本,与具有所有者、劳动者双重身份的员工就处在利益共同体之中。这样一来,公有资本本来在社会总资本中占有优势,再加上公有资本和非公有资本形成的混合所有制企业又不在少数,所以从一定意义上讲,在中国当代,全社会的劳动者多数都处在利益共同体之中。

4. 公有制对外资企业和民营经济的积极影响

在中国当代,公有制的主体地位、功能作用以及价值追求,深刻地影响着外资企业和民营经济。在资本主义制度条件下,资本与劳动是对立的,资本家总觉得工会是个麻烦。改革开放以来,外资企业越来越感觉到,在中国,工会和职工代表大会具有积极作用,纷纷积极建立工会,并且找具有中共党员身份的员工当工会主席,甚至聘请驻地退休的基层干部当工会主席。不少台资企业都主动建立中国共产党的组织。至于民营企业,例如前面我们说到的华为,实际上是全员持股的股份合作制企业。职工既是劳动者，又是企业资产的所有者，既有工资收入，又有股权收入，企业真正形成了利益共同体。外资和民营企业受社会环境的影响，多数都表现出很强的社会责任感，积极扶贫济困，出资参与和支持公益事业。

四、建构在利益共同体基础上的价值共生

笔者认为在公有制为基础的中国特色社会主义的制度背景下，可以从四个方面来观察价值共生：一是个人利益与集体利益的价值共生；二是效率与公平的价值共生；三是物质文明与精神文明的价值共生；四是三种调节互补的价值共生。

1. 个人与集体的价值共生

这也可以从几个方面来分析，包括直接的利益相关性，产权链和资产关联性，集体主义价值，互联网链接的价值关联。

——直接的利益相关性。中国人把职业选择看得比较重，无论是作为企业的劳动者还是管理者，都对企业有相当多的依赖，不到万不得已，一般不会跳槽。企业的劳动者、管理者，包括处在企业之外的公职人员，其收入水平都与企业本身的效益直接或间接相关。

——产权链和资产关联性。产权链的延伸会使公有产权的一个企业跟多个企业的利益具有关联性。在混合所有制企业中，员工持股在本企业形成资产关联。这样员工与企业的利益关联，企业与企业的利益关联，具有价值共生的社会广泛性。

——集体主义价值。个人利益与集体利益是一致的，这个观念早已深入人心。过去说得比较多的一句话是，"大河有水小河满，大河无水小河干"。这和西方一些学者主张的个人自由与社群关系不一样。按照他们的说法，社群利益与个人自由发生矛盾的时候，社群要服从个人。在中国，个人利益与集体利益在根本上是一致的，当个人利益与集体利益发生矛盾的时候，个人利益必须服从集体利益。

——互联网链接的价值关联。在公有制基础和集体价值优先的背景下,互联网通过链接进一步强化了价值共生。

2. 效率与公平的价值共生

在中国当代经济发展实践中,就价值取向而言,是始终在追求公平和效率的。公平是出发点和目的,效率是手段和途径。

市场在资源配置中发挥决定性作用是对效率的追求。党的十八届三中全会《关于全面深化改革若干重大问题的决定》指出,紧紧围绕使市场在资源配置中起决定性作用深化经济体制改革。并指出,经济体制改革的核心问题是处理好政府与市场的关系,使市场在资源配置中起决定性作用和更好发挥政府作用。毫无疑问,市场决定资源配置是市场经济的一般规律。在这个问题上,我们的认识是不断深化的。在计划经济时期,大家关注和讨论的是怎样看待商品经济,要不要运用价值规律。改革开放初期,我们把有计划的商品经济作为改革的选择。在前面谈到,按这个思路提出复关申请,但西方不接受商品经济这种类型,争论了好几年。1992年邓小平的南方谈话、1993年十四届三中全会《关于全面深化改革若干重大问题的决定》,把社会主义市场经济作为改革的取向,加入世贸组织的类型障碍才得以消除。由此可见,到目前为止,我们对使市场在资源配置中起决定性作用的价值追求已经相当到位了。事实上,改革开放之前,在工业化初期,在西方封锁的背景下,当时的计划经济以及举国体制,也实现了高效率。可以这样说,中国共产党人对效率的价值追求是一贯的、彻底的。

始终不渝地追求公平和共同富裕。中国共产党人是坚持马克思主义政治经济学的重大原则的,是坚持马克思主义劳动价值理论的。改革开放之前,我们把按劳分配作为社会主义基本经济制度的重要内容;改革开放以来,我们强调公有制经济为主体,多种所有制经济共同发展,强调多种分配方式并存,但是仍然坚持按劳分配为主体。十九届四中全会通过的《中共中央关于坚持和完善中国特色社会主义制度 推进国家治理体系和治理能力现代化若干重大问题的决定》指出:坚持多劳多得，着重保护劳动所得，增加劳动者特别是一线劳动者劳动报酬，提高劳动报酬在初次分配中的比重。健全以税收、社会保障、转移支付等为主要手段的再分配调节机制。完善相关制度和政策，合理调节城乡、区域、不同群体间的分配关系。重视发挥第三次分配作用。鼓励勤劳致富，保护合法收入，增加低收入者收入，扩大中等收入群体，调节过高收入，清理规范隐性收入，取缔非法收入。(1)

邓小平在改革开放初期多次讲到先富后富与共同富裕的问题。1986年，他在天津视察听取汇报的过程中说："我的一贯主张是，让一部分人、一部分地区先富起来，大原则是共同富裕。一部分地区发展快一点，带动大部分地区，这是加速发展、达到共同富裕的捷径。"(2)他在1992年的南方谈话中，对社会主义的本质进行了完整的概括。其内涵和内容也是在改革开放实践中不断形成并丰富完善的。他在改革开放初期，关注的重点是打破平均主义，指出贫穷不是社会主义；1985年提出社会主义要解放生产力，发展生产力；1990年突出强调社会主义要消灭剥削，消除两极分化，最终达到共同富裕。全面理解邓小平理论，我们可以深刻地感受到，他始终是把加快发展和最终达到共同富裕的价值追求联系在一起。

党的十九大、二十大对实现全体人民的共同富裕进一步作出了战略规划。

由此可见，中国共产党人始终把真正意义上的公平和共同富裕作为核心的价值追求。

3. 物质文明与精神文明的价值共生

中国共产党的初心使命是为人民谋幸福，为民族谋复兴。新中国成立70多年来，工业化和现代化一直是发展的主题。邓小平1980年说，我们要建设的社会主义国家，不但要有高度的物质文明，而且要

---

(1)《中共中央关于坚持和完善中国特色社会主义制度 推进国家治理体系和治理能力现代化若干重大问题的决定》，《人民日报》2019年11月5日。
(2)《邓小平文选》第3卷，人民出版社1993年版，第166页。

有高度的精神文明。[1]1992年，他还在南方谈话中说，广东20年赶上亚洲"四小龙"，不仅经济要上去，社会秩序、社会风气也要搞好，两个文明建设都要超过他们，这才是中国特色的社会主义。[2]

在改革开放之前，我们党高度重视思想政治工作，重视共产主义理想和社会主义思想的宣传教育，倡导整体利益、长远利益、集体利益。改革开放以来，党坚持以经济建设为中心，在重视物质文明建设的同时，也高度重视精神文明的建设。1980年12月召开的中央工作会议，把建设社会主义精神文明列为重要议题进行讨论。邓小平在这次会议上指出，所谓精神文明，不但是指教育、科技、文化（这是完全必要的），而且是指共产主义思想、理想、信念、道德、纪律，革命立场和原则，人与人的同志式关系，等等。这是对精神文明的权威定义。1986年9月，中共十二届六中全会通过了《中共中央关于社会主义精神文明建设指导方针的决议》。2017年10月，党的十九大提出了物质文明、政治文明、精神文明、社会文明、生态文明全面提升的要求。由此可见，在中国，物质文明和精神文明是相辅相成的，两手都要硬，两个文明都要搞好。两个文明的价值追求是紧密相连的、是共生的。

4. 三种调节的价值共生

在中国当代的经济发展中，市场、政府、伦理秩序都在发挥着调节作用，笔者称之为三种调节，并将在后面的专题分析当中，就其功能和作用形式进行深入分析。这三种调节不是互相替代的关系，也不是相互矛盾和冲突的，而是在不同层面、不同角度、不同情况下发挥互补的作用。市场决定资源配置的价值取向是效率；政府对经济的调节，其价值追求是公平、整体和长远利益；伦理秩序对经济的影响，其价值追求是良善。

---

(1)《邓小平文选》第2卷，人民出版社1993年版，第367页。
(2)《邓小平文选》第3卷，人民出版社1993年版，第378页。

五、以价值共生为基础的激励兼容

在公有制为主体的制度基础上形成的多元价值共生，很好地解决了激励兼容的问题。

1. 个人利益与集体利益相关联，体现了激励兼容

改革开放之前强调集体利益，忽视个人利益，甚至对个人利益持批判态度，带来的结果是平均主义和个人的主动性创造性难以充分发挥。改革开放以来，倡导勤劳致富，鼓励一部分人先富起来，个人具有选择职业的自由，个人获得合法利益的权利受到尊重，私人合法财产受到保护。相当一部分人，既有工资收入，又有财产收入。在人民当家作主地位得到保障的同时，个人利益主体的地位也得到了确立。

个人利益受到尊重之后，并不是以忽视和淡化集体利益为代价的。在中国社会中，集体主义价值理念深入人心。在企业里，员工的个人收入和福利待遇与企业的效益直接相关，一荣俱荣，一损俱损，包括普通员工在内的工资总额和年均增长率与企业的利润规模和利润的增长直接相关；有的企业实行技术人员与管理者期权制度，也与企业当前的效益和长远效益直接相关。个人对企业（集体）的贡献大，收入水平可能就高，反之企业（集体）的整体效益不好，员工的收入也会受影响。中国企业不仅有工会维护职工的权益，而且还有职代会参与公司利益分配的决策。

2. 产权同质化解决了不同终极所有权的激励兼容问题

西方经济学认为，在竞争条件下，激励具有决定性作用，而要激励就必须私有化，因为公有制是预算软约束，人人有份，人人无责。这种结论，除了意识形态偏见之外，从经济学的角度讲，也过于简单化。这种结论直接误导了苏联和一些拉美国家。中国在改革特别是国有企业改革实践中，把终极所有权与投入使用的产权做了分离，在国有投资企业中，把出资者所有权与法人财产权做了结构性安排，然后不断地延伸产权链，使公有产权与其他产权具有同质性，使有公有产

权参与的企业成为了真正的市场主体,解决了西方学者所说的激励问题。

进一步分析,产权链的延伸使产权占有的重要性凸显出来。国有控股的股份公司、混合所有制企业抑或是完全由职工持股的股份合作制企业,产权占有取得了共同占有或者社会占有的形式,这就是马克思在《资本论》中所说的过渡点或者共有财产。共同占有,既不是国有、集体所有制向全民所有制过渡的形式,也不是公有、集体所有、私有之外的第四种所有制。也就是说,属于不同所有者的财产在股份公司架构中取得社会占有的形式,成为了新的价值共生的利益共同体,在这个共同体的结构中,激励是可以兼容的。

3. 结构性改革注意到利益兼顾

熊彼特的创新理论,特别是他的"创新性破坏"概念,在经济学研究中出现的频率可以和亚当·斯密的"看不见的手"相媲美。西方当代经济增长理论具有代表性的学者——法兰西学院院士、伦敦政治经济学院经济学教授阿吉翁(Philippe Aghion),曾多年在哈佛大学、伦敦经济学院任教,近年才回到法国。他对熊彼特的创新理论进行了深入研究,并与豪伊特(Peter Howitt)一起建立了基于"创造性破坏"的阿吉翁-豪伊特模型。他在新书《创造性破坏的力量》中,谈到了关于"丹麦模式"的内容。他认为美国的创新能力很强,但是没有体制来解决创造性破坏带来的问题。而"丹麦模式"比较理想。在丹麦,一个人失去工作后,两年内仍可以领到相当于原来的90%的工资,同时,国家必须对他进行重新培训,以便他找到新的工作。[1]阿吉翁所说的"丹麦模式",实际上反映的是北欧国家的福利制度。在丹麦,这项工作是工会在做,失业者最高确实可以拿到相当于90%的在职工资,且实际年限比阿吉翁说的2年还要长,是4年时间。此外,再就业培训也是工会组织的。

---

[1] [法]菲利普·阿吉翁、[法]赛利娜·安托南等:《创造性破坏的力量:经济剧变与国民财富》,余江、赵建航译,中信出版集团股份有限公司2021年版,第235页。

在中国，对于结构性改革带来的问题，政府有一系列配套政策来解决。中国建立了世界上最大的社会保障体系，职工下岗到再就业期间，可以领取失业救济金，可以参加政府组织的就业培训。城市职工在职时自己所交的失业基金数额很小，失业后可以领取一定数额的失业救济金。虽然目前中国职工下岗以后领取的失业救济金，达不到丹麦那样相当于在职工资的90%，但下岗职工领取失业救济金达不到城市最低生活保障线的，政府还将其纳入低保系统，保障其基本生活。对于经营困难的国有企业，还允许其变现国有资产或股权，以补充社保基金。这对职工个人是一种激励兼容。在企业正常生产经营的时候，通过分配和福利来激励职工；企业处于困境中甚至破产后，则通过包括失业救济金在内的社会保障来保障个人的基本生活，也是一种激励。这两种激励之间并不相互排斥，在制度安排上都得到了保障。这对创新和改革抑或是结构调整，也是一种激励兼容。通过创新、改革、调整，实现突破，带来效益的大幅增长或者是倍增，这是来自市场的激励。由于"创新性破坏"，有的企业陷入困境，职工下岗，这是创新所付出的成本和代价，用社会保障和政府救助的办法加以解决，也是对创新的激励。

4. 社会责任的激励可以和利益的激励相结合

在中国，由制度条件和社会氛围所决定，无论是哪一种产权结构的企业，在追求企业自身效益的同时，也会注重追求社会效益。比如，一个生产环保产品的企业不仅要追求企业自身的效益，同时也要与社会的生态效益相联系、相一致。因此除了宣传该产品对环保的重要性之外，企业通常会就环境保护作一些额外的贡献，比如在一个小的区域进行试点，所取得的成效也会给企业带来很人的满足。多数企业跟贫困地区没有直接的商品供销关系，但它们在追求企业效益的同时，也会响应政府的号召，为贫困地区做一些具体的事。一些企业除了按照财务制度规定公开披露年度财务状况外，还会向社会公布年度履行社会责任的报告。

5. 精神激励和物质激励可以共同发挥作用

前面提到英国前首相撒切尔夫人，1991年11月到美国休斯敦参加美国石油协会主办的会议，发表了题为《我们怎样瓦解苏联》的演讲。她说：苏联是一个对西方世界构成严重威胁的国家，她指的不是军事上的威胁，而是经济上的威胁。她还说：苏联"借助计划政策，加上独特的精神上和物质上的刺激手段相结合，苏联的经济发展指标很高，其国民生产总值增长率过去比我们高出一倍"[1]。这实际上说出了社会主义与西方资本主义有着不同的激励结构。在当今中国，精神激励一样可以发挥类似于物质激励的作用。比如组织的荣誉感、社会的荣誉感，对成员有很大的激励作用，而且改革开放以来，这种精神激励往往是和物质激励结合在一起的，共同发挥作用。如果只发奖金，不开会表彰、发奖牌，激励作用就显得有限。因此精神激励和物质激励不是矛盾的、对立的，不是简单替代的，而是兼容的，两者可以共同发挥作用。

6. 当前利益和长远利益能够较好地兼顾

中国是单一制的社会主义国家，在经济发展中，中长期发展战略一直在发挥指导作用。中国具有集中力量办大事的优势，而且在重大技术攻关等项目建设中，能够发挥举国体制的优势。在鼓励各类市场主体发挥自身优势、加快发展的同时，能够统筹和兼顾整体利益和长远利益。就企业而言，如何兼顾眼前利益和长远利益，局部利益和整体利益，华为就是一个很好的案例。华为是一个地道的民营企业，公司高管、技术人员和普通员工都持有公司股份，这种类似于股份合作制的制度安排，既解决了所有者和劳动者利益的一致性问题，又不像上市公司，股东和股民们重视当期分配而不顾长远发展。华为由此形成了很强的企业凝聚力，从灵魂人物到普通员工，都有很强的、主动的集体主义精神或者叫团队意识。2020年，华为研发总费用为1418.93

---

[1] 张树华：《英国前首相撒切尔夫人谈瓦解苏联》，《红旗文稿》2010年第11期。

亿元，占销售收入的比重为15.9%。这一年华为员工人数为19.7万，工资、薪金及其他福利总支出为1390.95亿元，人均薪酬加福利为70.6万元。由此可见，当年研发投入的总规模还稍大于当年员工分配的总规模。在华为，当前利益和长远利益、局部利益和整体利益得到了很好的兼顾，研发投入与企业和职工的未来收入预期密切相关，这实际上也是一种激励作用。

7. 解决区域发展不平衡体现了激励兼容

由于历史原因和区位条件的差异，中国的东部、中部和西部地区发展不平衡。东部地区比较发达，中西部地区相对落后，还有一些贫困地区。新中国成立以来，国家高度重视生产力的空间布局。20世纪六七十年代的"三线建设"，虽然直接出发点是备战，但指导思想也确有改变工业布局集中于东部的问题。一批大项目在中西部地区布局，一定程度上缓解了地区工业布局不平衡的问题。改革开放以来，东南沿海毗邻香港台湾，率先开放，与中西部地区的发展差距进一步拉大。20世纪80年代，邓小平提出了"两个大局"的战略思想：第一个大局是沿海地区加快对外开放先发展起来，内地要顾全这个大局；另一个大局是沿海地区发展到一定时期，拿出更多的力量帮助内地发展，沿海地区也要顾全这个大局。改革开放后的前二三十年，在市场机制的作用下，内地的人才、资源向东部沿海地区集聚。在东部沿海地区经济有了较快发展之后，国家先后出台了西部大开发战略、东北老工业基地振兴战略以及中部崛起战略，并且推动东部产业向中西部地区转移。2010年国务院发布了《关于中西部地区承接产业转移的指导意见》。党的十八大之后，习近平总书记提出了扶贫攻坚的战略思想，并结合全面建成小康社会的战略目标，要求解决绝对贫困的问题。在此基础上，把全体人民共同富裕作为新的战略目标提上了议事日程。从先富后富到全面小康路上一个也不能少，再到推动人的全面发展和全体人民的共同富裕，实际上体现了局部利益与整体利益、当前利益与长远利益的激励兼容。

关于扶贫攻坚。改革开放之初邓小平就强调，贫穷不是社会主义。党的十八大以来，党中央鲜明提出全面建成小康社会，最艰巨最繁重的任务在农村，特别是贫困地区。2013年党中央提出精准扶贫理念，创新扶贫工作机制。2015年党中央召开扶贫开发工作会议，提出实现脱贫攻坚目标的总体要求，实行扶贫对象、项目安排、资金使用、措施到户、因村派人、脱贫成效"六个精准"，实现发展生产、易地搬迁、生态补偿、发展教育、社会保障兜底"五个一批"，发出了打赢脱贫攻坚战的总攻令。2017年党的十九大把精准脱贫作为三大攻坚战之一，进行全面部署。到2020年我国脱贫攻坚战取得全面胜利，现行标准下的9899万农村贫困人口全部脱贫，832个贫困县全部摘帽，12.8万个贫困村全部出列，区域性整体贫困得到解决，完成了消除绝对贫困的艰巨任务。扶贫攻坚当然是贫困地区干部群众的中心任务，而经济条件较好的地区和企业也对贫困地区贫困户进行了对口帮扶。没有人认为这种帮扶会影响自身的发展，也没有一个企业认为这种帮扶影响了市场的公平竞争；而且所有参与帮扶的企业和单位，都把扶贫对象按时脱贫，作为自己的工作目标和绩效目标。所以对贫困地区贫困户进行对口帮扶是非常典型的价值共生和激励兼容。

六、激励兼容与价值共生的中国逻辑

在中国，社会主义制度的建立就标志着个人和集体、家庭和国家，是命运共同体、利益共同体。改革开放之前，在极贫极弱的起点上，在极端困难的环境中，党领导人民取得了巨大成就，国家发生了翻天覆地的变化，人民当家作主的地位得到了确立，为今天的发展奠定了根本制度基础和政治前提。但是由于处在社会主义道路的探索之中，我们也犯过错误，甚至是严重错误，也遭遇过曲折，甚至非常严重的曲折。改革开放之初，我们党进行了深刻总结，除了纠正"左"的错误、把经济建设摆到工作中心的位置上来之外，还坚定不移地推进改革开放。对原来单一的公有制结构、高度集中的计划经济体制以及带有平均主义色彩的分配制度，进行了改革，使社会主义基本经济制度更加定型、更加成熟。激励兼容与价值共生的中国逻辑可以从以下几个方面来分析：

一是由于历史起点和时代条件，资本主义道路走不通。孙中山当年也想超越资本主义，提出了平均地权、节制资本的纲领，但未能实现。中国必须走社会主义道路，避免两极分化，形成利益共同体的制度基础。这一点，我们在介绍中国当代经济发展的历史条件的时候讲得很多。

二是由于中国是在半殖民地半封建社会的基础上建设社会主义的，所形成的利益共同体还不是无差别的利益共同体，需要在多元利益主体基础上的价值共生，并在价值共生的基础上实现激励兼容。

三是由于社会主义初级阶段的生产力发展水平，中国必须发挥市场配置资源的决定性作用。十九届四中全会《关于坚持和完善中国特色社会主义制度、推进国家治理体系和治理能力现代化若干重大问题的决定》关于社会主义基本经济制度的表述，包括了社会主义市场经济体制的内容。并强调这既体现了社会主义制度的优越性，又同我国社会主义初级阶段生产力的发展水平相适应，是党和人民的伟大创造。社会主义市场经济体制能够有效地兼顾公平与效率。

四是价值共生是以多元利益主体为基础的，由于公有制的主体地位和面向社会的功能作用，由于产权链的体制安排，并由这些形成的思想道德格局，多元激励之间不是矛盾对立的，而是可以协调和兼容的。

五是在改革开放之前，单一公有制结构支撑利益共同体，对个人的激励比较看重精神层面，个人的积极性创造性在集体的框架内得以反映。改革开放以来，为了发挥每个人的积极性创造性，赶上时代、引领时代，中国需要更多的利益激励。由于公有制的主体地位没有变，个人与集体利益相互关联、价值共生，个人利益与集体利益、整体利益能够协调和兼顾。这在改革开放以来的实践中得到了很好的验证。

六是激励兼容推动改革开放和科技创新,改革开放和科技创新推动经济社会发展,推动社会矛盾的良性运动。

七、进一步拓展价值共生和激励兼容的社会基础

在坚持社会主义基本经济制度的前提下,随着改革的进一步深化,我们可以进一步拓展价值共生和激励兼容的社会基础。

一是实施企业全员持股和居民持股,拓展利益直接关联的社会基础。员工或居民持股,只要起步时选择具有一定盈利水平的企业或项目,而且有序组织、有序监管,员工和居民就加入到了持股的这个企业和项目的利益共同体之中,既增加了财产收入,又实现了更大范围的价值共生和激励兼容。

二是落实公共服务和收入水平的国民待遇,在体现公平原则的基础上实现更加广泛的激励兼容。要进一步改革户籍制度,使进城务工的农民与城市居民享受一样的社会服务;要进一步改革用工制度,真正使体制内外同工同酬,享受相同的社会保障和公共服务,更广泛地体现价值共生和激励兼容。

第十五章

社会主义伦理秩序与第三种调节

市场、政府、伦理三种调节,相别相维、相互促进,伦理调节发挥着重要作用。

在中国当代经济发展中,除了市场的作用、政府的影响之外,还有没有别的力量,影响生产者和消费者?厉以宁教授认为,还有超越市场与超越政府的力量,那就是道德在经济中的作用。也就是除了市场调节、政府调节之外,还有第三种调节,即道德调节。[1]笔者赞同在市场和政府之外有第三种调节的观点,但笔者主张称之为伦理调节,也就是社会主义伦理秩序的调节。社会主义伦理秩序的配合调节,是中国当代经济持续快速发展、社会保持长期稳定的重要因素之一。这也是罗斯托所说的在俄国创造起飞前提条件,不像美国那样"有精力充沛的、独立的、拥有自己土地的农民,有丰富的商业实业家"[2],以及撒切尔夫人担心的苏联"特殊的物质和精神刺激"[3]的重要原因之一。

---

(1) 参见厉以宁:《超越市场与超越政府——论道德力量在经济中的作用》,经济科学出版社2010年版。
(2) [美]沃尔特·罗斯托:《经济增长的阶段:非共产党宣言》,郭熙保、王松茂译,中国社会科学出版社2001年版,第98页。
(3) 张树华:《英国前首相撒切尔夫人谈瓦解苏联》,《红旗文稿》2010年第11期。

一、伦理秩序客观存在

1. 与道德相比，伦理更侧重规则秩序

人们常常会把道德、伦理这两个词连起来运用，也有不少人认为道德和伦理是同义异词。实际上仔细分析起来，这两者之间还是有一些区别的。道德往往与意识形态联系在一起，有的主张道德的属性是意识形态，它是用来评价善恶的，主要依靠社会舆论、传统习俗和个人的内心信念来发挥作用。道德通常通过人的行为来表现和评价，也就是对人评价的最重要方面，即所谓"德行"。道德通常会和品质连在一起即道德品质，对人进行评价。人们所说的道德底线，往往是讲做人的起码要求。

伦理是指人伦道理，指处理人与人、人与社会相互关系的各种道理准则。伦理学作为现代哲学社会科学的一个学科，虽然是从西方引进的，但伦理的用语及其实践意义，自古以来中国人就熟知。在中国古代，伦理实际上发挥着非常重要的维系社会秩序方面的作用。中国有注重伦理的历史传统，有学者把中国优秀传统文化定义为伦理型文化。

也有人把伦理定义为道德哲学。笔者认为这个定义带有思辨色彩，或许将伦理解释为道德准则、道德秩序更为合适。

伦理秩序，客观存在。在我国，社会主义伦理秩序是国家治理体系和社会治理格局中的重要组成部分。

2. 对伦理秩序的认识

伦理秩序是多数人认同并尊崇的主流价值规范。伦理秩序，古今中外原本有之，关键在于我们是否关注它，重视它。

中国在公元前就是统一的多民族国家，形成了具有自身特点的文化根脉。高度重视人伦纲常的作用，是中国的历史文化传统。孔夫子推崇周礼，主张礼治礼教。管子提出了"礼义廉耻"之四维。孟子强调"恻隐之心，仁之端也；羞恶之心，义之端也；辞让之心，礼之端也；是非之心，智之端也"。董仲舒在"仁义礼智"后加了一个"信"，称为"五常"。宋代有"八德"，即孝、悌、忠、信、礼、义、廉、耻。到了民国，孙中山、蔡元培提出了"新八德"，即忠、孝、仁、爱、信、义、和、平。

西方国家的伦理秩序往往同宗教联系在一起。马克斯·韦伯的《新教伦理与资本主义精神》，所讲的就是基督教伦理如何与资本主义生产方式相适应的问题。日本企业实行"终身雇佣制""年功序列工资制"，就是典型的企业伦理。

伦理秩序具有稳定性、继承性、关联性、开放性、时代性的特点。

所谓稳定性，是因为伦理秩序是人与人、人与社会关系的价值认同，是维系社会或组织的精神纽带，需要长期积累形成，而一旦形成，也会相对稳定。

所谓继承性，是因为伦理秩序更多地表现为精神和价值层面，是靠人感知的，具有代际传承和组织沿袭的特点。比如家风家教、校训、企业精神与文化、百年老店坚守的承诺等。

所谓关联性，是指社会秩序体系化的特征，至少包括法治秩序、政治秩序和伦理秩序。在这个体系中，伦理秩序带有基础性和根本性的特点。伦理秩序从道义原则上影响政治秩序和法治秩序。亚里士多德说过，无良法等于无法治。在现代社会，伦理秩序与法治秩序、政治秩序不能简单地相互取代，而是相别相维，相互促进。当伦理秩序中的某些内容进一步程式化后，就会转化为政治秩序或法治秩序，法治和民主政治实践也需要相适应的伦理环境。

所谓开放性，是指外来文化、观念必然对既有伦理秩序产生影响。被动的开放往往会带来巨大冲击，主动开放有利于坚守伦理原则基础上的伦理秩序创新。

所谓时代性，是指伦理积淀必须适应时代要求，不断扬弃，不断丰富时代内容。

伦理秩序在社会生活中无时不有，无处不在。它通过人的荣誉感或羞耻感起作用,通过社会褒奖或谴责起作用。忽视伦理秩序的作用,放任伦理失序,不利于社会稳定和进步。

二、中国伦理秩序的特色

中国当代的伦理秩序是社会主义伦理秩序,是符合当今中国实际的伦理秩序,是体现社会主义原则和精神的伦理秩序,是与中华优秀传统文化和人类文明优秀成果相衔接的伦理秩序。社会主义伦理秩序,与社会主义法治秩序、社会主义民主政治秩序共同作用于国家和社会治理。

1. 从价值取向看特色

社会主义伦理秩序具有鲜明的价值取向,它与共同富裕、集体主义、向上向善、互助互济、扶贫济困、人的全面发展、民族平等、人类命运共同体等内容相衔接,具有道德高度和道义优势。社会主义伦理是以道义为核心的人伦文明,是在社会主义实践中形成的,也承继了中华传统文化中的优秀成果,体现了人类历史发展的趋势,具有强大的生命力。社会主义伦理需要中华优秀传统文化的滋养,但不是简单复古甚至食古不化;需要吸收人类优秀文明成果,但不是丢失自己和全盘西化;需要注入时代内容,但不是快餐消费和现实功利。

2. 从文化根脉看特色

中国传统文化是伦理型文化。前面引述过,福山在他的《政治秩序的起源》一书中认为,中国进行了世界上最早的国家建设,西方形成相对定型的国家至少要比中国晚1800多年。西方文化源头可以追溯到古希腊,西方国家建设的源头是雅典"村社共同体"。西方到近现代,国家才定型,多采取联邦制或者邦联制的国家结构。而中国多民族统一国家作为第一代原生文化不间断地在同一空间传承至今,我们可以"坐集千古之智,折中其间"。

一是家与国相连。

由于中国形成统一的多民族国家的时间早，氏族纽带和宗亲文化得以传承，累积了"父义、母慈、兄友、弟恭、子孝"的家庭伦理。在中国士大夫和社会精英的精神世界里，家与国始终是联系在一起的，他们追求"修身、齐家、治国、平天下"。"家是小小国"，国是共同的家，现在我们常常会说"在祖国这个大家庭里"。西方国家由于中世纪教会的利益需要，以及领主制经济、财产分割和长子继承制等，家更多地体现为核心家庭，在家庭中突出个人，强化个人的利益和财产占有。西方在谈论国家时，强调得比较多的是排他性的国家利益，当国家凝聚力受到挑战时，由于古希腊雅典"村社共同体"的原初结构，由于个人主义的价值导向，往往会用体现个人主张的简单公投来决定国家的分离。

二是礼、仁、和相维。

礼、仁、和是我们探寻中华文化根脉的三个维度，也是中国古代伦理秩序的三个重要观察点。"礼"最初来自习俗，后形成仪式，进而成为行为规范。古代的礼治虽然有政治秩序和法度的内容，但更多地表现为伦理秩序。"仁"是礼治的价值内容或内涵，"仁者爱人"。"和"是方法、纽带。"礼之用，和为贵"，贵和持中，不极意推进分化，不走极端。"和"不是物理性的、机械性的制衡关系，而是生物性的、化学性的内在融合。

三是传习与教化共生成。

汉字之所以是世界上仍然活着的象形文字，中华文化之所以是自有文字记载以来第一代原生文化没有中断过，且具有强大的活力，其中一个很重要的原因是注重传习和教化。祖先崇拜与重视历史，家与国相通相连，有教无类与科举制度等，使中华文化深入民间，本根坚固，枝叶茂荣。传习是面向全社会的，包括政治承继、食客幕僚、家风家训、乡风民俗、师徒传承、私学讲授等等。教化也是面向全社会的，就内容而言包括《四书》《五经》，包括《孝经》《弟子规》《三字经》等，既推崇贤人政治，又面向社会涵养知耻文化。而西方国家的伦理传习与教化，更多地依靠教会完成。

3. 从基本国情看特色

中国是超大型人口大国，是文明古国，原本就是而且现在尤其需要用伦理纽带来凝聚人心。中国又是统一的多民族国家，56个民族和睦相处，守望相助，需要共同的价值追求来引领；在漫长的历史中，即便是少数民族居于统治地位，主流文化认同也没有受到影响。中国还是一个发展中国家，且发展不平衡，发展机遇期与社会矛盾凸显期重叠，现在尤其需要社会共识和精神支撑。

4. 从社会秩序结构看特色

如果我们把现代社会秩序看成为政治、法治和伦理三维结构的话，那么西方具有契约文化传统，比较重视法治在社会秩序结构中的作用；中国的文化传统看重礼治，一定程度上存在着"人情大于王法"、曲法从情的问题，习惯于选择非正式规则的途径。一直到现在，老百姓碰到问题，本来应该也完全可以诉诸法律，但首先选择的是找政府。对此，必须引起高度重视，要切实发挥社会主义法治秩序的功能作用。但同时也说明，中国民间有伦理诉求，重视伦理和调解。在市场经济条件下，社会难免出现浮躁和功利，挑战道德伦理，因此也必须发挥我们的传统优势，比以往任何时候更加重视社会主义伦理秩序的建设和运用。

三、市场的趋利性需要伦理依托

市场的趋利性与伦理道德追求是有矛盾的，市场的趋利性在有利于经济效率的同时，也需要与之相适应的伦理环境。

德国的社会学家马克斯·韦伯在《新教伦理与资本主义精神》一书中，提出了"天职"的观念，即某种由上帝安排的任务成为新教的核心内容。他抛弃了原来天主教那种通过禁欲主义的修行而超越尘世的空洞劝解和训令，而把个人在尘世中完成所赋予他的义务当作一种至高无上的天职。在韦伯看来，新教在客观上为证明世俗活动具有道德意义起了作用，导致和促进了资本主义精神的萌芽和发展。韦伯还分析了新教的分支，特别是分析了加尔文教的禁欲主义伦理。他认为加尔文教的禁欲主义倾向是独特的，表现在它与天主教禁欲主义有着明显的不同。后者把禁欲限制在寺庙里，而加尔文教的禁欲生活却是在尘世中、在世俗的各种机构中度过的，因而是一种"入世的禁欲主义"。在某种意义上可以说这种入世禁欲主义使宗教世俗化了。加尔文教中的劳动天职观念、职业成功意识、节俭致富倾向等等，与资本主义精神之间存在着很强的亲和力。韦伯所讲的资本主义伦理逻辑是，资本家办企业、工人劳动是上帝安排的任务，资本家职业成功赚钱后，奉行节俭原则再投资，增加就业岗位，更多工人能够通过就业而获得收入。

《道德情操论》是亚当·斯密的成名作。斯密在《国富论》中对人及其经济行为的分析，与《道德情操论》的基调是一致的。斯密认为，富人因富有而洋洋得意，人们都倾向于赞同他。相反，穷人因为贫穷而感到羞辱，贫穷使得人们瞧不起他。但人们在追求更多财富的过程中仍然有一些最基本的道德追求，例如，一个人无论如何自私，他的天性中都有对他人的同情之心，在追求财富的过程中如果没有遵从正义、没有对他人的同情之心等基本道德准则，就是通往邪恶的道路。

马克斯·韦伯与亚当·斯密主观上是要解释资本主义的合理性，但客观上也说明，即令在资本主义国家个人主义至上的背景下，也需要伦理依托，不能逾越伦理底线。

我们分析的是中国当代经济发展条件下的伦理调节。的确，人们通过市场追求利润最大化的时候，一定也有伦理的牵绊，这是市场经济的一般规律。厉以宁先生说：人们有不断改善自己的生活的愿望。人们在改善自己生活的过程中，会越来越感觉到个人生活的改善同周围的人的生活的改善是联系在一起的。尽管个人生活改善了，但如果周围的人的生活不仅没有改善，反而有恶化的趋势，从而个人生活的社会环境比从前更不安定了,那么这也很难说明生活质量是否真的有所提高。[1]

四、伦理调节与市场调节、政府调节

我们常说,市场调节是"看不见的手",政府调节是"看得见的手",那么伦理调节就是介乎其间的若隐若现的调节。

1. 三种调节有共同特点

三种调节有共同的受体和对象。伦理调节是中国经济调节体系中的第三种调节,与市场调节和政府调节(或者叫计划、规划调节)共同发挥作用。调节的受体和对象都是企业和作为投资者或消费者的个人。

三种调节机制都有动力逻辑和纠错逻辑。政府调节的动力逻辑是战略最优,市场调节的动力逻辑是利益最优,伦理调节的动力逻辑是道义正当。政府调节的纠错逻辑一是纠自身之错,包括经济过热、过冷,计划缺失、计划失误;二是纠市场之错,包括市场扭曲、市场缺失。市场调节的纠错逻辑主要针对垄断之错,非自由交易之错。政府与市场的纠错机制的主体比较单一,伦理调节纠错的主体是多元的。伦理调节纠错的对象是有违道义之错,有违道德之错,有违公平之错,有违正义之错。

2. 三种调节的作用方式和适用范围

三种调节的作用方式不完全一样。厉以宁先生认为,假定"无形之手"为一端,有形之手为另一端,两端之间有一段距离。有时习惯与道德调节比较接近"无形之手",有时则比较接近"有形之手"。或者说,习惯与道德调节有各种不同的形式,有些形式距离"无形之手"

---

[1] 厉以宁:《体制·目标·人——经济学面临的挑战》,黑龙江人民出版社1986年版,第315页。

近一些，有些形式距离"有形之手"近一些。[1]就三种调节的作用方式而言，确实是这样的。有的伦理规则是显性的、必须遵守的，违背了要受到惩罚（包括舆论谴责），那么这种伦理调节就接近政府调节；有的伦理要求是原则性的，未必像负面清单那样，主要靠企业和个人自觉甚至自发地作出反应，这种伦理调节就接近市场调节。

不同时期调节手段的运用有所不同。在封建社会农耕文明背景下，商业不被重视，商人的社会地位也不高，市场发育也不完善，市场调节的作用有限，商业活动主要靠政府调节和伦理调节。这个时候政府调节和伦理调节对商业活动都是限制的、歧视的。在近代半殖民地半封建社会，外国资本控制了中国的经济命脉，官僚资本又比民间资本占优势，市场是畸形的，市场调节、政府调节和伦理调节都难以充分发挥作用。新中国成立以后，在计划经济条件下，经济调节主要表现为政府调节和伦理调节。这个时候政府调节包括对工农业生产的组织，包括涵盖范围很广的计划特别是其中的指令性计划。由于重视思想动员和精神鼓励，伦理调节也发挥着重要作用。至于市场供求关系和价值规律，只是被政府调节所运用和参考。改革开放以来，特别是确立了社会主义市场经济的改革取向之后，市场调节、政府调节和伦理调节才真正在共同发挥作用。

现在，三种调节的范围主要不是平面的板块式划分。我们说市场配置资源，无论是过去界定的基础性作用，还是后来明确的决定性作用，都是直接或间接地全覆盖的。即便是政府提供的公共产品，也要运用市场或者遵循市场规律。现在的政府调节也不同于改革开放之初的"双轨制"时期，只在某些领域发挥作用。通常所说的政府弥补市场和矫正市场，可能会对市场有具体的针对性，但现在的政府调节，比如与信息结构相联系的中长期发展规划，都是覆盖全社会的。那么伦理调节呢，是否仅在某个特定范围内起作用呢？显然不是的，它也

---

[1] 厉以宁：《超越市场与超越政府——论道德力量在经济中的作用》，经济科学出版社2010年版，第21—23页。

是影响全社会的。

3. 三种调节相互影响

伦理调节也与市场调节、政府调节相互影响。市场等价交换和竞争择优的原则，自然而然地成为伦理价值及秩序的新内容，一些基本的伦理要求也会反映在市场规则之中。政府在对经济发挥作用的时候，也会发挥伦理秩序的作用，比较明确稳定的伦理规范也可能上升为法律和政府规章。与此同时，政府调节时也会遵循价值规律。

五、伦理秩序建设与第三种调节

建设和运用社会主义伦理秩序，要以社会主义核心价值观为价值标准，要有系统思维，要坚持问题导向，要把承继革命传统与弘扬时代精神结合起来，要促进法治和民主政治秩序的建设，要为国家和社会治理现代化作贡献，要在经济发展或者经济运行中，发挥市场与政府调节之外的第三种调节作用。

1. 要以社会主义核心价值观为价值标准

社会主义核心价值观，决定着社会主义伦理秩序的根本性质和价值标准。富强、民主、文明、和谐是国家层面的价值目标；自由、平等、公正、法治是社会层面的价值取向；爱国、敬业、诚信、友善是个人层面的价值准则。社会主义核心价值观与中国特色社会主义发展要求相契合，与中华优秀传统文化和人类文明的优秀成果相承接，是我们党凝聚全党全社会价值共识作出的重要定位。要注重宣传教育、示范引领、实践养成，要按照社会主义核心价值观的价值标准，推动不同层面的伦理建设，使价值标准贯注到伦理秩序之中。

2. 从六个层面建设社会主义伦理秩序

不少文化学者认为，中国传统中的"五伦"，经过部分内容的改造后，仍然适用于现代社会，即父子、夫妻、兄弟、长幼、友朋的伦理原则，有的学者还主张在"五伦"的基础上，加上"群己"一伦，并认为这样才能体现"私德"与"公德"兼修。虽然这种观点有一定道理，但毕竟还是从家庭和个人视角出发的，撇开内容不说，就其涵盖面而言，也难以适应现代社会系统伦理秩序建设的要求。笔者认为，社会主义伦理秩序客观存在于国家层面、社会层面、组织层面、职业层面、家庭层面、个人层面，建设也要从这六个方面入手。

一是国家层面的伦理。

国家层面的伦理包括与国家性质相联系的伦理、与民族构成相联系的伦理、与外交相联系的伦理。中国是社会主义国家，是人民民主共和国，最重要的伦理思想是：人民是国家的主人，民为邦本。中国是多民族统一的国家，民族平等和睦、国家统一与人民守望相助是重要的伦理原则。中国是爱好和平的国家，致力于和平共处、协和万邦的伦理追求，致力于构建人类命运共同体。

国家层面的伦理形成秩序，形成道德约束，深刻地影响着企业和市场主体。企业精神和企业文化中所强调的"产业报国""强企报国"，就是对国家层面的伦理秩序的呼应，或者说是致力于国家层面的伦理追求。"产业报国""强企报国"绝不仅仅是口号或者是宣传广告，而会落实到企业的发展战略之中，体现在企业的生产经营之中，还会通过企业面貌和员工的面貌来反映。对发展中国家的援助，企业都有深度的参与；对于国家所确定的重大战略，企业不会讲条件、讲价钱，而会积极地参与其中。

二是社会层面的伦理。

社会层面的伦理通常被称为"公德"。它既包括熟人社会的道德传承，又需要陌生人社会的伦理构建。改革开放以来，在经济快速发展的同时，社会也在成长进步，社会成员的主体意识和社会活力显著增强。我们在强调抓住经济发展战略机遇期的同时，还必须正视社会矛盾凸显期的现实。因此，社会建设和治理显得比其他任何时候都更加重要。要发挥"礼治"在社会治理中的重要作用，要根据市场经济的新环境和社会格局的新变化，倡导并遵循公平正义、理性平和、扶贫济困、志愿互助的社会伦理原则,重点解决道德失范、伦理失序的问题,解决社会戾气、社会浮躁、社会民粹思维的问题。

社会环境对企业所产生的影响,包括社会监督对企业产生的影响,从某种意义上讲,是社会层面的伦理在发挥作用。比如产品的质量问题,企业的环保问题,都可以依靠法律来加以解决,或者都会有法律监督。但是社会反映、社会舆论、社会监督,仍然发挥着非常重要的作用,特别是在互联网普及的背景下。虽然一部分网络意见具有非理性的特点,但整个舆论倾向,特别是其中有理有据的社会舆论,仍然会对企业产生影响。如果企业不及时作出积极反应,就会影响企业形象,影响消费者的信心,最终也会影响到企业的效益和发展。

三是组织层面的伦理。

组织层面的伦理,包括组织机构内部凝练或传承的文化或精神,包括约定、准则、承诺等。在社会组织多样化的背景下,党的领导要覆盖所有组织。所有组织都应该依法成立和运行,所有组织都应该有符合国家和社会伦理原则的标准和追求。组织自身的文化或精神相互影响、相互交织,形成网状的价值纽带,促进社会健康有序和文明进步。

企业是主要的经济组织形式,凡有一定发展基础或者有一定发展规模的企业,都会致力于形成具有自身特点的企业精神、企业文化。企业精神、企业文化,是企业主动构建的或者说是内在的伦理秩序。中国的企业比较重视工会的作用,比较重视职工对企业管理的民主参与。这里有两个案例。

第一个案例是要"鞍钢宪法",不要"马钢宪法"。这是1960年初,在苏联撤走专家前夕,仍然在"以苏为师"的背景下,毛泽东所作的结论。"马钢宪法"是苏联工业企业管理的一个代表性案例。"马钢宪法"这个名字不是苏联人起的,而是毛泽东起的,是指以苏联马格尼托哥尔斯克冶金联合工厂经验为代表的企业管理办法。其特点是实行"一长制",即厂长负责制,主要依靠物质刺激,依靠少数专家和一套繁琐的规章制度，冷冷清清地办企业。"鞍钢宪法"是中国推崇的企业管理典型。也就是鞍山钢铁厂强调实行民主管理，实行干部参加劳动，工人参加管理，改革不合理的规章制度，工人群众、领导干部、技术人员三结合，即"两参一改三结合"的管理制度。1960年3月11日，中共鞍山市委向党中央上送了《关于工业战线上的技术革新和技术革命运动开展情况的报告》，同年3月22日，毛泽东针对该报告写了批示："鞍山市委这个报告很好，使人越看越高兴，不觉得文字长，再长一点也愿意看，因为这个报告所提出来的问题有事实，有道理，很吸引人。鞍钢是全国第一个最大的企业，职工十多万，过去他们认为这个企业是现代化的了，用不着再有所谓技术革命，更反对大搞群众运动，反对两参一改三结合的方针，反对政治挂帅，只信任少数人冷冷清清地去干，许多人主张一长制，反对党委领导下的厂长负责制。他们认为'马钢宪法'（苏联一个大钢厂的一套权威性的办法）是神圣不可侵犯的。""现在（一九六〇年三月）的这个报告，更加进步，不是'马钢宪法'那一套，而是创造了一个'鞍钢宪法'。'鞍钢宪法'在远东，在中国出现了。"[1]

第二个案例是在台资和其他外资企业中，大概从2004年、2005年开始，老板主动要求设立中国共产党的党组织和工会组织，并且聘请退下来的老干部老党员去当支部书记、工会主席。他们的主观愿望是便于对员工的管理，着眼于凝聚人心，提高企业的效益，实际上是顺应了中国企业伦理的内在要求。

四是职业层面的伦理。

职业层面的伦理主要是指职业操守和专业精神，包括敬畏职业、岗位，诚实守信，精益求精等。企业在内部管理中，除了运用企业管理制度之外，也非常重视维护职业层面的伦理秩序，非常重视职业操守和专业精神方面的宣传、倡导和奖励，通过荣誉感或羞耻感来体现

---

[1] 中共中央文献研究室编：《毛泽东年谱（1949—1976）》第4卷，中央文献出版社2013年版，第353页。

职业伦理的严肃性。

五是家庭层面的伦理。

孝道是一切道德规范的母体，孝老爱亲仍然是家庭伦理的重要内容。要推崇家风家训家教的传承，形成与时代精神相适应的宗亲文化伦理。中国有重视亲情的历史传统，家在中国人的心目中具有重要地位；家国相连是中国社会结构的鲜明特色。家庭层面的伦理深刻地影响着家庭成员，从而影响到企业员工和消费者。在改革开放之前的一段时间，老一辈人从国有企业、集体企业退休，往往由下辈人去顶职。员工在企业的表现与作为，都或多或少地与家风家训有联系。

六是个人层面的伦理。

要增强国家意识。"国家兴亡，匹夫有责"，要涵养家国情怀，把个人命运与国家民族的命运联系在一起。党员干部、公众人物、知识分子要发挥示范引领作用，修身修心、养德养性，做君子，重名节。要在全社会形成崇德向善、安分敬业、节俭惜福的文化氛围。

无论是企业的员工，还是在公共服务机构的职员，他们在遵纪守法的同时，也会受到个人层面伦理的约束。

3. 要坚持问题导向，解决伦理缺失的问题

社会上一度出现的道德失范和伦理失序问题，是社会转型过程中付出的代价，也说明与时俱进，加强伦理秩序的建设具有紧迫性。

在市场经济条件下，我们要把竞争文化和与之相适应的法治文化吸收到伦理原则中来，但不能用买卖关系和交换关系取代伦理原则。在开放的环境中，我们要吸收人类文明的优秀成果，但不能丢掉立足点和根本。

目前，社会主义伦理建设确实面临新情况、新问题，比如城镇化过程中的农民工问题、留守儿童和老人的问题，比如国有企业改制后民营企业、外资企业的职工地位问题，比如资本与技术的重要性所带来的劳动及其收益比重下降的问题等，要求我们在社会伦理、企业伦理和家庭伦理建设中予以回答。要有针对性地解决现代化进程中可能

出现的漠视劳动的问题，市场竞争中可能出现的诚信缺失的问题，功利背景下可能出现的悲悯缺失的问题。

4. 要把承继革命传统与弘扬时代精神结合起来

中国有注重价值引领的历史传统、革命传统，建设社会主义伦理秩序，要从中华优秀传统文化中寻求滋养，从革命传统的"红色家谱"中吸取智慧和力量。半殖民地半封建社会，是中国共产党领导中国人民进行革命斗争的历史起点，实现民族独立、人民解放和国家富强、人民幸福，是最高的伦理原则。革命先烈先贤为国家、为人民的牺牲奉献精神，革命战争年代鱼水情深的党群关系，官兵平等的同志式氛围，是社会主义伦理的宝贵财富和重要内容。

社会主义建设时期的独立自主、自力更生的精神，集体主义精神，改革开放新时代的改革创新精神，是社会主义伦理的时代价值和崭新内容。

5. 要促进社会主义法治和民主政治秩序建设

社会主义伦理秩序建设不能替代法治和民主政治秩序建设，但通过伦理秩序建设可以促进法治和民主政治秩序建设。一是为法治和民主政治秩序建设规定价值向度；二是为法治和民主政治秩序建设累积社会基础和文化氛围；三是伦理秩序中的条规化，可以根据需要转化为法治和民主政治秩序建设。

6. 要为国家和社会治理的现代化作出贡献

《荀子·君道》有曰：明分职，序事业，材技官能，莫不治理。国家和社会治理是一个宏大的系统工程，治理理念的先进性，治理方式的创新，治理参与的广泛性，应该是治理现代化的重要内容。

高度重视社会主义伦理秩序的建设和运用，有利于促进国家和社会治理的现代化。

一是社会主义伦理秩序具有覆盖的广泛性，涉及所有群体和个人，有利于在新的历史条件下，在全社会彰显是非、真假、美丑、善恶标准，缓解社会迷茫、困惑和焦虑。

二是社会主义伦理秩序具有主体的能动性，所有社会成员都是伦理秩序建设的主体和被约束的对象，社会成员客观上自发地参与了国家和社会的管理。

三是社会主义伦理秩序具有调节的内在性，是社会自我调节的主要方式，是组织和个人自律和自调适的维度和标准。

六、进一步发挥伦理秩序的调节作用

社会主义伦理秩序不仅在改革开放之前的计划经济条件下发挥了重要的调节作用，在改革开放初期，在市场秩序还不规范的背景下，发挥了有益的补充作用，而且在新时代，在面向全面建设社会主义现代化强国的新的征程中，它仍然不可或缺，还会发挥更加重要的作用。

中国式现代化说到底是以人为中心的现代化。现代化的过程也是不断推进人的全面发展的过程。按照马克思的观点，人的全面发展必须建立在物质生产高度发展的基础之上，与此同时，人的全面发展也需要社会主义伦理秩序的保障和推动。

党的十九大提出，到21世纪中叶，全体人民共同富裕基本实现。共同富裕必须建构在社会主义伦理秩序的基础上。共同富裕应该包括物质上的富裕和精神上的富足。

以高质量发展为主题，实现新型工业化、信息化、城镇化、农业现代化，建设现代化经济体系，实现国家治理体系和治理能力现代化，都需要发挥社会主义伦理秩序的作用。比如保护知识产权，需要借助法律，同时也要发挥伦理秩序的基础作用；比如尊重劳动、尊重知识、尊重创造，也需要社会主义伦理秩序来支撑。

改革开放以来，我们建立了社会主义市场经济体制，超越了"短缺"；还要在高质量发展的基础上，通过供给侧结构性改革，超越"过剩"。在反周期的应对中，我们不可能按照西方经济学中的奥地利学派的观点,被动地依靠市场"出清"、大规模下岗失业和资源浪费来实现新的平衡。我们要主动地弘扬社会主义伦理,通过规划的战略导向,通过供给侧结构性改革,通过政策协同的宏观调控,通过社会救助,来防止经济的大起大落,延续经济长期稳定增长、社会保持长期稳定的两大奇迹。

要发挥社会主义伦理秩序在三次分配中的重要作用。党的十九届四中全会《关于坚持和完善中国特色社会主义制度、推进国家治理体系和治理能力现代化若干重大问题的决定》指出:坚持多劳多得,着重保护劳动所得,增加劳动者特别是一线劳动者劳动报酬,提高劳动报酬在初次分配中的比重。健全劳动、资本、土地、知识、技术、管理、数据等生产要素由市场评价、按贡献决定报酬的机制。健全以税收、社会保障、转移支付等为主要手段的再分配调节机制,合理调节城乡、区域、不同群体间分配关系。重视发挥第三次分配作用,发展慈善等社会公益事业。鼓励勤劳致富,保护合法收入,增加低收入者的收入,扩大中等收入群体,调节过高收入,清理规范隐性收入,取缔非法收入。笔者认为,这一系列关于三次分配的指导思想和重要原则,充分体现了公平与效率的兼顾。要落实这些重要指导思想和原则,要靠法治,靠政策体系,同时还要发挥社会主义伦理秩序的重要调节作用。

广泛实行企业社会责任年度报告制度。近些年有些企业向社会发布了社会责任报告,效果是好的,但不经常、不广泛,尚未形成制度。中国的企业都有较强的社会责任意识,在为社会服务、为社会作贡献的实践中,都有所作为。现在需要通过广泛实行年度社会责任报告的形式,使企业履行社会责任制度化。这个过程实际上是强化企业社会伦理意识,进一步建构伦理秩序的过程。

要把握新发展阶段,贯彻新发展理念,构建新发展格局,需要在全社会形成共识,营造良好的环境和氛围,需要生产者、消费者和全体社会成员共同努力。要发挥社会主义伦理秩序的作用,崇尚绿色发展、绿色消费、绿色生活,注重商品品质,注重食品药品安全。

习近平总书记说中国共产党人的使命是:为人民谋幸福,为中华民族谋复兴,为世界谋大同。习近平总书记还说,要构建人类命运共同体。在国际经济关系中坚持公道立场和道义高度,是中国社会主义伦理的外在表现。中国作为发展中大国,文明崛起,是充分体现中国特色社会主义伦理的新的现代性,新的现代化。

第十六章

综合平衡理论：积极的宏观经济学

综合平衡理论具有原创性，是积极的宏观经济学。

从宏观层面观察中国当代经济发展，我们会发现，中国当代经济发展的主流是积极健康的，即令出现曲折和波动，仍然能够避免严重危机，并能重回协调发展的轨道。探究其中的原因，很重要的一条是，国民经济综合平衡理论始终若隐若现地发挥着重要作用。国民经济综合平衡理论是国家经济治理的重要指导思想，本章将其单列出来加以分析，是要从学理上说明，具有鲜明中国特色的综合平衡理论是积极的宏观经济学。

一、综合平衡理论具有丰富的内容内涵

国民经济综合平衡的基础和前提是综合，综合平衡所针对的是不平衡。综合平衡是系统思维，出发点是国民经济全系统。从哲学层面讲，经济是存在着普遍联系的，在互动中需要协调，才能发挥正向的效能；经济也是不断发展的，在动态过程中也要防止失衡，才不至于停滞或倒退。中国是发展中的大国，原有基础是不同地区生产力发展水平不平衡，现在的主要矛盾仍然是发展不平衡、不充分。综合平衡

理论的基本点是积极的、主动的,是积极主动地认识和把握规律,积极主动地运用规律,使主观符合客观。在计划经济体制作用下,综合平衡理论注重运用按比例发展规律和价值规律,在社会主义市场经济体制条件下,综合平衡理论注重战略导向和宏观调节,以弥补和矫正市场的自发性和盲目性。

1. 综合平衡理论具有丰富内涵

中国的国民经济综合平衡理论,是对马克思主义社会再生产有计划按比例发展规律的运用,是符合当代中国经济治理的积极的宏观经济学。这一理论在中国70多年的经济发展实践中发挥着重要作用,有作为经济发展指导思想上的综合平衡,有重大战略决策方面的综合平衡,有经济运行实践中宏观调节的综合平衡,有经济统计核算中的综合平衡,有生产、流通、分配、消费各个环节的综合平衡。综合平衡理论涉及国民经济全局重大比例关系的协调和平衡,既要求在中长期发展规划中得到体现,又要在经济运行的调节中得以体现、在政策体系中得以反映,并且被作为经济发展是否健康的评价标准。年度计划或中长期发展规划在执行中出现偏差,往往要及时进行调整,经济发展全过程中的生产、流通、消费、分配环节出现重大比例关系失调时,往往要集中时间进行整顿。

综合平衡理论在经济发展实践中的着眼点在于八个大的方面。一是既反冒进又反保守,稳步前进、稳中求进;二是建设规模与国力相适应,经济发展速度、改革力度和社会所承受的程度相适应;三是农、轻、重的发展以及沿海与内地、城市与农村的发展相协调;四是国家、集体(包括企业、利益群体)、个人的利益兼顾;五是中央与地方的事权、财权合理配置;六是财政、信贷、物资、外汇的四大平衡;七是供给、需求双侧管理,形成以国内大循环为主体、国内国际双循环相互促进的新发展格局;八是消灭剥削,避免两极分化,促进人的全面发展,实现全体人民的共同富裕。

2. 综合平衡理论具有独特性

中国的国民经济综合平衡理论，无论是从内涵还是外延看，都不同于西方经济学中的均衡。在西方经济学中，均衡是一个被广泛应用的概念，其一般意义是指经济事物中有关的变量在一定条件下相互作用所达到的一种相对静止的状态。西方经济学中的均衡只是经济学理论中的一个分析框架，不是经济宏观治理的思想体系和政策工具体系。瓦尔拉斯（Léon Walras）的一般均衡理论涉及总量，但完全竞争和充分就业这两个假设前提在现实中并不存在；马歇尔的局部均衡价格理论只注重个体分析。中国的国民经济综合平衡理论，其思想内涵和实践运用，大大超出了苏联时期国民经济平衡表的理论和方法。

1959年，中国科学院经济研究所国民经济综合平衡组翻译了《苏联经济学界关于国民经济平衡表的理论与方法论问题论文选集》，涉及四个方面的内容：苏联国民经济平衡表的历史发展；国民经济平衡表的理论与方法的问题；电子计算机在计划平衡工作中的应用问题；对资本主义经济比例的研究及对资产阶级平衡理论和方法的批判。由此可见，苏联时期的国民经济平衡表，主要在计划和统计工作中运用，虽然涉及了有计划按比例发展规律，但其理论和应用更多地体现在技术层面。

二、综合平衡理论在实践中形成和发展

综合平衡理论在新民主主义经济实践中孕育，形成于高度集中的计划经济体制时期，在改革开放实践中，在社会主义市场经济条件下，这一理论得到了进一步完善和发展。

由于综合平衡理论具有很强的实践性，无论在改革开放前还是改革开放后，无论是在计划经济条件下，还是在社会主义市场经济体制中，甚至在新民主主义经济形态背景下，这一理论在经济工作中都能得到或者最终得到贯彻。在70多年改革实践中的较长时间里，综合平

衡理论服务于建设工业和国民经济体系，利用商品货币关系和市场机制超越"短缺"。一段时间以来，综合平衡理论服务于经济新常态，服务于高质量发展，服务于供给和需求两侧双向的宏观治理，致力于超越资本主义不可避免的"过剩"的周期性危机。超越"短缺"的问题基本得到解决，但仍然存在不平衡不充分的问题。超越"过剩"仍在实践探索的过程当中，我们对其思路和前景是有信心的。

1. 党的领导人在实践中提出并运用了国民经济综合平衡理论

在中国当代经济发展中，党的几代领导人都把综合平衡理论作为经济治理的重要指导思想和工作原则。毛泽东关于经济综合平衡理论的阐述，比较集中地体现在他的《论十大关系》的讲话、读斯大林《苏联社会主义经济问题》和苏联《政治经济学教科书》的谈话及批注中。《新帕尔格雷夫经济学大辞典》中，有一个关于毛泽东及其经济思想的词条，认为计划经济是毛泽东的经济体制思想和经济增长思想，同时认为毛泽东的《论十大关系》体现了他的宏观经济平衡思想。笔者认为，《论十大关系》中的前五个关系，集中论述了经济综合平衡思想，在读斯大林《苏联社会主义经济问题》和苏联《政治经济学教科书》的谈话及批注中，又对有计划按比例发展规律和经济综合平衡思想进行了深入阐发。他引用了恩格斯关于在社会主义制度下，"按照预定计划进行社会生产就成为可能"的论断，并认为五年计划和年度计划与有计划按比例生产规律并不完全是一回事。他说："社会主义社会里，有可能经过计划来实现平衡。但是也不能因此就否认我们对必要比例的认识要有一个过程。"他还说："社会主义国家的经济能够有计划按比例地发展，使不平衡得到调节，但是不平衡并不消失。""要经常保持比例，就是由于经常出现不平衡。"[1]

关于经济工作中的综合平衡理论，不少学者认为，陈云讲得最多。陈云在较长一段时间里，是主管财经工作的领导。最早是在革命战争

---

(1)《毛泽东文集》第8卷，人民出版社1999年版，第118—119页。

年代，在陈云的领导下，成功地改善了当时陕甘宁边区严重的通胀状况，解决了重要物资供应平衡的问题。上海解放初期，陈云又成功地指挥了经济领域的"淮海战役"。他担任过中央财政经济委员会主任、中央财经领导小组组长。从社会主义改造完成到20世纪60年代，包括在改革开放初期，陈云都坚持综合平衡的指导思想，对中国的经济发展产生了很重要的影响。

改革开放以来，经济综合平衡理论得到了进一步丰富和发展。有一个很重要的视角，就是经济综合平衡理论在贯彻科学发展观和新发展理念、坚持稳中求进总基调、解决新时代社会主要矛盾、建设宏观调控制度体系、建设新发展格局中，不断涵化和升华。

稳中求进先是作为改革思路提出来的，后来成为经济工作甚至治国理政的总基调。1988年，一些经济学家接受相关机构的委托，就当时的中期改革纲要提出意见，这些经济学家面对的实际情况是：1985年以来中国经济处于过热的状态，投资增速过快，货币供应量增加过多，居民消费价格指数年上涨率偏高，出现通货膨胀；特别是"价格闯关"，引起了经济的波动。他们提出，此后经济发展和改革均应稳中求进，认为保持经济稳定增长是使改革得以逐步深化的基本条件，并认为这不仅是针对当时情况的应急措施，而且应该成为一个长期的方针。因为经济不稳定，大起大落，相关政策一松一紧轮番交替，这样既不利于经济发展，使经济结构恶化，效益下降，又使比较全面的配套改革无法有序地出台，阻碍着改革的进程。稳定经济首先必须稳定物价，控制通货膨胀。要做到这一点，就必须稳定经济增长速度，控制投资需求和消费需求总量，避免超常规的周期性波动。稳中求进的改革思路很快就成为中央领导层关于经济工作的重要指导思想。[1]实际上早在1956年党的八大就提出了稳步前进的经济建设方针，也就是"既反保守又反冒进，在综合平衡中稳步前进"的经济建设方针。

---

[1] 张卓元：《稳中求进：从改革思路到工作总基调》，《经济日报》2021年9月30日。

2012年12月召开的中央经济工作会议，将稳中求进作为2012年中国宏观经济政策的基调。在此基础上，后来的多次中央经济工作会议都强调坚持稳中求进的总基调。习近平总书记多次强调稳中求进是经济工作的总基调，还进一步强调，稳中求进是治国理政的重要原则。笔者认为，稳中求进的"稳"就是综合平衡，稳中求进的"进"就是综合平衡条件下的"进"。

2017年10月，习近平总书记在党的十九大报告中指出，中国特色社会主义进入新时代，我国社会主要矛盾已经转化为人民日益增长的美好生活需要和不平衡不充分的发展之间的矛盾。2019年10月，党的十九届四中全会《关于坚持和完善中国特色社会主义制度、推进国家治理体系和治理能力现代化若干重大问题的决定》提出，健全以国家发展规划为战略导向，以财政政策和货币政策为主要手段，就业、产业、投资、消费、区域等政策协同发力的宏观调控制度体系。2020年4月，在中央财经委员会第七次会议上，习近平总书记首次提出了构建以国内大循环为主体、国内国际双循环相互促进的新发展格局。这些重大判断和重大战略选择都体现了国民经济综合平衡的内在要求。

2. 理论界跟踪研究和总结了综合平衡理论

前面说过，中国哲学社会科学理论的创新，通常情况下，是管理者和学者共同推动的。林光彬、拓志超比较系统地梳理了中国经济学界对国民经济综合平衡理论研究的学术史，他们认为："我国学术界对国民经济综合平衡理论的研究是从中国共产党建立根据地就开始，在我国社会主义计划经济体制确立后，发展到系统化、体系化，并在社会主义市场经济体制的发展中创新演进，形成了中国的宏观调控理论体系。"[1] 他们还认为："学术界对国民经济综合平衡理论的研究要略晚于党内理论界（这里所指的实际上是领导人的思想观念。——引者注），

---

[1] 林光彬、拓志超：《中国的国民经济综合平衡理论——基于学术史的研究》，载孟捷、龚刚主编：《政治经济学报》第16卷，格致出版社、上海人民出版社2019年版，第63—64页。

随着中国社会主义制度的确立，才成为研究的热点与焦点问题。"[1]

孙冶方是我国最早研究国民经济综合平衡理论的经济学家之一，也是推动我国学术界研究国民经济综合平衡理论的组织者和领导者之一。1925年，他进入莫斯科中山大学学习经济学，对马克思的社会再生产理论有研究基础，对苏联计划经济有现实观感。1949年后，孙冶方作为当时国家统计局副局长，曾赴苏联考察统计工作，并把苏联关于国民经济综合平衡统计工作的经验介绍到中国的经济工作中来。1957年，他担任中国科学院经济研究所所长后，于1958年筹建了国民经济综合平衡研究组，延揽选聘了杨坚白、董辅礽、刘国光等组建团队，专门从事这方面的研究，在全国起到了推动和引领作用。1961年，他在《社会主义经济论》的初稿意见和二稿初步设想中，提出了国民经济综合平衡17个方面的理论问题。那个时期的一批学者，研究国民经济综合平衡理论，具有一定的深度。他们在计划经济体制条件下，强调国民经济的综合平衡必须运用价值规律。孙冶方认为，国民经济有计划按比例发展，必须是建立在价值规律的基础上才能实现。杨坚白认为，唯有价格是接近价值的，或者说是接近实际社会劳动消耗的，然后制定出国民经济平衡计划，才有可能是准确的。而且在重工业优先的工业化启动中，面对初始资本形成的困难，他们能够理性地指出，应该处理好消费与积累的关系。杨坚白最早提出，在计划期间，按人口平均的消费额不得低于前期的实际水平，消费水平最低限也是积累水平最高限。

改革开放以来，经济综合平衡理论研究不断深化。1981年1月由国家计委经济研究所、中国社会科学院经济研究所和辽宁计委经济研究所联合发起召开的国民经济综合平衡理论问题讨论会，起到了承前启后的作用。这次讨论会主要研究三个问题：一是30年来综合平衡工作的主要经验和教训；二是如何以调整为中心，搞好国民经济综合平

---

[1] 林光彬、拓志超：《中国的国民经济综合平衡理论——基于学术史的研究》，载孟捷、龚刚主编：《政治经济学报》第16卷，格致出版社、上海人民出版社2019年版，第64页。

衡；三是怎样正确处理发挥地区优势和全国综合平衡的关系。许涤新在会上的发言，代表了这个时期学者对国民经济综合平衡理论研究的深度。他说："在社会主义经济中，综合平衡是一个全局的问题。这个问题并不是一个主观的设想，而是客观的必然。马克思在《资本论》第一卷中谈到社会分工的时候说到，不同的生产领域经常力求保持平衡，一方面因为，每一个商品生产者都必须生产一种使用价值，即满足一种特殊的社会需要，而这种需要的范围在量上是不同的，一种内在联系把各种不同的需要量联结成一个自然的体系；另一方面因为，商品价值规律决定社会在他所支配的全部劳动时间中，能够用多少时间去生产每一种特殊商品。马克思的这段话，就是社会主义国民经济综合平衡的理论依据。"[1]

20世纪90年代以来，在社会主义市场经济体制背景下，国民经济综合平衡理论研究往往与宏观经济体制机制创新研究相结合，初步形成了融合总量分析与结构分析，总需求分析与总供给分析，均衡分析与非均衡分析，长期分析与短期分析，存量分析与流量分析，技术分析与制度分析，微调、预调、区间调控与整体调控为一体的分析框架。[2]

3. 综合平衡理论在治理经济秩序的实践中萌生

针对革命战争年代的根据地和改革开放初期的上海治理经济秩序，是综合平衡最早的实践和理论积累。

1944年3月，陈云任西北财经办事处副主任兼政治部主任，主管陕甘宁边区和晋绥边区财政工作。为了使边币币值稳定并在流通领域建立信用，为了边区财政金融的协调平衡，为了使边区和国统区之间的重要物资贸易平衡，陈云成功地领导了边币对法币的斗争，又成功地组织了囤盐提价销往区外、从区外高价远购棉花以应急需的斗争。

---

[1] 许涤新：《国民经济综合平衡理论问题讨论会开幕词》，《经济研究》1981年第2期。
[2] 林光彬、拓志超：《中国的国民经济综合平衡理论——基于学术史的研究》，载孟捷、龚刚主编：《政治经济学报》第16卷，格致出版社、上海人民出版社2019年版，第93页。

在较短的时间内，使边区的通货膨胀得到了有效抑制，财政金融实现了协调平衡，大宗物资贸易流转顺畅，有效地配合了边区的大生产运动，人民生活得到了改善，人民军队的保障也得到了加强。

上海解放后，我们接受的是国民党留下来的一个烂摊子。当时纸币大幅贬值，物价飞涨。1937年100元法币还可以买两头牛，1938年可以买一头牛，1939年可以买一头猪，1943年可以买一只鸡，1945年可以买两个鸡蛋，1949年却连一粒米也买不到。1948年蒋介石也想改善上海经济局面，派蒋经国到上海"打老虎"。结果打到了孔家，不得不"熄火"。上海解放之初，不仅经济秩序混乱，而且投机资本也在捣鬼，当时有投机和恶毒的资本家叫嚣：解放军进得了上海，人民币进不了上海。陈云首先有效地组织领导了"银元之战"，然后成功地组织了"两白一黑"（大米、棉花、煤炭）之战。毛泽东评价说，上海的"银元之战""两白一黑"之战，"它的意义'不下于淮海战役'"。(1)

4. 综合平衡理论在生产资料优先增长背景下形成

在注重发展重工业的同时，农、轻、重之间的关系及其协调就成为突出问题了，因此在毛泽东的《论十大关系》中，农、轻、重之间的关系是第一组关系。优先发展重工业，投资门槛高，有一个初始资本形成的问题，要建立独立自主的工业体系和国民经济体系，工业化的投资不能不从农业上打主意。前面谈到，1954年5月，陈云在中央宣传工作会议上指出，国家对农民的粮食收购价只能做到使农民保本微利，而不能太高，否则国家就需要拿出足够的工业品给农民并提高工人工资，这个短期里是做不到的（因为优先发展重工业，不能直接提供消费品）。这是一个农业国在进行工业化建设中必经的艰难历程。陈云说："少吃猪肉死不了人，而没有机器却要受帝国主义欺负。估计这种'苦'至少还要吃十五年。希望宣传部门能广泛宣传，把这些道理讲清楚。"(2)

---

(1) 薄一波：《若干重大决策与事件的回顾》，中共中央党校出版社1991年版，第89页。
(2) 中共中央文献研究室编：《陈云年谱》中卷，中央文献出版社2000年版，第213页。

在重工业优先发展的背景下，也有一个积累与消费的关系问题。改革开放之前，我国GDP的年增长幅度还是比较高的，但是城乡居民收入水平增长不多，因此大量的经济增长转化为再投资，转化为扩大再生产。这个时候社会负担水平低，一是城乡居民收入普遍比较低，不存在收入分配较大的差距问题；二是教育成本比较低，城乡都基本上有医疗保障。这是在特殊历史发展阶段的一种综合平衡。在"文化大革命"那样的动荡时期，国家没有解体，经济还有所增长，工农群众基本生活还比较稳定，与这种综合平衡有一定关系。

通过"三线建设"和有关的政策举措，比如发展"五小"工业和社队企业，实现了工业布局的相对的综合平衡。

5. 改革开放以来综合平衡理论在新的实践中涵化与升华

前面说到，综合平衡理论在新的实践中，结合新的战略判断和战略选择实现了涵化与升华，在实践中，综合平衡理论的运用随处可见。比如改革开放初期，面对重工业过重、轻工业过轻的状况，用改革的方式支持和鼓励发展轻纺工业，以适应井喷式的消费需求；比如渐进式改革的思路；比如农村改革初见成效后迅速启动城市改革；比如由单项改革到配套改革再到全面改革；比如注重经济发展的速度、改革的力度与社会承受的程度；比如邓小平所讲的"两个大局"；比如沿海开放、西部大开发、中部崛起、振兴东北老工业基地；等等。这些都体现了综合平衡的思想。

三、综合平衡理论的科学性与历史地位

不能把综合平衡理论简单地理解为主观意志，也不能把综合平衡理论简单地等同于计划经济理念。我们需要从经济发展的内在要求、从规律性的视角理解综合平衡理论。

1. 综合平衡理论与中国的基本国情相适应

发展中大国需要综合平衡。中国是发展中大国，生产力水平存在

着区域性的不平衡，沿海与内地、城市与乡村的发展需要统筹协调。同样地，发展中大国的工业化起步不能简单地按照比较优势进行产业选择，不能像有的小经济体那样，完全依赖于外贸或者出口加工，必须建立起独立的完整的工业体系和国民经济体系。

单一制的国体需要也能够实现综合平衡。中国的统一的多民族国家建设的历史，要比欧美久远得多。中国是单一制的国体，需要统一法制、统一市场，客观上需要综合平衡。在基础科学研究、重大科技攻关、跨区域重大项目建设、应对突发性的重大灾难等方面，能够有效地运用举国体制。运用举国体制，是综合平衡的重要举措。中国又是单一制的大国，在经济发展中需要发挥中央和地方两个积极性，中央和地方的事权、财权的划分需要综合平衡。

高速增长需要主动的综合平衡与强制的综合平衡。生产力发展水平低、基础差，突出的是速度问题，这是追赶型经济的一个重要特点。但是，不能一说到速度就简单地等同于粗放型发展方式。1957年初，陈云在题为《建设规模要与国力相适应》的讲话中说："像我们这样一个有六亿人口的大国，经济稳定极为重要。建设的规模超过国家财力物力的可能，就是冒了，就会出现经济混乱；两者合适，经济就稳定。当然，如果保守了，妨碍了建设应有的速度也不好。但是，纠正保守比纠正冒进要容易些。因为物资多了，增加建设是比较容易的；而财力物力不够，把建设规模搞大了，要压缩下来就不那么容易，还会造成严重浪费。"[1]1958年的"大跃进"以及后来的几轮经济过热，说明高速增长背景下确实需要综合平衡，而且当经济过热实际发生之后，还需要强制性的综合平衡。

2. 综合平衡理论与中国传统思维特性相契合

综合平衡理论与中国文化传统相契合。《尚书·大禹谟》记载了16字心传，即："人心惟危，道心惟微，惟精惟一，允执厥中。"据

---

[1] 中共中央文献研究室编：《陈云文选》第3卷，人民出版社1995年版，第52页。

说，这是传授的圣人心法。朱熹说，尧当时无文字，道理只靠口耳相传。尧传给舜时只说了"允执厥中"，舜传给禹时又加上了那12个字，以后又传给汤、周文王、周武王，再后来又经过周公、孔子一脉相传下来。这是圣人治天下的大法，也是个人修行的要诀。[1] 16字心传实际上是儒学之精髓，《中庸》之核心与纲领。"不偏之谓中，不易之谓庸。中者，天下之正道；庸者，天下之定理。""中也者，天下之大本也；和也者，天下之达道也。致中和，天地位焉，万物育焉。"[2] 过去，我们在"批林批孔"的过程中，对"中庸"的理解有偏差，把它看成消极的东西。实际上，"允执厥中"和"中庸"是一种理想状态，是很难做到的最优选择。经济发展中的综合平衡与"允执厥中"和"中庸"，在理念上是相契合的，综合平衡是追求经济发展和经济治理的最佳状态。

3. 综合平衡理论体现了以人民为中心发展思想的内在要求

以人民为中心，是中国当代经济发展的价值取向。中国共产党人坚持发展为了人民，发展依靠人民，通过共建、共享实现全体人民的共同富裕。这在本质上要求我们在发展的出发点、发展的过程、发展成果的分配上，需要统筹兼顾，需要综合平衡。在中国当代经济发展中，坚持以人民为中心的价值取向，与西方资本主义国家经济发展的价值取向有根本的不同。西方所强调的往往是个体、个人，而穿透性地看，他们所说的个体、个人，是指拥有资本的个体、个人，是以资本为中心的发展。对于普通老百姓，他们宣传所谓的"涓滴理论"。在中国当代经济发展中，坚持以人民为中心的价值导向，是把为人民谋福利作为发展的出发点和落脚点。人民是整体的、全体的概念，小康路上一个也不能少，共同富裕是全体人民的共同富裕。

改革开放前，国家着眼于人民的根本利益和长远利益，实现积累和消费的相对平衡；同时在收入水平不高的背景下，依靠关键公共服

---

[1] 任继愈主编：《宗教大辞典》，上海辞书出版社1998年版，第726页。
[2] 〔宋〕朱熹：《四书章句集注》，中华书局2012年版，第17—18页。

务项目的均等化，靠几乎没有收入差距的平均分配，依靠这样的综合平衡，维护和实现人民的整体利益和长远利益。

在社会主义市场经济条件下，随着经济的快速发展，积累和消费的关系得到了优化，人民收入水平普遍提高，收入差距的问题又突出地反映出来了。按劳分配和按要素分配之间需要协调，国民收入的初次分配、再分配以及第三次分配需要协调，缩小城乡收入差距需要协调，对贫困地区贫困人口的脱贫攻坚需要协调，公共服务均等化也需要协调。这些都从总体上需要动态的综合平衡。

中国特色社会主义进入新时代，我国社会矛盾已经转化为人民日益增长的美好生活需要和不平衡不充分的发展之间的矛盾。既要在更充分的发展中使人民的需要在日益增长中实现综合平衡，又要下决心解决既往发展中出现的不平衡问题。要在全面建成小康社会的同时，通过综合平衡，促进人的全面发展，实现全体人民的共同富裕。

4. 综合平衡理论是对有计划按比例发展规律的创造性运用

马克思主义再生产理论的核心内容是要求社会生产的两大部类之间及各部类内部的部门之间必须按比例协调发展。马克思指出："这种按一定比例分配社会劳动的必要性，决不可能被社会生产的一定形式所取消，而可能改变的只是它的表现形式，这是不言而喻的。自然规律是根本不能取消的。在不同的历史条件下能够发生变化的，只是这些规律借以实现的形式。"[1]这个论断告诉我们，按一定比例分配社会劳动，是社会化大生产的一般规律。

在资本主义社会，这个规律是靠市场供求关系来实现的。由于市场的盲目性，会形成周期的生产过剩。按照奥地利学派的说法，生产过剩之后，采取市场"出清"的办法重新回到新的比例均衡。虽然西方国家未必完全按照奥地利学派的说法，他们也会对生产过剩进行宏观干预，但是这种干预都是事后的，通常都是在周期性经济危机之后，

---

(1)《马克思恩格斯全集》第32卷，人民出版社1974年版，第541页。

难以避免社会动荡和资源的巨大浪费。

在社会主义社会，按一定比例分配社会劳动成为可能。这在改革开放之前的计划经济体制下得到了充分体现。中国经济发展在宏观设计、宏观治理、宏观调控中贯彻的综合平衡，体现了按一定比例分配社会劳动的规律。现在，在社会主义市场经济体制条件下，虽然强调发挥市场配置资源的决定性作用，但是我们有中长期发展规划、有产业政策这些西方所没有的公共产品，有政府的引导和把控，同样可以实现综合平衡，实现按一定比例分配社会劳动。

综上所述，从近现代经济发展的历史看，中国的综合平衡理论，是对马克思有计划按比例生产规律的创造性运用。在高度集中的计划经济体制下，运用综合平衡理论的指导，使经济发展实践体现了有计划按比例；在社会主义市场经济体制条件下，要超越资本主义周期性生产过剩的经济危机，必须在发挥市场配置资源的决定性作用的同时，更好发挥政府作用，更加主动地在中长期发展规划、产业政策和政府引领和调控中体现综合平衡，体现有计划按比例发展的规律。

5. 综合平衡理论是积极的宏观经济学

西方经济学中没有综合平衡理论。在西方经济学说史中，经济学理论涉及社会总生产的最早的经济学家是英国的威廉·配第，此后，爱尔兰经济学家坎蒂隆（Richard Cantillon）分析过社会总产品再生产和流通问题，成为法国经济学家魁奈"经济表"的重要思想来源。马克思批判地继承了这些有益成果，第一次从社会总资本的角度研究并提出了社会再生产理论。综合平衡理论是马克思社会再生产理论与中国经济建设实际相结合的产物。

西方古典经济学和新古典经济学被称为微观经济学。微观经济学主要是研究经济个体及其活动，如单个生产者如何将有限资源分配在不同商品的生产上，以取得最大利益；或者单个消费者如何将有限的收入分配在不同商品的消费上，以实现最大的满足。微观经济学的核心是厂商理论、消费倾向和价格形成机制。微观经济学学者也把他们的理论分成两种类型,一是价值理论和分配理论,二是货币理论。虽然他们也会涉及均衡价格和货币供应量的均衡,但是他们没有考虑经济总体的、过程的综合平衡。因为在他们看来,这种总体的、过程的综合平衡,是靠市场机制去完成的。

后来的凯恩斯不赞成微观经济学对经济学理论的两分法,他觉得正确的两分法应当是:一方面是单个行业和厂商理论以及既定数量的资源在各种不同用途之间的分配和报酬理论;另外一方面是整体的产量和就业理论。由此产生了微观经济学和宏观经济学的划分。凯恩斯是西方宏观经济学的代表人物。他虽然重视对经济总量的分析,并且强调国家干预,但更多的是关注需求一侧。他的核心理论是有效需求理论、就业理论、投资乘数理论,是对微观经济学理论的修补。运用凯恩斯的国家干预主义,对资本主义经济危机进行拯救,是事后的一种均衡措施,而且到了20世纪六七十年代,西方一些国家运用凯恩斯主义,实行赤字财政,导致经济滞胀,由此凯恩斯主义开始式微。

苏联也没有综合平衡理论。斯大林将列宁论证的马克思的生产资料优先增长规律,定位于优先发展重工业。毛泽东在《读苏联〈政治经济学教科书〉的谈话》中说,斯大林的缺点是在重工业优先增长的同时,在计划中忽视了农业的增长。他还说,1952—1957年,苏联生产资料生产增长了93倍,生活资料生产增长了17.5倍。问题是,93同17.5的比例,是否对重工业的发展有利。他说:"要使重工业迅速发展,就要大家都有积极性,大家都高兴。而要这样,就必须使工业和农业同时并举,轻重工业同时并举。"[1]在斯大林时期,由于计划配置资源的效率,苏联的经济发展还是比较快的,但是有计划,没有按比例,而且比例关系还严重失调。没有统筹兼顾,没有综合平衡,严重地影响到后来的经济发展包括改革,甚至导致国家解体。

中国当代经济发展中的综合平衡,是基于实践的、主动的、总体

---

[1]《毛泽东文集》第8卷,人民出版社1996年版,第122页。

性的宏观经济治理。它不是单一的平衡,而是综合平衡;不是事后平衡,而是全过程平衡;不是被动平衡,而是主动平衡。面对重大比例关系失调,不是通过自发的市场出清付出巨大代价后的平衡,而是采取积极有效的综合措施,及时止损,进行强制性的平衡;不是对理论设计中某一假设前提缺陷的修补,不是风险延后的暂时性举措。相对于凯恩斯的需求理论,中国当代经济发展中的综合平衡理论,是积极的宏观经济学。

第十七章

国家经济治理与系统集成理论

国家经济治理的系统集成是中国当代经济发展的鲜明特色。

国家经济治理是指国家推动经济发展和进行宏观经济调控的全部活动。系统集成理论应该有两层意思：一是相对独立的部分组成有机系统；二是在有机系统中，中央枢纽有很强的综合控制能力，能够形成整体解决方案，能够进行顶层设计，能够动员各部分、各层级朝着选定的目标发力，也就是"同向发力"，同时能够对各部分、各层级的功能进行整合并优化，形成新的"更优效能"。

本章首先要对70多年来国家经济治理的实践进行简要回顾，然后从新型无产阶级政党政治、党对经济工作的统一领导、社会主义民主政治体系、以经济建设为中心、社会主义基本经济制度、国家行政体制、中央和地方的权责关系等方面入手，分析国家经济治理系统的有机构成；还要从民主集中制运行机制的视角，进一步说明国家经济治理系统运转的有效性和系统集成的优势。特别是要与西方政体进行比较，说明中国的国家经济治理是有机系统，不是松散结构；是系统集成，不是相互制衡。从战略导向看系统集成，从经济发展中的问题导向看系统集成，从宏观调控体系的作用看系统集成。

一、国家经济治理的目标与实践

国家经济治理首先要服务于中长期发展战略。新中国成立70多年来，国家经济建设总的战略目标就是工业化和现代化。改革开放之前，重点是建立独立的完整的工业体系和国民经济体系；改革开放以来，重点是实现新型工业化，全面建成小康社会，建立现代化的经济体系，全面建设现代化强国。

1. 国家经济治理的总体目标

国家经济治理的工作目标，各个时期的重点不一样，但从总体上看，主要是围绕三个方面进行：一是经济快速增长。加快经济发展是为了尽快改变落后面貌，而经济快速增长也是追赶型经济的特点。二是经济协调、社会稳定。保持良好的经济秩序，避免经济增长的大起大落，注重充分就业和低通胀，其中非常重要的指导思想是综合平衡、稳中求进。三是既超越"短缺"，又超越"过剩"。超越"短缺"重点是解决贫穷落后的问题，超越"过剩"就是要超越资本主义周期性危机的魔咒，体现社会主义市场经济的独特性和优越性。

2. 新中国成立初期国家经济治理的主要特点

新中国成立初期，面临的是国民党留下的经济烂摊子，国民经济千疮百孔，百废待兴。1949年到1952年，经济工作主要是贯彻实行公私兼顾、劳资两利、城乡互助、内外交流的基本方针，促进各种经济成分在国营经济领导下分工合作，各得其所，以发展生产，繁荣经济。经济治理重点做了三项工作，即遏制恶性通货膨胀，统一管理国家的财政经济，调整工商业。当时成立的中央财政经济委员会（简称"中财委"）在国家经济治理中发挥了重要作用。

下面引述时任中财委主任陈云的几段话，可以从一定程度上说明当时的情况。1949年10月10日，陈云说，中国私人企业所占比重比国营企业大，如果计划局（当时中财委下面的机构）只计划国营经济，整个国家的经济仍然要出现浪费，中国的资本家是要求计划的。[1]这一年的11月5日,陈云针对当时出现的物价上涨,主持召开中财委员会第二次会议,决定采取的措施包括:一是冻结未入市场货币10天,以稳定人心;二是各贸易机关抛售物资10天,以收回货币;三是停止各机关购存物资;四是检查各银行存款;五是收缩贷款;六是加强市场管理。[2]1950年1月1日,陈云复电在苏联访问的毛泽东,就上海工商界困难情况作出说明。他说"情况属实,原因是上海工商业家在去年10月15日后的全国物价大波动中,估计过头,贪心太大,借高利贷买货而不肯卖货。……只用了200亿元,已解决了上海工商界的危机。"[3]

3. 社会主义改造时期的经济治理

这个时期的经济治理涉及服务于以优先发展重工业为指导思想的工业化启动,涉及社会主义改造过程中的经济增长与平衡,涉及与以苏联为代表的社会主义阵营的合作,特别是苏联援建的156个项目的建设,涉及西方资本主义国家针对包括中国在内的社会主义国家的"封锁"(1949年11月,美国提议在巴黎秘密成立了一个实行禁运和贸易限制的国际组织—输出管制统筹委员会,1951年,美国又操控联合国通过对中国实施禁运的提案)所进行的"反封锁、反禁运",在被封锁的外部环境中谋求合作。1955年10月至1956年5月,广东先后三次举办出口物资展览交流会。1956年11月,中国出口商品展览会在广州举办。在此基础上,1957年4月又开始举办"广交会"(每年春秋两季)。

4. 社会主义改造后至改革开放之前的国家经济治理

这一时期是在社会主义制度建立之后,主要运用计划经济体制和计划的管理方法,对国家经济进行治理。前面提到了,这20年中,有

---

(1) 中共中央文献研究室编:《陈云年谱(1905—1995)》(修订本)中卷,中央文献出版社2000年版,第3页。
(2) 中共中央文献研究室编:《陈云年谱(1905—1995)》(修订本)中卷,中央文献出版社2000年版,第9页。
(3) 中共中央文献研究室编:《陈云年谱(1905—1995)》(修订本)中卷,中央文献出版社2000年版,第26页。

三次体制改革和管理权限的变动。第一次是"大跃进"时期的权力下放；第二次是经济调整时期的改革探索；第三次是1969年到1972年的管理体制大变动。其间亦有工作重心转移所经历的曲折与挫败。中国共产党最早提出工作重心转移，是在1949年3月5日至13日召开的中共七届二中全会上。1956年9月15日至27日，在北京召开的中共八大，总结了过渡时期总路线贯彻以来社会主义改造和社会主义建设的成就和经验；科学准确地分析了社会主义改造基本完成以后国内形势的重大变化，以及在即将开始的新的历史时期党和国家面临的新的历史任务；确定了党在新的历史时期为完成新的历史任务应采取的各项重大方针和政策，决定把党的工作重心转移到社会主义建设上来。这是第二次提出工作重心转移。1962年1月11日至2月7日，中共中央在北京召开了扩大的中央工作会议（即七千人大会），第三次提出工作重心转移。其间，1957年和1966年，工作重心又发生了逆转。这一时期中国经济发展出现过两次困局：第一次困局发生在1960年前后，是由于党在经济工作指导思想上的"左"倾错误和自然灾害造成的；第二次困局发生在"文化大革命"中，是一次全局性错误。

5. 改革开放以来国家经济治理的新特点

从某种意义上讲，改革开放既是推进国家经济治理的主要方式，又是推进国家经济治理内容、重点、方式创新的动力。由主要运用计划体制和计划方法进行经济治理转变到逐步运用市场、更多地运用宏观调控制度体系来治理经济。在国家经济治理中，始终注意协调好改革开放的力度、经济发展的速度和社会可承受的程度之间的关系，逐步形成了"稳中求进"的经济工作主基调。改革开放初期，围绕重大比例关系失调进行国家经济治理；此后较长时间调控的重点是针对经济过热、物价上涨过快，或者经济增速下滑、财政货币政策偏紧。党的十八大以来，面对经济发展的新常态，供给侧结构性改革成为国家经济治理的重点。党的十九大以后，国家经济治理进一步突出"三新"的特点，认识新发展阶段，贯彻新发展理念，构建新发展格局。2019

年,党的十九届四中全会作出了《中共中央关于坚持和完善中国特色社会主义制度、推进国家治理体系和治理能力现代化若干重大问题的决定》,对国家经济治理作出了新的战略部署。

1979年,针对国民经济重大比例关系失调,我国提出"调整、改革、整顿、提高"的八字方针。新中国成立以来经年积累的经济矛盾,尤其是持续10年的"文化大革命",使国民经济遭受损失,造成重大比例关系失调。概括起来有六个方面的比例失调:即农业和工业比例失调,轻重工业比例严重失调,原料动力工业和其他工业比例严重失调,积累和消费比例严重失调,外汇收支比例失调,需要就业的人和就业岗位比例失调。1978年经济工作中出现的急于求成倾向,也有加剧比例失调的趋势。1979年4月5日至28日,中共中央在北京召开工作会议,正式通过了中央政治局提出的"调整、改革、整顿、提高"的方针,通过了修改后的1979年计划安排(草案)和中央《关于调整国民经济的决定》等相关文件,决定用三年时间对国民经济进行调整。[1]

20世纪80年代以来,我国经济出现过4次过热的现象,出现过6次物价上涨过快的问题。在推动发展的同时,针对经济过热和物价上涨过快,国家经济治理取得了显著成效。

经济过热突出地表现为投资过热,而投资过热主要是信贷投资过热。

第一次是1983年至1985年的经济过热。这个时候的背景是商品供不应求,当时经济较快增长刚刚开始,经济过热的消极影响不大。在这三年中,投资增长对GDP增长的贡献率,分别达到了40%、41%和65%。这三年的GDP增长率分别为10.9%、15.2%和13.5%。

第二次是1988年的经济过热。这一年投资增长对GDP增长的贡献率为53%。1987年和1988年GDP增长率分别为11.6%、11.3%。1988年的夏天,价格改革方案出台。消费品价格上涨过快,加上价格将持

---

[1] 参见当代中国研究所:《中华人民共和国史稿》第4卷,人民出版社、当代中国出版社2012年版,第105—109页。

续上涨的预期，一些城市出现抢购风潮，并很快从试点城市扩散到全国。为此，国家在财政、信贷政策上采取了严厉的紧缩措施，1989年和1990年GDP增长率降低为4.1%、3.8%。对于价格闯关的决策，陈云在此前是持反对态度的。1988年5月18日，他在听取姚依林通报中央政治局常委会关于用五年时间涨价格、补工资，以理顺价格的意见时指出："物价每年上涨百分之十，连涨五年，对此我打个很大的问号。物价连续上涨百分之十，影响面很大，不拿工资的农民怎么办？农民从土地转出来拿工资，比当农民好得多，但做到这个事很不容易。我们有生之年，农业过不了关。"[1]

第三次是1993年至1996年的经济过热。这四年中投资增长对GDP增长贡献率分别达到了39%、81%、46%和51%。1992—1996年，GDP增长率分别为14.2%、14.0%、13.1%、10.9%和10.0%。这个时期对经济过热的调控开始着眼于软着陆。1997年的亚洲金融风暴对我们有一定的启示作用。

第四次是2003年至2007年的经济过热。这五年的GDP增长率都在10%以上，2003年增长10.04%，2004年增长10.11%，2005年增长11.39%，2006年增长12.72%，2007年增长14.23%。为了应对国际金融危机，2008年开始追加4万亿投资，也使2008—2011年的经济出现较高增长速度，分别为9.65%、9.4%、10.64%、9.55%。

这之后，也就是党的十八大之后，党和政府对经济发展的新态势有了新的判断，形成了转变发展方式、转换经济发展动能、实现高质量发展的一系列战略和策略，供给侧结构性改革开始不断深入推进。

改革开放以来物价上涨过快，先后有6次。

第一次是1980年，CPI高达7.5%，而1978年是0.7%，1979年是1.9%。通过两年多的治理，物价上涨的势头得到了遏制。第二次是1985年，CPI高达9.3%，而1984年是2.7%。经过治理，得到了一定

---

[1] 中共中央文献研究室编：《陈云年谱（1905—1995）》（修订本）中卷，中央文献出版社2000年版，第466页。

程度控制。但因为经济过热和价格调整，CPI仍然有继续上涨的趋势。第三次是1988年，CPI高达18.8%。历时三年，通胀得到控制。第四次是1994年，CPI高达24.1%。这次高通胀率的形成，除了货币超发的因素之外，还有粮食价格和其他产品价格调整的因素，以及税制改革和汇率并轨的因素。经过治理，到1996年，过高的通胀得到了控制。第五次是2008年，CPI高达5.9%。加入世贸组织之后，除了原油价格上涨的原因外，还有国际热钱大量流入中国，引发货币超发的原因。本来对过高的通胀要进行治理，由于第四季度的国际金融危机波及中国，出口需求萎靡不振，中国由经济过热忽然转为经济下滑。受此影响，银行货币政策也发生了大转弯，由适度从紧转变为适度宽松，同时采取了扩张的财政政策。2008年11月9日，国务院公布了4万亿投资计划，试图扭转经济的下滑。2009年2月开始，固定资产投资增速上升至30%以上。在这个基础上形成了第六次物价上涨过快，也就是2011年CPI上升为5.4%。经过治理，物价上涨很快得到了有效的遏制。2000年至2002年，由于非典疫情的原因，主要是控制经济下滑的势头，解决低速增长带来的就业和社会保障问题。

二、国家经济治理的系统结构

在中国，仅仅从政府的角度来理解国家经济治理是不够的，必须从新型无产阶级政党政治、民主政治制度体系、法治体系、政府行政体系入手，理解国家经济治理的系统结构。

1. 党对经济工作的集中统一领导

党的性质、国家的社会主义性质决定了中国当代经济发展是坚持以人民为中心的发展，同时发展又要有健康、平稳、注重质量效益、可持续的要求。为什么要加强党对经济工作的统一领导，我们需要从新型政党政治、党的历史地位、党的领导制度、党对经济工作集中统一领导的机制等几个方面来理解。

第一,从新型政党政治的学理视角理解党的领导。前面说到,政党政治是现代国家普遍的治理方式,世界上除了少数君主制国家和政教合一的国家外,绝大多数国家都有政党,而且政党在国家政治生活中发挥关键作用。正如列宁所指出的那样,"群众是划分为阶级的","在通常情况下,在多数场合,至少在现代文明国家内,阶级是由政党来领导的"。[1]政党是在推翻封建专制之后,为凝聚新兴阶级的力量而产生的政治组织。资产阶级政党是在资本主义制度建立起来之后,为竞选而逐步形成的政治组织。美国人对政党的定义是"有组织的行动"。由于参与竞选的两党或多党同属资产阶级政党的性质,都代表资本的利益,政策差别不大,而且为了争取中间选民,往往政策趋同。一些西方资产阶级政党面临信任危机、组织危机、辨识危机。

《共产党宣言》的公开发表,标志着新型无产阶级政党的诞生,中国共产党是以马克思主义为指导,按照列宁的建党原则建设起来的新型无产阶级政党,代表最广大人民群众的根本利益。中国共产党是无产阶级先锋队,是中国人民和中华民族的先锋队,党的领导是中国特色社会主义最本质的特征,是社会主义制度的最大优势,是最高政治领导力量。以党的领导为基本内容的中国新型无产阶级政党政治,代表了人类政治文明的先进水平和道义高度。

第二,党的领导的根本合法性在于人心向背。西方的政治家和政治学者经常讲合法性,但他们讲得比较多的是程序上的合法。例如熊彼特,他不仅是经济学家,还是政治学家。他认为,只要程序合法,哪怕选出来的政府是无能的,这个制度也是好制度。他用所谓的程序正义代替或掩盖了实质正义。实际上,政治合法性的根本在于人心向背。

中国共产党的领导,是近代以来历史和人民的选择。这个选择不是同一时间在两党或多种政治力量中作出比较的一个选择,而是其他

---

[1]《列宁选集》第4卷,人民出版社2012年版,第151页。

所有的政治力量进行尝试都不能实现民族独立和人民解放之后所作出的唯一选择。选择的正确性可以用比较的方法进一步说明。中国和印度都是人口大国，新中国1949年成立，印度1947年独立。1952年，印度人均生产总值52美元，中国是48美元。印度选择资本主义道路，中国走社会主义道路。64年后（2016年），中国生产总值占世界总量的14.76%，人均生产总值8113美元，印度生产总值占世界总量的2.98%，人均生产总值1723美元。又如苏联解体后的第一年即1992年，俄罗斯经济总量排名世界第八，中国排名第十，到2016年，俄罗斯经济总量排名世界第十一，中国排名世界第二。[1]

党的领导绝不是领导者的一厢情愿，而是中国人民和中华民族的根本利益所在。

前几年，《红旗文稿》刊登了一篇文章，介绍俄罗斯新编中学历史教材对苏共历史的评价，说明历史应当被尊重。2014年，普京要求以客观、公正、尊重的态度对待历史，对历史教科书进行修改。2016年，莫斯科教育出版社出版了俄罗斯最新国家历史教科书《俄罗斯历史10年级教科书》（简称"教科书"）。教科书指出，十月革命是布尔什维克选择历史和被历史选择的结果，高度评价了列宁的历史地位。教科书也充分肯定了斯大林的历史作用和社会主义建设的成就。教科书对戈尔巴乔夫的改革和苏联解体持否定态度，说戈尔巴乔夫的方针"既是史无前例的成功，也是最大的失败，成功归属西方，失败才是苏联的"。教科书还说，"1990年戈尔巴乔夫被授予诺贝尔和平奖，苏联广大民众对此举的反应敌对而冷漠"，"他埋葬了自己的个人政权，也埋葬了党和国家"。[2] 苏联解体前后俄罗斯的国际地位的变化，更是充分证实了这一评判。

第三，党的领导制度在社会主义民主政治体系中居于核心地位。

---

(1) 中、俄、印2016年GDP数据见世界银行网站，人均GDP数据见IMF《世界经济展望》2017年4月版。
(2) 武卉昕：《俄新编中学历史教材对苏联体制和苏共领导人的评价》，《红旗文稿》2018年第16期。

社会主义民主政治体系，包括党的组织、国家机构、政府及其部门、群团组织、基层自治组织、社会组织、各类经济组织等。在社会主义民主政治体系中，或者在国家治理体系中，党是最高领导力量，党的领导制度是管总的制度；在党和国家组织体系中，党的组织居于领导地位，同时党的组织要覆盖到所有组织之中；在法治体系中，党的领导要贯穿依法治国的全过程和各方面；在社会主义民主政治和国家治理体系运行中，党的集中统一领导是最重要也是最基本的要求。

过去我们讲政治制度，开宗明义讲人民代表大会是根本政治制度，但没有把党的领导制度放在台面上讲，不能真实完整地反映中国社会主义民主政治实践。党的十八大以来，习近平总书记多次强调党的领导是中国特色社会主义最本质的特征，是中国特色社会主义制度的最大优势。在庆祝全国人民代表大会成立60周年的讲话中，习近平总书记强调坚持和完善人民代表大会制度，首先必须坚持党的领导。

第四，坚持和完善党对经济工作集中统一领导的机制。党领导经济工作是党的领导的题中应有之义。习近平总书记指出："中国共产党人的初心和使命，就是为中国人民谋幸福，为中华民族谋复兴。"[1] 解放和发展社会生产力，始终是党的追求，以经济建设为中心，是党的主流思想。即使在革命战争年代，我们党也高度重视经济工作。毛泽东在战争年代说过两句话："一切空话都是无用的，必须给人民以看得见的物质福利。"[2] "最根本的问题是生产力向上发展的问题。我们搞了多少年政治和军事就是为了这件事。"[3]

新中国成立以来，特别是改革开放以来，我们党已经形成了行之有效的对经济工作集中统一领导的机制，比如党的代表大会、党中央全会、中央政治局会议，研究和部署经济工作，包括提出经济发展战略思路、规划建议，作出经济改革的重大决定，分析经济形势，制定

---

(1) 习近平：《决胜全面建成小康社会 夺取新时代中国特色社会主义伟大胜利——在中国共产党第十九次全国代表大会上的报告》，《人民日报》2017年10月28日。
(2) 《毛泽东文集》第2卷，人民出版社1993年版，第467页。
(3) 《毛泽东文集》第3卷，人民出版社1993年版，第109页。

经济政策等。新中国成立初期，中央成立财委。改革开放后，1980年3月，党中央成立中央财经领导小组，十九大后改为中央财经委员会，每年都要召开几次会议，研究经济发展的重大问题。中央每年都要召开经济工作会议，总结当年的经济工作，安排部署下一年度经济工作。党的十八大以来，中央还成立了全面深化改革领导小组，十九大后改为中央全面深化改革委员会，其中很多议题是经济体制改革。2018年4月2日，习近平总书记主持召开十九大中央财经委员会第一次会议，强调要加强党中央对经济工作的集中统一领导，做好经济领域重大工作的顶层设计、总体布局、统筹协调、整体推进、督促落实。

这些年，地方党委也比照中央，在加强党对经济工作集中统一领导方面，进行了积极探索。当然加强党对经济工作的集中统一领导，绝不是包揽经济工作的一切，主要是"把方向、谋大局、定政策、促改革"，"总揽全局、协调各方"。

2. 民主政治制度体系和法治体系，在国家经济治理中发挥重要作用

一是人民代表大会制度。人民代表大会通过经济立法，审议通过政府提出的中长期经济社会发展规划，审议批准国民经济计划报告和财政预决算报告，就有关经济社会发展的重大问题作出决定，开展执法检查，进行专题询问和咨询。决定与经济社会发展相关的人事任免。

二是中国共产党领导的多党合作和政治协商制度。各民主党派对经济社会发展重大决策部署的贯彻落实情况，实施专项监督。就经济社会发展中的重大问题，组织经常性的专题协商。围绕经济社会发展，提出意见建议。

共产党和民主党派是执政党与参政党的关系，贯彻长期共存、互相监督、肝胆相照、荣辱与共的方针，健全相互监督特别是中国共产党自觉接受监督、对重大决策部署贯彻落实情况实施专项监督等机制，完善民主党派中央直接向中共中央提出建议制度，完善支持民主党派

和无党派人士履行职能方法，展现我国新型政党制度的优势。

三是民族区域自治制度与基层自治制度。结合民族区域自身特点，在经济社会发展中，借助立法权和自治权对区域内的经济社会发展进行治理。在城乡社区治理、基层公共事务和公益事业中，广泛实行群众自我管理，自我服务，自我教育，自我监督。健全以职工代表大会为基本形式的企事业单位的民主管理制度。

四是在法治体系中，通过立法、健全社会公平正义的法治保障、加强对法律实施的监督，参与国家经济治理。

3. 政府经济治理体系

前面提到，中国政府的职责定位是：经济调节，市场监管，社会管理，公共服务，生态环境保护。党的十九届四中全会通过的《决定》，明确政府经济治理本身及相关内容包括以下几个方面：一是实行政府权责清单制度，厘清政府和市场、政府和社会的关系。二是深入推进简政放权，放管结合，优化服务，深化行政审批制度改革，改善营商环境，激发各类市场主体活力。三是健全以国家发展规划为战略导向，以财政政策和货币政策为主要手段，就业、产业、投资、消费、区域等政策协同发力的宏观调控制度体系。四是完善国家重大发展战略和中长期经济社会发展规划制度。五是完善标准科学、规范透明、约束有力的预算制度。六是建设中央银行制度，完善基础货币投放机制，健全基准利率和市场化利率体系。七是严格市场监管、质量监管、安全监管，加强违法惩戒。八是完善公共服务体系，推进基本公共服务均等化、可及性。九是建立健全运用互联网、大数据、人工智能等技术手段进行行政管理的制度规则。

三、国家经济治理的价值取向

国家经济治理的价值取向，就是坚持人民的主体、中心地位，摆脱贫困，促进人的全面发展，实现全体人民的共同富裕。这一价值取向，使国家经济治理与人民的切身利益和根本利益具有高度的一致性，使国家经济治理具有广泛的社会基础，使建构在全过程人民民主基础上的国家经济治理体系的系统集成，具有内在逻辑。

毛泽东把为人民服务作为党的宗旨。他说："一切空话都是无用的，必须给人民以看得见的物质福利。"邓小平的"三个有利于"，落脚点是"是否有利于提高人民的生活水平"。他还说："社会主义的本质是解放生产力，发展生产力，消灭剥削，消灭两极分化，最终达到共同富裕。"[1]江泽民的"三个代表"的落脚点是"始终代表中国最广大人民的根本利益"。胡锦涛的科学发展观，也强调以人为本是核心立场。

习近平总书记指出："必须坚持以人民为中心的发展思想，不断促进人的全面发展、全体人民的共同富裕。"[2]

习近平总书记提出以人民为中心，既是我们党的执政理念，又是经济发展的重要指导思想。习近平总书记在十九大报告中指出："人民是历史的创造者，是决定党和国家前途命运的根本力量。"[3]这充分体现了马克思主义的唯物史观和人民立场，是党的为人民服务宗旨的时代彰显。

党的十九大报告提出，到21世纪中叶，全体人民共同富裕基本实现。十九届五中全会通过的十四五规划建议提出，到2035年，"人的全面发展、全体人民共同富裕取得更为明显的实质性进展"[4]。

关于人的全面发展的思想，在马克思主义理论体系中占有极其重要的位置，马克思和恩格斯在他们的一系列经典著作中，都直接或间接地涉及人的全面解放和全面发展。其中具有代表性的观点有：

---

(1)《邓小平文选》第3卷，人民出版社1993年版，第372、373页。
(2) 习近平：《决胜全面建成小康社会 夺取新时代中国特色社会主义伟大胜利——在中国共产党第十九次全国代表大会上的报告》，《人民日报》2017年10月28日。
(3) 习近平：《决胜全面建成小康社会 夺取新时代中国特色社会主义伟大胜利——在中国共产党第十九次全国代表大会上的报告》，《人民日报》2017年10月28日。
(4)《中共中央关于制定国民经济和社会发展第十四个五年规划和二〇三五年远景目标的建议》，人民出版社2020年版，第5页。

人的全面发展是历史活动，是生产力发展的过程和结果，是"由工业状况、商业状况、农业状况、交往状况促成的"[1]。

人的全面发展需要"联合体"的制度条件。"代替那存在着阶级和阶级对立的资产阶级旧社会的，将是这样一个联合体，在那里，每个人的自由发展是一切人的自由发展的条件。"[2]"社会化的人，联合起来的生产者，将合理地调节他们和自然之间的物质变换。"[3]

在人与自然的物质变换上由被动转变为主动。"不让它作为一种盲目的力量来统治自己……在最无愧于和最适合于他们的人类本性的条件下来进行这种物质变换。"[4]

个性得到自由发展的条件是直接缩减社会必要劳动。"由于给所有的人腾出了时间和创造了手段，个人会在艺术、科学等方面得到发展。"[5]

每个人的自由发展是一切人自由发展的条件。每个人的自由发展，首先是相对于人对人的依赖、人对物的依赖而言的；其次是相对于人自身而言的，每个人都各展其长，把自身的潜能和优势发挥出来；最后是相对一切人而言的，只有每个人都能自由发展，才能真正实现一切人的自由发展。马克思和恩格斯关于"每个人的自由发展是一切人的自由发展的条件"的论述，是对理想社会性质和特征的标志性描述。

综上所述，为人民服务，消除贫困，促进人的全面发展，实现全体人民的共同富裕，有广泛的民心基础和情感依托，国家经济治理的战略和政策选择，有系统集成的社会支撑；国家经济治理的战略和政策实施，也能够得到广泛的理解和支持，实现系统集成的成效。

---

(1)《马克思恩格斯文集》第1卷，人民出版社2009年版，第527页。
(2)《马克思恩格斯文集》第2卷，人民出版社2009年版，第53页。
(3)《马克思恩格斯文集》第7卷，人民出版社2009年版，第928—929页。
(4)《马克思恩格斯文集》第7卷，人民出版社2009年版，第928—929页。
(5)《马克思恩格斯文集》第8卷，人民出版社2009年版，第197页。

四、国家经济治理系统集成的独特优势

1. 从经济发展所取得的成就看国家经济治理的优势

新中国成立70多年来,中国取得了世所罕见的两大奇迹,一是经济持续快速发展的奇迹,二是社会长期稳定的奇迹。这本身就说明了中国国家经济治理具有显著优势。十九届四中全会《决定》就我国国家制度和国家治理体系的显著优势讲了十三条,都直接或间接地与国家经济治理相关。例如:坚持全国一盘棋,调动各方面积极性,集中力量办大事的显著优势;坚持公有制为主体、多种所有制经济共同发展和按劳分配为主体、多种分配方式并存,把社会主义制度和市场经济有机结合起来,不断解放和发展社会生产力的显著优势;坚持以人民为中心的发展思想,不断保障和改善民生,增进人民福祉,走共同富裕道路的显著优势;坚持改革创新,与时俱进,善于自我完善,自我发展,使社会始终充满生机活力的显著优势;坚持独立自主和对外开放相统一,积极参与全球治理,为构建人类命运共同体不断作出贡献的显著优势;计划经济条件下的举国体制和社会主义市场经济条件下的新型举国体制的显著优势,更是国家经济治理优势中的题中应有之义。

2. 从经济治理优势看系统集成效能

美国等少数西方国家,对中国国家经济治理是不看好的、有偏见的。2001年中国加入WTO,以美国为代表的部分WTO成员国,认为中国不是市场经济体,反倾销时,要用替代国进行价格比较。不遵守协定书中约定,至今美国、欧盟、日本、加拿大等国和经济组织还不承认中国的市场经济地位。美国的政治学者对中国国家治理的实践缺乏了解,甚至抱有偏见。在新中国成立初期,他们套用"极权主义"理论,从"一言堂"的视角来看中国;到20世纪六七十年代,他们开始用"官僚多元主义"的视角看中国;20世纪80年代以后,他们又用"碎片化威权主义"的视角看中国。而"碎片化威权主义"理论的代表

人物之一奥克森伯格（Michel Oksenberg），2001年其去世之前，发表了一篇题为《中国的政治系统：21世纪的挑战》的文章。在这篇文章中，他进行了反思。他提出，任何单一的概念（如极权主义、列宁主义党国、官僚多元主义、柔性威权主义），都不足以形容现阶段中国政治体制的复杂性，包括他自己以前提出的"碎片化威权主义"概念已过时，因为这是一种静态的模式，而中国却在不断变化。[1]美国政治学者汉娜·阿伦特（Hannah Arendt），是德国哲学家雅斯贝尔斯（Karl Theodor Jaspers）的学生，她对西方政治是持批评态度的，认为西方近现代哲学和政治学，都歪曲了柏拉图、亚里士多德的原典思想，认为"马克思所展望的由终结带来的结果，却与希腊城邦国家的理想生活惊人的一致"[2]。她认为西方的政治思想传统明确发端于柏拉图和亚里士多德，有一个同样明确的终点，就是卡尔·马克思。她还说："马克思在以往的大思想家中独一无二，他不仅使我们去关注今天还没有能够摆脱的那种困境……而且也可以说，他为我们提供了能回归传统的可靠的足迹。"[3]但这类研究也没有涉及中国国家治理的真实实践，更没有真正了解到中国国家经济治理的具体内容。

中国国家经济治理的系统集成特点及优势体现在以下方面。

一是中国是单一制国家，法制是统一的，市场是统一的。关于这个问题，我们在第二章"中国当代经济发展的历史条件"中讲得很充分。中国是最早进行国家建设的。按照福山等人的看法，像西方近代所形成的民族统一的现代国家，中国在1800多年以前就形成了。中国的国家经济治理系统是一个有机的生态系统，可以做到全国一盘棋，集中力量办大事，可以有效地实施举国体制。西方国家在国家结构方

---

(1) 杨鸣宇：《超越"碎片化威权主义"？——评〈中国式共识型决策："开门"与"磨合"〉》，《山东行政学院学报》2014年第7期。
(2) ［美］汉娜·阿伦特：《马克思与西方政治思想传统》，孙传钊译，江苏人民出版社2007年版，第12页。
(3) ［美］汉娜·阿伦特：《马克思与西方政治思想传统》，孙传钊译，江苏人民出版社2007年版，第10页。

面，有很深的古希腊雅典情结，多数国家选择联邦制或者邦联制的国家结构，法治没有完全统一。在国家治理方面，具有板块式和松散型的特征。

二是中国是社会主义国家，把社会主义制度和市场经济有机地结合起来，能够充分发挥市场配置资源的决定性作用，通过系统集成的方式改变落后面貌，追赶发达国家的发展水平；能够处理好公平与效率的关系，通过系统集成的方式消除绝对贫困，解决社会保障和社会救济托底的问题；能够通过系统集成的方式消灭剥削，消除两极分化，最终达到共同富裕。这与西方资本主义所宣扬的"涓滴理论"和"激励相容"根本不同。

三是执政者、管理者的初心使命，有利于国家治理的系统集成。中国共产党人的初心和使命就是为中国人民谋幸福，为中华民族谋复兴。正如前面说到的，执政党、执政团队和国家经济治理系统的管理者，秉持如此明确的价值取向，有利于统一认识，有利于形成统一的战略，有利于协调政策，有利于组织行动，有利于落到实处，从而有利于国家经济治理的系统集成，有利于解决"托克维尔难题"（即经济发展导致社会不稳定而失败）。

四是中国共产党的全面领导和新型政党政治，是国家经济治理系统集成的决定性因素。中国共产党是坚持初心使命的政党，中国共产党是推动社会革命，同时坚持自我革命的政党，中国共产党是有严密组织纪律的政党，中国共产党和民主党派是执政党和参政党的关系，价值和实践都是同向的。中国共产党是中国最高领导力量，中国共产党对中国的国家事务、经济文化事业、社会事务实施全面领导，对经济工作、国家经济治理实行集中统一领导。这和西方资产阶级政党作为选举组织的定位有根本的不同。

五是社会主义民主政治体系、法治体系、政府行政体系横向和纵向的有机构成，是国家经济治理系统集成的基本依托。三个体系内部和三个体系之间既有责任分工，也有监督性的制度安排，但不是西方资本主义国家的三权分立之间的相互制衡。在西方三权分立的权力结构中，相互之间的关系主要体现为制衡。由资产阶级政党和资产阶级国家的性质所决定，西方资本主义国家不可能真正地重视民意，也很难形成共识和"公意"，决策和执行中有很多否决点，很多事情都是否决容易通过难。

六是全过程人民民主与纠错机制，保证了国家经济治理系统集成的正向效应。人民民主具有广泛性，而且贯穿于国家经济治理的全过程。民主选举、民主协商、民主决策、民主管理、民主监督，可以推动国家经济治理的系统集成。全过程人民民主具有纠错功能，以全过程人民民主为基础的新型无产阶级政党政治，社会主义民主政治体系、法治体系、政府行政体系，能够保障国家经济治理系统集成的正向效应。

七是在国家经济治理三大领域中系统集成的技术线路确保了宏观效能。第一，在战略导向的系统集成中，比如五年规划的制定，通常要经历上一个五年计划的中期评估、开展关系未来五年经济社会发展的全面系统调研、进行经济社会重大课题研究和专题研究、形成思路（比如形成中共中央的规划建议，就要经过一系列的调研环节、征求意见环节、决策审议性环节）、编制规划、组织一系列的讨论论证、上送审议、报请人大会议审议通过。像这种中长期发展规划，西方学者认为，他们没有这样的公共政策产品。第二，在发现问题形成共识的系统集成中，通过会议、文字报告、调查研究，畅通经济发展实践中的问题发现和信息反馈，能够较快地发现问题并形成共识。通常，围绕着战略和政策的实施，从上到下都有督办调研的程序安排，经过一段时间的实践，也有总结评估、意见、建议反馈的程序设计。一般能够较早地发现经济发展过程中的倾向性、苗头性的问题，并能较快地形成共识，较快地采取措施予以解决。第三，在制定法规政策的系统集成中，通常都会在发现问题形成共识的基础上，着手制定法律政策规定。无论是立法还是法规修订，无论是制定一项新的政策还是对已有政策进行调整,都要进行调查研究,有的还要在网上广泛征求意见。几上几下,最后按照有关程序审议通过并发布。党组织内部、政府系统、人大系统,民主决策的特性是共识型民主、效能型民主。虽然组织系统之间有分工有监督,但不是西方资本主义国家的"三权分立"的相互制衡和相互否决机制。

结论篇

第十八章

中国当代经济发展的知识体系框架

对规律性认识进行学理转换,能够建构起反映实践的知识体系框架。

构建中国自主的当代经济发展的知识体系,是中国当代经济发展学是否具有学理地位的关键。知识体系通常被解释为个人的知识结构或某个学科门类的知识总和。2016年出版的中国《管理科学技术名词》对知识体系的解释是:描述特定专业知识总和的概括性术语。按这个解释,中国当代经济发展的理论体系就是中国当代经济发展的知识体系。

一、中国当代到底有没有经济发展的知识体系

如果认为没有,那要么是没有国别经济学——这显然是西方所谓主流经济学的世界主义视角,要么是中国至今尚未形成经济发展的知识体系。

这里首先涉及有没有国别经济学的问题。我们在前面说过,按照蒙克莱田的定义,政治经济学关注的是国家和社会层面的经济问题[相对古希腊历史学家色诺芬(Xenophon)的《经济论》而言的]。(1)

---

(1) 陈岱孙先生在他主编的《政治经济学史》中说:蒙克莱田用"政治经济学"这个术语,"以说明本书所论述的已不是古希腊、古罗马只涉及家庭管理的所谓经济学,而是(见下页)

国别经济学是政治经济学的本源本义。那么，西方经济学从什么时候开始不承认国别经济学的呢？前面提到的140多年前在奥地利学派与德国新历史学派之间发生的一次旷日持久的方法论争论，可能是一个标志。

奥地利学派早期代表人物门格尔从1875年开始撰写，并于1883年正式出版了《社会科学特别是政治经济学方法论研究》一书，旨在纠正历史学派的方法论"错误"，从而拉开了大论战的序幕。门格尔通过对经济学分类，极力把历史和理论进行分离，维护方法论个人主义和演绎方法在经济理论构建中的主导地位，指出德国历史学派的错误在于把历史、实践与理论科学搅和在一起。面对门格尔方法论观点对德国历史学派的威胁，同年，德国新历史学派的代表人物施穆勒在自己主编的《德意志帝国的立法、行政和国民经济学年鉴》上发表了一篇名为《门格尔的文章和迪尔采论国家与社会科学的方法论》的书评，回应了门格尔。施穆勒认为，德国历史学派并不是忽视一般理论，而是认为只有研究各种社会制度及其相互关系以及国民经济内部的社会发展过程，通过对这些关系和过程进行观察、描述、分类、对比并形成概念，才能找到描述经济现象的"普遍本质"及一般性理论。任何经济现象都不能脱离时间、地点和环境而孤立存在，只有从整体角度出发，结合时间、地点和周围的环境，才能把隐藏在经济现象背后的规律找出来。而且经济规律也只有在一定条件下，一定时间和一定阶段才能适用。显然，德国历史学派对古典经济学世界主义的挑战具有学理支撑。[1]

现在看来，以这场争论为标志，新古典经济学就开始有了世界主

（接上页）广泛的社会经济问题"。（《政治经济学史》，吉林人民出版社1981年版，第7—8页。）黑格尔在《小逻辑》中说："又如新近成立的政治经济学、在德国称为理性的国家经济学或理智的国家经济学……"（［德］黑格尔：《小逻辑》，贺麟译，商务印书馆1980年版，第47页。）

[1] 朱成全、刘帅帅：《德奥经济学方法论论战的历史澄清及当代启示》，《经济学家》2017年第7期。

义的学术定位了。也就是说,政治经济学原本就是研究国家和社会层面问题的,而新古典经济学宣扬的世界主义将其遮蔽了。

其次,涉及中国有没有自己的经济学或者知识体系的问题。如果说没有,那就只有这种解释:改革开放之前我们的经济发展靠的是苏联模式,改革开放以来我们的经济发展靠的是西方经济学,即改革开放前期靠的是亚当·斯密的"看不见的手",改革开放后期靠的是凯恩斯的理论。我们在前面分析过,虽然改革开放之前曾经受到过苏联模式的影响,但毛泽东很早就强调马克思主义与中国具体实际的第二次结合,从以苏为师到以苏为鉴。改革开放以来,我们也运用了西方经济学的一些方法和工具,但吸收和运用的是反映社会化大生产和市场一般规律的内容。可以说,无论是改革开放之前还是改革开放以来,在经济发展的指导思想以及战略决策中,我们都是自主的,是面对中国实际的,是体现中国特色的,甚至都有自己的语言表达方式。中国特色本身就是自主知识体系的标识。中国当代经济发展的知识体系是在中国当代经济发展实践中形成的,只不过还需要我们总结梳理,对此进行必要的学术和学理转换。因为只有这样的知识体系,才能解释新中国70多年来的经济发展奇迹,也才能在今后的发展中予以坚持。

经过70多年的积累,中国当代经济发展的思想理论逐步趋于成熟,中国当代经济发展战略策略、体制政策也在逐步趋于成熟。正如习近平总书记指出的那样,哲学社会科学的特色、风格、气派,是发展到一定阶段的产物。中国当代经济发展到今天,客观上已经形成了自己的知识体系。或许我们还不那么自信,或许我们还没有非常清晰的认识,或许还需要进行必要的学术和学理转换。

二、要有建构中国当代经济发展知识体系的话语自信

现在有一个比较时髦的说法,就是强调构建中外融通的话语体系,这肯定是必要的。实际上,在国内,知识界与社会各界,官方与民间,

也有一个话语融通的问题,都有一个听得懂、听得进、听了信的问题。

中外融通的话语表达,不应该也很难完全依照西方的范式和语境。在中国国内的大众化表达,也未必能运用纯粹的民间语言和网络语言。关键在于以事实为基础、为依据,秉持论理思维,以事论理。说得有依据、说得在理、说得清楚明了、说得通俗易懂,也就是我们通常说的摆事实、讲道理。

外国人愿不愿意听,取决于有没有道理,也取决于我国的国际地位,地位决定话语权。比如,计划经济时代,上海话不好懂,但是采购员要尽量学习并听懂上海话;改革开放以来的较长时期,广东话不好懂、不好学,但时髦,大家争相效仿。老百姓愿不愿意听,取决于对政府和学界是否信任;能否听得进,则取决于听到的与他们实际感受到的是否一致,一致的自然听得进。

中国当代经济发展知识体系需要梳理和集成,其表达和呈现要体现鲜明的中国特色,必须基于历史事实,必须注重客观性、科学性、学理性、融通性。要实现实践逻辑、理论逻辑、历史逻辑的贯通,当然也需要运用大量的西方的概念、范畴、表述。有些西方经济学中所使用的概念,把它运用到中国的实践中来,会有新的阐释和新的分析。与此同时,我们也可能会按照中国的叙事风格和语言习惯来概括,形成中国独有的概念范畴。此外,我们也会运用一些民间语言,但要进行必要的提炼。

黑格尔说:"只有当一个民族用自己的语言掌握了一门科学的时候,我们才能说这门科学属于这个民族了。"[1]

三、对于中国发展奇迹的一些具有代表性的解释

对于中国经济发展的奇迹,笔者注意到复旦大学张军教授从文献

---

[1] [德] 黑格尔:《哲学史讲演录》第四卷,贺麟、王太庆等译,上海人民出版社2013年版,第192页。

梳理的视角提了几个代表性的解释。比如说美国经济学家诺顿（Barry Naughton）提出的"计划外的增长"（growing out of the plan）理论。他本人1997年出版的《"双轨制"经济学》侧重从计划向市场转轨的独特视角来理解中国的经济增长。林毅夫教授30年来一直在倡导比较优势理论，现在扩展到了"新结构经济学"框架。新结构经济学的分析更加注重有效市场与有为政府的结合在经济发展中的重要性，考虑到有效市场的存在是显示生产要素真实价格的前提，而后者决定了一个国家在哪些产业领域具有潜在比较优势。还有一种有影响的理论，就是1993年许成钢和钱颖一在伦敦政治经济学院的工作论文中首次提出的，认为中国的经济管理体制具有类似公司"M"型组织结构的特点。这个特点对于分权或地区建立竞争格局的形成具有积极影响。这是中国可以比具有单一性组织结构的俄罗斯更容易利用市场机制实现经济发展的原因。经济学家张五常在2009年写的《中国的经济制度》这本书中，也重点讲到了税收分成制下县级政府之间的竞争在推动地方工业化中的独特角色。周黎安的系列文章则从地方官员的晋升激励构造了地方GDP竞争机制，为中国的经济增长提供了政治经济学的视角。中欧国际工商学院的朱天教授在牛津大学出版社推出的新书中提出了一个理论，认为中国经济的增长率之所以普遍高于很多发展中国家，主要是储蓄率高和注重教育造成的，而这些又跟我们家庭保持的勤俭节约和重视子女教育的传统文化有关系。张军认为，这些理论侧重于强调中国的独特性。他主张要形成能够更加反映一般的理论框架。他认为，中国和被称为"东亚奇迹"的经济体在经济快速发展中都拥有更高的贸易依存度，都实行了类似的贸易扩张战略，特别是出口促进的战略。所以研究这些地区的发展战略是在理论上解释它们为什么成功的一个更具一般性的起点。[1]清华大学教授李稻葵也认为中国人民的

---

(1) 参见张军：《中国经济是如何成功发展起来的？》。此文系2023年5月13日张军在当代经济学基金会举办的，以"中国增长奇迹：来自不同流派的观点"为主题的第六届思想中国论坛上所作的演讲。

高储蓄率给国家政策实施腾挪了空间。他说美国每年要为国债付8%的利息，而且美国人均有9.1万美元的负债。中国的储蓄率居世界之首，中国人民银行发布的数据显示，2022年我国住户储蓄存款余额为120.3万亿，按14.12亿人计算，人均存款8.52万元人民币。

笔者认为，上述这些理论很有见地，对于帮助我们解释中国经济的快速增长是有帮助的。但是这些理论都直接或间接地以计划经济向市场经济转轨作为背景，主要针对改革开放以来特别是改革开放前中期的经济增长，而且主要运用西方经济学特别是新古典经济学的分析方法，如果用它来解释中国当代70多年的经济发展，显然难以涵盖70多年来的实践中形成的一系列规律性认识。

四、在中国当代经济发展的实践中已经形成了一系列规律性认识

本书通过历程篇的五个时期的分析和总结，通过专题篇的九大理论的提炼，对中国当代经济发展实践中形成的一系列规律性认识，作了一定的综合反映。

1. 一系列规律性认识是知识体系的基本骨架

中国当代经济发展的知识体系，不应该是一堆杂乱无章的文字符号，也不应该是碎片化的概念范畴总和，而应该是相互关联的规律性认识体系。本书所列举的规律性认识，具有鲜明的特性，包括理论与实践能够相互印证，对中国当代经济发展实践具有评述解释能力，具有一定的思想理论浓度，具有一定的学理内涵等，能够成为中国当代经济发展知识体系的基本骨架。

2. 所形成的规律性认识具有鲜明的中国特色

这些规律性认识因为是对中国当代经济发展实践的总结，不受西方经济学理论框架的约束，也超出了苏联社会主义政治经济学的思维定式，因此所形成的规律性认识以及一些结论和判断，在本质上具有

可识别性、独特性，具有鲜明的当代中国的时空特色。

3. 中国人自主研究中国问题是理性自觉的表现

中国人自主研究中国问题，有利于克服教条主义，真正从中国的实际出发；有利于立足中国实践，但不满足于简单的经历经验记忆，而是在总结思考的基础上形成规律性认识；有利于从中国的实际需要出发，学习借鉴人类文明的有益成果，科学运用反映社会化大生产和市场一般规律的理论和知识。任弼时在延安时期为党的七大准备的一份文稿上，就党内教条主义与经验主义的区别与联系，曾写过一段文字。他特别强调二者不能平列，教条主义的危害更大。陈毅赞成任弼时的观点，认为经验宗派不能与教条宗派匹敌。而且他们都认为当时党内的教条主义除了组织上的危害性外，由于有马列主义的丰富词句，经验主义者有时也会不自觉受影响。[1]中国是后起的发展中国家，具有追赶型特点，在经济发展实践的知识运用中，比较容易产生教条主义。同时经过70多年的发展，我们积累了丰富的经验，也有必要和可能进行理论总结和学理转换，自主形成中国当代经济发展的知识体系。

五、中国当代经济发展的知识体系框架

2016年5月17日，习近平总书记在哲学社会科学工作座谈会上的讲话中强调，要加快构建中国特色哲学社会科学。2022年4月25日，习近平总书记在中国人民大学视察时进一步指出，加快构建中国特色哲学社会科学，归根结底是构建中国自主的知识体系。笔者认为，中国自主的知识体系首先是中国的学者自主研究形成的知识体系。这个知识体系要由中国人自主选定研究对象，比如：中国人自主观察总结中国的实践；中国人自主运用研究方法，包括自主选定技术线路；中国人自主形成理论框架；中国人自主形成判断和结论；中国人自主运

---

[1] 郭德宏等主编：《党和国家重大决策的历程》（第二卷），红旗出版社1997年版，第186页。

用中国人听得懂的语言来表述。中国自主的知识体系决不是学术封闭，肯定要积极吸收和运用人类文明成果，肯定要积极参与国际学术交流，肯定要尽量采用中外融通的学术概念和范畴。强调构建中国自主的知识体系，也欢迎国外学者参与中国问题的研究，欢迎他们参与中国自主的知识体系的构建；同时，中国自主的知识体系，也包括中国人对世界的认识。当然中国自主的经济发展知识体系的主要针对性是中国，这是它的独特性。但中国当代自主的经济发展知识体系在形成中也学习借鉴了已有的反映社会化大生产和市场一般规律的内容，而且已经形成的中国当代自主的经济发展知识体系，在独特性中也具有一般意义。也就是说，中国当代经济发展的自主知识体系，在形成中运用了"一般"，形成后又产生了新的"一般"。

关于中国当代经济发展的知识体系框架，笔者想列举13个方面，也就是9+4。前面专题研究篇中讲到了9个方面的理论，在绪论篇中，谈到了中国当代经济发展的主题主线，在新时代三大任务中专门讲了共同富裕的问题，在总论篇中还谈到了中国文明崛起的新现代性，以及中国当代经济发展的世界意义。再加上贯穿本书研究的根本方法，本身也是中国当代经济发展实践中所体现的哲学基础。

1. 以社会矛盾运动规律为推动经济发展的哲学基础

作为西方经济学的分支学科的发展经济学，将西方发达国家工业化的路径作为样板和标杆，用来指导发展中国家工业化，或者用来评价发展中国家，存在着明显的哲学基础缺陷。古典经济学在西方取得主流地位之后，曾经有过四次大的争论。一是门格尔与施穆勒的争论，也就是奥地利学派与德国历史学派的争论，即归纳与演绎方法的争论；二是米塞斯、哈耶克与兰格的争论，即市场与计划的争论；三是哈耶克与凯恩斯的争论，即围绕处理经济危机要不要政府干预的争论；四是"两个剑桥之争"，即一般均衡的资本能不能加总的争论。这四次争论都直接或间接地涉及西方经济学的方法论和哲学基础问题。苏联的社会主义经济建设，曾经取得过让西方人深感不安的骄人成绩，但后来模式化，僵化了。斯大林承认社会主义社会仍然有生产关系与生产力的矛盾，但是不认为这种矛盾是推动社会进步的动力。这实际上也存在着哲学基础方面的缺陷。唯物史观是马克思主义的理论基石。毛泽东之所以毕生坚信马克思主义，主要是接受了马克思主义对历史的解释。无论是在革命战争年代，还是在社会主义建设时期，毛泽东都强调坚持唯物史观，坚持和不断丰富社会矛盾运动理论。他在读苏联《政治经济学教科书》时指出，社会主义社会仍然存在生产力和生产关系的矛盾，生产力与生产关系的矛盾运动仍然是推动社会进步的动力。改革开放就是生产力与生产关系矛盾运动的生动体现。

笔者认为，习近平总书记强调全面深化改革的哲学基础也是唯物史观，也是社会主义社会矛盾运动规律。毛泽东、邓小平先后说过，商品经济或者市场经济，看与哪种社会制度相结合，与社会主义制度相结合，就是社会主义的商品经济或市场经济。这是将商品经济、市场经济或者计划经济的资源配置方式从社会制度属性中剥离出来，资本主义也有计划，社会主义也有市场。某种资源配置方式与社会制度结合起来的体制，又是这种基本经济制度的内容。党的十九届四中全会决定，把社会主义市场经济体制作为社会主义基本经济制度的内容之一，与遵循社会矛盾运动规律相适应。我们党对不同发展阶段社会主要矛盾也有科学的判断。有人会说，"文化大革命"及以前的"左"的思想，也曾偏离过唯物史观和社会矛盾运动规律，甚至对社会主要矛盾有过错误的判断。但从总体上看，在中国当代经济发展中坚持唯物史观，遵循社会矛盾运动规律是主流，是大趋势。实践证明，凡是遵循社会矛盾运动规律的时候，经济发展就快就好；凡是偏离社会矛盾运动规律的时候，经济发展就会慢下来，甚至走弯路。

作为中国当代经济发展哲学基础的社会矛盾运动规律，涉及七个方面的要点。一是社会主义条件下仍然存在着生产力与生产关系、经济基础和上层建筑之间的矛盾；二是在社会主义条件下，社会矛盾运动仍然是推动经济社会发展的动力，这体现了马克思主义唯物史观的彻底性；三是在社会主义条件下，社会矛盾运动的性质是非对抗性的，可以在坚持社会主义制度的前提下，进行调适；四是社会矛盾运动的基础是生产力水平；五是生产关系与上层建筑可以反作用于生产力，在一定条件下还可以起决定性作用；六是社会矛盾运动规律是中国当代经济发展的哲学基础，也是中国改革的哲学基础；七是中国当代经济发展和经济体制改革进程凡是健康顺利的时候，就是较好地遵循了社会矛盾运动规律的时候，凡是出现波动曲折的时候，就是对社会矛盾运动规律的偏离的时候。

2. 把以人民为中心作为经济发展的价值追求

在中国当代经济发展中，坚持以人民为中心的价值追求，具有道义高度。以人民为中心的发展，就是促进人的全面发展、实现全体人民共同富裕的发展，是更好的发展。以人民为中心，既是整体的概念，又有具体切实的实现形式。所谓整体的概念，就是说人民这个整体，不是一个单位的团体、一定范围内的集体，或者某一个类型的群体。如果一定要把以人民为中心的发展用集体主义的价值观来表述的话，那么这个集体是人民这个整体。所谓具体切实的实现形式，就是说以人民为中心的发展，不仅仅体现在价值层面、伦理层面、宣传层面，更是在发展的指导思想上、战略规划上、法律保障上、政策措施上，真正体现为人民谋福利，时刻关注广大人民群众的切身利益，始终维护广大人民群众的根本利益。小康路上一个也不能少，共同富裕是全体人民的共同富裕。

这与资本主义国家经济发展的价值取向有根本的不同。他们对人民的理解是个体、个人。美国共和党入党誓词中就个体、个人讲了几个层次：一是国家力量依赖于个体、个人；二是个体、个人有所谓平等的权利和机会；三是个人的积极性可以带来国家的繁荣；四是强调政府必须实践财政责任，允许每个个体更多保留自己所赚的金钱。他们这里所说的个体、个人，实际上是指拥有资本的个体、个人。说到底，他们所依赖的是资本，维护的是资本的权利，目的也是保障资本更多地赚钱。对于普通老百姓的利益，他们宣扬所谓"涓滴理论"。也就是资本家多赚钱,并且秉持新教伦理,通过节俭将更多的钱投入到生产过程,让更多老百姓就业得到工资收入。他们为了缓和劳资矛盾和社会矛盾,也建立了福利制度,但往往在经济形势稍好的时候,有些福利政策还能落实,一旦遇到经济波动的时候,往往首先是调整福利政策和工人下岗。美国和西方讲民主平等,绝不会讲经济上的民主平等,而是把民主平等限定在政治领域。就社会福利而言,我们可以拿全民医疗保险的案例来做比较。中国在改革开放之前生产力水平低下的条件下,就有覆盖城乡的职工医疗和合作医疗,现在已经建成了世界上最大的医疗保障体系。近年来在抗击新冠肺炎疫情的实践中,中国政府的公共卫生服务功能和成效更是举世瞩目。新加坡前总理李光耀说,西方的领导人竞选是福利拍卖会。笔者认为严格地说,是福利承诺拍卖会,因为他们在竞选时向选民承诺的福利支票,有的做得到,有的做不到,实际上多数做不到。比如美国的医疗保险改革,从老罗斯福算起,这个动议历经了九任民主党总统,历时近百年,到奥巴马任期内的2010年才得以勉强通过。由于奥巴马继任者的不同政见,医保法案执行中还出现过曲折。

3. 以建立独立的完整的现代的工业体系和国民经济体系为经济发展的主线

中国当代经济发展的主题是现代化,现代化的核心是工业化。这似乎是所有发展中国家在发展过程中的共同任务。那么从中国的基本国情出发,中国的工业化和现代化道路的重要特点或者说主线就是,坚持建立独立的完整的现代的工业体系和国民经济体系。

为什么我们不按照比较优势理论来进行战略选择呢?我们需要对西方经济学的比较优势理论进行分析。比较优势对于发展中国家而言,通常有两重含义:一是后发国家可以利用先发国家的技术转移,快速发展自己(这当然也可以看成是后发优势);二是发展中国家尽管落后,也有结构上的比较优势可以利用。然而,西方为了固化科学技术的落差,保持他们在经济技术方面的优势地位,让中国这样的发展中国家永远处在产业链的低端，常常对发展中国家进行技术封锁，同时启发发展中国家按照静态的比较优势来进行战略选择。西方早期激进主义发展理论中有一个"普雷维什-辛格假说"，该假说认为后发国家不会在增长和收入方面受益，而只能以外围形式成为中心国家的附庸。因为比较优势理论有一个错误的假设，认为发达国家技术进步的收益会以价格降低或增加收入的方式为全球带来均等的福利。[1] 同时，按照他们的逻辑，当时中国具有农业和手工业等劳动力成本低的优势，中国的工业化和现代化就应该从优先发展农业和手工业起步，或者长期在发展农业和手工业方面展示比较优势，永远用几亿条牛仔裤换一架波音飞机。这样一来，中国在国际分工中就会长期处于产业链的低端，长期依附于西方发达国家，落入"比较优势陷阱"。

4. 以生产资料优先增长为经济发展的基本路径

在西方经济学中，有多个经济增长模型。中国是个发展中大国，在国家安全受到严重威胁的背景下，工业化的起步选择了重工业优先发展的战略。这有利于国家安全和经济安全，有利于建立独立完整的工业体系和国民经济体系，也有利于中国当代经济发展的系统性、稳定性。生产资料优先增长的规律是马克思在《资本论》中首先揭示的，列宁在《论所谓市场问题》中进行过推导论证，后来苏联和印度的经济学家就此建立了模型，即FMD模型。70多年来中国当代经济发展的实践也验证了这一规律。我们不能把生产资料优先增长简单地等同于投资拉动的经济增长模式，然后再把这种投资拉动定性为粗放型的发展，并进一步引申为投资拉动与科技创新驱动相对立。实际上优先增长的生产资料的生产，也有技术含量的高低之分。这些年，我们在强调科技创新驱动、高质量发展的过程中，也强调要投资"新基建"，强调基建适度超前。

---

[1] 劳尔·普雷维什（Raúl Prebisch）1949年在联合国拉美经济委员会任职，向该委员会提交了题为《拉丁美洲的经济发展及其主要问题》的文章，1950年，汉斯·辛格（Hans Singer）在《美国经济评论》上发表了《投资国与借贷国之间的收入分配》一文。这两篇文章形成了"普雷维什-辛格假说"。

毛泽东早前也主张工业化从发展轻工业起步，并且认为要在新民主主义经济形态背景下完成工业化。刘少奇还认为，社会主义改造要等到出现生产过剩的时候。当时他们这样考虑，是希望工业化能够自然而然地发展，也希望工业化过程中能够自然而然地积累资金，形成初期资本；同时由于中国当时的生产力水平低，也想充分利用市场和多种经济成分。但很快朝鲜战争爆发了，严重威胁到中国的边境和新生政权的安全，中国工业化和现代化的进程有可能再次被打断。在此背景下，中国争取到了苏联的援助和支持，实施了重工业优先发展的战略，形成了过渡时期的总路线，即工业化"一主"，农业、手工业和资本主义工商业的社会主义改造为"两翼"。

中国领导人在强调遵循生产资料优先增长规律、优先发展重工业的同时，也注重总结苏联的经验教训，重视农、轻、重的协调发展。在改革开放初期，面对实际存在的重工业过重、轻工业过轻的情况，又通过产业政策和需求拉动，使轻工业和消费品工业得到了快速发展。

5. 以渐进式改革为经济发展的持续动力

改革开放以来甚至包括改革开放之前的改革，总体上是采取渐进式的方式。渐进式既是相对于激进式而言的，也是相对于集中一次性而言的，是持续不断的改革。中国的渐进式改革，是自信和理性的反映。一方面，社会主义制度是历史和人民的选择，只有社会主义才能救中国，只有社会主义才能发展中国，这是历史和实践得出的基本结论；另一方面，社会主义社会也存在生产力与生产关系的矛盾，这个矛盾的运动是社会主义社会发展的动力。革命是解放生产力，改革也是解放生产力。社会矛盾运动规律既是中国当代经济发展的哲学基础，也是改革和全面改革的哲学基础。中国的渐进式改革符合认识规律，体现了靠实践检验的原则，有"摸着石头过河"的稳妥，把基层创造与顶层设计有机地结合起来了。但是，有的人看不起"摸着石头过河"这样的经验直觉。前面提到过，发展经济学中内生增长理论的思想源头，是阿罗的"干中学"理论。中国的渐进式改革体现了经济社会协调发展的系统性思维,注重协调改革的力度与经济发展的速度、社会所承受的程度之间的关系,实现了经济快速发展和社会长期稳定的两大奇迹。

不少人把中国渐进式改革与俄罗斯的"休克疗法"即激进式改革相比较,实际上这不仅仅是改革方式的不同,而是改革取向的相悖。中国的渐进式改革的取向是要建立起社会主义市场经济体制,是社会主义制度的自我完善;而俄罗斯的"休克疗法",是要改到资本主义那里去,是要改公有为私有,迅速培养起资产阶级。

渐进式改革不断地调适生产关系与生产力、上层建筑与经济基础的关系,不断地激发人的创造性,不断地激发科技创新的活力。通过改革,带来生产函数的变化,提高全要素生产力,形成中国当代经济发展的持续动力。

6. 以产权链解决公有制与市场经济的对接问题

在当代西方经济学流派中,产权学派、新制度学派备受关注。按照西方产权学派的观点,他们认为产权不是一般的物质实体,而是指由人们对物的使用所引起的相互认可的行为关系。产权是用来界定人们在经济活动中如何受益,如何受损,以及相互之间如何进行补偿的。产权的重组和转让,依靠市场,用合约的形式来完成。这种不是孤立的看待所有权,而是从市场运行的动态过程中观察产权,一定程度地反映了市场经济与社会化大生产的一般规律。对于这些理论,中国在改革实践中结合实际运用过。但是产权学派、新自由学派有一个分析前提,也就是只有私有产权是界定清晰的,只有私有产权才能解决激励问题。在他们看来,共有产权需要协调成员之间的利益关系,这个成本比较高;国有产权不具有独享的收益权,难以真正解决激励问题。[1]共有产权和国有产权存在着"产权残缺"。这样的分析前提,除了私有制的意识形态偏好外,还有方法论的缺陷。实际上在西方资本

---

[1] 参见[美]罗纳德·H. 科斯等:《财产权利与制度变迁——产权学派与新制度学派译文集》,刘守英等译,格致出版社、上海三联书店、上海人民出版社2014年版,第76—81页。

主义国家，除了以私有产权为主体之外，也有其他产权；在某些企业中，也会有多元产权组合。并不是除了私有产权以外，其他产权就不能界定清晰，不能解决激励问题。

中国改革开放以来的40多年的微观改革实践，可以从多个视角进行总结和归纳，但穿透性地看，我们借助产权概念，可以找到微观改革的一条主线，那就是产权链的形成和延伸。农村改革和城市工商企业的改革都是这样。农村集体所有权延伸为农民的承包权，然后派生出占有权、收益权、抵押权、转包权、出资权。国有产权派生出管理权和经营权、出资者所有权和法人财产权。在国有投资和出资的股份公司中，运用法人财产权再投资或者参股，又出现出资者所有权和法人财产权的分离。如此延续下去，没有止境。

农村改革中的集体所有与农户承包以及由承包权派生出其他权利，其法律关系也类似于企业改革中的出资所有权和法人财产权的权利结构。出资者所有权和法人财产权的权利组合，既可以解决产权界定的问题，又可以解决不同产权在市场上的同质化问题。从中国微观改革的实践看，各种所有制形式的经营性资产都以产权的形态组合在企业中。国有产权、集体产权、合作经济产权、私有产权、境外投资产权，无论是独资还是合资，都是以法人财产权的形式存在于企业中。出资者所有权与法人财产权，通过法律和合约，既有序分离，又相互维系，而且不断地延伸，形成了纵横交错的产权链网络。运用产权链理论解决公有制与市场经济对接的问题，解决公有制经济与多种所有制经济共同发展的问题，解决所有权和经营权分离、分置的问题，是对西方产权理论的私有制前提理论和产权静态分析方法的历史性超越。这也是经济学理论和法学理论的重大创新。

产权链的形成和延伸，不仅生动地反映了中国微观改革的实践，也能解释西方发达资本主义国家的企业资产结构与变动。

7. 以中长期经济发展规划的制定与实施适应信息结构性特点

截至目前，学者们研究中国的"五年规划"，多与有计划按比例的发展规律相联系，也有学者将"五年规划"定义为目标治理的公共产品。提出并运用信息结构理论来解释"五年规划"的必要性和重要性，是学理转换的全新视角。

奥地利学派的代表人物哈耶克认为市场信息是分散的，由自然人和企业作出选择，进而形成价格机制。这从一定意义上揭示了市场配置资源的机理和内在动力。但哈耶克得出的用集中计划的方式处理分散信息必然会招致失败的结论，主要是针对要不要市场而言的；如果在运用市场的同时再面对信息结构的现实，从学理意义上分析，这个结论是存在漏洞的，或者说是不完全的。市场在交易过程中形成的价格信号，对生产者和消费者确实会产生直接影响，但是价格变动的信号是即时的、直观的，生产者和消费者多数情况下也是应急反应，集体趋利或集体避险，势必在短时间内加剧市场波动，甚至形成周期性危机。应该说，市场信息具有结构性特征，有利于整体和长远发展的信息，个体未必会作出及时反应，需要公共部门和相关机构关注、收集、处理，并以整体信息的形态提供给社会。比如中国政府制定的"五年计划"和以十年或更长时间为期限的长远规划，制定的过程就是将分散信息集中的过程，就是基于市场原则分析的过程。所发布的计划和规划，就其内容属性而言，就是集中的信息、整体的信息，其体现了市场原则，具有前瞻性，一经发布，就会形成一种"势能"，无论从事生产经营的企业还是个人，都会关注、研究这些信息，并顺"势"而为。进一步说，哈耶克是20世纪二三十年代作出判断的，那时还没有互联网，现在互联网运用如此之广泛，国家、企业、个人都在不同程度地运用大数据来做决策，情况已经不一样了。

运用信息结构理论可以一定程度地解决计划与市场的互补问题。在互联网和大数据时代，信息分散不应该是信息形成和分布的唯一特征。经过整理的信息和没有经过整理的信息，同时在发挥作用。进一步说，现在，不仅公共部门在收集整理信息，企业特别是互联网平台也在整理信息，个人也不全是被动地接收信息，也参与了信息处理。

在此背景下，搜索软件还会根据团体和个人的需要投其所好，不断推送某一方面的信息，形成"信息茧房"，如果不加以分析，还会被误导。

8. 以理性的政府服务形成交易费用递减优势

按照西方主流经济学的观点，政府只是守夜人，或者是裁判员。守夜人的职责是维护安全，裁判员的职责是维护规则。也就是说，市场通过自由竞争，有足够的力量推动资源有效配置、推动经济发展，无须政府介入、干预。奥地利学派甚至将政府作为市场的对立面来看待。以凯恩斯为代表的宏观经济学，虽然主张政府在必要时对市场进行干预，但干预仅限于财政、货币政策。而在中国当代经济发展中，中国政府的作用远远超出了守夜人和裁判员的职责范围，也远远超出了财政、货币政策的范围，而是扮演着从整体和长远利益出发，服务经济发展、推动经济发展的重要角色。从一定意义上讲，中国政府对于中国的经济发展是"积极干预者"，不同于西方经济学中所讲的很时髦的"积极不干预"。

企业交易费用为零，是在现实中不存在的一种理想状态。客观上，企业除了需要商品交易的正常秩序之外，还需要生产经营条件的配套和发展环境的配套，需要中长期发展规划的引领，需要政府提供其他方面的综合协调服务。

政府为企业所提供的直接或间接的服务，肯定会涉及交易费用的变化——交易费用一般会递减。比如政府支持在当地办企业，创办新企业的交易费用就会降低。政府通常会召开协调会，简化工作程序，提高办事效率，解决企业入驻、建设、开工中的一些具体问题，其中很多都是政府应该提供的条件和创造的环境。通过召开协调会的方式，本来需要较长时间才能解决的问题，可以在很短的时间内就得到解决；而且可以同时解决企业新建开工中的许多问题，而不至于企业一个一个地提出诉求，一个一个地去寻求解决的途径。

由政府领导出面召开协调会时，通常政府有关部门的负责人都会参加，企业会后再与政府部门协调并争取支持的可能性加大，同时由于政府综合协调而获得信用,在与其他企业合作时容易给合作方信心,包括金融信贷支持。所以政府协调服务,企业的交易费用会递减。

在实践中,中国的企业对政府的情感也是复杂的。它们对政府会有很多抱怨,但是也很依赖政府。当然,政府不能提供类似于特许或补贴的服务,不能提供支持形成垄断利益的服务、不公平竞争的服务。特别是在商事改革和普遍国民待遇的背景下更应该如此。政府对企业的服务往往是分类进行的。比如,改革开放以来,政府直接为外商投资企业、民营企业协调服务得比较多,而且对国有企业实施改革及其配套政策也一直没有间断过。从这个意义上讲,政府对各类企业的服务总体上是均衡的。

由此可见,中国政府为企业提供服务而引发的交易费用递减,具有明显的比较优势。实际上,政府服务和社会氛围对企业发展的影响,在西方资本主义国家工业化的早期甚至现在都存在,也会直接影响到企业的交易费用。马斯克的企业在加州与得州的比较中作选择,马斯克抱怨德国政府的办事效率,可以说明上述结论。

9. 以价值共生为基础实现激励兼容

西方经济学认为,在市场竞争条件下,激励具有决定性作用,而要激励就必须私有化。这种结论,除了具有意识形态偏见之外,从经济学的角度讲,也过于简单。也就是类似的这些结论,直接误导了苏联及东欧国家和一些拉美国家的改革。

中国在改革特别是国有企业改革实践中,把终极所有权与投入使用的产权做了分离。在国有投资企业中,作出了出资者所有权与法人财产权的结构性安排,也就是用产权链解决了不同所有制产权的同质化问题,当然也解决了公有产权的市场主体地位问题、激励问题。与此同时,公有制所具有的利益共同体的优势仍然存在。

西方经济学中的"激励相容"理论,实际上是讲个体利益与集体利益的协调。这是西方学者试图缓解资本主义社会利益对立的良好愿望。事实上,资本主义制度不改变,是不可能实现真正意义上的激励相容的。

社会主义基本经济制度是价值共生和激励兼容的制度基础。其中公有制为主体是底盘。由于公有制的主体地位和功能作用,从伦理基础上决定了社会成员既是劳动者又是所有者,都直接或间接地处在利益共同体之中。社会主义初级阶段的基本经济制度实际上是三个结合:一是公有制为主体、多种经济成分共同发展相结合;二是按劳分配为主体、多种分配形式并存相结合;三是社会主义与市场经济相结合。这在总体上形成了价值共生的基本格局,在这个基本格局中可以实现激励兼容。资本主义私有制与市场经济结合在一起,生产资料的私人占有与生产社会化相矛盾,没有价值共生的制度基础,难以从根本上解决阶级对抗和两极分化的问题,也难以真正实现激励相容。

总之,当今中国是建构在中国特色社会主义基本经济制度基础上的利益共同体,客观上存在着个人利益和集体利益的价值共生;效率与公平的价值共生;物质文明和精神文明的价值共生;市场、政府、伦理三种调节互补的价值共生。激励兼容建构在价值共生的基础之上,体现了价值共生基础上的主动的价值导向。

10. 以伦理调节的独特作用促进经济文明

亚当·斯密虽然在《国富论》中把人性"自利"作为分析的起点,但他在《道德情操论》中也认为,一个人无论如何自私,他的天性中都有对他人的同情心。社会主义伦理秩序是符合当今中国实际的伦理秩序,是体现社会主义原则和精神的伦理秩序,是与中华优秀传统文化和人类文明优秀成果相衔接的伦理秩序。社会主义伦理秩序,与社会主义法治秩序、社会主义民主政治秩序共同作用于国家和社会治理。

社会主义伦理秩序不仅在改革开放之前的计划经济条件下发挥了重要的调节作用,在改革开放初期,在市场秩序还不规范的背景下,发挥了有益的补充作用,而且在新时代,在面向全面建设社会主义强国的新的征程中,它仍然不可或缺,还会发挥更加重要的作用。

社会伦理对企业产生积极影响。社会舆论环境对企业所产生的影响，包括社会监督对企业产生的影响，从某种意义上讲，是社会层面的伦理在发挥作用。比如产品的质量问题，企业的环保问题，都可以依靠法律来加以解决，或者都会有法律监督。但是社会反映、社会舆论、社会监督，仍然发挥着非常重要的作用，特别是在互联网普及的背景下。虽然一部分网络意见具有非理性的特点，但整个舆论倾向，特别是其中有理有据的社会舆论仍然会对企业产生影响。如果企业不及时作出反应，就会影响企业形象，影响消费者的信心，最终也会影响到企业的效益和发展。

在社会主义伦理秩序的不同层次中，组织伦理是很重要的一个层次。企业是主要的经济组织形式，凡有一定发展基础或者有一定发展规模的企业，都会致力于形成具有自身特点的企业精神、企业文化。企业精神、企业文化，是企业主动构建的或者说是内在的伦理秩序。中国的企业比较重视工会的作用，比较重视职工对企业管理的民主参与。

伦理调节是中国经济调节体系中的第三种调节，与市场调节和政府调节共同发挥作用。实际上，在西方发达的资本主义国家，伦理也对经济活动产生影响；而在中国，由于中华优秀传统文化具有伦理型文化特质，由于社会主义制度背景下具有集体主义的价值取向，伦理调节发挥着更加重要的作用。

11. 以综合平衡理论为指导实现两个超越

如果回到政治经济学的本源本义，研究国家和社会层面的经济问题，自然既要研究市场配置资源的机制问题，又要研究整个经济全局的综合平衡问题。这绝不仅仅是制度偏好，而是社会化大生产的一般规律。

关于经济工作中的综合平衡理论，中国领导人讲得最早最多。无论在改革开放前还是改革开放后，综合平衡理论在经济工作实践中都能得到贯彻。西方经济学中没有综合平衡理论，苏联也没有真正的综合平衡理论。在西方经济学说史中，最早涉及社会总生产的经济学家是英国的威廉·配第。此后，爱尔兰经济学家坎蒂隆分析过社会总产品再生产和流通问题，成为法国经济学家魁奈"经济表"的重要思想来源。马克思批判地继承了这些有益成果，第一次从社会总资本的角度研究并提出了社会再生产理论。综合平衡理论是马克思社会再生产理论与中国经济建设实际相结合的产物。后来的凯恩斯宏观经济学，虽然重视了经济总量的分析，但更多的是关注需求一侧。

中国的综合平衡理论肇始于新民主主义经济时期，形成于高度集中的计划经济体制时期，在改革开放实践中，在社会主义市场经济条件下，得到了进一步完善和发展。进入新时代，综合平衡理论是国家经济治理的重要指导思想和原则。综合平衡理论具有决策和实践的统筹意义，具有经济运行中的纠错功能。该理论涉及国民经济全局的各个重大比例关系的协调和平衡，既要求在中长期发展规划中得到体现，又要求在经济运行中得以体现，并且会作为经济发展是否健康的评价标准。年度计划或中长期发展规划在执行中出现偏差，往往要及时进行调整，经济发展中出现重大比例关系失调时，往往要集中时间进行整顿。相对于凯恩斯的需求理论，综合平衡理论是积极的宏观经济学。

在70多年改革实践中的较长时间里，综合平衡理论服务于建设独立的完整的工业体系和国民经济体系，服务于充分利用商品货币关系和市场机制，实现了对基本物资和商品"短缺"的历史性超越。一段时间以来，综合平衡理论服务于供给和需求两侧双向的宏观治理，正在实现对周期性经济危机和生产"过剩"的历史性超越。超越"短缺"的问题基本得到解决，但仍然存在不平衡不充分的问题。超越"过剩"仍在实践探索的过程当中，我们对其思路和前景是有信心的。

12. 以系统集成的决策体系实现高效能

中国国家经济治理具有系统集成的特点及优势。对于这个结论，中国的学者和管理者都有所认识，西方国家的一些理论家和政治家也表现出兴趣。

中国是单一制国家，法制是统一的，市场是统一的。西方国家在国家结构方面，有很深的古希腊雅典情结，多数国家选择联邦制或者邦联制的国家结构，法治没有完全统一。在国家治理方面，具有板块式和松散型的特征。

中国是社会主义国家，把社会主义制度和市场经济有机地结合起来，既能够充分发挥市场配置资源的决定性作用，又能够发挥政府系统集成的优势，在实现持续的高中速发展的同时，实现社会长期稳定，能够处理好公平与效率的关系。

中国的社会主义民主政治体系、法治体系、政府行政体系横向和纵向的有机构成，是国家经济治理系统集成的基本依托。三个体系内部和三个体系之间，有责任分工，也有监督性的制度安排，但不是西方资本主义国家的"三权分立"之间的相互制衡。在西方"三权分立"的权力结构中，相互之间的关系主要体现为制衡。由于资产阶级政党和资产阶级国家的性质所决定，西方资本主义国家不可能真正重视民意，也很难形成共识和"公意"，决策和执行中有很多否决点，很多事情都是否决容易通过难。

进一步说，中国特色社会主义制度的价值基础是利益共同体，中国共产党的集中统一领导，是确保人民当家作主，同时带领人民有效地治理国家；广义人民政府的宗旨是为人民服务，全过程人民民主的特征是共识型民主、责任型民主、效能型民主。这些是中国经济治理和经济决策系统集成的制度条件、社会氛围和伦理要求。被毛泽东在延安时期称为政体的民主集中制，是中国经济治理和经济决策系统集成的重大原则和基本技术线路。

13. 以文明崛起的新现代性为世界作出贡献

文明崛起的思想和理念，是中国当代经济发展理论体系中的重要组成部分。与美西方老牌资本主义国家现代化的路径和方式相比较，中国的文明崛起具有道义高度，体现了对美西方宣扬的"现代性"的历史超越，呈现出了代表人类社会发展方向的新现代性。美国和西方老牌资本主义国家的现代化，都有对发展中国家殖民掠夺的不光彩历史。他们现在对待世界经济发展的态度是："美国优先"、西方中心主义，对发展中国家仍然存在着殖民思维，并在他们处于军事和技术优势的前提下，强调"丛林法则"、适者生存。他们不断推行单边主义、保护主义、霸权主义、强权政治，以大欺小、恃强凌弱，刻意宣扬大国竞争的所谓"修昔底德陷阱"，坚持零和思维；对待社会制度与他们不同的国家，采取排斥、敌视、围剿的态度；把所谓"普世文明"和西方文明看成终极文明，把世界其他文明博物馆化、"异时化"。正如马克思在《1861—1863年经济学手稿》中所说："一方的人的能力的发展是以另一方的发展受到限制为基础的。"[1]中国对国际关系和世界经济发展的态度刚好相反。早在1953年，中国就提出了和平共处五项原则，中国的几代领导人都强调反对霸权主义、强权政治，永不称霸，中国是维护世界和平的坚定力量。习近平总书记强调推动构建人类命运共同体，弘扬和平、发展、公平、正义、民主、自由的全人类共同价值。

中国当代经济发展，具有鲜明的中国特色，是在自主、自力更生的基础上实现的，既没有依附他国，更没有通过"领土殖民""经济殖民""价值殖民"掠夺和侵害他国。中国的发展对别的国家的发展，对国际经济秩序的健康运行，是机会、是贡献、是正能量。中国国内市场潜力巨大，国内市场的积极运用和全方位开放，还对世界经济复苏发挥了牵引作用。中国当代经济发展，无论是从份额和结构对世界经济发展的直接贡献看，还是从中国发展的价值取向和发展的哲学思维对发展中国家的启示看，抑或是从中国的参与对经济全球治理和世界经济发展趋势的影响看，都具有积极深远的意义。

以上十三个方面，涉及中国当代经济发展的哲学基础、价值导向、主题主线、发展路径、持久动力、微观改革、信息结构、政府服务、伦理调节、兼容激励、综合平衡、系统集成、世界贡献，应该具有中国当代经济发展知识体系的框架特征。

---

[1]《马克思恩格斯全集》第32卷，人民出版社1998年版，第214页。

这里特别需要说明的是，在上述十三个方面之外，笔者并没有单列一条来分析市场问题，是考虑将中国共产党人对市场的认识和运用的渐进过程，作为中国当代经济发展的基础和背景，上述十三个方面包括全书所有章节，也都是直接或间接地与市场联系起来进行了分析。

第十九章

中国文明崛起与新现代性

中国当代经济发展，从价值内涵观察，呈现出超越西方现代性的新现代性。

面对中国当代经济发展的历史成就以及现代化强国建设的光明前景，我们需要做更深层次的思考，从世界范围看，我们需要发掘中国文明崛起的价值内涵及其意义，对中国式现代化，进行新现代性的阐发。

一、中国文明崛起和新现代性的定义

中国文明崛起是指，在近代落后挨打的基础上，中国共产党领导全国各族人民走中国特色社会主义道路，实现工业化和现代化，实现中华民族伟大复兴的过程。这个过程既充分吸收人类文明的有益成果，又作出符合中国基本国情、体现中国特色的选择，所呈现的是中国式现代化道路，是人类文明新形态。在这个过程中，中国不依靠殖民掠夺、不以大欺小、不恃强凌弱、不依赖他国、不做附庸，依靠自身的力量改变落后面貌，赶上时代，引领时代。

所谓新现代性，是指中国文明崛起中反映出来的价值内涵，对既有西方所界定的现代性有突破、有超越，具有创新性、先进性，它能够一定程度地反映人类社会发展的新趋势。不同于资本主义对中世纪的超越，它既是对半殖民地半封建社会落后面貌的超越，对苏联模式的超越，又是对资本主义的超越；是在坚持民族性基础上，超越了美西方所宣扬的现代性的新现代性。

二、西方的现代化和现代性的基本概念

现代化和现代性的概念都来自西方。在西方，现代化和现代性有它们的原初定义。

1. 西方视域下的现代化与现代性的一般定义

首先我们来看现代化的概念。笔者在前面专门就近代以来现代化概念的形成和在中国的传播作过介绍。现代化的概念无论是在西方还是在中国，都是近代才开始使用的。前面讲过，笔者比较倾向于认为，现代化是一个动态概念，是指近代以来人类社会已经发生和正在发生的深刻变化，包括由传统经济向现代经济、传统社会向现代社会、传统政治向现代政治、传统文明向现代文明的转变。现代化是近代以来人类文明演进的动态过程，是近代以来人类文明进步的前沿。西方学者通常将现代化与工业化、民主化、市场化、资本主义化联系在一起，所以他们认为，现代化是从工业革命或者说是从文艺复兴、资产阶级革命开始的，并认为英美等西方国家早已实现了现代化，现在所面临的问题是后现代问题。他们还认为，后发国家要实现现代化，必须仿照西方模式，必须市场化、民主化、私有化及资本主义化。

现代性是指现代化这个发展过程中发挥支配作用的价值体系。西方学界讨论得比较多的涉及启蒙价值、世俗观念、个人主义、自然法精神。美国学者马泰·卡林内斯库（Matei Calinescu）对现代性概念的历史渊源进行过系统的梳理，认为"现代性"一词最早出现在17世纪。《牛津英语词典》记载该词语于1672年首次出现。马泰·卡林内

斯库认为,广义的现代性意味着成为现代、适应现实及其无可置疑的新颖性。[1]说到现代性,人们也会想到韦伯的《新教伦理与资本主义精神》。韦伯在这本书中运用宗教和心理学的视角,分析了资本主义或者如他所说的现代资本主义的内在原因。他认为,当时发达的资本主义国家的精英基本上是新教徒,他们通过理性主义使追逐利润与节制消费统一起来,能够将所积累的财富再投资。他认为,新教伦理与资本主义精神的内在一致性在于把今生与来世结合在一起,把入世与禁欲结合在一起,把利益追求与道德责任结合在一起。他还从精神和文化层面分析资本主义的本质。他所说的理性主义、理智主义,被后来的学者认为是现代主义,是社会学的中心。1919年,他在慕尼黑向一批青年学子发表的著名演讲中指出:"我们这个时代,因为它所独有的理性化和理智化,最主要的是因为世界已被除魅,它的命运便是,那些终极的、最高贵的价值,已从公共生活中销声匿迹,它们或者遁入神秘生活的超验领域,或者走进了个人之间直接的私人交往的友爱之中。"[2]有人认为韦伯的现代性的思想,集中地包含在这段话之中。亨廷顿(Samuel P. Huntington)是把现代性和文化、文明联系在一起来理解的,并把现代化作为社会变迁的一个连续过程。他的所谓文明冲突论,有一个很重要的观点就是,现代性是稳定的,现代化的过程是动荡的。他所说的现代性实际上是指他认为发达的资本主义国家的宗教文化和制度体系是最好的、最理想化的;而现代化的过程,是指后发国家以西方发达国家为样板的社会变动的过程。他还认为宗教和文化是无法交流和相融的,文明在本质上是冲突的。从韦伯到亨廷顿,他们的思想基础是西方中心主义,并且逐渐形成了基督教一神信仰专断。他们就是要把西方文明作为终极文明,把其他文明认定为向西方文明转变的不同历史阶段。

---

(1)[美]马泰·卡林内斯库:《现代性的五副面孔》,顾爱彬、李瑞华译,商务印书馆2002年版,第337页。
(2)[德]马克斯·韦伯:《学术与政治》,冯克利译,生活·读书·新知三联书店1998年版,第327页。

西方学界提出并使用新现代性概念的学者不多，因为他们主流的看法是西方现代化反映出来的现代性是最理想的，甚至是终结的。他们比较多地使用后现代化、后现代性的概念。关于后现代化，亨廷顿、福山等美国政治学者主要宣扬后工业社会的消费者心态、表达型个人主义。后现代性是指在现代性基础上价值观念发生的新变化，通常所指的是价值体系在实践中发生变形，更多地体现为负面性的价值表现。比如现代性强调理性主义，理性主义既包括价值理性，也包括工具理性，那么后现代性主要体现为功利主义、工具理性。

2. 西方现代化与现代性中的殖民主义

进一步追溯西方现代化与现代性的思想和方法渊源，还要从古希腊文明说起。美国著名政治学家拉塞尔·柯克（Russell Amos Kirk）曾对以欧美为主导的现代国际秩序的精神源泉及其西方文明的源流做过归纳，他认为，作为殖民者来源地的欧洲，古希腊哲学家柏拉图和亚里士多德的观念无处不在。这些观念渗透进罗马文明，而后进入中世纪文化，紧接着又在文艺复兴和宗教改革之后，进入欧洲人和美国人的思想。现代西方文明背后隐藏着西方中心主义和殖民主义两大传统。

西方文明或者说现代性有着根深蒂固的西方中心主义倾向。在19世纪以前，西方社会一直普遍认为在整个人类社会中只有自己是开化的、文明的。因此"文明"一词在西语里，只有单数形式。直到19世纪初以后，"文明"一词在西语里才有了复数形式。西方人对西方文明以外的人类文明的认知十分有限，西方中心主义是由信仰中心扩展至经济中心乃至文明中心的。中世纪的西方传教士们的"布道精神"是典型的信仰中心意识。在近代大多数欧美以外的非西方国家，在追求自身民族独立和国家解放的过程当中，也都曾一度基于社会历史条件的原因，接受世界的发达文明在西方的认知和事实。比如日本近代学者福泽谕吉就曾这样说："现代世界的文明情况要以欧洲各国和美国为最文明的国家，土耳其、中国、日本等亚洲国家为半开化的国家，而非洲和澳洲的国家算是野蛮的国家。"[1]

与此同时，西方还存在着根深蒂固的殖民主义传统。古希腊著名雄辩家伊索克拉底就曾说过："说服可用于希腊人，强迫可用于蛮族人。"[2]随着近代资本主义国家瓜分世界，殖民主义思想得到了进一步张扬。

关于现代化，美西方学者的西方中心主义理论也非常典型。最初在英国所形成的古典经济学理论，主张自由贸易学说和比较成本学说。比较成本学说虽然在一定程度上反映了社会化大生产和市场的一般规律，但当时英国已经处在发展和贸易的制高点上，因此该理论客观上成为了以发达国家为中心的一种国际分工理论。按照这种理论，提供原材料的发展中国家永远处在国际分工的技术低端。同样，贸易自由理论也体现了市场有效配置资源的内在要求，但是发达国家处于自由贸易的有利地位，要求发展中国家毫无保留地向发达国家开放市场，对发达国家有利，对发展中国家不利，由此也容易形成以西方发达国家为中心而以发展中国家为外围的利益博弈模式。这种西方中心主义和殖民主义传统，进一步形成了实力优势地位基础上的"帝国理论"。

前面介绍过，支配欧美的对外政策并最能体现美国社会科学对外政策影响的个人，当首推肯尼迪、约翰逊时期美国对外政策主要设计师罗斯托。他的《经济增长的阶段：非共产党宣言》，被认为是冷战的知识武器。在他的发展阶段理论中，所有国家将依次经历传统、为起飞创造前提条件、起飞、向成熟迈进、高额大众消费以及福利社会6个阶段。冷战中的共产党国家和发展中国家都可以放在这个直线演进的特定位置上。西方是通过顺利过渡而达到高额大众消费的成功者，而美国则居于历史演进的终点，获至现代化的完备形态，发展中国家处在为起飞创造前提条件和起飞过渡阶段，其脆弱和不稳定使之容易被引向政治上的极端主义和集权主义。共产主义革命是对健康的正常

---

[1] ［日］福泽谕吉：《文明论概略》，北京编译社译，商务印书馆1992年版，第9页。
[2] 《古希腊演说辞全集：伊索克拉底卷》，李永斌译注，吉林出版集团2015年版，第122页。

的现代化路线图的偏离和反动。[1]这套理论对美国对外政策有直接影响，或者是美国对外政策的理论表达。罗斯托的所谓现代化理论，实际上是把传统社会和现代化作为对立的极化思维模式。传统意味着落后、愚昧，现代化的样板就是美国。发展中国家要实现现代化，就要全盘照搬美国的模式。

经常会有中国学者在与西方比较中谈"启蒙"，实际上中国的五四运动以及后来的文化反思，与欧洲的文艺复兴有历史条件方面的不同。欧洲的文艺复兴是要从中世纪黑暗愚昧的宗教中走出来，也就是要祛魅，要世俗化。韦伯的新教伦理是要说明资本家投资办工厂是遵从上帝旨意而承担的责任。直观地看，文艺复兴是要恢复阔别千年之久的古希腊文化。最初是一些感性的东西，比如达·芬奇的绘画、米开朗基罗的雕塑，画的和雕塑的是肉身凡胎，是"真实美"，不是中世纪的"反差美"（画得似人非人便是神）。而中国近代首要的不是从愚昧的宗教约束中挣脱出来，而是要实现真正的民族独立，要同时承担起反帝反封建的任务，而且所反的封建与欧洲告别中世纪的内涵也有差异。

中国在争取民族独立和实现现代化的过程中，始终绕不开现代性和民族性交织的问题，即一方面要学习先进的西方，另一方面又对西方现代性中的殖民主义等深恶痛绝。因此，我们在反封建的同时，也要尊重自己的历史，顾及基本国情。正像欧洲人的古希腊情结一样，中国也有优秀的传统文化，我们也有传统文化情结。

三、马克思主义及其中国化集中反映了新现代性

马克思主义揭示了人类社会发展规律，对未来社会的设想，其思想和价值内涵超越了资本主义的价值体系。

---

(1) 牛可：《罗斯托、社会科学与第三世界》，《世界知识》2009年第19期，第64—65页。

1. 唯物史观是新现代性的哲学基础

马克思主义经典作家的文明观，立足历史唯物主义的方法论，对文明进行了历史考察，强调文明具有历史性、实践性、社会性、民族性、开放性，超越了西方历史唯心主义的理性决定论、精英决定论、主观先验论、单线进步论的文明解释模式。

马克思和恩格斯客观地看待了资产阶级社会对中世纪的超越，这在《共产党宣言》中说得非常充分。《共产党宣言》是无产阶级革命纲领，其主旨是揭示资本主义对抗性的内在矛盾，阐明"资产阶级的灭亡和无产阶级的胜利是同样不可避免的"[1]。尽管如此，马克思和恩格斯还是在《共产党宣言》中充分说明了资产阶级曾经发挥的历史作用。《共产党宣言》首先指出，"现代资产阶级本身是一个长期发展过程的产物，是生产方式和交换方式的一系列变革的产物"；然后提出了一个判断，"资产阶级在历史上曾经起过非常革命的作用"；再然后列举了很多方面，比如"把一切封建的、宗法的和田园诗般的关系都破坏了"，比如"它创造了完全不同于埃及金字塔、罗马水道和哥特式教堂的奇迹；它完成了完全不同于民族大迁徙和十字军征讨的远征"，比如"资产阶级在它的不到一百年的阶级统治中所创造的生产力，比过去一切世代创造的全部生产力还要多，还要大"。[2]如果把现代性作为一个动态过程来看待，那么马克思和恩格斯在《共产党宣言》中首先充分肯定了资本主义的历史贡献，然后揭示资本主义的历史局限性，并得出"两个不可避免"的历史结论，这充分体现了唯物史观。

2. 马克思对未来社会的设想体现了新现代性

马克思把人作为主体，从本体论的角度探讨人的自由。他分析了三个大的阶段：对人的依赖是第一个阶段，这主要是指的奴隶社会和中世纪。在资本主义条件下，他们所说的个人自由是把个人作为客体，是在物质和资本的支配下的自由。马克思认为以物质依赖为基础的人

---

[1]《马克思恩格斯文集》第2卷，人民出版社2009年版，第43页。
[2]《马克思恩格斯文集》第2卷，人民出版社2009年版，第33、34、36页。

的独立性，是处于从属地位的自由个性，这是第二阶段。第三阶段是人的全面发展。马克思在《资本论》中说："社会化的人，联合起来的生产者，将合理地调节他们和自然之间的物质变换，把它置于他们的共同控制之下，而不让它作为盲目的力量来统治自己……这个自由王国只有建立在必然王国的基础上，才能繁荣起来。"[1] "每个人的自由发展是一切人的自由发展的条件。"[2] 马克思对人类社会发展规律的揭示突出了社会变迁的价值内涵，对未来社会的设想体现了真正的新的现代性。

3. 马克思主义的中国化使新现代性具有实践基础

现在有一种观点认为，当今中国的主流思想就是"马""中""西"，即马克思主义的主流意识形态，中国传统的儒家文化，由借鉴西方市场经济所形成的一些理念。这种拼盘说显然是不正确的。马克思主义与中国实际相结合，当然也与中国的历史文化和外来文明相联系，但这个过程是融合创新的过程。还有一种观点将马克思主义与中华优秀传统文化主观地分工为革命和建设的"马上与马下"结构组合，也就是革命以马克思主义为指导，治理靠中华优秀传统文化，这显然也淡化了我们始终坚持的马克思主义的指导地位，也有违结合和融合的事实。

马克思主义与中国实际相结合，是结合融合的过程，所形成的中国化的马克思主义，是在中国土地上生长出的新的理论形态。围绕着马克思主义中国化以及所形成的成果即中国化的马克思主义，习近平总书记非常精到地使用了"本土化"的概念。确实，中国化就是本土化。好比种子和土壤的关系，也包括气候与生态。种子必须适应这片土地，才能成活；但种子在不同的土壤、气候和生态环境中，也会发生适应性改变，因此，生长出的植物和结出的果实，具有新的形态和新的成分。

---

[1] 《马克思恩格斯文集》第7卷，人民出版社2009年版，第928—929页。
[2] 《马克思恩格斯文集》第2卷，人民出版社2009年版，第53页。

马克思主义包括列宁主义的中国化。一个有趣的现象是：在马克思主义的诞生地德国、英国乃至整个欧洲，目前并没有马克思主义本国化的理论形态；列宁主义在苏联和其他社会主义国家发挥过重要的指导作用，而在苏联解体后的俄罗斯，列宁主义的影响也微乎其微。因为目前德国、英国乃至整个欧洲没有具备运用马克思主义的政治和社会条件，苏联解体以后也已经资本主义化了。

再比如，佛教由印度传入中国，尤其是汉传大乘佛教，中国化后取得了新的形态，包括内容与形式。而在其发源地印度，已见不到与中国化佛教相同的佛教了，更谈不上佛教在中国这样广泛的影响，反而是中国化的佛教连同儒学对周边国家乃至其他国家产生了深刻影响。

这里特别需要指出的是，马克思主义与中华优秀传统文化不是相互替代的零和关系。习近平总书记强调把马克思主义的基本原理同中国具体实际相结合、同中华优秀传统文化相结合。[1]把同中华优秀传统文化相结合突出出来，强调"两个结合"，是要从精神层面和价值内涵的视角强调中国发展道路的道义高度。笔者认为，这也是对中国文明崛起所体现的新现代性的深刻揭示。习近平总书记指出："中华优秀传统文化有很多重要元素，共同塑造出中华文明的突出特色"，中华文明具有突出的连续性、突出的创新性、突出的统一性、突出的包容性、突出的和平性。[2]中国共产党自成立之日起，就既是中华优秀传统文化的忠实传承者和弘扬者，又是中国先进文化的积极倡导者和发展者。习近平总书记指出，结合的前提是彼此契合，结合的结果是互相成就。让马克思主义成为中国的，让中华优秀传统文化成为现代的。马克思主义的精义是与实际相结合，中华优秀传统文化的特性是具有很强的开放性、吸附能力和整合功能，因此，两者完全具有结合和融合的内

---

(1)《中共中央关于党的百年奋斗重大成就和历史经验的决议》，人民出版社2021年版，第72页。
(2) 习近平：《担负起新的文化使命 努力建设中华民族现代文明》，《人民日报》2023年6月3日。

在需求。在这个过程中,"造就了一个有机统一的新的文化生命体"[1],体现了超越西方现代性的新现代性。

四、中国新现代性的认知方法

为什么说中国的文明崛起体现了新现代性,新现代性新在哪里?需要厘清观察视角和方法。

1. 从三个视角看

中国文明崛起及其所表现的新现代性,可从三个维度进行分析,以建立起认知框架,那就是国情基础、历史积淀、时代条件。其中时代条件更多的是外部环境和条件,这是笔者在前面所说的时空关联分析方法的具体体现,是运用唯物史观根本方法的技术线路。毛泽东高度重视中国国情的研究,在《反对本本主义》中提出了"没有调查,没有发言权"[2]的重要观点。他在论述红军存在游离于农民、游民、小资产阶级之上的不正确的思想倾向的时候说:"我们是唯物史观论者,凡事要从历史和环境两方面考察才能得到真相。"[3]金冲及先生在1989年《党的文献》第4期上发表《他们为什么选择了社会主义》一文,主要从国情基础和外部影响这两个方面进行分析,其中也涉及历史积淀的问题。

为什么西方在现代性认知中,存在着西方中心主义和殖民主义传统,也是与他们的基本国情、历史传统、时代条件相联系的。

第二章中我们专门分析了中国当代经济发展的国情基础和历史条件。中国当代经济发展的起点是生产力水平非常落后的农业国,是贫穷的人口大国,是在半殖民地半封建社会的基础上向新民主主义经济形态过渡,然后进行社会主义革命,建立社会主义制度的。中国有最

---

[1] 习近平:《担负起新的文化使命 努力建设中华民族现代文明》,《人民日报》2023年6月3日。
[2] 《毛泽东选集》第1卷,人民出版社1991年版,第109页。
[3] 《毛泽东文集》第1卷,人民出版社1993年版,第74页。

早进行统一的多民族国家建设的历史，与此相适应，也形成了中华优秀传统文化的历史传承。当然，我们在讲到国情基础和历史积淀的时候，要避免空间限定绝对化的思想方法。

为了正视中国近代的落后，清朝末年，当时睁眼看世界的一批知识分子，提出的思路是中体西用，因为他们认为西方的器物是先进的，但是西方的道义我们未必能够接受。由此可见，即令是那时，我们对西方世界的完美性都是存疑的。这当然不能简单地用心理学的视角来分析，认为中国历史上是强大的，所以不愿意学习西方，而是因为中国近代落后挨打，而且老师总是欺负学生，这是具体的直觉感受，给中华民族留下一个深刻的集体记忆。第一次世界大战后的巴黎和会，进一步使中国的知识分子看到西方世界并不完美，因此对启蒙的价值追求，既有向往又有所保留，并试图超越。在这方面孙中山是杰出代表。他的节制资本的思路，国有经济和计划办法的设想，就是一种价值超越。后来，在中国共产党人的影响下，中国秉持理性的知识分子，在追求现代性的同时也在思考，不能丢掉中国的民族性。我们既要改变自己、超越自己，又要学习西方、超越西方。

十月革命一声炮响，给我们送来了马克思列宁主义，马克思主义和十月革命的道路契合了中华民族摆脱落后挨打局面的内在要求，或者叫作新现代性的内在要求。中国革命在共产国际的指导下也有过曲折，从那个时候开始，以毛泽东为代表的中国共产党人就已经清醒地意识到，以马克思列宁主义为指导，还必须从中国的基本国情出发，比如农民农村问题，以农村包围城市的革命道路问题，等等。社会主义建设时期，相对于苏联的发展模式，中国共产党人也清醒地认识到需要从中国的基本国情出发。冷战时期，相对于美国倡导的二元对立的现代性思维模式，中国特别强调符合中国实际的现代化道路。面对逆"全球化"思潮，中国坚持国强不霸，倡导建设人类命运共同体。在超越"短缺"的基础上，也致力于超越"过剩"。

如果要从当代文化文明的发展结构看，现代性与民族性始终在我们思考的视野之中。现代性肯定是我们的追求，但民族性则是我们的本体和根基。追求现代性决不是全盘西化，坚守民族性也决不是要保护落后。领袖们所说的"赶上时代""引领时代"，是对现代性与民族性结构互动所作的最好阐释。

由此可见，从中国的基本国情、历史积淀、时代条件（外部环境）看，中国有必要也有可能通过文明崛起体现新的现代性。

2. 从文明交流互鉴的历史看

现代性与民族性的结构性互动，是文明交流互鉴的必然结果。不仅近现代是这样，在古代有形和无形的交流中也是这样。在世界文明的交流中，从古至今，中华文明始终是世界文明的积极增量。

远古时期就有零星的文明交流互鉴。中国著名考古学家许宏坚持的一个观点是：中国从来就没有自外于世界。[1]中国与世界的联系特别是与西方的联系究竟从什么时候开始的？随着考古发现，有可能时间不断地往前移。从古到今，中国是一个不断开放的存在（当然首先是中原与周边少数民族的融合）。比如三星堆文明，确实跟我们所熟知的中原文明这套东西是不一样的。为什么这个地方当时有这么高的文明？说明我们以前理论上的历史建构是有些问题的，认识框架是有问题的。正如王明柯先生说的那样，"异例"是我们反躬自省知识理性的最佳切入点。现在我们说全球化，一般会从500年前大航海那个时候开始，当时哥伦布发现了新大陆。许宏认为，全球化5000年之前就开始了，青铜冶铸技术的扩散，就是最早的全球化浪潮。有学者对整个欧亚大陆青铜文明的态势做过梳理，认为距今5000年前后，欧亚草原青铜文化已经进入初始期的前段，而东亚地区仅有零星的发现，到了欧亚草原青铜文化初始期后段，比二里头文化还要早，距今4000年前后，已经是星火燎原的态势。二里头文化开始出现的时候，欧亚草原已经进入了青铜文化发达期的阶段。整个东亚大陆青铜文化的动向应

---

[1] 郑诗亮：《许宏谈考古学视角下的早期中国》，《东方早报》2016年9月18日。

该是跟欧亚地区密切相关。以青铜冶铸技术的传播为中心,从龙山时代到殷墟时代这1000年左右的时间里,有大量的外来因素进入东亚大陆腹地。例如小麦、黄牛、绵羊、车、马,以及带有长斜坡墓道的大墓,用骨头占卜的习俗,等等。甚至甲骨文,我们都没有在中原找到它源于本地的证据线索。[1]

考古学家所讲的远古时期的文明交流,主要是中国的中原地区与周边地区以及西部欧亚相连的区域之间的交流,显然没有涉及西欧。也只讲了中原地区的外来因素,还应该有中原文明向欧亚大草原的交流。但仅此可以说明,当时的交流是通过民族大迁徙实现的,那个时候就有文明的交流互鉴。

武汉大学教授赵林专门讲过500年前的世界格局。他说,公元1500年的时候,高水平文明主要体现在旧大陆,分成三大块,最西边的是欧洲,那时候还处在中世纪的后期,虽然有些新生事物正在酝酿萌芽,但相对于另外的两大块,是比较落后的。比较定型的民族国家还在形成的过程中,经济落后,政治分散,文化凋敝。旧大陆的东边,也就是今天的中国,处在封建时代发展的顶峰(在秦统一、汉唐宋代发展的基础上,中国的封建与欧洲当时的封建不一样,中国是统一的,欧洲仍然是分封制,是分裂的、分散的。——引者注),中国的封建文化到宋朝达到了最高水平,儒家思想以宋明理学为代表,在明朝深入人心(儒家思想与欧洲中世纪的基督教宗教改革前比较,是世俗的、现实的,更具有伦理内涵和道义高度。经济上,中国的技术发明、航海技术、农耕文明都处在世界领先地位。——引者注)。在这两大块之间,有一个广大的伊斯兰教世界,从中国之西到东欧,从中亚到西亚、小亚细亚,甚至到地中海南边的北非,这个板块有三个大的国家,即波斯、印度、奥斯曼帝国。美国历史学家斯塔普里亚罗斯(Leften Stavros Stavrianos,又译为 L. S. 斯塔夫里阿诺斯)在《全球通史》中

---

[1] 王巍:《从中华文明探源看世界文明交流互鉴》,《人民日报》2022年8月29日。

写道：如果1500年前后火星上有一个观察点，或者月球上有一个观察点，看到旧大陆三分天下的格局，一定会想，未来世界如果不是属于穷兵黩武、气势汹汹的奥斯曼帝国，就一定是属于经济繁荣、文化繁盛的大明朝，没有一个人会相信欧洲在世界上会占优势。[1]

在1500年之前，也就是中国经济政治处于世界领先水平的背景下，1405年（明永乐三年）至1433年（明宣德八年），28年间郑和七下西洋，是欧洲人地理大发现以前甚至包括地理发现时世界历史上规模最大的一系列海上远航。1405年7月11日，郑和第一次下西洋，船队有240多艘海船、27000多人参与其中。比郑和下西洋晚80多年的哥伦布的航海船队只有3只帆船。郑和下西洋，航线基本上是围绕印度洋展开的，到达亚非30多个国家和地区。[2]航行中，坚持"不征""和番""先通好后通商""厚出薄入"的理念，没有以强凌弱，没有建立殖民地，是典型的文明交流互鉴。

尽管西方所宣扬的现代性这一套价值体系形成于文艺复兴、思想启蒙时期，实际上在那段历史中，西方吸收和吸纳了众多来自其他文明和文化的成果。中国对近代西方文明的形成和发展贡献巨大。郑永年认为："如果我们把近代世界的发展理解成为一个现代化的过程，那么我们从现代化的三个层面都能看到中华文明的贡献。"[3]第一，就物质现代化层面讲，中国对世界最大的贡献无疑是中国的技术发明。中国的四大发明有文字记载的历史可以追溯到战国以及后来的两汉、隋唐、北宋时期，在欧洲文艺复兴和工业革命之前传入欧洲。英国近代思想家培根在《新工具》一书中指出："印刷术、火药、指南针这三种发明已经在世界范围内把事物的全部面貌和情况都改变了：第一种是在学术方面，第二种是在战事方面，第三种是在航行方面。并由此又引起难以数计的变化来：竟然任何教派、任何帝国、任何星辰对人类

---

(1) 参见赵林：《西方文化的传统与演进》，中信出版社2021年版。
(2) 万明：《郑和率世界最强船队下西洋为什么没有建立殖民地？》，"道中华"微信公众号，2022年11月13日。
(3) 郑永年：《探寻中华文明的世界意义和全球价值》，《晶报》2023年6月8日。

事务的影响都无过于这些机械性的发现了。"⁽¹⁾马克思在《机器。自然力和科学的应用》中说："火药、指南针、印刷术——这是预告资产阶级社会到来的三大发明。火药把骑士阶层炸得粉碎，指南针打开了世界市场并建立了殖民地，而印刷术则变成了新教的工具，总的来说变成了科学复兴的手段，变成对精神发展创造必要前提的最强大的杠杆。"⁽²⁾美国学者托马斯·弗朗西斯·卡特（Thomas Francis Carter）1925年出版的《中国印刷术的发明和它的西传》一书中，首次使用了"四大发明"的说法。他说："四大发明在文艺复兴之初的欧洲流播，对近代世界的形成起过重大作用……这四大发明以及其他发明，大都源自中国。"⁽³⁾第二，就制度文明方面而言，中国是最早建成的民族统一国家，最早建立文官制度，实行政教分离、政商分离。第三是思想理念层面。郑永年认为，中国理念对西方的影响是全方位的。就经济理论而言，中国的《易经》和道家的"无为"，对重农学派和亚当·斯密的思想产生影响。法国重农学派的代表人物魁奈被称为欧洲的孔子，魁奈经济学的哲学基础深受中国古代哲学思想的影响，这在他1765年出版《自然权利》与《中华帝国的专制制度》两本书中得到了充分体现。他从老子"无为"思想中悟出了"自然秩序"，有学者认为，亚当·斯密的自发秩序或自然秩序受其影响。⁽⁴⁾此外，中国"有教无类"的思想，是西方近代以来逐渐发展起来的大众教育的重要思想来源。"大同社会"的理念也与欧洲形成的社会主义思潮具有高度的一致性。⁽⁵⁾

综上所述，中华文明从古到今都秉持开放的特性，始终是世界文明的重要组成部分，为人类社会的发展变迁作出过巨大贡献。近代以来，欧美无视世界文明的多样化，对其他文明采取"异时化"的处理

---

(1) ［英］培根：《新工具》，许宝骙译，商务印书馆1984年版，第103页。
(2) 马克思：《机器。自然力和科学的应用》，人民出版社1978年版，第67页。
(3) T. F. Carter, *The Invention of Printing in China And Its Spread in Westward*, New York: Columbia University Press, 1925: Introduction.
(4) 张旭、王天蛟：《魁奈经济思想的批判性审视与中国溯源——以中国特色社会主义政治经济学构建为观照》，《当代经济研究》2020年第11期。
(5) 郑永年：《探寻中华文明的世界意义和全球价值》，《晶报》2023年6月8日。

方式，单方面挑起文明冲突。可见，他们所宣扬的现代性具有很大的局限性。

3. 从根本哲学方法上看

新现代性其所以新，当然是相对于西方呈现和宣扬的现代性而言的。我们需要从哲学基础方面进行比较。张旭东在《全球化时代的文化认同》一书中，揭示了一个突出的问题，即西方所宣扬的普遍主义是对世界的文化殖民，他说："我们也不难理解黑格尔在《历史哲学》和《法哲学原理》里，是如何把近代西方的伦理世界作为'普遍的东西'设立为绝对，而把它在自身世界历史的道路所遇到的一切他人都视为'特殊的东西'，进而以'普遍'的名义，不断把这些特殊的东西'克服'掉，……而不是一种特殊的东西对另一种特殊的东西所施行的暴力。"(1) 赵汀阳由此对中西方关于普遍性与特殊性的不同理解作了分析。他认为，西方理解普遍性和特殊性是与存在的概念联系在一起的，存在本身的概括性本质是完美性，而完美性蕴含了普遍性、必然性、永恒性和确定性。"一个存在如果不是普遍的存在，就会被认为不是真正的存在。特殊的存在没有触及存在的本质，只是存在的不稳定表现，属于过眼烟云或表面浮云的现象。"(2) 这是西方中心主义、殖民主义、丛林法则的哲学基础，也是由西方所发动的文明冲突的思想根源。这样对普遍性与特殊性的定义，显然是唯心主义的、静止的、排他性的，实际上也是封闭的。中国人的哲学思维不是把普遍性与特殊性对立起来的，普遍性与特殊性都可以反映事物的规律，而且特殊性更能反映事物的特征。普遍性是和特殊性结合在一起的，普遍性的运用要考虑特殊性，特殊性中也可能存在具有普遍意义的内容。

如果哲学基础的问题不解决，仍然用存在着根本缺陷的西方哲学方法观察，那么西方的存在具有普遍性，非西方的特殊性是暂时的、

---

(1) 张旭东：《全球化时代的文化认同——西方普遍主义话语的历史反思》，上海人民出版社、光启书局2023年版，导论第7页。
(2) 赵汀阳：《关于普遍性与特殊性的一个注解——评〈全球化时代的文化认同〉》，《东方学刊》2021年3月号。

过渡性的，最终要发展为西方那样的普遍性。普遍性即现代性，特殊性是落后的、传统的。只有不考虑具体国情，完全按照西方的私有化、民主化、市场化的标准来，才具有现代性。

五、中国文明崛起所体现的新现代性的基本内涵

中国文明崛起的新现代性体现在很多方面，这里仅以五个"新"来加以说明：一是多元文明互鉴的新文明观，二是新型政党政治的新政治文明，三是以人民为中心的新价值取向，四是关于政府与市场关系的新的价值判断，五是系统集成的新治理理念。

1. 多元文明互鉴的新文明观

习近平总书记指出，中国式现代化是"一种全新的人类文明形态"[1]。他还就此讲了两层意思。2013年1月，在新进中央委员会的委员、候补委员和省部级主要领导干部研讨班上的讲话中，主要是从价值内涵和道义高度，强调中国式现代化是人类文明的新形态；2023年3月，在中国共产党与世界政党高层对话会上的主旨讲话中，侧重强调了对待世界多元文明的科学理性态度。这是我们理解作为全新人类文明形态的中国式现代化，需要把握的两个重点。

习近平总书记在对话会上的主旨讲话中指出："人类社会创造的各种文明都闪烁着璀璨光芒，为各国现代化积蓄了厚重底蕴、赋予了鲜明特质，并跨越时空、跨越国界，共同为人类社会现代化进程作出了重要贡献，中国式现代化作为人类文明新形态，与全球其他文明相互借鉴，必将极大丰富世界文明百花园。"[2]

在这里，习近平总书记讲了"人类社会创造的各种文明都闪烁着璀璨光芒"，讲了"跨越时空、跨越国界，共同为人类社会现代化进程作出了重要贡献"，讲了"中国式现代化作为人类文明新形态，与全球

---

[1] 习近平：《正确理解和大力推进中国式现代化》，《人民日报》2023年2月8日。
[2] 习近平：《携手同行现代化之路》，《人民日报》2023年3月16日。

其他文明相互借鉴，必将极大丰富世界文明百花园"，这充分体现了中国共产党人和中国人民的新文明观。与新文明观相适应的"人类命运共同体"的倡议，代表了人类社会发展的趋势和方向。

前面提到，早在1953年，中国就提出了和平共处五项原则。中国的几代领导人都强调反对霸权主义、强权政治，永不称霸，中国是维护世界和平的坚定力量。习近平总书记强调，推动构建人类命运共同体，"弘扬和平、发展、公平、正义、民主、自由的全人类共同价值"[1]。

前面还提到，西方的文明观是一神教专断的文明观、西方中心主义的文明观，是具有殖民主义价值导向的文明观。按照亨廷顿的总结，美国"普世文明"战略是失败的，需要回归西方文明。他指的是回归西方近代文明，这在本质上和美国宣扬的"普世文明"是一样的，都是基于一神教的绝对主义，都主张同化异教，都与帝国政治的扩张联姻，都是带有排他性的"文明等级论"。他们把"同时性"多元文明作"异时性"处理，也就是说，他们不接受世界上原本同时有多种文明在发挥作用的事实，而认为西方文明是终极文明、现代文明，其他文明是处在迈向西方文明的某个历史阶段，他们负有同化异教和改进其他文明的使命。这种狭隘的、零和的文明观，是逆人类文明发展潮流的。他们不断推行单边主义、保护主义、霸权主义、强权政治，以大欺小、恃强凌弱，刻意宣扬大国竞争的所谓"修昔底德陷阱"，坚持零和思维。对待不同于他们的文明类型，采取排斥、敌视、围剿的态度，是真正导致文明冲突的反文明原罪。

2. 新型政党政治的新政治文明

领导中国现代化建设的政治力量是新型的无产阶级政党——中国共产党。中国共产党的领导体现了新的政治文明。

列宁在《共产主义运动中的"左派"幼稚病》中的一段话，是针

---

[1] 习近平：《高举中国特色社会主义伟大旗帜 为全面建设社会主义现代化国家而团结奋斗——在中国共产党第二十次全国代表大会上的报告》，《人民日报》2022年10月26日。

对当时德国共产党内的所谓反对派讲的。过去我们引用这一段话时，主要说明群众、阶级、政党、领袖之间的关系，不太注意从现代国家政治结构的规律这个层面去理解。正如列宁所讲的，群众是划分为阶级的，至少在现代文明国家，阶级是由政党领导的。

中国共产党与资产阶级政党的历史地位不一样。资产阶级政党是在资产阶级革命胜利后形成和发展起来的，从某种意义上讲，是为竞选而形成的政治派别，或者叫竞选团队。无产阶级政党是在无产阶级革命的过程中形成和发展起来的，从一开始就是无产阶级革命的领导者。

中国共产党与资产阶级政党的根本性质不一样。中国共产党是无产阶级的先锋队，是中国人民和中华民族的先锋队，代表了最广大人民群众的根本利益，是使命型政党。资产阶级政党代表资产阶级的利益，代表少数人的利益，是选举型政党。"资产阶级的力量全部取决于金钱"，"把历代的一切封建特权和政治垄断权合成一个金钱的大特权和大垄断权"，"具有自由主义的外貌"，为了从形式上体现平等，"不得不把选举原则当做统治的基础"。(1)

西方经常强调政治的合法性，但他们讲的合法性主要是选举程序的合法，他们刻意以精英民主为由，淡化掩盖民主的实质。我们讲合法性在于人心向背，充分体现了政治的实质、人民主权的实质。这个合法之法，相当于西方法学中的自然法，按中国人的说法，是王法之上的天理。中国共产党为什么能，就在于赢得了民心，成就了伟业。习近平总书记说："江山就是人民，人民就是江山，打江山、守江山，守的是人民的心，人心向背关系党的生死存亡。"(2)

世界上没有一个政党像中国共产党这样，历经了巨大牺牲和苦难，实现国家独立、人民解放和民族复兴；世界上没有一个政党像中国共产党这样，在革命战争年代，在根据地局部地区进行长达22年管理的

---

(1)《马克思恩格斯全集》第2卷，人民出版社1957年版，第647—648页。
(2)《习近平谈治国理政》第4卷，外文出版社2022年版，第512页。

基础上,才开始在全国范围内执政;世界上没有一个政党像中国共产党这样,在长期的革命、建设、改革开放中赢得人民群众广泛的信赖;世界上没有一个政党像中国共产党这样,依靠自我教育自我革命,始终保持先进性和纯洁性。

3. 以人民为中心的新价值取向

资本主义与社会主义是两个对立的概念,资本与人本具有根本区别。资本主义与社会主义的价值取向也具有根本的不同。

法国历史学家费尔南·布罗代尔(Fernand Braudel)对西方资本、资本家、资本主义这三个概念形成的历史进行过梳理,他认为,资本和资本家的概念定义和使用比较早,资本主义的定义和使用时间要晚得多。资本的概念于12至13世纪出现,资本家一词大概产生于17世纪中叶。他认为资本主义是新近出现的词。1753年出版的《百科全书》对资本主义的定义是"富人的地位"。路易·勃朗(Louis Blanc)在与巴师夏(Claude Frederic Bastiat)的论战中赋予资本主义一词以新的含义,他写道:"我所说的资本主义,是指一些人在排斥另一些人的情况下占有资本。"(1)布罗代尔还认为,蒲鲁东(Pierre-Joseph Proudhon)对资本主义下了极为妥帖的定义:"资本主义是一种经济和社会制度,根据这种制度,作为收入来源的资本一般说来不属于通过自己劳动使资本发挥效用的人。"马克思还从未用过资本主义一词(马克思用"资产阶级社会"一词。——引者注)。但马克思在《1861—1863年经济学手稿》中所说的,"一方人的能力的发展是以另一方的发展受到限制为基础的,迄今为止的一切文明和社会发展都是以这种对抗为基础的"(2),这段话与上述资本主义的定义具有一致性。"其实,只是到本世纪初(指20世纪初。——引者注),该词才作为社会主义的天然反义词。"(3)

---

(1) 万娜:《资本、现代性批判与文化研究》,《东岳论丛》2018年第5期。
(2) 《马克思恩格斯全集》第32卷,人民出版社1998年版,第214页。
(3) [法]费尔南·布罗代尔:《十五至十八世纪的物质文明、经济与资本主义》第二卷,生活·读书·新知三联书店1993年版,第242页。

以人民为中心的价值取向，是社会主义的本质要求。突出地反映在两个方面：一是保障人民当家作主，党领导人民有效地治理国家；二是党紧紧依靠人民解放和发展社会生产力，实现全体人民的共同富裕。

中国共产党为争得民主，领导人民取得革命胜利，依靠人民建立起了人民民主政权和制度，又在改革开放的环境中，开辟了中国特色社会主义民主政治发展道路。进入新时代，习近平总书记提出了全过程人民民主的重大理念。中国式民主既要保障人民当家作主，又要运用民主的方法有效地治理国家，这是崭新的实践，是前无古人的伟大事业。

中国共产党人秉持马克思主义的人民立场，以为人民谋幸福作为自己的初心，始终将实现全体人民共同富裕和人的全面解放作为奋斗目标。

4. 关于政府与市场关系的新的价值判断

西方主流经济学认为，在市场配置资源的条件下，政府应该不作为，政府干预是"恶"，政府的角色是守夜人。在实践中，德、美、日崛起时是强调政府必须发挥作用的。时至今日，西方国家的政府面对市场，也并非是完全无所作为的。但是，他们不愿意也没有真正把政府的作用做学理解读，使之进入到主流经济学的知识体系。之所以这样，他们可能有两个判断难以突破，一是市场机制能够形成自然或自发秩序，二是体现维护突出个人的自由主义。

美国奥地利学派经济学家史蒂文·霍维茨（Steven G. Horwitz）在《从斯密到门格尔再到哈耶克：苏格兰启蒙运动传统的自由主义》这篇论文中传达了一个观点，即苏格兰自由主义不同于后来的新自由主义，斯密、门格尔、哈耶克他们所说的自由主义不是原子化的，启蒙时期出现的苏格兰自由主义传统，是把人与社会联系在一起的，人的自由选择是自发秩序制度背景下的产物。人的知识和理性选择是有限的，利用人的利己之心，为自己做熟悉的事，无意识地通过市场的自发秩序为社会作贡献。[1]即令如此,史蒂文·霍维茨所分析的思想启蒙时期的苏格兰自由主义,斯密的"看不见的手"以及门格尔、哈耶克的市场原教旨主义,仍然是强调市场的自发秩序。[2]实际上市场的自发性中也具有盲目性,企业和个人对市场的反应也未必都是理性的。

就市场所形成的自发秩序而言,在前面信息结构理论分析中,我们有过新的判断。市场在交易过程中形成的价格信号,对生产者和消费者确实会产生直接影响,但是价格变动的信号是即时的、直观的,生产者和消费者多数情况下也是应急反应,集体趋利或集体避险,势必在短时间内加大市场的波动,甚至形成周期性危机。而且任由市场自发地达到新的平衡,势必造成巨大的资源浪费和社会剧烈动荡。从这个意义上讲,市场自发性中有盲目性,生产者和消费者也未必能够始终作出理性的选择。所以,把市场形成的自发秩序看成很完美,把"理性经济人"作为西方经济学的分析前提,是存在方法论缺陷的。由此看来,在市场条件下,政府需要和可以有所作为。

在中国当代经济发展实践中,对市场作用和政府作用的规律性认识,都是知识体系中的重要内容。中国重视政府在经济发展中的作用,有基本国情和历史的原因,有经济发展阶段的需要,更重要的还在于,我们对社会化大生产和市场一般规律有了新的认识。中国在总结历史经验、进行改革开放的过程中,形成了社会主义市场经济体制,强调市场在资源配置中起决定性作用的同时,也要求更好地发挥政府作用。政府与市场作用不是双轨制式的板块划分,政府也可以培育市场、维护市场、弥补市场、矫正市场。理性的政府服务有利于形成交易费用

---

(1) 参见[美]史蒂文·霍维茨:《从斯密到门格尔再到哈耶克:苏格兰启蒙运动传统的自由主义》。此文作者提交1999年Greensboro(格林斯博罗,美国北卡罗来纳州中北部城市)召开之经济学史协会会议论文。
(2) 前面提到魁奈经济思想的中国渊源,认为道家的"无为"是魁奈经济思想中的自然法则、自然秩序的哲学基础。也有不少学者认为,这也影响到了亚当·斯密的自发秩序或者说自然秩序思想。实际上魁奈是赞同中国古代重农的政策倾向的,他的思想是把中国古代哲学思想与农业自然生产过程联系起来形成的判断。斯密后来提出的自发秩序或自然秩序,吸收了魁奈的思想,但更多地是从市场本身提出来的。

递减的优势。政府作用有利于战略引领、综合平衡，有利于积极的宏观调控，可以超越"过剩"，避免经济危机。

5. 系统集成的新治理理念

中国共产党领导下的国家治理体系，具有系统集成的效能，相较于资产阶级政党政治体系的制衡—否决机制，具有明显的治理优势。

西方国家中的"三权分立"逐渐演化成制衡—否决机制，使得公共决策的效能很低。"三权分立"的制衡，主要不是对权力运用进行监督，而是在决策环节相互掣肘。议会中的议员代表参加竞选的某个政党，代表政治派别，代表背后的某些财团的利益。大公司大财团通过"竞选捐款"分配政治资源，找代理人或代言人在决策体系中影响决策。美国500家大公司在华盛顿均设有公关公司，公关人员6万多人。公关公司在"两党""两院"中游说，阻止对它们利益有损害的政策出台，促成有利于垄断利益的政策形成。之所以出现这个局面，与西方国家结构和决策系统相联系的价值选择——"雅典情结"有关。雅典城邦的性质是村社共同体，是多个部落通过协商组成的城邦，部落将部分权力让渡给城邦，部落还保留相应的权力。此外，部落也要对城邦的权力予以监督与限制。西方现代民族国家的形成，都一定程度地受雅典城邦传统的影响，多数采取邦联制或联邦制的国家结构。"三权分立"政治设计也有权力限制的初衷。美国第三任总统杰斐逊的立体分权制衡思想，能够一定程度地说明问题。

中国是最早进行民族统一国家建设的。前面说到，福山说中国真正意义上的国家建设比西方要早1800年。正是由于这个原因，中国现在的国家结构是单一制的社会主义国家，法制是统一的，市场是统一的，国家治理也是统一的，具备系统集成的制度基础。中国共产党的领导是全面的，包括整个民主政治体系、政府系统、企事业单位、社会组织、基层自治组织，它们都有中国共产党的组织，都在党的领导下。党的领导所涉及的领域是全方位的，包括治党治国治军、内政外交国防。党的领导坚持民主集中制原则，这是系统集成的体制机制条件。中国式民主是全过程人民民主,是真正的人民当家作主,是实质民主和程序民主的统一,这是系统集成的社会支撑。按邓小平的说法,中国实行人民代表大会的一院制,避免了很多牵扯。[1]人民代表大会的民主运行体现在"五型"特征上,即代表型民主、共识型民主、法治型民主、责任型民主、效能型民主。中国共产党领导的多党合作和政治协商制度,在国家治理系统集成中发挥着重要作用。整个政府系统甚至实际发挥作用的广义人民政府,在经济治理、社会治理中充分体现了系统集成的高效能。对权力运行的监督不会影响决策效能,而且是否具有决策和执行效率,也在监督之中。

---

[1]《邓小平文选》第3卷,人民出版社1993年版,第220页。

第二十章

中国当代经济发展的世界贡献与一般意义

在经济全球化中,中国既是受益者又是贡献者;中国当代经济发展对于世界而言,始终是积极因素。

中国共产党带领中国人民推动当代经济发展的目的,是为人民谋福利,是要实现中华民族的伟大复兴。中国当代经济发展学是对中国当代经济发展实践的学理总结,目的在于解释中国当代经济发展,同时对今后的经济发展也有启示。我们无意将中国当代经济发展的规律性认识用来指导别国、影响世界,笔者倡导的中国当代经济发展学,也没有世界主义的不切实际的追求。但是,中国当代经济发展的生动实践,不仅具有鲜明的中国特色,而且客观上也对世界作出了贡献,在此基础上所形成的思想理论成果,从学理的视角观察,有的也具有一般意义。

一、关于世界贡献和一般意义的理解

列宁在《共产主义运动中的"左派"幼稚病》一文中,专门就俄国革命的世界意义做过分析。他指出:"所谓国际意义是指我国所发生过的事情在国际上具有重要性,或者说,具有在国际范围内重演的历史必然性,因此必须承认,具有国际意义的是我国革命的某些基本特点。"他还专门提到了当年还是马克思主义者的考茨基(Karl Johann Kautsky)1902年在《火星报》上发表的文章《斯拉夫人和革命》。考茨基分析了欧洲革命最开始发生在法国、英国,后来是德国,最后东移到俄国,并认为俄国革命者,"他们将在整个文明世界中培育出社会革命的幼苗"[1]。

中国当代经济发展对世界的贡献,无论是从份额、从市场等因素看,还是从人类社会发展的方向和趋势看,都是不言而喻的。本章中所说的中国当代经济发展的世界贡献,主要是指对世界经济发展的直接贡献,同时也由此可以观察到人类社会经济发展的某些历史必然性。

我们讲中国当代经济发展的世界贡献,是从客观层面讲的,不是主观上要影响世界,不是要把中国经济发展的模式强加给其他发展中国家。中国共产党的几代领导人,都强调中国不称霸、不当头,不以大欺小、不以强凌弱。毛泽东年代倡导了和平共处五项原则,邓小平在改革开放初期反复强调,和平和发展是时代主题,中国不当头。进入新时代,习近平总书记倡导构建人类命运共同体,强调国强不霸。2021年7月6日,他在中国共产党与世界政党领导人峰会上的讲话中还指出:"从'本国优先'的角度看,世界是狭小拥挤的,时时都是'激烈竞争'。从命运与共的角度看,世界是宽广博大的,处处都有合作机遇。"[2]中国从不向外国输出革命,也不要求外国照搬中国的发展模式。20世纪80年代,邓小平还专门对非洲国家的领导人说,你们不要急于搞社会主义。[3]

但是由于中国是发展中大国,已经发挥和正在发挥着世界和平的坚定维护者的作用,又是世界经济增长的积极贡献者,中国当代经济发展在客观上对世界产生积极影响。

---

[1] 以上引文参见《列宁选集》第4卷,人民出版社1995年版,第132、134页。
[2] 习近平:《加强政党合作 共谋人民幸福》,《人民日报》2021年7月7日。
[3] 《邓小平文选》第3卷,人民出版社1993年版,第261页。

一段时间以来，有学者提出，中国经济学的关键就是要超越特色，找出一般的东西来。提出这样的问题，笔者认为不应该是对中国特色看不起或者有偏见，也不至于认为一般的东西才具有学理意义。但这倒促使笔者用哲学思维进一步思考，试图在特殊性中发掘出普遍性。

所谓一般意义，主要是从思想理论的角度讲的，它的作用和影响不受特定范围的限制，其学理特性能够最终得到更多的认同。从这个意义上讲，中国当代经济发展学具有一般意义，中国特色的形成中有一般性在起作用，中国特色的知识体系形成后，又产生了新的一般性。比如从中国实际出发的发展哲学；比如中国在当代经济发展实践中，吸收和运用了已有经济学知识体系中反映社会大生产和市场一般规律的内容，也在实践中深化了对社会化大生产和市场一般规律的认识，客观上形成了一些具有一般意义的新的思想理论成果；比如中国当代经济发展中形成的一些规律性认识，超越了西方经济学的分支发展经济学，能够给发展中国家提供某些启示；等等。

二、中国当代经济发展的世界贡献

新中国成立之初，西方资本主义世界对中国实行隔绝与封锁，中国与世界的关系主要体现为中国与社会主义阵营之间的关系，但是只要是国际环境许可，中国在经贸方面也尽可能地与西方发达国家发生联系。在那个年代，毛泽东提出了"三个世界"划分的战略思想，中国与第三世界保持着良好的合作关系。改革开放以来，中国逐渐融入了经济全球化。把中国当代经济发展放在世界背景下看，中国当代经济发展的世界贡献主要体现在以下方面。

1. 中国当代的发展不是靠殖民掠夺，也不是靠依附他国，靠的是自力更生、艰苦奋斗

西方老牌资本主义国家在现代化过程中，都有过殖民掠夺的不光彩历史。而中国之所以坚持走和平发展道路，是由社会主义的根本制

度以及中华文明的深厚底蕴所决定的。中国提出并得到国际社会普遍认同的构建人类命运共同体的倡议，反映了世界历史的新趋势、新方向。中华文明起源于内陆和农耕，是内敛、防御型文明。5000多年的中华文化蕴含着天人合一的宇宙观、协和万邦的国际观、和而不同的社会观、人心和善的道德观。中国的发展成就，是中国人民辛辛苦苦干出来的。中国的发展靠的是"8亿件衬衫换1架波音飞机"的实干精神，几代人驰而不息、接续奋斗，付出难以想象的辛劳和汗水；靠的是"自己的担子自己扛"的担当精神，无论顺境还是逆境，不输出问题、不转嫁矛盾，不通过强买强卖以及掠夺别国发展自己；靠的是"摸着石头过河"的探索精神，不走帝国主义、殖民主义老路，不照搬发达国家发展模式，而是结合中国实际，总结经验教训，借鉴人类文明，敢闯敢试，走出一条自己的路。

2. 中国是世界经济增长的主要稳定器和动力源

1979—2018年，中国经济以年均9.4%的速度快速发展，成为全球经济增长的重要引擎。2013—2018年，中国对世界经济增长的平均贡献率超过28.1%。有关测算结果表明，2013—2016年，如果没有中国因素，世界经济平均增速将放缓0.6个百分点，波动强度将提高5.2%。2019年7月，麦肯锡全球研究院发布报告认为，2000—2017年，世界对中国经济的综合依存度指数从0.4逐步上升到1.2；中国贡献了全球制造业总产出的35%。

3. 向发展中国家提供不附加任何政治条件的援助，支持和帮助广大发展中国家特别是最不发达国家消除贫困

根据2019年发布的《新时代的中国与世界》白皮书提供的资料，中国开展对外援助60多年来，共向166个国家和国际组织提供近4000亿元人民币的援助。先后7次宣布无条件免除重债穷国和最不发达国家对华到期政府无息贷款债务。中国积极向亚洲、非洲、拉丁美洲和加勒比地区、大洋洲的69个国家提供医疗援助，先后为120多个发展中国家落实联合国千年发展目标提供帮助。积极参与联合国《2030年

可持续发展议程》(2015年9月世界各国领导人在联合国峰会上通过，2016年1月1月正式生效)磋商，全面做好国内落实工作，在多个领域实现早期收获。在南南合作框架下，为其他发展中国家落实议程提供帮助。中国—联合国和平与发展基金2030年可持续发展议程子基金，3年间成功实施了27个项目，惠及49个亚非拉国家。

4. 全方位对外开放为各国分享"中国红利"创造更多机会

中国有世界上最具潜力的消费市场。中国既是"世界工厂"，也是"全球市场"。中国有14亿人口，其中4亿为中等收入群体，市场规模全球最大。麦肯锡全球研究院发布报告认为，在汽车、酒类、手机等许多品类中，中国都是全球第一大市场，消费额约占全球消费总额的30%。中国是最具吸引力的投资目的地。中国的劳动力资源近9亿人，受过高等教育和职业教育的高素质人才1.7亿，每年大学毕业生有约千万人，人才红利巨大。

5. 中国为国际社会提供更多公共产品

推动高质量共建"一带一路"。共建"一带一路"倡议以共商、共建、共享为原则，以和平合作、开放包容、互学互鉴、互利共赢的丝绸之路精神为指引，以政策沟通、设施联通、贸易畅通、资金融通、民心相通为重点，已经从理念转化为行动，从愿景转化为现实。据世界银行研究报告，到2030年，"一带一路"倡议将使相关国家760万人摆脱极端贫困，3200万人摆脱中度贫困，将使参与国的贸易增长2.8%至9.7%、全球贸易增长1.7%至6.2%、全球收入增加0.74%至2.9%。[1]

三、中国当代经济发展学的一般意义

本书就中国当代经济发展的知识体系框架列举了13条。笔者认

---

[1] 人民日报评论员：《共同的机遇之路、繁荣之路》，《人民日报》2023年10月14日第二版。

为，这13条体现了中国当代经济发展的中国特色，其中不少内容也具有一般意义。这里仅从发展哲学、对社会化大生产一般规律的新认识、对发展中国家的发展启示的视角，作些分析。

1. 中国的发展哲学具有一般意义

这里提出的中国发展哲学，是指中国当代经济发展战略选择方面的思想方法，指中国共产党人推动经济发展的重要指导思想和策略原则。

习近平总书记指出："一个国家走向现代化，既要遵循现代化一般规律，更要符合本国实际，具有本国特色。中国式现代化既有各国现代化的共同特征，更有基于自己国情的鲜明特色。"[1]

中国的发展哲学主要反映在以下四个方面。

一是现代化发展道路的选择必须从基本国情出发。

一个国家的经济发展，肯定要以这个国家的基本国情作为立足点和出发点，不能不顾基本国情，简单地、机械地照搬别国的发展模式。对于人类文明成果，对于先发国家的发展经验，当然需要学习借鉴，但必须为我所用，而且要根据本国的实际需要，有选择地借鉴运用；同时也要研究先发国家经济发展中的问题，引为镜鉴。

比如，发展中的大国与小国在现代化进程中的战略选择会有差别。小国和小经济体，也未必要以建立完整的工业体系作为现代化起步的战略选择，或许依靠比较优势，实施战略倾斜，便能较快地发展起来。而像中国这样的发展中大国，自身的市场回旋余地比较大，无论是着眼于整体效能，还是着眼于经济安全，都要建立独立的完整的工业体系和国民经济体系。

二是在追求现代性的同时，不能简单地抛弃民族性。

发展中国家在现代化进程中，围绕现代性与民族性的价值选择，往往会被西方中心主义和文化殖民主义所误导，出现迷茫。显然，现

---

[1]《习近平在学习贯彻党的二十大精神研讨班开班式上发表重要讲话强调正确理解和大力推进中国式现代化》，人民日报2023年2月8日。

代性与民族性之间不是对立的关系，不是前者完全取代后者的关系。在追求现代性的同时，不能简单地抛弃民族性。

中国作为走向现代化的发展中国家，在探索现代化道路过程中，注重与现实的基本国情相适应，又顾及本民族的历史文化传统。五四运动前后，中国的知识界在学习西方、追求现代性的同时，对中国的历史传统即民族性持批判态度。巴黎和会之后特别是第二次世界大战爆发后，中国知识界对西方文明的看法开始发生变化。这期间发生过关于文艺民族形式的论战，毛泽东发表《新民主主义论》，在客观上对这场争论作了总结，他说：新民主主义文化是"民族的科学的大众的文化"[1]。

新中国成立之初，由"以苏为师"到"以苏为鉴"，毛泽东强调要实行马克思列宁主义与中国具体实际的第二次结合。改革开放之初，邓小平有针对性地强调坚持四项基本原则。进入新时代，习近平总书记提出"两个结合"，即坚持把马克思主义基本原理同中国具体实际相结合、同中华优秀传统文化相结合。

西方的政治家和具有代表性的学者，极力宣传和启发发展中国家，必须以西方发达的资本主义国家作为现代化的样板，按照他们的价值追求，将发展中国家的历史文化传统清零。有些发展中国家这样做了，结果经济并没有发展起来，社会还长期动荡。

三是在对外开放中必须始终保持独立性。

大国甚至包括民族统一的中小国家，在经济极其落后的情况下，经济建设起步时，可能会根据先易后难的原则，搞一些"短平快"，尽快把经济发展上去。并且在具备条件的情况下，也有必要积极扩大对外开放。马克思在《德意志意识形态》一文中，深刻分析了大工业发展产生的影响，他写道："它首次开创了世界历史，因为它使每个文明国家以及这些国家中的每一个人的需要的满足都依赖于整个世界，因

---

[1]《毛泽东选集》第2卷，人民出版社1991年版，第708—709页。

为它消灭了各国以往自然形成的闭关自守的状态。"[1]在这样的世界历史背景下,发展中国家需要以积极的姿态实行对外开放,在引进资金、技术、管理的同时,还要利用劳动力充裕和生产成本低的比较优势,通过对外贸易促使工业化大范围启动的初始资本形成。

但与此同时,也要顾及经济安全和国家安全,具备一定规模并具有相关条件的国家,要逐步建立相对独立的经济体系。小国或小经济体,虽然未必一定要建立独立的工业体系和经济体系,但在发挥比较优势的同时,要保持独立性。不能成为发达国家的附庸,不能把经济安全寄托在别的国家身上,产业配套和外贸进出口,要有风险防范措施,要确保资本市场和金融体系安全、国际结算安全、资源供给安全、信息安全。

发展中国家经济在转型和快速发展的过程中,社会容易失衡,出现动荡。按照西方的说法,这是不可避免的,是经济发展必须付出的代价。西方往往为了控制发展中国家,还针对这些国家策划煽动街头政治,使发展中国家永远成为发达国家的附庸。如果在发展中没有始终保持独立性,没有高度重视经济安全,就很容易陷入低收入或中等收入陷阱。

四是中国发展哲学的深层逻辑具有一般意义。

所谓深层逻辑就是科学的动力论和理性的辩证法。科学的动力论具有中国发展哲学的基础层次的意蕴。也就是在中国当代经济发展中,把社会矛盾运动作为动力,不断地使生产关系适应生产力,使上层建筑适应经济基础。经济发展的思路和政策是否适当,不是简单地用西方经济学的某个结论来评判,而要看是否解放和发展了生产力。

理性的辩证法,是指特色与一般、普遍性与特殊性的辩证关系。对于社会化大生产和市场的一般规律,我们肯定要认识、研究、把握、运用,但必须立足中国实际,这种"一般"与中国实际的结合,就形

---

[1]《马克思恩格斯选集》第1卷,人民出版社1995年版,第114页。

成了中国"特色",中国特色形成中,又产生了对社会化大生产和市场一般规律的新认识,也就是形成后的中国特色又产生了"新的一般"。这也是中国人所主张的普遍性与特殊性的哲学逻辑。

2. 对社会化大生产和市场一般规律形成了一些新认识

中国作为落后的发展中大国,有70多年的现代化建设实践,还有此前22年局部新民主主义的经验积累,在这90多年中,经历了世界范围内交替出现的"计划情结"和"市场偏好",具有典型的样本意义。本书所列举的13个方面的自主知识体系框架,既具有鲜明的中国特色,又是对社会化大生产和市场一般规律的新认识,这里只就以下三个方面予以说明。

一是使命型政府及其理性作为能够形成交易费用递减的优势。

前面提到,在西方经济学看来,政府只是守夜人,或者是裁判员。守夜人的职责是维护安全,裁判员的职责是维护规则。实际上英美等发达国家的政府在发展初期以至现在,都不是无所作为的。在中国70多年的发展实践中,政府始终扮演着从整体和长远利益出发,服务经济发展,推动经济发展的重要角色。中国政府是使命型政府,是工业化现代化的发动者,是经济发展战略的引领者。在充分发挥市场在资源配置中的决定性作用的今天,仍然要求更好地发挥政府的作用。从总体上看,中国政府的作用或者服务,是理性的,是企业所需要的,政府对各类企业的服务是动态均衡的,有利于促进企业交易费用降低甚至递减,形成明显的发展环境优势。

主流西方经济学通常向发展中国家宣传和灌输"大市场、小政府"的理念,把市场与政府对立起来。但是,发展中国家由于发展落差大,急切希望实现工业化和现代化,政府不可能也不应该任其自然地缓慢地发展。因此,发展中国家的工业化和现代化,带有鲜明的政府发动和主导的特征。建构使命型政府并在市场经济条件下理性作为,有利于形成交易费用递减的发展优势。

二是产权链的形成与延伸是现代经济发展的一般规律,可以实现不同所有制产权的市场同质化。

从产权链的形成和延伸的视角来看中国的微观改革，应该是对西方现代产权理论的拓展、创新与超越，或者可以称之为具有中国特色的现代产权理论。因为，在现代经济实践中，资产资金或者叫资本，是以产权的形式进入市场的，在现代企业制度的框架内，出资者与经营者之间是用产权链维系的，不同出资者的出资在股份公司形成的多元产权或者叫法人财产权，具有市场同质性。即使是国有独资有限责任公司，其投资也是以面向市场的法人财产权形式存在的，所以国有或公有制是可以与市场对接的。西方经济学包括其中的产权学派宣扬私有化是市场化的前提，除了资本主义偏好之外，并没有关注到或者说刻意回避了产权链的形成与延伸这个基本事实。

除了多元产权市场的同质化外，用产权链的视角来观察市场主体，还能够真实地反映和动态地观察资产的运用，能够理解公司制度的新特性，能够间接地体现经济的活力。因此，产权链理论是对社会化大生产和市场一般规律的新认识。发展中国家在向市场经济转轨中，在市场的形成和发育中，无须受西方影响，在私有化上下功夫，避免俄罗斯"休克疗法"式改革的后果。

三是中长期发展规划是回应信息结构问题的有效公共产品。

哈耶克认为，信息是分散的，只有处在市场中的个人和企业可以及时根据市场价格信息作出反应。后来的西方学者又专门研究过信息不对称的问题，提出在信息不对称的情况下，个人或企业会作出逆向选择。进入互联网时代后，信息传播和处置方式发生了很大变化。现在我们需要研究信息结构的特征，并在此基础上选择不同的处置方式。

如果只有企业对市场信息进行处理的话，那么通常会对即时市场信息作出及时反应。中国政府制定的中长期发展规划，是对市场信息中涉及长远和整体问题的回应。政府对市场信息进行综合分析，不是要代替企业面对市场信息作出决策。

后发国家的经济发展带有追赶型特征，完全依靠西方主流经济学推崇的"自发秩序"、靠市场的自发功能搞工业化和现代化,其步伐肯定是缓慢的,而且还会由于市场的盲目性和国际市场的冲击,出现波动和震荡。因此在充分发挥市场配置资源作用的同时,政府要有顶层设计,要有战略规划引领。后发国家的工业化和现代化,本身也带有政府发动的特点。而且后发国家既可以认识和运用发达国家现代化过程中反映出来的体现社会化大生产和市场的一般规律;也可以避免和减轻这些国家由于市场盲目性所造成的危害。

3. 对发展中国家的发展具有启示意义

上面所说的中国的发展哲学、对社会化大生产和市场一般规律的新认识,对发展中国家的经济发展都具有启示意义,这里再从总体上作一些分析。

前面我们提到,谭崇台先生曾经率领他的团队对发展中国家与发达国家进行过跨期比较,形成的基本结论是,发达国家发展初期与当今发展中国家的相异性大于相同性。因此,简单地以发达国家的现代化过程作为样板,指导发展中国家的现代化,客观上存在着方法论的缺陷。中国是发展中国家,无论是发展的基础和起点,还是发展的环境和时代条件,甚至包括发展中面临的困难和挑战,都与其他发展中国家具有很多的相似性,所以中国当代经济发展中所取得的成就以及所经历的曲折,在千辛万苦中形成的规律性认识,或许会对其他发展中国家具有启示意义。

在70多年的艰辛探索中,中国始终坚定不移走自己的路,在不断探索中形成了自己的发展特色。中国发展的成功提振了发展中国家实现国富民强的信心,拓展了发展中国家走向现代化的途径,为世界上那些既希望加快发展又希望保持自身独立的国家和民族,走符合本国国情的道路提供了经验和借鉴。

发展中国家都有通过现代化变成发达国家的愿望。现有发达国家和经济体有两种类型。以2020年为例,按照IMF公布的数据和标准,人均GDP 2万美元以上的国家和地区总共是39个。其中大国和比较大的国家，多为老牌或后起的资本主义国家，这些国家几乎都有殖民掠夺的历史；另一类是新兴工业国家和地区，这些国家和地区当中，有相当一个部分是因为美国地缘政治的需要而得到特殊支持和援助的，还有的是具有独特资源优势或区位优势的国家和地区。余下的发展中国家在世界上占绝大多数，这些国家当中的多数，都有寄希望于较快发展，同时又保持独立自主的愿望，他们能够在中国当代经济发展中得到很多有益的启示。

综上，本书已将"代序一"中所列绪论篇、历程分析篇、专题研究篇、结论篇的全部内容呈现给了读者。从一定意义上讲，绪论篇涉及中国当代经济发展学的基础性问题；历程分析篇寄希望于通过"历史叙述和分析自然得出结论"，体现基于实践的学理总结；专题研究篇仍然从实际出发，在一些重要方面，对规律性认识进行学理转换与提炼，生发出新概念、新范畴、新判断、新结论；结论篇初步形成了中国当代经济发展的知识体系框架，并从新现代性、世界贡献和一般意义入手，分析了中国当代经济发展及其知识体系的历史地位。笔者试图用这样的结构与布局体现中国当代经济发展学的体系性与学理性，为这个新学科打下坚实的基础，为经济学人进一步研究展示广阔空间。然而，这种重大理论命题的原创性探索，仍然只是茧中之蛹，难以给人以美感，衷心期待对这个命题有兴趣的同仁对其进一步的深入研究，使这一命题能够真正破茧成蝶。

后 记

拿到本书清样时，已经过了本课题研究的第六个年头。长时间聚焦一个理论命题思考，历经迷茫和纠结，往往会感到疲劳和厌倦，但当我再次翻阅耗时六年多熬成的这些文字时，仍然感到些许的温暖。掩卷之余，我也有一点欣慰，本书只有较少的文字曾经公开发表过，其余的观点和判断，都是第一次奉献给读者。

或许是原创性研究，或许主要是自己的水平所限，书中不太准确的地方，包括错漏，可能还会有一些，敬请读者和同行不吝赐教。

由我主持的"中国当代经济发展理论研究"课题，是下达到中南财经政法大学的。几年来该校校长杨灿明教授、副校长邹进文教授以及该校经济学院的几位老师，对本课题的研究给予了大力支持。特此致谢！

本书在成稿的过程中，复旦大学教授张新宁和他的博士研究生，对本书的部分注脚进行了校核，在此表示感谢。

这里要衷心感谢三联书店这样近百年的老店对学术出版的热情支持。衷心感谢何奎副总编辑、唐明星主任、万春责任编辑以及其他诸位编校老师为本书的编审出版付出的艰辛，他们的专业精神令我感佩！

尹汉宁

2024年5月12日于武昌